دليل المقاييس

والاختبارات النفسية والتربوية

بسم الله الرحمن الرحيم

﴿ قَالُوا سُبْحَانَكَ لَا عِلْمَ لَنَا إِلَّا مَا عَلَّمْتَنَا إِنَّكَ أَنْتَ الْعَلِيمُ الْحَكِيمُ ﴾

صدق الله العظيم

(البقرة: ٣٢)

دليل المقاييس والاختبارات النفسية والتربوية

تأليف

الدكتور/ أحمد عبد اللطيف أبو أسعد

الناشر

ديبونو للطباعة والنشر والتوزيع

٢٠٠٩

رقم التصنيف: ٣٧٠.١٥

المؤلف ومن هو في حكمه: د. أحمد عبد اللطيف أبو أسعد

عنــوان الكتــاب: دليل المقاييس والاختبارات النفسية والتربوية

رقم الإيداع: ٢٠٠٧/١٢/٣٨١٣

الموضوع الرئيسي: الإرشاد التربوي/ علم النفس التربوي / القياس والتقويم / الاختبارات المدرسية / الأطفال/ رعاية الطفولة / التعلم

بيانات النشــر: دار ديبونو للنشر والتوزيع- عمّــان الأردن

*** تم إعداد بيانات الفهرســة والتصنيف الأولية من قبل دائرة المكتبة الوطنية**

حقوق الطبع محفوظة للناشر

الطبعة الأولى

٢٠٠٩ م

ديبونو للطباعة والنشر والتوزيــع

يطلب هذا الكتاب مباشرة من مركز ديبونو لتعليم التفكير

عمّان- شارع الملكة رانيا- مجمع العيد التجاري

مقابل مفروشات لبنى- ط٤

هاتف: ٠٠٣-٠٥٣٣٧٠٠٣-٦-٩٦٢ ، ٠٢٩-٠٥٣٣٧٠٢٩-٦-٩٦٢

فاكس: ٠٠٧-٠٥٣٣٧٠٠٧-٦-٩٦٢

ص.ب: ٨٣١ الجبيهة ١١٩٤١ المملكة الأردنية الهاشمية

E-mail: info@debono.edu.jo

www.debono.edu.jo

ISBN 978- 9957 - 454 – 47-0

المحتويات

صفحة زوجية فارغة
يوضع بدلاً عنها صفحة بيضاء عند الطباعة النهائية

المقدمة

أولاً: مفهوم القياس

يرى مهرنز (Mehrens,1975) أن عملية القياس هي تلك العملية التي تمكن الأخصائي من الحصول على معلومات كمية عن ظاهرة ما، وأما أداة القياس فيعرفها على أنها أداة منظمة لقياس الظاهرة موضوع القياس والتعبير عنها بلغة رقمية.

وتظهر أدوات القياس في عدد من الصور، كالاختبار (Test) والمقياس (Scale) وقائمة التقدير (Rating Checklist)، كما قد تقسم أدوات القياس إلى نوعين، حسب نوع المعايير المستخدمة فيها، وعلى ذلك فهناك ما تسمى بالاختبارات محكية المرجع ويطلق عليها مصطلح (Criterion-Referenced Tests) وفي هذا النوع من الاختبارات يتم تحديد المعيار أو المعايير من قبل المدرس أو الأخصائي وتوضع بناءً على ما يتوقع من المسترشد، وهناك الاختبارات التي تسمى بالاختبارات معيارية المرجع ويطلق عليها مصطلح (Norm-Referenced Tests) وفي هذا النوع من الاختبارات يقارن أداء الفرد بأداء المجموعة المرجعية أو بأداء المجموعة العمرية التي ينتمي إليها، كاختبارات الذكاء مثلا حيث يقارن أداء الفرد بأداء المجموعة العمرية التي ينتمي إليها، وتستخدم مثل هذه الاختبارات في أغراض تصنيف الطلبة وتحديد مواقعهم على منحى التوزيع الطبيعي إذا ما استخدمت اختبارات الذكاء كاختبارات معيارية مرجعية لتصنيف الطلبة. (الروسان، ١٩٩٩)

وتقسم أيضاً أدوات القياس إلى أدوات القياس المسحية المبدئية (Screening Tests) وتسمى أحيانا أدوات القياس غير الرسمية (Informal Tests)، وأدوات القياس المقننة (Standardized Tests)، وتسمى أحيانا بأدوات القياس الرسمية (Formal Tests) وغالبا ما تتصف أدوات القياس المقننة بأن لها دلالات صدق وثبات ومعايير خاصة بها، في حين لا تتصف أدوات القياس المسحية المبدئية بذلك. (الروسان، ١٩٩٩)

ثانياً: وظائف الاختبارات والمقاييس في الإرشاد

١- **التوقع أو التنبؤ** Prediction: يمكن أن تساعد نتائج الاختبارات المرشد في توقع النجاح أو الدرجات التي يمكن أن يحصل عليها المسترشد في مجال معين مثل دراسة مقرر، أو وظيفة أو عمل أو غير ذلك من المجالات التي يبذل فيها جهدا، ويدخل في ذلك استخدام الاختبارات لاختيار الأشخاص للوظائف.

٢- **التشخيص** Diagnosis: يمكن للاختبارات أن تخدم المرشد في عملية التشخيص أو تصوير المشكلة، حيث يمكن مساعدة المسترشد على فهم أفضل لمهاراته ومعلوماته، ومن ثم الاستبصار بالمجالات التي يعاني فيها من نقص أو يكون فيها المسترشد أدنى من المستوى المطلوب.

٣- **المراقبة** Monitoring: يمكن للمرشد أن يتابع تقدم وتطور المسترشد باستخدام الاختبارات، ومن أمثلة الاختبارات التي تخدم في هذا المجال الاختبارات التحصيلية التي يمكن باستخدامها متابعة التقدم في التحصيل في فترة زمنية معينة.

٤- **التقويم** Evaluation: تعتبر الاختبارات أدوات هامة في عملية تقويم البرامج وتقويم عمل المرشد، وكذلك في جوانب أخرى للتقويم مثل تقويم نمو المسترشد ومدى تحقيق أهداف معينة. (الشناوي، ١٩٩٦)

ثالثاً: العوامل التي تؤثر في الاختبار قبل وأثناء حدوثه

أ- الجوانب التي تسبق الاختبار.

ومن العوامل التي تسبق أخذ الاختبار وتؤثر على التطبيق ما يلي:

١- **الخبرة السابقة:** أوضحت كثير من الدراسات أن أخذ الاختبار مرات سابقة يجعل المفحوص يحصل على درجات مرتفعة، وعلى سبيل المثال فقد وجد لونجستاف (Longstaff,1954) أن طلاب الجامعة الذين طبق معهم اختبار مينسوتا للأعمال الكتابية على ثلاث مرات متتالية متقاربة زمنيا قد ارتفعت درجاتهم.

٢- **مجموعات الاستجابة Response Sets:** قد يكون لدى بعض الأفراد ميل للإجابة بنعم على كل البنود التي يميل لها الفرد والإجابة ب لا على الفقرات التي تشتمل على المشكلات الشخصية، وبمعنى أن هناك قد يكون ميل لأخذ وجهة معينة في الإجابة على أسئلة الاختبار.

٣- **مجموعة الإجابات المرغوبة اجتماعيا Social Desirability:** حيث أنه قد يكون هناك ميل لإعطاء إجابات مرغوبة اجتماعيا على بعض الأسئلة في مقاييس الشخصية لكي يصور الفرد نفسه على أنه حسن التكيف، ويتمتع بالصحة النفسية، ويبدو هنا السبب وراء هذه الإجابات هو الدفاع عن النفس ضد تهديد ضمني أو انتقاد أن يكون غير متكيف.

٤- **التخمين Guessing:** يمثل الاستعداد للتخمين نوعا آخر من مجموعات الاستجابة عندما يكون المفحوص غير متأكد أو ليس عنده أي فكرة عن الإجابة الصحيحة.

٥- **السرعة Speed:** في بعض الاختبارات تكون السرعة مطلوبة في الإجابة على الفقرات أو حل المشكلات، وفي هذه الحالات فإن بعض المفحوصين يحصلون على درجات منخفضة نتيجة مرور الوقت دون إنجاز المطلوب.

ب- الإدراكات والمشاعر المتصلة باختبار معين:

في بعض الحالات نجد أن فردا أو جماعة من المسترشدين يكون لهم إدراكات خاصة بالنسبة لاختبار معين، أو للموقف الإرشادي الذي يتم فيه الاختبار، فالمسترشد الذي يدرك اختبارا معينا للذكاء على أنه تهديد لمفهومه لذاته قد يصحب معه كل الاختبارات درجة من الدفاعية، مما ينعكس على أداءه، ويظهر نتيجة إدراك المسترشد لموقف الاختبار بعض القضايا المهمة ومنها:

١- **التزييف والتحريف Faking and Distortion:** فمعظم مقاييس الميول والشخصية يمكن أن تزيف في الاتجاه المرغوب.

٢- **القلق والتوتر** Anxiety and Tension: ظاهرة القلق والتوتر أثناء الاختبارات معروفة للمرشدين، وقد أجرى ديلونك Delong,1955 دراسة على تلاميذ إحدى المدارس الابتدائية حيث أوضح الملاحظون أن بعض هؤلاء التلاميذ تظهر عليهم علامات القلق والتوتر ومنها قضم الأظافر، ومضغ الأقلام، والبكاء، والحديث للنفس والتهيج.

٣- **الجهد والدافعية** Effort and Motivation: إن ما يتطلع إليه المرشد هو أن يكون المسترشد الذي يطبق معه الاختبارات لديه دافعية ليؤدي أداء طيبا، وألا تكون درجة توتره عالية، ويمكن القول أن المسترشد الذي يرى في الاختبار فائدة له سوف يزيد من الجهد المبذول في الاختبار، وأما إذا فقد المسترشد اهتمامه بالاختبار أو عدم إحساسه بأن الاختبار ذو فائدة بالنسبة له فإن جهده سيكون منخفضا.

ج- موقف الاختبار (إجراءات الفحص)

إن موقف الاختبار نفسه يمثل عنصرا هاما في التأثير على نتيجة الاختبار وينبغي على القائم بالاختبار أن يكون على معرفة تامة بما يحتاجه الاختبار من تجهيزات وظروف، وأن يطمئن إلى وضوح التعليمات وفهمهما من جانب المفحوصين (المسترشدين).

وفيما يلي بعض الجوانب المتصلة بموقف الاختبار:

١- **المكان**: يحتاج إجراء الاختبارات إلى غرفة جيدة الإضاءة، تتوافر فيها مناضد ذات أسطح مناسبة للكتابة، وأن تكون الغرفة خالية من الضوضاء بقدر المستطاع، كما يجب أن تكون الغرفة خالية من المشتتات مثل الصور وغيرها، وألا يقطع على المفحوصين صوت التليفون أو غيره.

٢- **القائم بالاختبار**: من الأمور التي تؤثر على نتائج الاختبار، الشخص القائم به (الفاحص) سواء كان المرشد أو غيره، وسلوك هذا الشخص، وكذلك سلوك المفحوص (المسترد) وكيفية إدراك المفحوص للفاحص.

٣- **بطاقات الإجابة:** في بعض الأحيان وكنوع من خفض النفقات تعد الاختبارات بحيث تتكون من كراسة الاختبار والتعليمات مع ورقة إجابة منفصلة يضع فيها المفحوص ما يختاره من إجابات بإتباع الترتيب الموجود في كراسة الأسئلة، وان يتأكد من أن مفاتيح التصحيح تنطبق على هذه البطاقات.

٤- **ملاحظة المفحوص أثناء الاختبار:** من الأمور التي يحتاجها المرشد في عمله أن يلاحظ المسترشد في مواقف متنوعة، ومن بين هذه المواقف موقف الاختبار، ويمكن للمرشد أن يستفيد من الإرشادات التالية التي أعدها مركز الإرشاد بجامعة ماريلاند بالولايات المتحدة الأمريكية:

• **المظهر البدني:** زيادة النشاط، والنظافة، والعيوب البدنية

• **الخصائص اللفظية:** النغمة، وارتفاع الصوت، ومعدل الكلام، والثرثرة، والتهجي.

• **سلوك الاختبار:** التشويش حول الاختبارات، وعدم التعاون، والانتباه.

• **السلوك الاجتماعي:** عدم المبالاة، والعداوة، والصداقة، والبحث عن الانتباه، والاكتئاب، والتشكك، والتوكيد، والتوجس.

٥- **تصحيح الاختبار:** ويعتبر من المهام الرئيسية للمرشد، فالدرجة التي يحصل عليها المفحوص تحتوى على مجموعة من الأخطاء العشوائية نتيجة للعوامل التي سبق ذكرها، وليس من المعقول أن نضيف إليها أخطاء في التصحيح، وقد يكون التصحيح آليا، أو يدويا.

٦- **تحويل الدرجات الخام إلى درجات معيارية:** إن الدرجة التي يحصل عليها المفحوص على اختبار ما تعرف بالدرجة الخام، ولكي يكون لهذه الدرجة فائدة فإن على المرشد أن يرجعها إلى ما حصلت عليه مجموعة ما يمكن أن يقارن بها الفرد، والدرجات التي حصلت عليها المجموعة التي تقارن بها درجة المفحوص تعرف بالمعايير Norms والمجموعة نفسها تعرف بمجموعة المعايير Norms Group

أو المجموعة المرجعية Reference Group وقد يكون للاختبار الواحد أكثر من مجموعة مرجعية، إن المعايير مهمة حين أنها تخبرنا عن كيف أدى الآخرون على هذا الاختبار فنحن لا نستطيع أن نستنتج شيئا من مجرد معرفتنا للدرجة الخام للمفحوص، وإنما يكون لهذه الدرجة معنى فقط عند مقارنتها بمجموعة معايير مناسبة. كما أن وجود المعايير يساعد كثيرا في عملية تفسير نتائج الاختبارات.

٧- **تفسير نتائج الاختبارات**: عندما يأتي المسترشد إلى موقف الإرشاد تكون هناك مجموعة من التساؤلات التي تحتاج إلى إجابة، مثل ما هو أنسب تخصص لي في الثانوية؟ ما هو أنسب مجال يمكن أن أفكر في العمل فيه فيما بعد؟ هل يمكن مواصلة الدراسة، هل يعاني هذا الفرد من انخفاض في تقدير الذات؟ ومثل هذه التساؤلات وغيرها هي التي تدفع المرشد أن يطبق مجموعة من الاختبارات مع المسترشد ليصل إلى إجابات مناسبة، وبعد تطبيق المرد لهذا الاختبار فهو يحتاج إلى تفسير هذه الدرجات ليستخدمها في مساعدة المسترشد على اتخاذ قرار أو الإجابة على تساؤل حول مشكلته التي جاء بها. (الشناوي، ١٩٩٦)

مقاييس أولية المرشد

أولاً: مقياس الحاجات

تفيد مقاييس الحاجات المرشد في التعرف على حاجات الطلبة منذ بداية العام الدراسي، حيث يساعده ذلك في عمل الخطة الإرشادية وتوزيع مجالاتها بناء على حاجات الطلبة المختلفة.

لقد تطرق العديد من الباحثين لمفهوم الحاجات بشكل عام والحاجات النفسية بشكل خاص، حيث يرى بتروفسكي في (معجم علم النفس المعاصر، ١٩٩٦) إلى أن الحاجة هي: (حالة الفرد الناجمة عن احتياجاته للأشياء الجوهرية لوجوده وتطوره، وهي مصدر النشاط البشري، وتؤدي الحاجة إلى حالات شخصية تساعد على التحكم في السلوك وتحديد مجرى التفكير والأحاسيس. وإشباع الإنسان لحاجاته هو في الواقع عملية يكتسب عن طريقها شكلاً معيناً من النشاط يتوقف على التطور الاجتماعي، ويؤدي إشباع الحاجة الأولى إلى حاجات جديدة وتأخذ عملية إشباع حاجات الفرد شكل نشاط هادف؛ فهي تكون مصدراً لفاعلية الشخص (أي قدرة الإنسان على إحداث تغييرات ملائمة اجتماعية في العالم اعتماداً على ما يمتلكه من ثروة ثقافية مادية وروحية).

أما قاموس لونج مان Long Man (1986) فيرى الحاجة أنها: (نقص أو غياب شيء ما ضروري أو مفيد جداً).

كذلك يعرف صالح (١٩٧٢) الحاجة أنها: حالة لدى الكائن الحي تنشأ عن انحراف أو حيد الشروط البيئية عن الشروط البيولوجية المثلى اللازمة لحفظ بقاء الكائن الحي. وهكذا ترتبط الحاجة بالمحافظة على بقاء الكائن الحي، وتنشأ هذه الحاجة نتيجة حالة عدم اتزان بين الكائن الحي وبيئته الخارجية ومن ثم يعبر الكائن الحي عن نشاطه لتحقيق حالة الاتزان.

ويتفق كلا من مورفي وهاري مان في (لندري و هوك، ١٩٧٨) تعريفهما للحاجة أنها: (حالة من الافتقار إلى شيء ما بحيث أنه لو كان موجوداً لتحقق الإشباع). ويؤكد ذلك زهران (١٩٨٧) حيث يرى أن الحاجة إجرائيا هي الافتقار إلى شيء ما، والحاجة ضرورية إما لاستقرار الحياة نفسها كالحاجات البيولوجية، أو للحياة بأسلوب أفضل كالحاجات النفسية.

كما يرى مان Mann (1987) أن الحاجة تعد في مضمونها مطلب أو رغبة أساسية للفرد يريد أن يحققها ليحافظ بذلك على بقائه وتفاعله مع المجتمع وقيامه بأدواره الاجتماعية. وقد دعم الجمال (١٩٨٨) هذه التعريف حيث أشار إلى أن الحاجة تنشأ لدى الكائن الحي عند انحراف في الشروط البيولوجية أو السيكولوجية لحفظ بقاء الفرد عن الوضع المتزن المستقر والحالة المثالية، فالحاجة هي حالة من النقص العام أو الخاص داخل الكائن تشمل النواحي النفسية والبيولوجية.

قائمة الحاجات الإرشادية

فيما يلي مجموعة من العبارات التي تتضمن مشكلات من النوع الذي يعاني منه الطلبة في المدارس عادة، اقرأ هذه العبارة ثم بين إلى أي درجة تعاني من المشكلة التي وردت في العبارة باختيارك إحدى الإجابات التالية:

الرقم	المشكلة	لا أعاني من هذه المشكلة	أعاني بدرجة بسيطة	أعاني بدرجة متوسطة	أعاني بدرجة شديدة	أعاني بدرجة شديدة جداً
-١	اتعب بسرعة					
-٢	وزني اقل من اللازم أو أكثر من اللازم					
-٣	أعاني من مشكلة ألإبصار					
-٤	أعاني من مشكلة السمع					

-٥	كثيراً ما أصاب بأمراض البرد					
-٦	كثيراً ما أعاني من الصداع					
-٧	أعاني من فقدان الشهية					
-٨	لا اعرف كيف ادرس					
-٩	كثيراً ما أعاني من الملل داخل الصف					
-١٠	أعاني من ضعف التركيز أثناء الدراسة					
-١١	أخاف من الفشل المدرسي					
-١٢	أعاني من السرحان (أحلام اليقظة)					
-١٣	اشعر بالقلق دائماً					
-١٤	لا افهم ما أقرا بسهولة					
-١٥	لا اعرف كيف اعبر عن نفسي بوضوح					
-١٦	اشعر بالكآبة والحزن باستمرار					
-١٧	يضايقني أنني سريع الاضطراب والارتباك					
-١٨	يسيطر علي الخجل عندما أكون في جماعة					
-١٩	لا اعرف كيف أتصرف في المناسبات الاجتماعية					
-٢٠	يخدش إحساسي بسهولة					
-٢١	تنقصني الثقة بالنفس					

-٢٢	أعاني من ميل شديد إلى العزلة					
-٢٣	يضايقني أنني سريع الغضب					
-٢٤	أعاني من كثرة الخلافات الأسرية					
-٢٥	لست على وفاق مع أفراد أسرتي أو بعضهم.					
-٢٦	أعاني من تدخل والدي أو احدهما في شؤوني الخاصة					
-٢٧	أعاني من تدخل والدي أو أحدهما في اختيار أصدقائي					
-٢٨	أشعر بأن والدي يتوقعان مني أكثر مما أستطيع					
-٢٩	أشعر بالحرمان من عطف الوالدين					
-٣٠	أعاني من عدم احترام والدي لرأيي					
-٣١	لا أستطيع أن أصارح والدي بمشاكلي					
-٣٢	لا أجد من أصارحه بمشاكلي					
-٣٣	لا أعرف كيف استغل وقت فراغي					
-٣٤	تنقصني المهارات في الألعاب الرياضية					
-٣٥	أشعر بعدم الرغبة في الدراسة					
-٣٦	أعاني من تشتت انتباهي داخل الصف					
-٣٧	أخاف من الامتحانات					

-٣٨	أنسى كل أو بعض ما أدرسه بسرعة					
-٣٩	أجد صعوبة في توجيه الأسئلة إلى المعلم					
-٤٠	لا يوجد لدي معلومات عن فرص الدراسة في المستقبل					
-٤١	لا أعرف ماذا أفعل بعد تخرجي من المدرسة					
-٤٢	لا أتناول الغذاء الصحي المناسب					
-٤٣	تقلقني التغيرات الجسمية التي تظهر علي					
-٤٤	أعاني من عجز في تغطية مصروفي اليومي					
-٤٥	والدي أو أحدهما يفضل علي أحد إخوتي					
-٤٦	أجد صعوبة في التمييز عن مشاعري للآخرين					
-٤٧	أعاني من صعوبة في لإيجاد أصدقاء					
-٤٨	أجد صعوبة في النوم عند ذهابي إلى الفراش					
-٤٩	أعاني من مشكلة تأجيل ما يفترض أن أفعله اليوم إلى الغد					
-٥٠	أخاف من التحدث أمام الطلاب في الصف					

طريقة التصحيح وتفسير النتائج:

- عدد فقرات المقياس(٥٠) فقرة.

الأوزان:

- لا أعاني من هذه المشكلة (صفر)

- أعاني من هذه المشكلة بدرجة بسيطة (١)

- أعاني من هذه المشكلة بدرجة متوسطة (٢)

- أعاني منها بدرجة شديدة (٣)

- أعاني منها بدرجة شديدة جدا(٤)

- العلامة الكلية للمقياس تتراوح بين (صفر- ٢٠٠)

تتناول القائمة ستة فئات من المشكلات هي:

١- **المشكلات الجسمية:** وتتضمن الفقرات (١، ٢، ٣، ٤، ٥، ٦، ٧، ٣٤، ٤٢، ٤٣)

٢- **المشكلات الدراسية:** وتتضمن الفقرات (٨، ٩، ١٠، ١١، ١٤، ٣٥، ٣٦، ٣٧، ٣٨، ٣٩)

٣- **المشكلات الانفعالية:** وتتضمن الفقرات (١٢، ١٣، ١٥، ١٦، ١٧، ١٨، ٢٠، ٢١، ٢٣، ٤٨)

٤- **المشكلات الأسرية:** وتتضمن الفقرات (٢٤، ٢٥، ٢٦، ٢٧، ٢٨، ٢٩، ٣٠، ٣١، ٤٤، ٤٥)

٥- **مشكلات العلاقات الاجتماعية:** وتتضمن الفقرات (١٩، ٢٢، ٣٢، ٤٦، ٤٧، ٥٠)

٦- **مشكلات الاختيار المهني وتنظيم الوقت:** وتتضمن الفقرات (٣٣، ٤٠، ٤١، ٤٩)

تتراوح الدرجة الدنيا والقصوى للفئات الأربعة الأولى بين (صفر - ٤٠)

تتراوح الدرجة الدنيا والقصوى للفئة الخامسة بين (صفر - ٢٤)

تتراوح الدرجة الدنيا والقصوى للفئة السادسة بين (صفر- ١٦) (حمدي ، ١٩٩٨، أ)

ثانياً: قائمة الحاجات الإرشادية للطلبة من الثاني للسادس

عزيزي الطالب: بين يديك قائمة تتضمن بعض الحاجات أو المشكلات التي يمكن أن يواجهها الطلبة في مثل سنك، اقرأها بتمعن واجب بـ أوافق أمام العبارة التي تنطبق عليك و بـ لا أوافق أمام العبارة التي لا تنطبق عليك.

الرقم	العبارة	أوافق	لا أوافق
١-	من الصعوبة أن أكون أصدقاء		
٢-	بحس حالي ما بشفق على الضعاف		
٣-	شكلي مش جميل		
٤-	أنا مش محبوب		
٥-	دايما نفسي مش مفتوحة للأكل		
٦-	بصيّح أكثير		
٧-	أنا مش رياضي		
٨-	أنا دايما بحكي بصوت عالي		
٩-	أنا مش ذكي		
١٠-	الآخرين يسبوا علي		
١١-	الآخرين بتمسخروا علي		
١٢-	أنا بسب على الآخرين		
١٣-	أنا دفش		

الرقم	العبارة	أوافق	لا أوافق
١٤-	أنا ضعيف بالدراسة		
١٥-	ما عندي أصدقاء		
١٦-	ما بلعب مثل الأولاد		
١٧-	أنا ما بآخذ مصروف مثل الأولاد		
١٨-	أنا خجول كثير		
١٩-	أنا عصبي كثير		
٢٠-	أنا ما بحب الدراسة		
٢١-	أنا عنيد كثير		
٢٢-	أنا بخجل من منظر جسمي		
٢٣-	أنا شايف حالي شوي		
٢٤-	أنا ما بعمل المطلوب مني في المدرسة		
٢٥-	أنا بخرب دفاتري وكتبي بسرعة		
٢٦-	أنا ما بذكر اللي بدرسه		
٢٧-	أنا دايما مريض		
٢٨-	أنا بتعب بسرعة		
٢٩-	دايما بتلبك لما بحكي		
٣٠-	أنا كثير بغار		
٣١-	أنا كسلان في المدرسة		
٣٢-	ما بفهم شرح المعلم		
٣٣-	بحس حالي مكروه		
٣٤-	أنا شرس		
٣٥-	إذا بعجبني اللي مع الآخرين بحب أخذه		

الرقم	العبارة	أوافق	لا أوافق
-٣٦	مصروفي قليل		
-٣٧	أبي يضربني		
-٣٨	أمي تضربني		
-٣٩	إخوتي يأمرونني كثيرا		
-٤٠	المعلم قاسي علي		
-٤١	لا اعرف كيف ادرس		
-٤٢	لا يساعدني احد في الدراسة		
-٤٣	لا احد يهتم بواجباتي		
-٤٤	لا احد يهتم بنتائج امتحاناتي		
-٤٥	ما بعرف شو أساوي بوقت فراغي		
-٤٦	ما فكرت بمهنة المستقبل		
-٤٧	ما بعرف احل مشاكلي لحالي		
-٤٨	حاسس ما حدا كويس معاي		
-٤٩	بصري ضعيف		
-٥٠	بحس سمعي ضعيف		
-٥١	بحس حالي بدوخ كثير		
-٥٢	ما بحب أجي على المدرسة		
-٥٣	ما حدا بصحيني الصبح		
-٥٤	اسهر لفترة متأخرة بالليل		
-٥٥	ما بعرف كيف اقضي وقتي بالعطلة		
-٥٦	ما بعرف افرشي أسناني		
-٥٧	ما زلت أتبول على نفسي أحيانا بالليل		

الرقم	العبارة	أوافق	لا أوافق
٥٨-	أمص أصبعي بين الفترة والأخرى		
٥٩-	اقضم أظافري		
٦٠-	كثيرا ما أضيع أغراضي		
٦١-	ما بعرف كيف أتعامل مع كل الأولاد في الصف		
٦٢-	أنا بخاف من بعض أولاد الصف		
٦٣-	ما بعرف اقرأ عربي لغاية الآن		
٦٤-	ما بعرف اقرأ انجليزي مثل الأولاد		
٦٥-	بجوع بسرعة		
٦٦-	ولا مشارك في نشاط في المدرسة		
٦٧-	بحب أروح للحمام كثير		
٦٨-	بحب أنام كثير		
٦٩-	امزح كثيرا مع أصدقائي		
٧٠-	اشعر بالحزن باستمرار		

عزيزي الطالب الآن يمكنك إضافة أي مشكلة تواجهك ولم تذكر هنا على ظهر الورقة، ليتسنى للمرشد مساعدتك في حلها بالوقت المناسب. (من تجريب وإعداد المؤلف)

ثالثاً: قائمة رضا المسترشد

تفيد هذه القائمة في تعريف المرشد بمدى قدرته على كسب ثقة ورضا المسترشدين عن خدماته التي يقدمها، مما ينعكس إيجابيا عليه في تحسين خدماته في المستقبل والتعرف على الجوانب التي لا يرضاها المسترشدون لتغييرها.

هذه القائمة صممت لقياس الطريقة التي يشعر بها المسترشد حول الخدمة التي قدمت له، وهي ليست اختبارا، فلا توجد إجابة صحيحة وأخرى خاطئة، أجب بحرص ودقة في الفراغ بأحد الخيارات التالية: ١: ولا وقت من الأوقات، ٢: نادرا جدا، ٣: قليل من الوقت، ٤: بعض الوقت، ٥: جزء جيد من الوقت ٦: معظم الوقت، ٧: كل الوقت، x لا أعرف أو لا إجابة

١- .... الخدمات التي حصلت عليها كانت مساعدة لي بشكل كبير.

٢- .... الناس هناك حقيقة يبدو أنهم يهتمون بي.

٣- .... سأعود هناك إذا احتجت للمساعدة ثانية.

٤- .... أشعر أنه لا يوجد أحد هناك يستمع لي.

٥- .... الناس هناك يعاملوني كشخص وليس عضو مريض.

٦- .... تعلمت الكثير هناك حول كيف أتعامل مع المشكلات.

٧- .... الناس هناك يريدوا تحقيق أشياء لهم بدلا من مساعدتي.

٨- .... أوصي بهذا المكان للناس للرعاية به.

٩- .... الناس هناك حقيقة يعرفون ما الذي يريدون فعله.

١٠- .... أحصل على نوع من المساعدة هناك التي كنت أحتاجها بشكل حقيقي.

١١- ....الناس هناك تقبلني على ما أنا عليه.

١٢- ....أشعر بأنني صرت أفضل مما كنت عليه عندما جئت لهذا المكان.

١٣- ....اعتقدت بأنه لا أحد يمكن أن يساعدني حتى جئت لهذا المكان.

١٤- ....المساعدة التي أحصل عليها هنا حقيقة تستحق بأن تكافئ.

١٥- .... الناس هناك تضع حاجاتي بالأمام على حاجاتهم

١٦- .... الناس هناك تقلل من قيمتي عندما لا أتفق معهم

١٧- .... المساعدة الأكبر التي أحصل عليها هناك هي التعلم حول كيفية مساعدة نفسي

١٨- .... الناس هناك حاولوا التخلص مني.

١٩- .... الناس الذين يعرفونني أخبروني أن هذا المكان حقق تغيرات إيجابية علي.

٢٠- .... الناس هناك بينوا لي إمكانية أخذ المساعدة من أماكن أخرى.

٢١- .... الناس هناك أبدوا تفهما لمشاعري.

٢٢- .... الناس هناك اهتموا بي فقط لأنني أدفع نقوداً.

٢٣- .... أشعر أنني يمكن حقيقة أن أتحدث مع ناس هناك.

٢٤- .... المساعدة التي حصلت عليها هناك هي أفضل مما توقعت.

٢٥- .... أتطلع لجلسات أخرى مع الناس هناك.

الفقرات السلبية: ٤، ٧، ١٦، ١٨، ٢٢. (Steven, 1994)

مقاييس المهارات

أولاً: مهارة حل المشكلات

يقصد "بالمهارة" عدة معان مرتبطة، منها: خصائص النشاط المعقد الذي يتطلب فترة من التدريب المقصود، والممارسة المنظمة، بحيث يؤدى بطريقة ملائمة، وعادة ما يكون لهذا النشاط وظيفة مفيدة. ومن معاني المهارة أيضا الكفاءة والجودة في الأداء. وسواء استخدم المصطلح بهذا المعنى أو ذاك، فإن المهارة تدل على السلوك المتعلم أو المكتسب الذي يتوافر له شرطان جوهريان، أولهما: أن يكون موجها نحو إحراز هدف أو غرض معين، وثانيهما: أن يكون منظما بحيث يؤدي إلى إحراز الهدف في أقصر وقت ممكن. وهذا السلوك المتعلم يجب أن يتوافر فيه خصائص السلوك الماهر. (آمال صادق، وفؤاد أبو حطب، ١٩٩٤م ص٣٣٠).

ويعرف كوتريل Cottrell (1999,21) المهارة بأنها: القدرة على الأداء والتعلم الجيد وقتما نريد. والمهارة نشاط متعلم يتم تطويره خلال ممارسة نشاط ما تدعمه التغذية الراجعة. وكل مهارة من المهارات تتكون من مهارات فرعية أصغر منها، والقصور في أي من المهارات الفرعية يؤثر على جودة الأداء الكلي. ويستخلص عبد الشافي رحاب (١٩٩٧م، ص٢١٣) تعريفا للمهارة بأنها " شيء يمكن تعلمه أو اكتسابه أو تكوينه لدى المتعلم، عن طريق المحاكاة والتدريب، وأن ما يتعلمه يختلف باختلاف نوع المادة وطبيعتها وخصائصها والهدف من تعلمها".

هناك العديد من التعاريف لمفهوم المشكلة Problem، فالمشكلة كما عرفها (سميث) (Smith) حسبما ذكرت أمل التل بأنه: موقف يسعى فيه الفرد للبحث عن وسائل فعالة للتغلب على عائق أو عوائق تحول دون الوصول لهدف ذي قيمة.

ويتفق غالبية علماء النفس على أن المشكلة عبارة عن سؤال أو موقف، أو خبرة، يبعث على الحيرة أو الإرباك يواجه شخصا معينا في وقت ما، ويتطلب منه هذا الموقف اتخاذ قرار أو بناء خطة حل أو استخدام أسلوبه في المعالجة إزاء ذلك الموقف، وقد يشكل احد المواقف أو الخبرات في وقت ما مشكلة لشخص معين بينما لا يعتبر مشكلة لشخص آخر في الوقت نفسه، وقد لا يشكل مشكلة للشخص نفسه بعد مرور فترة زمنية معينة. (وفاء، ١٩٨٦)

وقد ذهب هبنر (Heppner,1982) إلى أنه مهما كانت درجة تعقيد المشكلة التي يواجهها الطلبة، فإن التخطيط لحلها يمر في خمس مراحل أساسية هي: التوجه العام نحو المشكلة General Orientation، ثم تعريف المشكلة Problem Definition، ثم توليد البدائل الممكنة للحل Generation of Alternations، ثم اتخاذ قرار يتعلق بالبدائل الفاعلة Decision Making، وأخيرا تقييم النتائج Evaluation. ويقترح برانسفورد وشتاين (Bransford and Stein,1984) أنموذجا موضحا في كتابهما (The Ideal Problem Solving) وقد ضمنا نموذجهما في حروف كلمة (Ideal) الإنجليزية: إذ دل الحرف (I) على (dentifying Problems) أي التعرف على المشكلة والشعور بها، والحرف (D) تحديد المشكلة (Defining Problems) والحرف (E) اكتشاف البدائل والحلول (Exploring Alternatives) والحرف (A) اختبار البدائل (Acting on a Plan) والحرف (L) اعتبار النتائج (Looking The Effects).

ماذا أفعل؟ سؤال نطرحه على أنفسنا أمام العديد من المواقف التي تواجهنا في الحياة اليومية ويواجهها المسترشدين، ونتيجة لعملية تفاعله واحتكاكه اليومي بين الناس، تنشأ مواقف متعددة ومتنوعة، بعضها يتم تقبلها ويستطيع التعامل معها، وبعضها الآخر يقف حائرا أمامها، كأن يقف حائرا يبحث عن وسيلة يوازن فيها بين رغبته في اختيار التعليم المهني ورغبة والده في التوجه إلى التعليم الأكاديمي.

المشكلة هي: موقف لا نستطيع القيام فيه باستجابة مناسبة، أو عقبه تحول بيننا وبين تحقيق الهدف.

الحل هو: التخلص من هذه العقبة، أو طريقة التفكير للتحرك من واقع ما نريد.

أهمية تعلم مهارة حل المشكلات:

- أحيانا تتزايد المشاكل في حياة الإنسان ولا يجد من يساعده فيها.

- أحيانا يحتاج الشخص إلى اتخاذ قرارات سريعة.

- أحيانا يخضع الشخص لقرارات حاسمة ومصيرية ولا يمكن لأحد أن يقرر فيها غيره.

وتفيد هذه الاستبانة أيضا في التعرف على المجالات التي يتمكن منها الطلبة في حل المشكلات وقدرتهم على ذلك، وبالتالي قدرتهم على التعامل مع الظروف الجديدة التي قد تطرأ عليهم.

تتضمن الاستبانة التالية عبارات تصف الطريقة التي يستخدمها الناس عادة في التعامل مع مشكلات الحياة اليومية، يرجى قراءة كل عبارة وبيان مدى انطباقها على طريقتك الخاصة في حل المشكلات وذلك بوضع إشارة (X) مقابل العبارة في العمود المناسب، إن هذا المقياس ليس اختبارا للتحصيل أو الشخصية، بل هو أداة تساعدك في معرفة أسلوبك في تناول المشكلات.

يرجى الإجابة بدقة وأمانة، شاكرا لتعاونك.

الرقم	الفقرة	تنطبق بدرجة كبيرة	تنطبق بدرجة متوسطة	تنطبق بدرجة بسيطة	لا تنطبق أبدا
١-	انظر إلى المشكلات كشيء طبيعي في حياة الإنسان				
٢-	أعمل على جمع المعلومات حول المشكلة التي تواجهني				
٣-	أفكر بالجوانب الايجابية والسلبية لكافة الحلول المقترحة				
٤-	أفكر بكافة البدائل التي قد تصلح لحل المشكلة				
٥-	أركز انتباهي على النتائج الفورية للحل وليس على النتائج البعيدة				
٦-	اعتقد بان لدي القدرة على التعامل مع مشكلات الحياة اليومية				
٧-	أحاول تحديد المشكلة بشكل واضح				
٨-	أجد من الصعب التفكير في حلول متعددة للمشكلة				
٩-	احصر تفكيري بالجوانب الايجابية للحل الذي أميل إليه				
١٠-	اختار الحل الأسهل بغض النظر عما يترتب على ذلك				
١١-	استخدم أسلوبا منظما في مواجهة المشكلات				
١٢-	عندما أحس بوجود مشكلة فإن أول شيء افعله هو التعرف على ماهية المشكلة بالضبط				
١٣-	أجد تفكيري منحصرا في حل واحد للمشكلة				

الرقم	الفقرة	تنطبق بدرجة كبيرة	تنطبق بدرجة متوسطة	تنطبق بدرجة بسيطة	لا تنطبق أبدا
-١٤	احصر تفكيري بالجوانب السلبية للحل الذي أميل إليه				
-١٥	احرص على تقييم الحلول بعد تجريبها في الواقع				
-١٦	أجد صعوبة في تنظيم أفكاري عندما تواجهني مشكلة				
-١٧	احرص على استخدام عبارات محددة في وصف المشكلة				
-١٨	أجد نفسي منفعلا حيال المشكلة إلى درجة تعيق قدرتي على التفكير				
-١٩	أحاول التنبؤ بما سوف تكون عليه النتائج قبل أن أتنبئ حلا معينا				
-٢٠	أعيد النظر في الحلول بعد تطبيقها بناء على مدى نجاحها				
-٢١	عندما تواجهني مشكلة فإنني أتصرف دونما تفكير				
-٢٢	أتفحص العناصر المختلفة للموقف المشكل				
-٢٣	اسأل الآخرين عن رأيهم لكي أتعرف على الاحتمالات المختلفة للحل				
-٢٤	اختار الحل الذي يرضي الآخرين بغض النظر عن فاعليته				

-٢٥	عندما يكون حلي للمشكلة غير ناجح فإنني أحاول معرفة سبب ذلك				
-٢٦	أحرص على تأجيل التفكير في أية مشكلة تواجهني				
-٢٧	عندما تواجهني مشكلة لا اعرف بالضبط كيف احددها				
-٢٨	لدي القدرة على التفكير بحلول جديدة لأية مشكلة				
-٢٩	أفكر بما يمكن أن يترتب على الحل في المدى القريب والبعيد				
-٣٠	أصر على تنفيذ الحل الذي توصلت إليه حتى عندما يظهر لي فشله في حل المشكلة				
-٣١	أتجنب التحدث في الموضوع الذي تواجهني فيه المشكلة				
-٣٢	لا اعرف كيف اصف المشكلة التي أواجهها				
-٣٣	عندما تواجهني مشكلة أفكر بكافة الحلول الممكنة قبل أن أتبنى واحدا منها				
-٣٤	أضع خطة لتنفيذ الحلول المناسبة				
-٣٥	ينتابني شعور بالغضب والعصبية عندما أجد أن الحل الذي توصلت إليه كان فاشلا				
-٣٦	ينتابني شعور باليأس إذا واجهتني أية مشكلة				

-٣٧	عندما تواجهني مشكلة لا أعرف من أين أبدأ بحلها				
-٣٨	عندما تواجهني مشكلة فإنني استخدم في حلها أول فكرة تخطر على بالي				
-٣٩	عندما تواجهني مشكلة فإنني اختار الحل الأكثر احتمالا للنجاح				
-٤٠	عندما تواجهني مشكلة فإنني لا اشغل نفسي بتقييم الحلول التي أتوصل إليها				

طريقة التصحيح وتفسير النتائج:

- عدد فقرات المقياس (٤٠) فقرة
- الأوزان في حالة الفقرات ذات الاتجاه الموجب
- لا تنطبق أبدا (١)
- تنطبق بدرجة بسيطة (٢)
- تنطبق بدرجة متوسطة (٣)
- تنطبق بدرجة كبيرة (٤)
- في حالة الفقرات ذات الاتجاه السالب يتم عكس الأوزان
- الفقرات السالبة على المقياس هي: (٥/٨/٩/١٠/١٣/١٤/١٦/١٨/٢١/ ٢٤/٢٦/٢٧/٣٠/٣١/٣٢/٣٥/٣٦/٣٧/٣٨/٤٠)
- تحسب الدرجات الفرعية على المقياس على النحو التالي:

١-   التوجه العام: تقيسه الفقرات (١/٦/١١/١٦/٢١/٢٦/٣١/٣٦)

٢-   تعريف المشكلة: تقيسه الفقرات (٢/٧/١٢/١٧/٢٢/٢٧/٣٢/٣٧)

٣-   توليد البدائل: تقيسه الفقرات (٣/٨/١٣/١٨/٢٣/٢٨/٣٣/٣٨)

٤-   اتخاذ القرار: تقيسه الفقرات (٤/٩/١٤/١٩/٢٤/٢٩/٣٤/٣٩)

٥-   التقييم: تقيسه الفقرات (٥/١٠/١٥/٢٠/٢٥/٣٠/٣٥/٤٠)

• تتراوح الدرجة الكلية على المقياس بين (٤، ١٩٩٨)

• تتراوح كل درجة فرعية بين (٨-٣٢)

• تفسير العلامات على المقياس كالتالي:

(٤٠-٨٠) مؤشر على نقص في مهارة حل المشكلات

(٨٠- فما فوق) كفاءة في حل المشكلات. (حمدي، ١٩٩٨، ب)

ثانياً: مهارة تنظيم الوقت

تفيد هذه القائمة في مساعدة الطلبة للتعرف على مدى قدرتهم في تنظيم أوقاتهم خلال اليوم، وقدرتهم على عمل برنامج دراسي، وتوزيع الأوقات في مجالات عدة، ويمكن من خلالها عمل برنامج إرشادي لتنمية مهارة تنظيم الوقت لدى الطلبة وقياس تقدم الطلبة في ذلك.

إن فوائد تنظيم الوقت السليم فورية وكبيرة، منها:

• تحقيق نتائج أفضل في العمل.

• تحسين نوعية العمل.

• زيادة سرعة إنجاز العمل.

• التخفيف من ضغط العمل.

- تقليل عدد الأخطاء الممكن ارتكابها.
- زيادة المرتب.
- تعزيز الراحة في العمل.
- تحسين نوعية الحياة غير العملية (كلير أوستن، بلا تاريخ).

أما أنواع الوقت: وقت يصعب تنظيمه، وقت يمكن تنظيمه، بالمقابل فإن مضيعات الوقت هي: المضيعات الشخصية، المضيعات الخارجية (القعيد، بلا تاريخ).

وقد ارتبط مفهوم تنظيم الوقت في البداية بشكل كبير بالعمل الإداري حيث أطلق عليه اسم إدارة الوقت. (سبياني، ١٩٩٨) وفي الحقيقة إن مفهوم إدارة الوقت من المفاهيم المتكاملة الشاملة لأي زمان ومكان، فإدارة الوقت لا تقتصر على إداري دون غيره، ولا يقتصر تطبيقها على مكان دون غيره، فمفهوم إدارة الوقت يشتمل أيضا على إدارة الوقت الخاص، إضافة على إدارة وقت العمل. والوقت الخاص هو الوقت المتبقي من ساعات اليوم بعد انتهاء فترة العمل المحددة. (العدي، ١٩٨٨) ولهذا فقد ارتبطت كلمة الإدارة بالوقت سواء كان وقت العمل أو الوقت الخاص، من خلال وجود عملية مستمرة في التخطيط والتحليل والتقييم المستمر لكل النشاطات التي يقوم بها الشخص خلال فترة زمنية محددة، تهدف إلى تحقيق فعالية مرتفعة في استغلال هذا الوقت المتاح للوصول إلى الأهداف المنشودة. (سلامة، ١٩٨٨) وقد ذكر شاناالدر (Chandler) أنه يمكن لأي طالب أن يقوم بعمل متقن ورائع من خلال التنظيم الفعال لوقت كما أن بإمكانه المشاركة في النشاطات الاجتماعية والترويحية التي هي ضرورية للصحة النفسية.

مقياس مهارة تنظيم الوقت

أخي / أختي الطالب:

فيما يلي قائمة لمجموعة من الفقرات الهدف منها قياس مهارة تنظيم الوقت سوف تستخدم هذه الأداة للتعرف على مستوى تنظيم الوقت لديك , يرجى بيان درجة انطباق كل فقرة من هذه الفقرات عليك , علماً بأن تنظيم الوقت هو (القدرة على استغلال الوقت بكفاءة أعلى بحيث ينتج الفرد أكثر في وقت أقل وبدرجة مناسبة من الإتقان).

الرقم	الفقرة	تنطبق بدرجة كبيرة	تنطبق بدرجة بسيطة	لا تنطبق
١-	لدي وقت كافي للترويح عن النفس			
٢-	كثيراً ما أكون في عجلة من أمري			
٣-	أعمل طوال الوقت ولا أستريح			
٤-	اهتم بتوفير الوقت للنشاطات الاجتماعية			
٥-	أخصص وقتاً محدداً لدراسة كل مادة دراسية			
٦-	أخصص أوقات محددة لمراجعة دروسي			
٧-	استخدم أوقات الفراغ خلال اليوم الدراسي			
٨-	فترات الدراسة لدي كافية لإنجاز الواجبات الدراسية			
٩-	يطغى وقت النشاطات الاجتماعية لدي على وقت الواجبات والأعمال الأخرى			
١٠-	لدي برنامج منتظم من الوجبات الغذائية			

-١١	يلاحظ الآخرون عادة بأنني في عجلة من أمري			
-١٢	أحافظ على مواعيدي بدقة			
-١٣	لدي وقت فراغ طويل نسبياً			
-١٤	أتناول وجبات الطعام بسرعة كبيرة			
-١٥	ألبس ملابس على عجل			
-١٦	هناك علاقة إيجابية بين الوقت الذي أقضيه في العمل والإنجاز الذي أحققه			
-١٧	أقوم بعمل واحد في وقت واحد فقط			
-١٨	أنام ساعات التي أحتاجها			
-١٩	أجد صعوبة في تقرير الذي سأفعله بعد انتهاء المهمة التي تشغلني			
-٢٠	أقضي في الدراسة عدد ساعات كالتي يمكن أن أقضيها في ممارسة أي عمل آخر أحبه			
-٢١	دراستي منضمة في فترات يتخللها فترات للراحة			
-٢٢	أجد صعوبة في إجبار نفسي على إكمال عمل معين في فترة معينة			
-٢٣	أقضي كثير من الوقت في قراءة موضوعات أخرى غير دراسية بحيث لا يبقى لدي وقت لإكمال دروسي			
-٢٤	عندما أكون تحت ضغط زمني لإعداد واجب مدرسي بتاريخ محدد فإنني أقبل دعوة أحد الأصدقاء أو الأقارب لأحد النشاط الترويحية.			

-٢٥	عمل برنامج دراسي منظم يفيدني				
-٢٦	أتبع برنامجاً زمنياً محدداً في نشاطاتي الروتينية				
-٢٧	أقضي وقت أطول في دراسة المواد الأصعب من الوقت الذي أقضيه في دراسة المواد الأسهل				
-٢٨	كثيراً ما أذهب إلى المدرسة دون إكمال واجباتي المدرسية				
-٢٩	أعمل على زيادة فترات الدراسة في أيام الامتحانات وأتنازل عن بعض النشاطات الاجتماعية والترويحية				
-٣٠	كثيراً ما أقوم بتأجيل واجباتي المدرسية				

طريقة التصحيح وتفسير النتائج :

- عدد فقرات المقياس (٣٠ فقرة).
- الأوزان في حالة الفقرات الموجبة
- تنطبق بدرجة كبيرة (٤)
- تنطبق بدرجة متوسطة (٣)
- تنطبق بدرجة بسيطة (٢)
- لا تنطبق (١)

ويتم عكس الأوزان في حالة الفقرات السالبة

- الدرجة الكلية على المقياس تتراوح بين (٣٠ - ١٢٠)
- يدل اقتراب الدرجة من الحد الأدنى على نقص في مهارة تنظيم الوقت واقتراب الدرجة من الحد الأعلى على امتلاك الطالب لمهارة تنظيم الوقت بطريقة فعالة. (مسمار، ١٩٩٣)

ثالثاً: مهارة الاتصال

تفيد هذه القائمة في تعريف المرشد في المهارات التي يمتلكها الطلبة في الاتصال سواء اللفظي وغير اللفظي وبالتالي تطوير هذه المهارات فيما بعد، بما يناسب عمر الطالب وقدرته.

إن مصطلح التعبير والتواصل قد يكون متداول بين الكثير من الناس ولكنه غير مفهوم أو غير مطبق، وذلك لارتباطه بالجانب التقني أو باختصاص دراسي فني، وقد يحتاج لدراسة متعمقة حتى يصبح سهلا وقابلا للتطبيق.

وقد كان السمع في كثير من آيات القرآن الكريم مقدما على باقي الحواس في الذكر لتبيان عظم خطر هذه الحاسة، ولذا كان هو أول ما يسأل عنه العبد يوم القيامة يقول الله تعالى: "ولا تقف ما ليس لك به علم، إن السمع والبصر والفؤاد كل أولئك كان عنه مسؤولا" والسمع: هو حس الأذن وما وقر فيها من شيء أي أننا نمارس هذه الحاسة أحيانا بدون وعي فإذا اجتمع مع الاستماع وعي يكون الإصغاء وهو سماع الأذن والقلب.

الاتصال اصطلاحا: عملية نقل المعلومات والرغبات والمشاعر والتجارب، إما شفويا أو باستعمال الرموز والكلمات والصور والإحصائيات، بقصد الإقناع أو التأثير على السلوك، وأن عملية النقل هي بحد ذاتها هي عملية الاتصال. (الجردي،١٩٩٨، ١٩٩٣) هي نقل أو توصيل أو تبادل الأفكار والمعلومات. (أبو عرقوب،١٩٩٣)

فيما يلي استبانه للوقوف على الأساليب التي تستخدمها للتواصل مع الآخرين، أرجو التكرم بقراءة كل فقرة من فقرات الاستبانة بتمعن والإجابة عنها باهتمام وجدية وذلك باختيار أحد البدائل الموضوعة أمام كل فقرة، مؤكدا أن إجاباتكم ستعامل بسرية تامة ولن تستخدم إلا لأغراض البحث العلمي فقط وبما ينعكس عليكم بالفائدة.

الرقم	الفقرة	بدرجة كبيرة جدا	بدرجة كبيرة	بدرجة متوسطة	بدرجة قليلة	بدرجة قليلة جدا
١-	لدي القدرة على التسامح مع زميلي على ما يلحقه بي من أذى غير مقصود					
٢-	أستطيع السيطرة على مزاجي في المدرسة عندما يكون سيئا					
٣-	أراعي كيف سيكون وقع كلامي وأفعالي على زميلي					
٤-	عندما استمع لزميلي وهو يتحدث فإنني أتواصل معه بحركات العينين					
٥-	أومئ برأسي عندما استمع لزميلي وهو يتحدث دلالة على موافقة ما يقوله أو رفضه					
٦-	أبتسم عندما أتحدث مع زميلي					
٧-	عندما أريد إنهاء مناقشة ما فإنني استخدم جملا ختامية مثل: "استمتعت بالحديث معك"					
٨-	أستطيع تقدير ما يرمي له زميلي من خلال النظر إليه أثناء التحدث معه					
٩-	أبذل قصارى جهدي لكي أفهم زميلي					
١٠-	أقطب حاجبي عندما لا أتفق مع زميلي					

١١-	أعطي انتباهي الكامل لزميلي أثناء تحدثه					
١٢-	عندما أتحدث أحاول أن تكون ألفاظي (كلماتي) بسيطة وجملي قصيرة					
١٣-	أخاطب زميلي أثناء حديثه معه باسمه المحبب					
١٤-	أراجع نفسي لأتأكد من أنني فهمت ما يحاول زميلي إيصاله لي					
١٥-	إذا ما قدم لي زميلي اعتذاره على خطأ ما فإنني أتقبل اعتذاره بسهولة					
١٦-	أراعي أن تكون نبرات صوتي ملائمة لموضوع الحديث					
١٧-	أبدي رأيي وتعليقاتي على ما يقوله زميلي حتى لو لم يطلب هو مني ذلك					
١٨-	أستطيع أن أفهم وجهة نظرة زميلي بسهولة					
١٩-	إذا صدر مني خطأ تجاه زميلي فإنني اعتذر منه بكل صدر رحب					
٢٠-	أدرك الإيماءات التي يستخدمها زميلي أثناء حديثه معي					

-٢١	أحاول إنهاء المناقشات التي لا تهمني بسرعة					
-٢٢	انتظر زميلي حتى ينهي كلامه قبل أن أكون حكما على ما يقوله					
-٢٣	أشجع زميلي على إكمال حديثه باستخدام تعبير مثل: أكمل، حقا، نعم، أفهمك، أهه..					
-٢٤	عندما أكون مع زميلي انتقى العبارات بعناية لأتمكن من جذب اهتمامه					
-٢٥	أنهي حديثي مع زملائي بجمل ختامية اختارها بعناية					
-٢٦	أبتعد من مناقشة المواضيع الحساسة					
-٢٧	لدي القدرة على التعبير عما يجول في نفسي عندما يؤذي زميلي مشاعري					
-٢٨	أشعر بأنني عند تحدثي مع زميلي يفهمني بشكل جيد					
-٢٩	عندما أوجه انتقادا زميلي فإنني أشير إلى سلوكياته وأفعاله وليس إليه بشكل شخصي، كأن أقول: "أنا اختلف معك في الطريقة التي تحدثت بها " بدلا من القول: "أنت متحدث سيئ".					

-٣٠	لـدي القـدرة عـلى حـل مـشاكلي مـع زمـيلي دون أن أفقـد الـسيطرة عـلى عواطفي					
-٣١	أفضل عدم خوض جدال مع زميلي قد لا نصل به إلى اتفاق					
-٣٢	أتوقـف بـبطء بعـض الـشيء لإعطـاء الفرصة زميلي بالتحدث.					

مقياس مهارات الاتصال:

ويتكون من (٣٢) فقرة موزعة على أربعة مجالات هي:

أ - **مجال مهارات الاستماع:** ويقيس القدرة على الاستماع أثناء التواصل مع الآخرين بفعالية وتقيسها الفقرات ٤، ٥، ١٠، ١١، ١٧، ٢١، ٢٢، ٢٣

ب- **مجال مهارات التحدث:** يقيس القدرة على إيصال الرسالة بنجاح أثناء الاتصال اللفظي، وتقيسها الفقرات ٦، ٧، ١٢، ١٣، ١٦، ٢٤، ٢٥، ٣١، ٣٢.

ج- **مجال القدرة على فهم الآخرين:** يقيس قدرة الفرد على فهم الرسائل الموجهة إليه لفظيا أو باستخدام الإيماءات، وتقيسها الفقرات ٨، ٩، ١٤، ١٨، ٢٠، ٢٨.

د- **مجال إدارة العواطف:** يقيس القدرة على إظهار المشاعر المناسبة والتحكم بهذه المشاعر، والقدرة على التعامل مع مشاعر الآخرين. وتقيسها الفقرات ١، ٢، ٣، ١٥، ١٩، ٢٦، ٢٧، ٢٩، ٣٠.

ووضع أمام كل فقرة سلم من خمس درجات حسب أسلوب ليكرت تعبر عن درجة انطباق مضمون الفقرة ع المدرسة.ص، هي: (بدرجة كبيرة جدا، وبدرجة كبيرة،

وبدرجة متوسطة، وبدرجة قليلة، وبدرجة قليلة جدا) تقابلها العلامات (٥، ٤، ٣، ٢، ١) على الترتيب، علما أن الأداة تم التحقق من صدقها.

ملاحظة: تم تغيير عبارات الاستبيان من صيغة الأزواج إلى صيغة الزملاء، لتناسب الطلبة في المدرسة (الحميدات، ٢٠٠٧)

رابعاً: أساليب التعايش مع الضغوط

تفيد هذه الأساليب في مساعدة المرشد في التعرف على أبرز الأساليب التي يستخدمها الطلبة للتعامل مع الضغوط التي يواجهونها في الحياة، وبالتالي تحسين هذه الأساليب.

فيما يلي بعض الطرق الشائعة للتعايش مع الأحداث المشحونة بالضغوط ضع علامة صح أمام تلك التي تميز سلوكك أو تستعين بها في كثير من الأحيان:

١- .... أتجاهل احتياجاتي الخاصة وأركز في العمل بمزيد من الجدية والسرعة

٢- ....أبحث عن أصدقاء لإجراء حوار أو للسعي وراء مؤازرتهم

٣- ....أكل أكثر من المعتاد

٤- ....أشترك في نوع ما من أنواع النشاط البدني

٥- ....أصير عصبيا وتنعكس هذه العصبية على من هم حولي

٦- ....آخذ فسحة من الوقت كي أسترخي وألتقط أنفاسي وابتعد عن ضغط العمل

٧- ....أدخن سيجارة أو احتسي مشروبا يحتوى على الكافيين

٨- ....أواجه مصدر الضغوط وأعمل على تغييرها

٩- ....أنسحب عاطفيا وأنخرط في حركة اليوم

١٠- ....أغير من نظرتي للمشكلة وأنظر إليها من منظور أفضل

١١- ....أكثر من ساعات نومي عما أنا في حاجة إليه فعلا

١٢- ....آخذ بعض الراحة من العمل وأبتعد عن جو العمل

١٣- ....أخرج للتسوق وابتاع شيئا ما حتى أدخل السرور على نفسي

١٤- ....أمزح مع أصدقائي وأستعين بالدعابة والمرح في إزالة التوتر

١٥- ....أنخرط في هواية أو اهتمام معين ليساعدني على نسيان الضغوط والاستمتاع بحياتي

١٦- ....أتناول دواء يساعدني على الاسترخاء أو النوم العميق

١٧- ....أواظب على نظام غذائي صحي

١٨- ....أكتفي بتجاهل المشكلة وآمل أن تزول

١٩- ....أصلي، أو أتأمل، أو أزيد من جرعة الروحانيات

٢٠- ....ينتابني القلق بسبب هذه المشكلة وأخشى من القيام بشيء حيالها

٢١- ....أحاول التركيز على أمور أستطيع السيطرة عليها وأتقبل أمورا لا أستطيع التحكم فيها.

قيم نتائجك: العبارات ذات الأرقام الزوجية هي التكنيكات الأقرب للوسائل البناءة الايجابية، أما العبارات ذات الأرقام الفردية فإنها أبعد عن التكنيكات البناءة لمجارات الضغوط هنئ نفسك على كل عبارة ذات رقم زوجي وضعت أمامها علامة، فكّر فيما إذا كنت بحاجة لإجراء بعض التغييرات في أسلوب تفكيرك أو في تصرفاتك إذا كنت قد وضعت علامة أمام أي من العبارات ذات الأرقام الفردية، فكر في تجربة بعض العبارات ذات الأرقام الزوجية التي لم تجربها من قبل.

معدلة عن استبان Coping Style Questionnaire.!99 والذي وضعه جيم بويرز، مركز كابزر - بيرمينانت الطبي والأساليب الصحية، سانتا كلارا، كاليفورنيا. (ديفيز وروبنز وماكاي، ٢٠٠٥)

خامساً: قائمة بالمهارات المبدئية اللازمة للاستذكار

تفيد هذه القائمة في التعرف على مهارة الاستذكار والدراسة بشكل صحيح، ومما ينعكس على تحصيلهم عند امتلاك هذه المهارات في المستقبل.

المعنى التربوي لمهارات الاستذكار:

تعددت التعريفات التي وردت لمهارات الاستذكار، فيعرف جراهام وروبنسون Graham & Robinson (1989) مهارات الاستذكار بأنها "القدرات النوعية التي من المحتمل أن يستخدمها الطلاب منفردين أو في جماعات لتعلم محتوى مناهجهم الدراسية، من بداية قراءتها إلى تناول الامتحان بها".

ويعرف السيد زيدان (١٩٩٠م) منات الاستذكار بأنها "نمط سلوكي يكتسبه الطالب خلال ممارسته المتكررة لتحصيل المعارف والمعلومات، وإتقان الخبرات والمهارات، وهذا النمط السلوكي يختلف باختلاف الأفراد، ويتباين بتباين التخصصات".

واستخلص محمد نبيه (١٩٩٠م) من خلال استعراضه لمجموعة من تعريفات عادات الاستذكار أنها "أنماط سلوكية مكتسبة، تتكرر في المواقف المتشابهة، وتساعد على توفير الوقت والجهد، وإتقان الخبرات التعليمية للطلاب، وتختلف باختلاف التخصصات والأفراد"

المهارة	١	٢	٣	٤	٥
١- إدارة الأعمال الدراسية المؤجلة والتعامل معها.					
٢- تنشيط الدافعية الذاتية، والقدرة على تحمل مسئولية المهام الصعبة.					
٣- امتلاك الثقة في التعبير عمّا تمتلك من أفكار.					
٤- استخراج المعلومات من مختلف المصادر.					
٥- قراءة النصوص أو الأشكال والجداول؛ لاستخراج المعنى والدلالة منها.					
٦- القدرة على الانتقاء، واستخراج المناسب للموضوع، وإهمال غير المناسب.					
٧- مقارنة مختلف الآراء، وتقرير أيها الأفضل.					
٨- كتابة التقارير والموضوعات بأسلوب خاص.					
٩- القدرة على الحوار والمناقشة وإبداء الرأي في موضوع ما.					
١٠- القدرة على التلخيص والإيجاز بأقل الكلمات وأكثر المعلومات.					

مثل هذه القائمة المتضمنة بجدول (١) وغيرها من القوائم التي اقترحها كوتريل Cottrell (1999,26) يمكن استخدامها لفحص وتقييم ما لدى الفرد من المهارات المبدئية اللازمة للاستذكار والإنجاز الأكاديمي لمعرفة أين هو من مهارات الاستذكار، ومدى توافرها لديه، ومن ثم يعي بذاته ويقومها من حيث مهارات الاستذكار.

مقاييس الصحة النفسية

أولاً: المقياس النفسي للصحة النفسية لسيد يوسف

تفيد هذه القائمة في التعرف على مدى توفر الصحة النفسية لدى الطلبة والقدرة على التكيف مع مواقف الحياة المختلفة، ومن ثم مساعدتهم في التكيف.

هموم الناس وضغوط الحياة والمتغيرات السياسية وغيرها وآثارها النفسية على الشعوب ولاسيما العربية المضطهدة ولهث المرء وراء طموحه الذي يتجدد في كل لحظة كل ذلك ساهم في التقليل من شعور الفرد بالسعادة والرضا النفسي.

الصحة النفسية: ولها تعريفات كثيرة ويمكن حصر هذه التعريفات في اتجاهين رئيسين هما: الاتجاه الإيجابي، والاتجاه السلبي .

- **الاتجاه الايجابي:** يرى أصحاب هذا الاتجاه أن الصحة النفسية قدرة الفرد على التوافق مع نفسه ومع المجتمع الذي يعيش فيه، ويؤدي هذا إلى التمتع بحياة خالية من الاضطرابات مليئة بالحماس، حيث يعتبر هذا الفرد في نظر الصحة النفسية شخصا سويا. (Torrance,1965)
- **الاتجاه السلبي:** ويرى أصحاب هذا الاتجاه أن الصحة النفسية الخلو من أعراض المرض العقلي أو النفسي، إلا أن هذا لا يشمل جميع حالات الصحة النفسية فقد نجد فردا خاليا من أعراض المرض العقلي أو النفسي لكنه غير ناجح في حياته وعلاقاته بغيره من الناس، سواء في العمل أو الحياة الاجتماعية أو الحياة الأسرية فهو إذا غير متكيف. (جيل، ٢٠٠٠)

● كما يعرفها هادفيلد (Hadfield,1952) أنها حالة من التوافق التام أو التكامل بين الوظائف النفسية المختلفة مع القدرة على مواجهة الأزمات النفسية العادية التي تطرأ عادة على الإنسان مع الإحساس الإيجابي والسعادة والكفاية، وتعرفها منظمة الصحة العالمية بأنها حالة من الاكتمال الجسمي والنفسي والاجتماعي لدى الفرد، وليس خلو الفرد من المرض العقلي أو النفسي. (الهابط، ١٩٩٨)

فقرات المقياس:

١- هل تشعر بالأمن والاطمئنان عموما ؟

٢- هل أنت متزن في اتخاذ قراراتك ؟

٣- هل من السهل عليك أن تتكيف مع متطلبات الحياة الواقعية ؟

٤- هل لديك قدرة جيدة على التواصل الاجتماعي مع الآخرين؟

٥- هل يمكنك السيطرة على انفعالاتك وحساسيتك عموما؟

٦- هل تشجع التغيير في المجتمع بمؤسساته المختلفة وتمد يدك نحو من يطمح للتغيير؟

٧- هل تراجع نفسك لتجعل منها شخصية متكاملة؟

٨- هل تشعر بالانتماء والانسجام مع المجتمع الذي تعيش فيه ؟

٩- هل يمكن وصفك بان أعصابك هادئة ومتزنة؟

١٠- هل تثق بالمجتمع والناس الذين تتعامل معهم ؟

١١- هل أنت مسامح وتسامحك بعيد عن المبالغة ؟

١٢- هل تشعر بالتفاؤل والقناعة والسعادة غالبا ؟

١٣- هل تهتم بالناس لدرجة أنه يمكنك أن تضحى براحتك من أجلهم؟

١٤- هل لديك القدرة على حل مشكلاتك بطريقة جيدة غالبا؟

١٥- هل تكره العنف في تعاملك مع المحيطين بك؟

تفسير النتائج

أعط نفسك درجة واحدة على كل إجابة بنعم ثم انظر الدرجات من ١٣ إلى ١٥ تعنى انك تتمتع بصحة نفسية ممتازة، الدرجات من ٩ إلى ١٢ تعنى انك تتمتع بصحة نفسية جيدة الدرجات من ٥ إلى ٨ تعنى انك في حاجة إلى إعادة التوازن إلى نفسك .... ويفضل أن تخلو إلى نفسك تتأملها وتتأمل إصلاحها للحد من شعورك بعدم الارتياح هذا الدرجات الأقل من ٥ تعنى أن لديك اضطرابا ما ويحتاج إلى دعم نفسي ويفضل أن يكون لدى متخصصين. (يوسف، الصحة النفسية - الشبكة العنكبوتية)

ثانياً: مفهوم الذات للأطفال

تفيد هذه القائمة في التعرف على الأبعاد الثمانية المكونة لمفهوم الذات لدى الأطفال وقد صيغت بأسلوب مناسب لهم لكي تساعدهم على الإجابة بما يناسب عمرهم.

مفهوم الذات: مفهوم افتراضي يتضمن الآراء والمشاعر والأفكار والاتجاهات التي يكونها الفرد عن نفسه وتعبر عن خصائص جسمية وعقلية وشخصية واجتماعية. (زهران، ١٩٧٧) وكذلك يعرف مفهوم الذات: أنه التقدير الكلي الذي يقرره الفرد عن مظهره وقدراته والمشاعر والمعتقدات التي يكونها الفرد عن نفسه أو الكيفية التي يدرك بها الفرد نفسه. (لابين وبيرن، ١٩٨١)

قائمة مفهوم الذات للأطفال من سن ٧ إلى ١٦

تتألف القائمة من ثمانية مقاييس فرعية يتضمن كل منها ١٤ فقرة، وقد رمز إلى كل مقياس بحرف يمثل السمة التي يقيسها، على النحو التالي:

ق: القيمة الاجتماعية	ث: الثقة بالنفس	ج: الاتجاه نحو الجماعة
د: القدرة العقلية	م: الجسم والصحة	ن: الاتزان العاطفي
	ش: النشاط	ع: العدوانية

الرقم	رمز المقياس	مفتاح التصحيح	العبارة	أوافق	لا أوافق
١-	ج	+	بعمل صداقة بسهولة وبسرعة مع اللي بتعرف عليهم.		
٢-	ع	+	بشفق على الضعيف.		
٣-	ش	-	لما بصحى من النوم بحس جسمي مكسر وتعبان.		
٤-	م	+	شكلي جميل (وحلو).		
٥-	م	+	دائماً نفسي مفتوحة للأكل.		
٦-	ع	-	بصيح كثير.		
٧-	م	-	أنا في جسمي عاهة.		
٨-	ن	+	أنا محبوب.		
٩-	ق	+	أنا بطل.		
١٠-	ش	+	أنا قوي.		
١١-	ج	+	بحب أكون مع جماعة (من الأولاد).		
١٢-	ع	+	ما حدا بقدر يعتدي علي.		
١٣-	ش	-	أنا مش رياضي.		
١٤-	ع	+	أنا دائماً بحكي بصوت هادئ.		
١٥-	ج	+	بكون مرتاح لما بكون مع جماعة من الأولاد.		
١٦-	ذ	+	أنا ذكي.		
١٧-	ع	+	ما بحب أسب حدا أو أبهدله.		

-١٨	ث	-	ما في عندي شيء أشوف حالي عليه.		
-١٩	ع	-	أنا بقبل التانيين يتمسخروا علي.		
-٢٠	ث	-	كثير ما بعرف شو لازم أعمل.		
-٢١	ش	+	أنا سريع.		
-٢٢	ث	-	دايماً الشغله اللي بسويها ما بتزبط مليح.		
-٢٣	ن	+	أنا دايماً متفائل والدنيا بخير.		
-٢٤	ع	-	أنا بضرب.		
-٢٥	ث	+	أنا شايف حالي شوي.		
-٢٦	ش	-	أنا بتعب لما ألعب.		
-٢٧	ق	+	أنا مؤدب ومهذب.		
-٢٨	ذ	-	يادوب أعمل المطلوب مني.		
-٢٩	ش	+	أنا بحب اللعب كثيراً.		
-٣٠	ق	-	أنا بهتم بنفسي أكثر من غيري.		
-٣١	ج	-	الواحد برتاح أكثر ما يكون لوحده.		
-٣٢	ذ	+	بقدر أنتبه للمعلم وأتابعه.		
-٣٣	ج	-	بكون متضايق لما بكون مع جماعة من الأولاد.		
-٣٤	ع	+	بخاف أني أعتدي على غيري.		
-٣٥	ع	-	أنا بسامح التانيين لما يغلطوا علي.		
-٣٦	ذ	+	أنا ما بحب الدراسة.		
-٣٧	ش	+	أنا حرك كثير وما بتعب.		

-٣٨	ذ	-	المعلمون بيعطوني أشياء ما بفهمها.		
-٣٩	ن	+	أنا جريء.		
-٤٠	ن	-	أنا عصبي.		
-٤١	ق	+	أنا متعاون.		
-٤٢	ن	-	أنا خجول.		
-٤٣	ش	-	أنا ما بتحرك (نشاطي قليل).		
-٤٤	ذ	+	بحب أعمل أشياء جديدة.		
-٤٥	ش	+	لما بصحى من النوم بحس حالي مرتاحة ونشيطة.		
-٤٦	ج	+	أنا قائد في مجموعتي.		
-٤٧	ق	+	أنا كريم.		
-٤٨	م	+	طولي مناسب مثل غيري.		
-٤٩	ج	-	ما عندي أصدقاء.		
-٥٠	ث	+	أنا بعرف أدبر حالي.		
-٥١	ع	-	بعرف كيف أسب وأبهدل.		
-٥٢	ق	-	أنا مضحك.		
-٥٣	ق	-	أنا دفش وعبيط.		
-٥٤	ذ	+	أنا شاطر.		
-٥٥	ق	-	فش حدا بيستحق أكون كريم معاه.		
-٥٦	ج	+	الواحد بتسلى أكثر مع الجماعة.		

-٥٧	م	+	وزن جسمي عادي.			
-٥٨	ق	-	أنا بحب حالي.			
-٥٩	ج	-	بحب ألعب وحدي.			
-٦٠	ن	+	أنا هادئ.			
-٦١	م	-	أنا سمين زيادة.			
-٦٢	ش	-	أنا بتعب بسرعة.			
-٦٣	ع	-	الأولاد الثانيين بخافوا مني.			
-٦٤	ع	-	بحب ألاقي ولد أتمسخر عليه.			
-٦٥	ق	-	مفش حدا يستحق المساعدة.			
-٦٦	ث	+	أنا شاطر بشغلات كثيرة.			
-٦٧	ج	-	بحب أكون لوحدي.			
-٦٨	ذ	+	أنا مجتهد.			
-٦٩	م	-	أنا نحيف كثير.			
-٧٠	ن	-	أقل شيء ينرفزني.			
-٧١	ث	+	بظل وراء الشغلة حتى أخلصها.			
-٧٢	ك	-	أنا أكثر الأحيان مكشر وزهقان.			
-٧٣	ذ	+	بتذكر أشياء كثيرة.			
-٧٤	م	-	أنا دايماً مريض.			
-٧٥	ث	+	الشغلة اللي بعملها بتزبط مليح.			
-٧٦	م	+	أنا لا سمين ولا نحيف.			

-٧٧	ذ	-	بطول حتى أفهم الشغلة.		
-٧٨	ن	-	أنا بغار.		
-٧٩	ث	+	أنا قد حالي.		
-٨٠	ش	+	أنا رياضي.		
-٨١	ن	+	أنا بحب الأولاد التانيين مثل نفسي.		
-٨٢	ج	+	بحب أشترك مع مجموعة من الأولاد باللعب.		
-٨٣	م	-	شكلي مش جميل.		
-٨٤	ث	-	بزهق بسرعة قبل ما بتخلص الشغلة.		
-٨٥	ذ	-	أنا كسلان.		
-٨٦	ش	-	أنا بطيء.		
-٨٧	ج	-	أنا بمشي زي ما بدهم صحابي.		
-٨٨	ذ	+	بفهم شرح المعلم بسرعة.		
-٨٩	ع	-	بخاف من التانيين.		
-٩٠	ج	+	أصدقائي كثار.		
-٩١	م	+	صحتي دايماً كويسة.		
-٩٢	ق	+	أنا بهتم بغيري زي نفسي.		
-٩٣	ن	+	لازم يكون في سبب كبير حتى أزعل.		
-٩٤	ج	-	بلاقي صعوبة أني أعمل أصدقاء جدد.		
-٩٥	ش	+	أنا عندي حيوية ونشاط.		

-٩٦	ث	-	في كثير من الأحيان بتلبك لما بحكي (وبرتبك).		
-٩٧	ش	-	أنا ضعيف.		
-٩٨	م	-	أنا أقصر من الأولاد التانيين.		
-٩٩	م	+	أنا كل شيء في جسمي سليم وكامل.		
-١٠٠	ن	+	أنا دايماً مبسوطة ومفرفشة.		
-١٠١	ذ	-	لما بتشرح المعلمة عقلي بسرح.		
-١٠٢	ع	-	أنا شرس.		
-١٠٣	ث	+	أنا شاطر.		
-١٠٤	ث	-	ما بقدر حتى على اللي أصغر مني.		
-١٠٥	ق	+	أنا أمين.		
-١٠٦	ن	-	أنا أكثر الأحيان متشائمة.		
-١٠٧	ذ	-	أنا بنسى كثير.		
-١٠٨	م	-	قليل ما بيجي على بالي الأكل (أكل).		
-١٠٩	م	-	أنا مكروه.		
-١١٠	ث	-	الشغلات اللي شاطر فيها قليلة.		
-١١١	ج	-	في كثير من الأحيان بكذب.		
-١١٢	ق	+	أنا بحب المساعدة.		

وضعت لكل بعد من الأبعاد الشخصية الثمانية أوصاف تقويمية عامة يعبر بعضها عن مفهوم إيجابي للذات، وبعضها الآخر عن مفهوم سلبي وفيما يلي الأوصاف الرئيسية التي اعتمدت في تحديد فقرات المقاييس الفرعية

الأبعاد الشخصية	التقويم الإيجابي	التقويم السلبي
١- القيمة الاجتماعية (ق)	يهتم بالآخرين، يأخذ بقيم اجتماعية مقبولة.	يهتم بنفسه دون الآخرين ينكر قيم الجماعة.
٢- الثقة بالنفس (ث)	يثق بنفسه وبقدراته ومهاراته وشعوره بالنجاح قوي.	غير واثق من قدراته ومهاراته عنده شعور بالفشل.
٣- الاتجاه نحو الجماعة (ج)	يتجه نحو الجماعة، يرتاح لها ويتقبلها ويشاركها.	يبتعد عن الجماعة، يتجه نحو نفسه، يستصعب المشاركة الجماعية.
٤- القدرة العقلية (ذ)	تقديره لنفسه أنه عالي الذكاء والفطنة والقدرة على الفهم والتذكر.	تقديره لنفسه أنه غير ذكي، بطيء التعلم اعتمادي في المهمات العقلية.
٥- الجسم والصحة (م)	يتقبل جسمه، يعزو لجسمه صفات إيجابية، يشعر بالصحة أكثر من المرض.	يرفض جسمه، يعزو لجسمه صفات سلبية، يشعر بالمرض أو الاعتلال.
٦- الاتزان العاطفي (ن)	متفائل، غير قلق، سعيد.	متشائم، قلق، يشعر بالشقاء.
٧- النشاط (ش)	يعبر عن الحيوية والنشاط وفائض من الطاقة.	يعبر عن الخمول والتعب والافتقار للطاقة.
٨- العدوانية (ع)	لا يخشى الآخرين، ولا يعتدي عليهم، ينتصر للضعيف.	متبجح بقوته، عدواني بدون مبرر أو ضعيف أمام الآخرين.

طريقة التصحيح وتفسير النتائج:

- عدد فقرات القائمة (١١٢) فقرة.
- وزعت العبارات بالتساوي في (٨) مقاييس فرعية(١٤ فقرة في كل مقياس) وقد تناولت المقاييس الفرعية الأبعاد الشخصية التالية وقد رمز لكل مقياس بحرف يمثل السعة التي يقيسها على النحو التالي:

١- القيمة الاجتماعية: ق — ٢- القدرة العقلية: د

٣- الثقة بالنفس: ث — ٤- الاتجاه نحو الجماعة: ج

٥- الجسم والصحة: م — ٦- الاتزان العاطفي: ن

٧- النشاط: ش — ٨- العدوانية: ع

- الأوزان في الفقرات ذات الاتجاه الإيجابي: أوافق (٢) لا أوافق (١)
ويتم عكس الأوزان في حالة الفقرات السالبة.
- تتراوح الدرجة الكلية على المقياس بين (١١٢– ٢٢٤).

ملاحظة: تم تحويل العبارات من صيغة الإناث لصيغة الذكور. (الأخضر، ١٩٨٩)

ثالثاً: مقياس تنسى لمفهوم الذات

أ. د. صفوت فرج — د. هبه إبراهيم

تفيد هذه القائمة في التعرف على مفهوم الذات لدى الطلبة، ويمكن أن يستفيد منها الطلبة الكبار، وخاصة التعرف على الذات الجسمية والشخصية والأسرية والاجتماعية والأخلاقية.

يصنف الكتاب السنوي للمقاييس العقلية Mental Measurements Yearbook طبعة عام ١٩٧٢. (Krisen 1972) مقياس تنسى لمفهوم الذات بين أهم عشر مقاييس للشخصية حظيت ببحوث واهتمام من الباحثين، ورغم أن الكثير من المقاييس تحصل على قدر كبير من الاهتمام على امتداد فترة زمنية محدودة، إلا أننا وبعد أكثر من خمسة

وعشرين عاما من تقرير بوروس، ومن خلال مسح الكتروني شامل نتبين أن هذا المقياس مازال أداه أساسية هامة في عدد ضخم من البحوث تجاوز الألفي بحث على امتداد عامي ٩٥ - ١٩٩٦ وتشير هذه الظاهرة إلى أن الاهتمام بهذا المقياس كانت له مبررات هامة بما جعله يسهم بشكل جيد في النشاط البحثي والإرشادي والإكلينيكي كما ساعد على نمو المعرفة السيكولوجية بجوانب سلوكية متعددة.

ويشير مفهوم الذات إلى خبرة الشخص بذاته أو محصله خبراته بذاته من كل المواقف السلوكية وهذا هو المعنى الذي استخدم به المصطلح منذ وليام جيمس حول نهاية القرن الماضي (James, 1890)، وهو المعنى نفسه الذي ظل عليه لدى البورت (Allport, 1961) مفهوم الذات مفهوم إدراكي متكامل غير واضح المعالم من حيث خصائصه أو الطريقة التي يتشكل بها، ولكنه شديد الوضوح في تعبيره عن نفسه وفي تشكيله لسلوك الفرد وخريطة سماته المزاجية.

● الفقرات التي تقيس الذات الجسمية هي: ١، ٢، ٣، ١٨، ١٩، ٢٠، ٣٥، ٣٦، ٣٧، ٥٢، ٥٣، ٥٤، ٦٩، ٧٠، ٧١، ٨٥، ٨٦، ٨٧.

● الفقرات التي تقيس الذات الشخصية: ٦، ٨، ٩، ٢٤، ٢٥، ٢٦، ٤١، ٤٢، ٤٣، ٥٨، ٥٩، ٦٠، ٧٥، ٧٦، ٧٧، ٩١، ٩٢، ٩٣.

● الفقرات التي تقيس الذات الاجتماعية: ١٣، ١٤، ١٥، ٣٠، ٣١، ٣٢، ٤٧، ٤٨، ٤٩، ٦٤، ٦٥، ٦٦، ٨١، ٨٢، ٨٣، ٩٧، ٩٨، ٩٩.

● الفقرات التي تقيس الذات الأسرية: ١٠، ١١، ١٢، ٢٧، ٢٨، ٢٩، ٤٤، ٤٥، ٤٦، ٦١، ٦٢، ٦٣، ٧٨، ٧٩، ٨٠، ٩٤، ٩٥، ٩٦.

● الفقرات التي تقيس الذات الأخلاقية: ٤، ٥، ٦، ٢١، ٢٢، ٢٣، ٣٨، ٣٩، ٤٠، ٥٥، ٥٦، ٥٧، ٧٢، ٧٣، ٧٤، ٨٨، ٨٩، ٩٠.

● الفقرات التي تقيس أبعاد إكلينيكية: ١٦، ١٧، ٣٣، ٣٤، ٥٠، ٥١، ٦٧، ٦٨، ٨٤، ١٠٠.

الرقم	الخصائص الإكلينيكية	عصاب	تكامل شخصية	سوء توافق	ذهان	دفاعات موجبه	اضطرابات شخصية
١-	صحتي كويسة قوي			×			
٢-	أنا جذاب		×	×			
٣-	أنا شخص مهرجل						
٤-	أنا مهذب						×
٥-	أنا أمين				×		×
٦-	أنا شخص سيئ						
٧-	أنا مرح	×					
٨-	أنا هادئ وأخذ الأمور ببساطه	×	×			×	
٩-	أنا بدون قيمة			×			
١٠-	عيلتي دائماً جنبي في أي مشكلة			×			
١١-	أنا واحد من عيلة سعيدة	×					
١٢-	أصدقائي لا يثقون في			×			
١٣-	أنا ودود			×		×	
١٤-	أنا محبوب من الرجال			×		×	
١٥-	ما اشغلش بالي باللي بيعملوه الناس		×	×	×		
١٦-	لا أقول الصدق دائما						×
١٧-	أحيانا أثور وأغضب				×		
١٨-	أحب أن أبقي نظيف وفي أحسن حال		×				
١٩-	أنا مليان أوجاع وآلام			×			

الرقم	الخصائص الإكلينيكية	عصاب	تكامل شخصية	سوء توافق	ذهان	دفاعات موجبه	اضطرابات شخصية
٢٠-	أنا شخص عليل	×			×		
٢١-	أنا شخص متدين		×				×
٢٢-	أخلاقياتي دون المستوى						×
٢٣-	أخلاقي ضعيفة			×			
٢٤-	أقدر كويس أتحكم في نفسي	×	×				
٢٥-	أنا حقود	×					
٢٦-	أنا مهووس	×			×		
٢٧-	أنا مهم في نظر عيلتي وأصحابي	×		×			
٢٨-	ما أحد من عيلتي بيحبني				×		
٢٩-	أشعر أن عيلتي لا تثق في			×			
٣٠-	أنا محبوب من النساء				×	×	×
٣١-	أنا ثائر على العالم كله						
٣٢-	صعب على أي حد أنه يصاحبني		×		×		
٣٣-	ساعات أفكر في حاجات مش قادر أقولها	×			×		
٣٤-	ساعات لما أكون مش مبسوط أحس بالضياع	×			×	×	
٣٥-	لا أنا تخين ولا أنا رفيع	×					
٣٦-	أنا راضى بشكلي كده		×			×	×
٣٧-	ياريت اقدر أغير بعض أجزاء جسمي					×	

الرقم	الخصائص الإكلينيكية	عصاب	تكامل شخصية	سوء توافق	ذهان	دفاعات موجبة	اضطرابات شخصية
-٣٨	راضى بأخلاقي وسلوكي						×
-٣٩	أنا راضي بعلاقتي بربنا				×	×	
-٤٠	لازم أزود من ذهابي لبيوت الله		×				×
-٤١	أنا راضى بحالي	×	×			×	
-٤٢	أنا كده لطيف وكويس					×	×
-٤٣	باحتقر نفسي			×			
-٤٤	أنا راضي بعلاقاتي العائلية	×					
-٤٥	أنا فاهم عيلتي كويس قوى	×	×			×	
-٤٦	أنا لازم أثق في عيلتي أكثر من كده		×		×		×
-٤٧	أنا اجتماعي على قد ما كنت أحب		×				
-٤٨	أحاول أكون مصدر سرور للناس من غير إفراط			×		×	
-٤٩	أنا سيء من وجهة نظر اجتماعية			×			
-٥٠	مش بأحب كل معارفي	×			×	×	×
-٥١	أحيانا أضحك من نكته بذيئة						
-٥٢	لا أنا طويل قوي ولا قصير قوي				×	×	
-٥٣	مش حاسس إني على ما يرام	×	×				
-٥٤	أحب أكون جذاب أكثر عند الجنس الآخر		×				
-٥٥	أنا متدين زى ما كنت أحب				×	×	

الرقم	الخصائص الإكلينيكية	عصاب	تكامل شخصية	سوء توافق	ذهان	دفاعات موجبه	اضطرابات شخصية
-٥٦	أحب أبقى موضع ثقة أكثر من هسا						×
-٥٧	مش لازم اكذب كثير بعد كده						×
-٥٨	أنا ذكي وذكائي مناسب						
-٥٩	لست الشخص الذي كنت أحب أن أكون	×	×				×
-٦٠	ما بظل سهل وطوع هيك		×	×			
-٦١	بعامل والدي كما يجب		×		×	×	
-٦٢	أنا حساس لحاجات كثير من اللي بتقولها عيلتي	×					
-٦٣	لازم أحب عيلتي أكثر من كده				×		×
-٦٤	أنا راضي بطريقتي في معاملة الناس					×	
-٦٥	لازم أكون مؤدب أكثر من كده						
-٦٦	لازم انسجم أكثر مع الناس الثانية		×		×		×
-٦٧	أحيانا تكلم في سيرة الناس				×	×	
-٦٨	ساعات أحس إني حاب أسب واشتم					×	×
-٦٩	باعتني جدا بجسمي				×		×
-٧٠	باحاول اعتني بمظهري			×			
-٧١	أنا خايب كثير في الأعمال اليدوية	×	×				

-٧٢	أنا عايش في حياتي العادية حسب معتقداتي						×
-٧٣	بمجرد ما أغلط على طول أرجع من غلطي						×
-٧٤	ساعات أعمل حاجات مش كويسة كثير						×
-٧٥	أقدر أخذ بالي من نفسي في أي وقت			×			
-٧٦	أقبل التأنيب بسهولة وبدون غضب					×	
-٧٧	باتصرف من غير ما أفكر قبلها			×			
-٧٨	باحاول أتصرف بنزاهة مع عيلتي وأصحابي	×		×			
-٧٩	بأهتم كويس قوي بعيلتي						×
-٨٠	والدي كان له السمع والطاعة		×		×	×	
-٨١	دايماً أحاول فهم وجهة النظر الأخرى					×	
-٨٢	علاقتي كويسة بالناس	×	×			×	×
-٨٣	مش سهل أسامح			×			
-٨٤	يهمني قوي أبقي كسبان في أي لعبة					×	
-٨٥	باحس أن على ما يرام معظم الوقت	×				×	

-٨٦	أنا مش لعيب لا في الرياضة ولا في العاب التسالي				×		
-٨٧	نومي قليل						
-٨٨	بأعمل المضبوط غالبا						
-٨٩	ساعات الجأ للوسائل الملتوية						×
-٩٠	على الالتزام بالمعايير الأخلاقية		×	×			
-٩١	بأحل مشاكلي بسهولة	×				×	
-٩٢	دايما باغير رأيي		×	×			
-٩٣	دايما أحاول أهرب من مشاكلي	×	×				
-٩٤	بأعمل نصيبي من شغل البيت					×	
-٩٥	بأتخانق مع أفراد عائلتي			×			
-٩٦	دائما أخيب ظن عيلتي						×
-٩٧	كل واحد اعرفه ألاقي فيه ميزة معينة					×	
-٩٨	مش سهل ارتاح مع الناس	×	×				
-٩٩	صعب على أني أتكلم مع غرباء						
-١٠٠	أحيانا أؤجل عمل اليوم للغد				×	×	

(فرج وإبراهيم، ١٩٩٦)

رابعاً: تقدير الذات لروسن بيرج

تفيد هذه القائمة نظرا لاختصارها وللدراسات العديدة التي أجريت عليها في التعرف على مدى قدرة الطلبة في إصدار أحكام أكثر ايجابية عن أنفسهم.

طريقة شعور الفرد نحو ذاته، بما في ذلك درجة احترامه وقبوله لها. (Corsini.1987) وهو أيضاً تقييم الفرد لقدراته وصفاته وتصرفاته. (Woolfolk, 2001) ويبدأ تقدير الذات في التطور منذ الطفولة ويعتمد تطوره على اتجاهات الوالدين وآراء الآخرين إلى جانب خبرة الأطفال في السيطرة على البيئة التي يعيشون فيها في السنين الأولى من العمر، وتنشأ مشاعر الأطفال حول قيمهم وقدراتهم من داخلهم، وتعتمد بشكل أعلى على الاستجابات الفورية الصادرة عن أولئك الذين حولهم وبمرور الوقت يصبح لتطور تقدير الذات صلة بالجماعات الأخرى مثل الأصدقاء والأسرة، إذ يحاول الأطفال أن يجدوا مكانهم في الجماعات من خلال الأصدقاء والأندية، فعندما يتعلم الأطفال المشي يستكشفون بيئتهم ويلعبون ويتحدثون وينخرطون في جميع التفاعلات الاجتماعية، وهم ينظرون إلى والديهم والراشدين الآخرين من أجل ردود أفعالهم وهكذا فإن تقدير الذات يتطور مبدئيا نتيجة للعلاقات الشخصية داخل الأسرة فالمدرسة ثم المجتمع الكبير. (,Atkinson& Hornby (2002

ويلعب تقدير الذات دوراً مهماً في زيادة دافعية الفرد للانجاز والتعلم وفي تطور شخصيته وجعلها أقل عرضة للاضطرابات النفسية المختلفة فقد تبين أن تقدير الذات العالي يرتبط بالصحة النفسية والشعور بالسعادة في حين أن تقدير الذات المنخفض يرتبط بالاكتئاب والقلق والتوتر والمشكلات النفسية (Mruk,1995)، وتنشأ مشكلة تقدير الذات المنخفض عندما يقيم الأشخاص أنفسهم على أساس سلوكهم أو انجازاتهم أو أعمالهم التي تظهر عدم كفايتهم وأخطائهم وفشلهم (Patterson,1980)، وقد عرف روسن بيرج (Rosenberg, 1965) تقدير الذات بأنه العور بالقيمة (-Self worth) حيث يرى أن تقدير الذات يمثل اتجاها نحو الذات، إما أن يكون ايجابيا أو سلبيا والذي يتمثل بشعور الفرد بأنه ذو قيمة ويحترم ذاته لما هي عليه. (Allen et l, 202)

مقياس روسن بيرج لتقدير الذات Rosenberg Self-Esteem Scale

ضع دائرة حول الفقرة التي توافق عليها بشكل أكثر

الرقم	العبارة	موافق بقوة	موافق بدرجة بسيطة	بين الموافقة وعدمها	غير موافق بدرجة بسيطة	غير موافق بشدة
١-	في المجمل أنا راض حول نفسي					
٢-	أعتقد أحيانا أنني جيد في كل شيء					
٣-	أشعر بأن لدي عدد من الأمور ذات النوعية الجيدة					
٤-	قادر على أن أعمل أشياء جيدة كما معظم الآخرين					
٥-	أشعر بأنه ليس لدي الشيء الكثير لأخجل منه					
٦-	بالتأكيد أشعر بعدم الفائدة في بعض الأحيان					
٧-	أشعر بأنني شخص له قيمة أو على الأقل مساو لمستوى الآخرين					
٨-	أرغب أن أملك احترام أكثر مع نفسي					
٩-	بشكل عام، أميل إلى الشعور بأنني فاشل					
١٠-	لدي اتجاه إيجابي تجاه نفسي					

(Rosenberg, 1965)

التصحيح والتفسير: تجمع الدرجات وكلما كان الفرد لديه علامات أعلى دل ذلك على تقدير مرتفع للذات.

خامساً: مقياس التكيف النفسي للأطفال Children Adjustment

تفيد هذه القائمة في التعرف على مدى تكيف الأطفال في أسرتهم وحياتهم الشخصية والاجتماعية والانفعالية.

يعد التكيف النفسي للأطفال عاملاً مهماً في استقرارهم الشخصي وتعاملهم الاجتماعي مع الآخرين، وعند دراسة التكيف النفسي للأطفال لا بد من التطرق إلى مفهوم التكيف النفسي للأطفال، والعوامل المؤثرة فيه، والمظاهر التي يظهر من خلالها، كما لا بد من الحديث عن بعض الطرق التي تستخدم وتساعد على التكيف.

فالتكيف النفسي للأطفال هو: حالة دائمة نسبيا يكون فيها الطفل متكيفا نفسيا (شخصيا وانفعاليا واجتماعيا سواء مع نفسه أو مع بيئته)، ويشعر فيها بالسعادة مع نفسه ومع الآخرين. حيث يقدر على تحقيق ذاته واستغلال قدراته وإمكانياته إلى أقصى حد ممكن. وهذا يؤدي إلى قدرته على مواجهة مطالب الحياة. فيخلق منه شخصية متكاملة سوية، وسلوكه عاديا (زهران، ١٩٨٥)، كما يرى الدسوقي (١٩٧٦) أن التكيف النفسي لدى الأطفال هو: عملية إشباع لحاجاتهم، والتي تثيرها دوافعهم بما يحقق رضاهم عن أنفسهم وشعورهم بالارتياح، ويكون الطفل متكيفا إذا أحسن التعامل مع الآخرين بشأن هذه الحاجات، وأجاد تناول ما يحقق رغباته بما يرضيه ويرضي الآخرين.

عزيزي الطالب: هذه بعض العبارات التي يستخدمها الأولاد والبنات ليصفوا أنفسهم أو ليصفوا شعورهم، ضع إشارة (X) في الخانة التي تصف شعورك أجب بصدق، حيث لا توجد إجابة صحيحة أو خاطئة .

الرقم	العبارات	أبداً	قليلاً	أحياناً	معظم الوقت	دائماً
١-	أشعر أنني إنسان له قيمة					
٢-	أعاني من تقلبات في المزاج دون معرفة السبب					
٣-	أتعاون مع أفراد أسرتي					
٤-	أجرح عند الضرورة شعور الآخرين					
٥-	لا أثق بنفسي					
٦-	أشعر بالسعادة					
٧-	تحدث خلافات بيني وبين أخوتي					
٨-	أتمتع بشعبية بين الزملاء					
٩-	أجعل حياتي مليئة بالتفاؤل					
١٠-	أشعر بالحزن والاكتئاب					
١١-	أحب أفراد أسرتي					
١٢-	أتجنب مقابلة الغرباء					
١٣-	أتمنى لو كنت شخصاً أفضل مما أنا عليه					
١٤-	أحب نفسي					
١٥-	أشعر أن أفراد أسرتي لا يحبون بعضهم					
١٦-	أشارك في النشاط المدرسي					
١٧-	لا أستسلم للفشل وأحاول من جديد					
١٨-	أشكو من القلق					
١٩-	أثق في أفراد أسرتي					
٢٠-	أشعر أن زملائي يكرهونني					
٢١-	أشعر أنني مظلوم وسيئ الحظ					

-٢٢	لا أغضب بسرعة						
-٢٣	أشعر أنني غريب بين أفراد أسرتي						
-٢٤	أتقبل نقد الآخرين						
-٢٥	أعدل من أفكاري أو سلوكي عند الضرورة						
-٢٦	أشعر برغبة في البكاء						
-٢٧	أتشاور مع أفراد أسرتي في اتخاذ قراراتي						
-٢٨	أشعر أن معاملة الآخرين لي سيئة						
-٢٩	أشعر أنني أقل من غيري						
-٣٠	أشعر أنه ليس من السهل جرح مشاعري						
-٣١	أشعر أن وضع أسرتي يحد من حريتي						
-٣٢	أشعر أن علاقاتي حسنة مع الآخرين						
-٣٣	أعمل على حل المشكلات التي تواجهني						
-٣٤	أشعر بالتململ وعدم الرغبة في الاستقرار في مكان معين						
-٣٥	أحب أن أقضي كثيراً من الوقت مع أفراد أسرتي						
-٣٦	أشعر بالراحة إذا انصاع الزملاء لإرادتي						
-٣٧	أتردد كثيراً قبل قبولي بالأمور						
-٣٨	أشعر أن حياتي مليئة بالفرح						
-٣٩	أتمنى لو كنت من أسرة غير أسرتي						
-٤٠	أتطوع لتقديم المساعدة لمن يحتاجها						

يتألف هذا المقياس في صورته النهائية من أربعين فقرة موزعة في أربعة أبعاد، حيث يمثل كل بعد عشرة فقرات، وهذه الأبعاد هي:

أ- **البعد الشخصي:** ويشير إلى حياة الطفل الشخصية ومدى تقديره لذاته، والفقرات التي تقيسه (١، ٥، ٩، ١٣، ١٧، ٢١، ٢٥، ٢٩، ٣٠، ٣٧).

ب- **البعد الانفعالي:** ويشير إلى الحياة الانفعالية والمشاعر لدى الطفل، والفقرات التي تقيسه (٢، ٦، ١٠، ١٤، ١٨، ٢٢، ٢٦، ٣٣، ٣٤، ٣٨).

ج- **البعد الأسري:** ويشير إلى علاقات الطفل مع أسرته، والفقرات التي تقيسه (٣، ٧، ١١، ١٥، ١٩، ٢٣، ٢٧، ٣١، ٣٥، ٣٩).

د- **البعد الاجتماعي:** ويشير إلى علاقات الطفل مع المجتمع المحيط به كأصدقائه، والفقرات التي تقيسه (٤، ٨، ١٢، ١٦، ٢٠، ٢٤، ٢٨، ٣٢، ٣٦، ٤٠).

تصحيح المقياس:

وقد اعتبرت الفقرات التالية ايجابية (١، ٣، ٦، ٨، ٩، ١١، ١٤، ١٦، ١٧، ١٩، ٢٢، ٢٤، ٢٥، ٢٧، ٣١، ٣٢، ٣٣، ٣٥، ٣٨، ٤٠)، كما كانت الفقرات التالية سلبية (٢، ٤، ٥، ٧، ١٠، ١٢، ١٣، ١٥، ١٨، ٢٠، ٢١، ٢٣، ٢٦، ٢٨، ٢٩، ٣٠، ٣٤، ٣٦، ٣٧، ٣٩) وتتضمن الاستجابة للمقياس اختيار المفحوص لكل فقرة بديلا من خمسة بدائل، هي: (أبداً، قليلاً، أحيانا، معظم الوقت، ودائماً). ويعتمد تصحيح المقياس على ميزان خماسي من واحد إلى خمسة، ومجموع الدرجات على المقياس هو درجة الطالب الكلية التي تشير إلى التكيف النفسي العام لديه، هذا وتتراوح الدرجات على المقياس بين (٤٠) وهي تمثل أدنى حد يمكن الحصول عليه، وتشير إلى مستوى متدن من التكيف النفسي، و(٢٠٠) وهي تمثل أعلى درجة يمكن الحصول عليها، وتشير إلى مستوى مرتفع من التكيف النفسي لدى الطفل. ولأغراض احتساب الدرجة الكلية على المقياس تم عكس الفقرات السلبية.

وبناء على ذلك فقد تم اختيار هذا المقياس بسبب مناسبته للبيئة الأردنية وحداثته وتعدد الدراسات التي استخدمته مع الأطفال، كما تم استخدامه نظرا لسهولة فقراته بالنسبة للأطفال. (جبريل، ١٩٩٦)

سادساً: توقعـات الكفاءة الذاتيّـة

تفيد هذه القائمة في التعرف على القدرات لدى الطلبة كما يتوقعونها هم بأنفسهم وبشكل عام، مما ينعكس على ثقتهم بأنفسهم وصحتهم النفسية.

تعتبر توقعات الكفاءة الذاتية من البناءات النظرية التي تقوم على نظرية التعلم الاجتماعي المعرفي لباندورا والتي باتت تحظى في السنوات الأخيرة بأهمية متزايدة في مجال علم نفس الصحة Health Psychology لإسهامها كعامل وسيط في تعديل السلوك.

قائمة حول الذات تحتوي على توقعات ذاتية حول قدرة الشخص في التغلب على مواقف ومهمات مختلفة بصورة ناجحة أمّا شفارتسر (Schwarzer, 1994) فينظر لتوقعات الكفاءة الذاتية أيضاً أنها عبارة عن بعد ثابت من أبعاد الشخصية، تتمثل في قناعات ذاتية في القدرة على التغلب على المتطلبات والمشكلات الصعبة التي تواجه الفرد من خلال التصرفات الذاتية. وينسب كلا الباحثين أيضاً توقعات الكفاءة الذاتية وظيفة مـوجِهة للسلوك تقوم على التحضير أو الإعداد للتصرف وضبطه والتخطيط الواقعي له.

وتنبع أهمية توقعات الكفاءة الذاتية بالنسبة للممارسة التربوية والعيادية النفسية والنفسية الصحية، لأنها تؤثر على الكيفية التي يفكر بها الناس، فهي ترتبط على المستوى الانفعالي بصورة سلبية مع مشاعر القلق والاكتئاب والقيمة الذاتية المنخفضة وعلى المستوى المعرفي ترتبط مع الميول التشاؤمية ومع التقليل من قيمة الذات . (Schwarzer, 1990, 1994)

تقوم توقعات الكفاءة الذاتية على "فرضيات الفرد حول إمكانات تحقيق خيارات سلوكية معينة" (Krampen,1989:35). وبالتالي فهي تتمثل في الإدراك والتقدير الفرديين لحجم القدرات الذاتية من أجل التمكن من تنفيذ سلوك معين بصورة ناجحة (Bandura, 1979). وتؤثر هذه الكفاءة التي يقدِرها الفرد نفسه على نوع التصرف المنجز وعلى الاستهلاك والتحمل عند تنفيذ هذا السلوك. يشكل كل من الأهداف أو المخططات ومفهوم الذات إحدى التصورات المهمة ضمن نظرية التعلم الاجتماعي. ويحاول تصور الأهداف تفسير أنماط السلوك التي تستمر لفترة طويلة على الرغم من عدم وجود مبررات خارجية لهذا الاستمرار. ويشتمل هذا التصور على تنظيم لصيرورة الشخصية أيضاً، أي أن أهدافنا أو مخططاتنا تساعدنا على وضع الأولويات وعلى الاختيار بين السلوكيات التي تبدو في العادة على الدرجة نفسها من الأهمية (Pervin, 1987).

والمقصود بالكفاءة الذاتية أو توقعات الكفاءة الذاتية "توقع الفرد بأنه قادر على أداء السلوك الذي يحقق نتائج مرغوب فيها في أي موقف معين" (جابر، ١٩٨٦: ٤٤٢)، وهذا يعني أنه عندما تواجه الفرد مشكلة ما أو موقف يتطلب الحل فإن الفرد، قبل أن يقوم بسلوك ما، يعزو لنفسه القدرة على القيام بهذا السلوك، وهذا ما يشكل الشق الأول من الكفاءة الذاتية، في حين يشكل إدراك هذه القدرة الشق الثاني من الكفاءة الذاتية، أي على الفرد أن يكون مقتنعاً على أساس من المعرفة والقدرة ...الخ بأنه يمتلك بالفعل الكفاءة اللازمة للقيام بسلوك ما بصورة ناجحة (Schwarzer, 1990)

مقياس توقعات الكفاءة الذاتية العامة- **Scale General Self-Efficiency**

تأليف: رالف شفارتسر **Ralf Schwarzer** **ترجمة: سامر رضوان**

وصف المقياس: يتألف المقياس في صيغته الأصلية من عشرة بنود يطلب فيها من المفحوص اختيار إمكانية الإجابة وفق متدّرج يبدأ من (لا، نادراً، غالباً، دائماً). ويتراوح المجموع العام للدرجات بين ١٠ و ٤٠، حيث تشير الدرجة المنخفضة إلى انخفاض توقعات الكفاءة الذاتية العامة والدرجة العالية إلى ارتفاع في توقعات الكفاءة الذاتية العامة، تتراوح مدة التطبيق بين (٣-٧) دقائق ويمكن إجراء التطبيق بصورة فردية أو جمعية.

السن: .... عاماً

الجنس: ....

العمل: (إذا كنت تعمل ....

الدراسة والسنة الدراسية إذا كنت طالباً ....

تعليمات: أمامك عدد من العبارات التي يمكن أن تصف أي شخص، اقرأ كل عبارة، وحدد مدى انطباقها عليك بوجه عام، وذلك بوضع دائرة حول كلمة واحدة فقط مما يلي كل عبارة منها وهي:لا، نادراً، غالباً، دائماً.

ليس هناك إجابة صحيحة وإجابة خاطئة، وليست هناك عبارات خادعة. أجب بسرعة ولا تفكر كثيراً بالمعنى الدقيق لكل عبارة. ولا تترك أي عبارة دون إجابة.

	العبارة	لا	نادراً	غالباً	دائما
١-	عندما يقف شخص ما في طريق تحقيق هدف أسعى إليه فإني قادر على إيجاد الوسائل المناسبة لتحقيق مبتغاي.				
٢-	إذا ما بذلت من الجهد كفاية، فإني سأنجح في حل المشكلات الصعبة.				
٣-	من السهل علي تحقيق أهدافي ونواياي.				
٤-	أعرف كيف أتصرف مع المواقف غير المتوقعة.				
٥-	اعتقد بأني قادر على التعامل مع الأحداث حتى لو كانت هذه مفاجئة لي.				
٦-	أتعامل مع الصعوبات بهدوء لأني أستطيع دائما الاعتماد على قدراتي الذاتية.				
٧-	مهما يحدث فإني أستطيع التعامل مع ذلك.				
٨-	أجد حلا لكل مشكلة تواجهني.				
٩-	إذا ما واجهني أمر جديد فإني أعرف كيفية التعامل معه.				
١٠-	أمتلك أفكارا متنوعة حول كيفية التعامل مع المشكلات التي تواجهني.				

(رضوان، ١٩٩٧)

سابعاً: مقياس الحاجات النفسية الأساسية

يفيد هذا المقياس في التعرف على الحاجات النفسية لدى الطلبة ومدى تلبية هذه الحاجات، وخاصة الحاجة للاستقلالية والكفاءة والقرب من الآخرين.

بين يديك قائمة تحتوي على مجموعة من الحاجات النفسية التي يحتاجها الناس في عمرك، أرجو قراءة كل من تلك العبارات ووضع إشارة (X) في المكان المناسب الذي يتطابق مع ظروفك الحياتية، راجياً التكرم بالإجابة على جميع العبارات بكل الصراحة والصدق الممكنين.

مع العلم أن هذه القائمة لا يوجد فيها ما يمكن اعتباره صحيحاً أو خاطئا، لذا أرجو الإجابة على جميع العبارات دون استثناء، ولك خالص الشكر والتقدير.

الرقم	العبارة	دائماً	غالباً	أحياناً	نادراً	أبداً
١-	أشعر أنني حر في أن أقرر بنفسي أموري الخاصة					
٢-	أحب الناس الذين أتعامل معهم					
٣-	أشعر بعدم الكفاءة وضعف في قدراتي					
٤-	أشعر بالضغط في حياتي					
٥-	يمتدح ويقدر الناس الذين يعرفونني ما أقوم به					
٦-	أكون على وفاق مع الناس الذين أتعامل معهم					
٧-	أفضل أن لا أقيم علاقات اجتماعية كثيرة					

٨-	عموماً أشعر بالحرية في التعبير عن أفكاري وآرائي					
٩-	أعتبر أن الناس الذين أتعامل معهم باستمرار أصدقاء لي					
١٠-	لدي القدرة على تعلم مهارات جديدة ومفيدة					
١١-	أضطر إلى تنفيذ ما يطلبه الآخرون في حياتي اليومية					
١٢-	أجد الاهتمام الكافي من الناس الذين أتعامل معهم					
١٣-	أشعر معظم الأيام بقيمة الإنجاز الذي أحققه					
١٤-	يحترم الناس الذين أتعامل معهم في حياتي اليومية مشاعري الخاصة					
١٥-	لا أحصل في حياتي على الكثير من الفرص حتى أظهر قدراتي وكفاءتي					
١٦-	لا يوجد هنالك الكثير من الناس الذين أعتبرهم أصدقاء مقربين مني					
١٧-	أنفذ ما أريده وما هو مناسب لي في مواقف الحياة اليومية					
١٨-	لا يبدو على الناس الذين أتعامل معهم باستمرار أنهم يحبونني كثيراً					

-١٩	لا أشعر أنني أمتلك الكثير من القدرات العالية					
-٢٠	لا يتاح لي الكثير من الفرص لكي أتخذ قراراتي بنفسي					
-٢١	الناس عموم، ٢٠٠٥) دون ولطفون تجاهي					

(أبو أسعد، ٢٠٠٥)

من أجل قياس الحاجات النفسية الأساسية لدى الأبناء تم تعريب مقياس الحاجات النفسية الأساسية Basic Psychological Needs Scale والذي قام ببنائه لا كواردي وآخرون (٢٠٠٠، La Guardia,J.G., et.al)، ويستند على التقرير الذاتي Self-Determination كوسيلة لجمع المعلومات، ويشتمل المقياس الأصلي على (٢١) فقرة، تتوزع على ثلاثة أبعاد وهي كما يلي:

أ - **الحاجة للاستقلالية Autonomy:**

وتناولت أنشطة الطفل واهتماماته وأهدافه الداخلية، وتتفق هذه الأنشطة مع قيمه وتقاليده الداخلية، وبنفس الوقت حاجته للتخلص من القيود والتقاليد والقوالب المفروضة، وتقيسها الفقرات التالية: (١، ٤، ٨، ١١، ١٤، ١٧، ٢٠).

ب- **الحاجة للكفاءة Competence:**

وتناولت قدرة الفرد على الوصول إلى الأهداف المرغوبة، وإنجاز الأمور الصعبة، وتخطي العقبات وتحقيق أفضل النتائج كما قد تعني التفوق، وتقيسها الفقرات التالية: (٣، ٥، ١٠، ١٣، ١٥، ١٩).

ج-   الحاجة للقرب من الآخرين Relatedness:

والتي تختص بشعور الطفل بالأمن الناتج عن الارتباط بالآخرين والعمل معهم بأسلوب تعاوني وبعلاقات حميمة، والعمل على تكوين صداقات والعمل على إسعاد الآخرين والإخلاص لهم، وتقيسها الفقرات التالية: (٢، ٦، ٧، ٩، ١٢، ١٦، ١٨، ٢١).

تصحيح المقياس:

يتكون المقياس الحالي من (٢١) فقرة، تقيس ثلاثة أبعاد رئيسية، وقد تم تصحيح الإجابات في هذه الأداة استناداً إلى سلم إجابة مكون من خمس فئات وهي على الشكل التالي:

●   دائماً: وتشير إلى أن هذه الحاجة ملبية لدى الطفل بشكل دائم وفي كل الأوقات ويعطى لها (٥) درجات.

●   غالباً: وتشير إلى أن هذه الحاجة ملبية لدى الطفل في أغلب الأحيان والأوقات ويعطى لها (٤) درجات.

●   أحياناً: وتشير إلى أن هذه الحاجة ملبية لدى الطفل في بعض الأوقات(أحيانا) ويعطى لها (٣) درجات.

●   نادراً: وتشير إلى أن هذه الحاجة نادرا ما تكون ملبية لدى الطفل ويعطى لها درجتان.

●   أبداً: وتشير إلى أن هذه الحاجة غير ملبية لدى الطفل إطلاقا ولا في أي وقت، ويعطى لها درجة واحدة. وقد اعتبرت الفقرات التالية إيجابية (١، ٢، ٥، ٦، ٨، ٩، ١٠، ١٢، ١٣، ١٤، ١٧، ٢١)، والفقرات التالية سلبية (٣، ٤، ٧، ١١، ١٥، ١٦، ١٨، ١٩، ٢٠).

ولأغراض البحث فقد تم احتساب الدرجة الكلية على المقياس حيث تراوحت الدرجة الكلية بين ٢١-١٠٥، وقد عكست الفقرات السلبية لاحتساب هذه الدرجة، ويوصف المفحوص الذي تقترب درجته الكلية على المقياس من الحد الأعلى (١٠٥) أن حاجاته النفسية ملبية بدرجة كبيرة، ومن تقترب درجته من الحد الأدنى (٢١) أن حاجاته النفسية غير ملبية بتاتا. (أبو أسعد، ٢٠٠٥).

ثامناً: الشعور بالأمن

تهتم هذه القائمة بالتعرف على مدى شعور الطلبة بالأمن النفسي وهي تصلح للمراهقين.

يؤكد سوليفان (Sullivan) على أن الهدف الأساسي للسلوك البشري هو إشباع الحاجات (Freedman,1972) وفي هذا الإطار يشير الدسوقي (١٩٧٩) إلى أن أول ما يحتاجه الأطفال من الناحية النفسية هو الشعور بالأمن العاطفي، بمعنى أنهم يحتاجون إلى الشعور بأنهم محبوبون كأفراد مرغوب فيهم لذاتهم وأنهم موضع حب واعتزاز، حيث تظهر هذه الحاجة مبكرة في نشأتها، وأن خير من يقوم على إشباعها خير قيام هما الوالدان، ويؤكد كذلك زهران (١٩٧٧) أنه من الواجبات الأساسية للأسرة توفير الأمن النفسي للفرد الذي يعتبر من المتطلبات الأساسية للصحة النفسية التي يحتاج إليها الفرد كي يتمتع بشخصية إيجابية متزنة ومنتجة.

ماسلو للشعور بالأمن للمراهقين والمراهقات

الرجاء الإجابة على كل فقرة من فقرات هذا المقياس على ورقة الإجابة بصراحة وصدق وأمانة وإلا ستكون النتائج عديمة الفائدة، كما يرجى عدم ترك أي بند دون إجابة.

يرجى استعمال ورقة الإجابة الخاصة بذلك.

الرقم	الفقرة	نعم	لا	غير متأكد
١-	هل ترغب عادة أن تكون مع الآخرين على أن تكون لوحدك؟			
٢-	هل ترتاح للمواقف الاجتماعية؟			
٣-	هل تنقصك الثقة بالنفس؟			
٤-	هل تشعر بأنك تحصل على قدر كاف من الثناء؟			
٥-	هل تحس مراراً بأنك مستاء من العالم؟			
٦-	هل تفكر بأن الناس يحبونك كمحبتهم للآخرين؟			
٧-	هل تقلق مدة طويلة من بعض الإهانة التي تتعرض لها؟			
٨-	هل يمكنك أن تكون مرتاحاً مع نفسك؟			
٩-	هل أنت على وجه العموم شخص غير أناني؟			
١٠-	هل تميل إلى تجنب الأشياء غير السارة بالتهرب منها؟			
١١-	هل ينتابك مراراً شعور بالوحدة حتى لو كنت بين الناس؟			
١٢-	هل تشعر بأنك حاصل على حقك في هذه الحياة؟			
١٣-	عندما ينتقدك أصحابك، هل من عادتك أن تتقبل نقدهم بروح طيبة؟			
١٤-	هل تثبط عزيمتك بسهولة؟			
١٥-	هل تشعر عادة بالود نحو معظم الناس؟			
١٦-	هل كثيراً ما تشعر بأن هذه الحياة لا تستحق أن يعيشها الإنسان؟			

-١٧	هل أنت على وجه العموم متفائل؟			
-١٨	هل تعتبر نفسك شخصاً عصبياً نوعاً ما؟			
-١٩	هل أنت عموماً شخص سعيد؟			
-٢٠	هل أنت عادة واثق من نفسك؟			
-٢١	هل تعي غالباً ما تفعله؟			
-٢٢	هل تميل إلى أن تكون غير راض عن نفسك؟			
-٢٣	هل كثيراً ما تكون معنوياتك منخفضة؟			
-٢٤	عندما تلتقي مع الآخرين لأول مرة، هل تشعر بأنهم لن يحبوك؟			
-٢٥	هل لديك إيمان كاف بنفسك؟			
-٢٦	هل تشعر على وجه العموم بأنه يمكنك الثقة بمعظم الناس؟			
-٢٧	هل تشعر بأنك شخص نافع في هذا العالم؟			
-٢٨	هل تنسجم عادة مع الآخرين؟			
-٢٩	هل تقضي وقتاً طويلاً بالقلق على المستقبل؟			
-٣٠	هل تشعر عادة بالصحة الجيدة والقوة؟			
-٣١	هل أنت محدث جيد؟			
-٣٢	هل لديك شعور بأنك عبء على الآخرين؟			
-٣٣	هل تجد صعوبة في التعبير عن مشاعرك؟			
-٣٤	هل تفرح عادة لسعادة الآخرين وحسن حظهم؟			
-٣٥	هل تشعر غالباً بأنك مهمل ولا تحظى بالاهتمام اللازم؟			

٣٦-	هل تميل لأن تكون شخصاً شكاكاً؟			
٣٧-	هل تعتقد على وجه العموم بأن هذا العالم مكان جميل للعيش فيه؟			
٣٨-	هل تغضب وتثور بسهولة؟			
٣٩-	هل كثيراً ما تفكر بنفسك؟			
٤٠-	هل تشعر بأنك تعيش كما تريد وليس كما يريد الآخرون؟			
٤١-	هل تشعر بالأسف والشفقة على نفسك عندما تسير الأمور بشكل خاطئ؟			
٤٢-	هل تشعر بأنك ناجح في عملك أو وظيفتك؟			
٤٣-	هل من عادتك أن تدع الآخرين يرونك على حقيقتك؟			
٤٤-	هل تشعر بأنك غير متكيف مع الحياة بشكل مرض؟			
٤٥-	هل تقوم عادة بعملك على افتراض أن الأمور ستنتهي على ما يرام؟			
٤٦-	هل تشعر بأن الحياة عبء ثقيل؟			
٤٧-	هل يقلقك شعور بالنقص؟			
٤٨-	هل تشعر عامة بمعنويات مرتفعة؟			
٤٩-	هل تنسجم مع الجنس الآخر؟			

-٥٠	هـل حـدث أن انتابـك شـعور بـالقلق مـن أن النـاس في الشارع يراقبونك؟			
-٥١	هل يجرح شعورك بسهولة؟			
-٥٢	هل تشعر بالارتياح في هذا العالم؟			
-٥٣	هل أنت قلق بالنسبة لما لديك من ذكاء؟			
-٥٤	هل تشعر الآخرين معك بارتياح؟			
-٥٥	هل عندك خوف مبهم من المستقبل؟			
-٥٦	هل تتصرف على طبيعتك؟			
-٥٧	هل تشعر عموماً بأنك شخص محظوظ؟			
-٥٨	هل كانت طفولتك سعيدة؟			
-٥٩	هل لك كثير من الأصدقاء المخلصين؟			
-٦٠	هل تشعر بعدم الارتياح في معظم الأحيان؟			
-٦١	هل تميل إلى الخوف من المنافسة؟			
-٦٢	هل تخيم السعادة على جو أسرتك؟			
-٦٣	هل تقلق كثيراً من أن يصيبك سوء الحظ في المستقبل؟			
-٦٤	هل كثيراً ما تصبح منزعجاً من الناس؟			
-٦٥	هل تشعر عادة بالرضا؟			
-٦٦	هل يميل مزاجك إلى التقلب مـن سـعيد جـداً إلى حـزين جداً؟			

٦٧-	هل تشعر بأنك موضع احترام الناس على وجه العموم؟			
٦٨-	هل باستطاعتك العمل بانسجام مع الآخرين؟			
٦٩-	هل تشعر بأنك لا تستطيع السيطرة على مشاعرك؟			
٧٠-	هل تشعر في بعض الأحيان بأن الناس يضحكون عليك؟			
٧١-	هل أنت بشكل عام شخص مرتاح الأعصاب (غير متوتر)؟			
٧٢-	على وجه العموم، هل تشعر بأن العالم من حولك يعاملك معاملة عادلة؟			
٧٣-	هل سبق أن أزعجك شعور بأن الأشياء غير حقيقية؟			
٧٤-	هل سبق أن تعرضت مراراً للإهانة؟			
٧٥-	هل تعتقد أن الآخرين كثيراً ما يعتبرونك شاذاً؟			

(دواني، ١٩٨٣)

التصحيح والتفسير: الإجابة على فقرات المقياس بنعم أو لا أو غير متأكد، كلما أشار الطالب بالإجابة نعم، كلما دل ذلك على شعوره بعدم الأمن، باستثناء عكس الفقرات التالية (١، ٢، ٤، ٦، ٨، ١٢، ١٥، ١٧، ١٩، ٢٠، ٢١، ٢٥، ٢٦، ٢٧، ٢٨، ٣٠، ٣١، ٣٤، ٣٧، ٤٠، ٤٢، ٤٣، ٤٥، ٤٨، ٤٩، ٥٢، ٥٤، ٥٦، ٥٧، ٥٨، ٥٩، ٦٢، ٦٥، ٦٦، ٦٧، ٦٨، ٧١، ٧٢).

تاسعاً: قائمة قياس التوتر

تفيد هذه القائمة في التعرف على التوتر الذي يحمله الطلبة، والذي ينعكس على حياتهم بشكل عام.

التوتر Tension: حالة نفسية ترجع إلى توقع الشخص اتجاها غير موات للأحداث، ويصاحبه إحساس عام بالضيق والقلق، وأحيانا بالخوف، ومع ذلك فإنه يشمل، استعدادا للسيطرة على الموقف والتصرف في حدوده بطريقة لا لبس فيها، وتتحدد درجة التوتر بعوامل عديدة، أهما قوة الدافع، وأهمية المعنى، ووجود خبرة انفعالية مماثلة، وعدم المرونة الوظيفية الداخلة في أنواع النشاط المختلفة، وأهم العوامل التي تجلب التوتر هي الإحباط والصراعات في مجال العلاقات الشخصية ذات المغزى بين الفرد ومحيطه الاجتماعي، وعندما يتعذر حل التوتر بأفعال حقيقية، فإنه ينشط آلية الدفاع النفسي ويتسم ظهور حالات التوتر بمسحة انفعالية سلبية واضحة للسلوك وبانفعال في البنية الدافعة لنشاط الفرد ويؤدي إلى تدهور واختلال أدائه. (بتروفسكي وياروشفسكي، ١٩٩٦)

هذا المقياس يقيس ثلاثة أبعاد هي: البعد الفسيولوجي كاحمرار الوجه وصعوبة التنفس والصداع وله ٩ فقرات، البعد المعرفي ويهتم بالنسيان وضعف التركيز وتشتت الانتباه وله ١٢ فقرة، والبعد النفسي كالقلق والخوف والحساسية الزائدة واضطرابات النوم وله ١٤ فقرة.

ولتصحيح المقياس أعطيت الدرجة العالية علامتين والدرجة المتوسطة علامة والدرجة المنخفضة جدا العلامة صفر، علما أن جميع فقرات المقياس ايجابية وبهذا تصبح أعلى علامة على المقياس هي ٧٠ وتعني درجة عالية من التوتر النفسي وأدنى علامة هي صفر تعني درجة منخفضة من التوتر النفسي.

عزيزي الطالب:...

فيما يلي مجموعة من الفقرات التي تصف مشاعر الفرد، يرجى قراءة كل فقرة ووضع إشارة (x) في العمود المقابل لها لبيان مدى انطباق تلك الفقرة على وضعك.

الرقم	الفقرة	تنطبق على كثيرا	تنطبق عليه أحيانا	لا تنطبق علي
١-	أعاني كثيراً من الصداع.			
٢-	عندما أجلس للراحة والاسترخاء أجد نفسي منهمكة بأفكار سلبية.			
٣-	يلازمني شعور دائم بعدم الارتياح.			
٤-	نادراً ما أشعر بالاسترخاء التام.			
٥-	أشعر بعدم القدرة على التركيز في ما أقوم به من أعمال.			
٦-	أشعر باستمرار وكأنني أرزح تحت ضغط.			
٧-	أشعر في كثير من الأوقات بالتعب الشديد.			
٨-	كثيراً ما أسرح بأفكار غير مرتبطة في ما أقوم به من أعمال.			
٩-	لا أجد نفسي متحمسة للقيام بالأعمال المختلفة.			
١٠-	نادراً ما أشعر بعد النوم بأنني حصلت على قدرٍ كافٍ من الراحة.			
١١-	كثيراً ما أتشتت بأفكار غير مرغوبة.			
١٢-	أشعر عموماً أن أعصابي مشدودة دون داعٍ حقيقي لذلك.			
١٣-	أشعر في كثير من الأوقات وكأن رأسي سينفجر.			

١٤-	أشعر أنني متردد جداً في اتخاذ قراراتي.			
١٥-	أشعر أن الأشياء التافهة والصغيرة أصبحت تزعجني.			
١٦-	غالباً ما أشعر أنني لا أملك الطاقة الكافية للقيام بواجباتي اليومية.			
١٧-	كثيراً ما أؤجل ما يجب أن أتخذ به قراراً.			
١٨-	أجد أن مشاعري تجرح بسهولة.			
١٩-	كثيراً ما أشعر بالارتجاف في أطرافي.			
٢٠-	كثيراً ما أتجنب اتخاذ قراراتي.			
٢١-	أشعر أنني أبالغ بردود أفعالي تجاه مشكلات الحياة العادية والبسيطة.			
٢٢-	كثيراً ما ينتابني تصبب العرق.			
٢٣-	أشعر أن كثيراً من أمور حياتي خارجة عن نطاق سيطرتي.			
٢٤-	تنتابني العصبية لأبسط الأصوات المفاجئة.			
٢٥-	كثيراً ما أشعر بتزايد في نبضات قلبي.			
٢٦-	أشعر أنني ضحية للظروف بلا حول ولا قوة.			
٢٧-	كثيراً ما أعاني من مشاعر القلق بدون سبب ظاهر.			
٢٨-	كثيراً ما يصيبني الأرق.			

-٢٩	كثيراً ما أعاني من نوبات الخوف.				
-٣٠	كثيراً ما ينتابني الكوابيس.				
-٣١	أتوقع أسوأ العواقب لأية مخاطر مهما كانت بسيطة.				
-٣٢	كثيراً ما أعاني من النوم المتقطع.				
-٣٣	أحس بمسؤولية شخصية تجاه حدوث أي شيء خاطئ.				
-٣٤	غالباً ما أكون منهك القوى.				
-٣٥	أصنع من الحبة قبة.				

عزيزي الطالب

الرجاء ضع دائرة حول الدرجة التي تشعر بها عموماً بالتوتر.

أعاني من التوتر:

بدرجة قليلة جداً　　بدرجة قليلة　　بدرجة متوسطة　　بدرجة كبيرة

بدرجة كبيرة جداً

(زواوي،١٩٩٢)

عاشراً: مقياس القيم لسبرانجر

من خلال هذا المقياس يمكن التعرف على القيم التي يحملها الفرد، والتي تؤثر على شخصيته واختياراته الحياتية والمهنية.

تتكون القيم من ثلاث مكونات:

* مكون معرفي: تعاطي المخدرات محرم شرعا ومدمر لصحة الإنسان.

* مكون وجداني: كراهية الطالب لتعاطي المخدرات.

* مكون سلوكي: الابتعاد عن تعاطي المخدرات وتحذير الآخرين منه.

وتصنيف سبرانجر لأنماط القيم:

* **قيم نظرية:** مثل المعرفة واكتشاف الحقيقة والقوانين كالصدق والأمانة والوفاء والرحمة والصبر والتسامح.

* **قيم اقتصادية:** كالسعي وراء المال والزراعة الصناعة التجارة.

* **قيم جمالية:** الجمال والتناسق والشكل كالنظافة والنظام.

* **قيم اجتماعية:** كالاهتمام بالناس ومحبتهم ومساعدتهم وخدمتهم كالتعاون والزيارات وصلة الرحم.

* **قيم سياسية:** كالتحكم في الأشياء والسيطرة عليها والسلطة مثل العدل والشورى والمساواة.

* **قيم دينية:** وهي الاهتمام بالمعتقدات والقضايا الروحية والدينية مثل الإيمان بالله والشهادتين والصلاة. (Allport&Lindzey,1960)

أخي الطالب/ أختي الطالبة:

فيما يلي عدد من الأسئلة التي تتناول بعض المواقف التي عادة ما يختلف الأفراد في المفاضلة بينها.

والمطلوب منك أن تنظر في الإجابتين لكل سؤال وتضع إشارة(✓) بين القوسين أمام الإجابة المفضلة لديك.

أما إذا وجدت صعوبة في المفاضلة بين الإجابتين لأنك توافق عليها معاً فضع إشارتي(✓ ✓) أمام الإجابة الأكثر تفضيلاً وإشارة واحدة(✓) أمام الإجابة الأقل تفضيلاً.

مع خالص الشكر والتقدير.

١- إذا كان لك صديق أو قريب يلتحق بالجامعة وطلب مشورتك فهل ستشير عليه أن يلتحق:

ع أ. بكلية الآداب ليصبح أخصائياً اجتماعياً يساعد الناس في حل مشكلاتهم. (   )   (   )

ق ب. كلية التجارة لتعلم أصول التجارة ويصبح تاجراً كبيراً. (   )   (   )

٢- ما الدراسة التي ترى أنها تفيد البلد أكثر من وجهة نظرك:

ع أ. اللغات والعلوم الطبيعية. (   )   (   )

ق ب. الاقتصاد وأعمال التجارة. (   )   (   )

٣- إذا وجدت العنوانين الآتين في إحدى الصحف فأيهما تقرأ بعناية أكثر:

ق أ. تحسن عظيم في السوق التجارية. (   )   (   )

م ب. اكتشاف نظرية علمية جديدة. (   )   (   )

٤- إذا كان لديك وقت فراغ فهل تفضل استغلاله في:

ع   أ. زيارة بعض الأقرباء والأصدقاء.   (   )

د   ب. قراءة في بعض الكتب الدينية.   (   )

٥- عند حلول الأعياد هل تكون منشرحاً بسبب:

ج   أ. الزينات والمشتريات الجديدة.   (   )

د   ب. إقامة الشعائر الدينية.   (   )

٦- عند ذهابك إلى السوق لشراء أشياء مثل الملابس أو الأحذية فهل تحرص أكثر على شراء:

ج   أ. الأشياء ذات المنظر الجميل.   (   )

ق   ب. الأشياء ذات الصناعة المتينة والجيدة.   (   )

٧- إذا سرق احد اللصوص نقوداً من شخص ما فهل تحزن أكثر:

ع   أ. لأن الرجل المسروق فقير ومحتاج.   (   )

ج   ب. لأن وجود اللصوص يسيء إلى سمعه البلد.   (   )

٨- هل تنصح من يريد الزواج بان يختار شريك حياته.

د   أ. من أصل طيب ومتدين.   (   )

ق   ب. من عائلة غنية ومقتدرة.   (   )

٩- أيهما تفضل أكثر:

س   أ. الشخص المسؤول الذي يدير عمله جيداً ويخدم الوطن.   (   )

د   ب. الشخص المتدين الممارس للعبادات.   (   )

١٠- أيهما يجذبك إلى الاستماع إليه أكثر:

د   أ. حديث ديني.   (   )

م   ب. حديث علمي عن الاختراعات والمكتشفات العلمية.   (   )

١١- عندما تشاهد متسولاً في الشارع فهل تتضايق أكثر:

ج أ. لأن منظرة غير مناسب ويمثل صورة سيئة للبلد أمام الأجانب. (   )

ع ب. لعدم قيام الجهات المسؤولة بعمل مشروعات اجتماعية تعالج الظاهرة. (   )

١٢- عندما تدخل إلى دور العبادة فما الذي ينال إعجابك أكثر:

ج أ. منظر الزخارف والنقوش والتحف. (   )

د ب. خشوع الناس وأداءهم للعبادة. (   )

١٣- إذا شاهدت فيلماً أو مسلسلاً فهل تستمتع أكثر إذا كان فيه:

ع أ. قصة تعالج مشكلة اجتماعية. (   )

س ب. قصة تحكي أعمال سياسي أو قائد كبير. (   )

١٤- هل ترى أن الشخص الفاعل للخير أكثر هو:

س أ. من يعمل من اجل تطور البلد. (   )

ع ب. من يعطف على الفقراء والمساكين. (   )

١٥- أي الأخبار تحب الاستماع إليها أكثر:

س أ. أخبار الاجتماعات السياسية الهامة. (   )

ق ب. أخبار التموين والتجارة والصناعة. (   )

١٦- أي الأغنية تفضل الاستماع إليها:

ج أ. أغنيات شاعرية ذات لحن موسيقي رائع. (   )

س ب. أغنيات وطنية تحكي عن البطولة والانتصار. (   )

١٧- إذا كنت تزور معرضاً فأيهما تفضل أن تشاهد:

ج أ. آخر الاختراعات في الزينات والتحف والديكور. (   )

ق   ب. آخر الاختراعات الميكانيكية التي تساعد على الإنتاج الاقتصادي.   (   )

١٨-   أيهما تفضل أكثر أن تقوم به في يوم إجازتك الأسبوعي:

ج   أ. الذهاب إلى حديقة فيها مناظر جميلة.   (   )

د   ب. أداء المزيد من العبادات الدينية.   (   )

١٩-   أيهما يفيد المجتمع أكثر:

د   أ. تدريس العلوم الدينية.   (   )

م   ب. تدريس العلوم الفيزيائية والرياضيات.   (   )

٢٠-   أيهما تفضل أن تقرأ:

ق   أ. مجلة تناقش المشكلات المالية والتجارية.   (   )

ج   ب. مجلة تناقش مشكلات الفن كالتمثيل والموسيقى والرسم.   (   )

٢١-   هل تفضل إذا أتيحت لك الفرصة أن تكون:

ق   أ. من رجال الأعمال والتجارة الناجحين.   (   )

س   ب. من رجال السياسة المشهورين.   (   )

٢٢-   المستفيد الأكثر برأيك هو:

م.   أ. من يتعلم لغات وتاريخ وأدب.   (   )

س   ب. من يتعلم علوم سياسية.   (   )

٢٣-   إذا كان لديك نقود زيادة عن الحاجة فهل تفضل أن تتبرع بها:

م   أ. لجمعية علمية تجري أبحاثاً علمية تفيد البلد.   (   )

س   ب. ادعم حملة انتخابية لشخص ترى أن فوزه سيحسن أحوال البلد.   (   )

٢٤-   هل يسرك أن تقوم:

د   أ. بنشر المعرفة الدينية وحث الناس على فعل الخير.   (   )

م ب. بنشر المعرفة العامة ومحاربة الجهل. ( )

٢٥- أيهما تفضل أن تقرأ:

ع أ. كتاباً يوضح طريقة حل مشكلات الناس. ( )

م ب. كتاباً يوضح نشأة المجتمعات القديمة. ( )

٢٦- أيهما يسرك أن يهدي إليك:

س أ. كتاب يتضمن معلومات سياسية. ( )

ج ب. لوحة فنية جميلة. ( )

٢٧- هل تستمتع بقراءة القصائد الشعرية:

س أ. ذات الطابع السياسي والوطني. ( )

ع ب. ذات الطابع الاجتماعي التي تصور واقع المجتمع ومشكلاته. ( )

٢٨- إذا أردت أن تنفق بعض النقود في عمل الخير فهل تفضل إعطائها:

ع أ. للفقراء والمساكين أساعدهم في تحسين أحوالهم. ( )

م ب. لبناء مكتبة في مدرسة الحي الذي تعيش فيه. ( )

٢٩- إذا أتيح لك فرصة للسفر إلى الخارج فهل تحب أن تزور:

ق أ. المنشات الصناعية والإنتاجية. ( )

م ب. الأماكن الأثرية والتراثية. ( )

٣٠- من تراه أفضل في نظرك:

د أ. من يسعى إلى كسب المزيد من المعرفة الدينية. ( )

ع ب. من يسعى إلى مخالطة الناس وكسب المزيد من الأصدقاء. ( )

(Allport&Lindzey, 1960)

التصحيح والتفسير:

كل قيمة من القيم الستة لها ١٠ فقرات تدل عليها، اجمع المجموع في كل منها، وقم بعمل رسم بياني لتحديد القيم من الأكثر تفضيلا إلى الأقل تفضيلا.

ملاحظة: يصلح هذا المقياس أيضاً للتوجيه المهني، من أجل مساعدة المسترشد على التعرف على ذاته وبالتالي على قيمه.

إحدى عشر: مقياس القيم الدينية

إعداد د. سامية بنت محمد بن لادن

هذا المقياس يفيد في التعرف على القيم الدينية التي يحملها الأفراد في حياتهم كالصدق والإيثار والحلم والتواضع والأمر بالمعروف والنهي عن المنكر، ومن ثم حصر القيم الدينية الضعيفة والعمل على تنميتها.

أخي الطالب....../ أختي الطالبة.....

السلام عليكم ورحمة الـلـه وبركاته، وبعد

فيما يلي عدد من العبارات التي تهدف إلى التعرف على بعض سمات الشخصية، ويوجد أمام كل عبارة أربع اختيارات هي: دائما، أحيانا، نادرا، لا يحدث

والمطلوب منك قراءة كل عبارة بدقة ووضع علامة صح في مكان الاختيار الذي يعبر عن حقيقة شعورك مع ملاحظة ما يلي: الاختيار (دائما) يشير إلى أنك توافق على ما تعنيه العبارة دائما أو في معظم الأحيان، الاختيار (أحيانا) يشير إلى أنك توافق على ما تعنيه العبارة في بعض الأحيان، الاختيار (نادرا) يشير إلى أنك نادرا ما توافق على ما تعنيه العبارة، الاختيار (لا يحدث) يشير إلى أنك لا توافق على الإطلاق بما تعنيه العبارة.

وأنني آمل أن أحظى بتعاونك وأن تدلي ببيانات تعبر بصدق عن حقيقة شعورك تجاه المعنى الذي تحمله كل عبارة

مسلسل	العبارة	دائماً	أحياناً	نادراً	لا يحدث
ص١	أفي بوعدي مهما كلفني ذلك من جهد				
ص٢	أقول الصدق حتى لو تعارض مع بعض مصالحي				
م٣	أقدم النصيحة للآخرين حتى لو لم أعرفهم				
ك-٤	أفتخر حين أرتدي ملابس تفوق ملابس الآخرين				
م٥	أفعل ما أنصح به غيري من عمل الخير				
إ٦	أتصدق بجزء من مصروفي				
إ٧	أفضل إعطاء نقودي للمحتاجين أكثر من ادخارها				
م٨	أحث من حولي على العمل بما يرضي اللـه				
ح٩	أتحكم في تصرفاتي حين أتعرض لمهاجمة				
ح١٠	أواجه إساءات الآخرين بهدوء وتروي				
إ١١	أنفذ أعمالا لأصدقائي حتى لو أنفقت عليهم من مصروفي				
ك١٢	أبادر بتحية الآخرين حتى لو لم أعرفهم				
إ-١٣	أتخطى الواقفين في الطابور لانجاز مطالبي				
إ-١٤	أشعر بتوتر حين أرى لدى الآخرين إمكانيات افتقرها				
ص-١٥	أبالغ في نقل ما أسمعه من كلام عن الآخرين				
ح-١٦	ينفذ صبري بسهولة حين يحتد خلاف بيني وبين الآخرين				

ك-١٧	أرفض الاعتذار للآخرين إذا أخطأت بحقهم				
ك-١٨	أتحاشى الجلوس بجانب أحد المستخدمين				
م١٩	أتقبل النصيحة من الآخرين				
ص-٢٠	أبـالغ في سـعر شيء اشـتريته حـين ينـال إعجـاب الآخرين				
إ-٢١	أرفض إعطاء أي معلومات لزملائي لكي لا يتفوقوا علي				
ص-٢٢	أتظاهر بالمرض لإخفاء تقصيري في العمل				
ص-٢٣	ألجأ إلى المراوغة في المواقف المحرجة				
ح-٢٤	أعتبر الصلح مع الخصوم استسلام				
ص-٢٥	أمتدح الآخرين بصفات لا تنطبق عليهم				
ص-٢٦	أكذب من باب المزاح والمداعبة				
م٢٧	أحرص على تقديم النصيحة للآخرين				
ص٢٨	أتقن عملي حتى لو لم يراقبني أحد				
ص٢٩	أختلق أعذار غير حقيقية إذا تأخرت عن الحصة				
ك-٣٠	أجاري أصدقائي في الاستهزاء بالآخرين				
ص-٣١	أهمل توصيل أمانة كلفت بها عند وجود مـشقة لي				
إ-٣٢	أختار لنفسي أسهل الأعـمال عنـد القيـام بـأعمال جماعية				

إ٣٣	أضحي ببعض مصالحي من أجل مصلحة أصدقائي				
ص٣٤	أحافظ على سلامة الممتلكات العامة كمحافظتي لممتلكاتي				
ح-٣٥	أنتقم من الذي يهينني				
ح٣٦	أكظم غيظي في مواقف الغضب				
إ٣٧	أعطي مصروفي للمحتاجين رغم حاجتي إليه				
إ٣٨	أسامح المحتاجين في رد ما اقترضوه مني				
إ٣٩	أتصدق للفقراء رغم قلة إمكانياتي				
ص-٤٠	أنظر في ورقة زميلي في الامتحان إذا أتيحت لي الفرصة				
ص٤١	أتفانى في أداء عملي مهما كان شاقا				
إ-٤٢	أقدم مصلحتي الشخصية على مصالح الآخرين				
إ٤٣	أمد يد العون لكل من يطلب مساعدتي مهما كانت مكانتهم				
م٤٤	أتضايق حين أرى منكرا ولم أنه عنه				
إ-٤٥	مساعدة الآخرين مضيعة للوقت				
ح٤٦	أبدأ بالصلح مع المخطئين بحقي				
ح-٤٧	ألجأ للمشاجرة للدفاع عن حقوقي				
ح٤٨	أتسامح مع من يخطئ في حقي				

م٤٩	ألجأ للكلمة الطيبة عند تقديم النصيحة				
ح٥٠	أعفو عمن ظلمني رغم قدرتي على عقابهم				
ح٥١	أصمتن وأذكر الله حين أتعرض لإهانة تحاشيا للغو				
ك-٥٢	أفضل عقد صلات مع شخصيات بارزة				
م-٥٣	أرى أن نهي الآخرين عن أخطائهم تدخل في أمورهم الشخصية				
ح-٥٤	أرفض الصلح مع المخطئين بحقي حتى يعتذروا لي				
ح-٥٥	أرد الإساءة بمثلها				
إ٥٦	أفضل أن أقضي وقت فراغي في مساعدة الآخرين أكثر من قضائه في ممارسة هواياتي				
إ-٥٧	أرتدد في إعطاء مذكراتي للآخرين				
ح-٥٨	أثور بسرعة حين أتعرض لإهانة				
ك-٥٩	أفتخر بما أملك من إمكانيات مادية أو معنوية يفتقدها الآخرون				
م-٦٠	أرى أن نصح الآخرين يجب أن يقتصر على المتخصصين في أمور الدين				
ص-٦١	أتظاهر بإتقان العمل أمام الآخرين				
ك-٦٢	أحب أن يمتدح الآخرون أعمالي				
ح-٦٣	أميل لتجريح الآخرين حين ينتقدوني				
م٦٤	أنهى أصدقائي حينما يغتابوا الآخرين				

م٦٥	أفضل أن تكون نصيحتي للآخرين سرا				
ك-٦٦	أسخر من الأفراد الذين تبدو هيأتهم متواضعة				
ح٦٧	أتحاشى الرد على الآخرين عند الغضب				
ص-٦٨	أتحيز لأصدقائي عند توزيع أعمال جماعية كلفت بتوزيعها				
ح-٦٩	أرفض الصحبة مع المخطئين بحقي حتى لو اعتذروا لي				
ص٧٠	أكتم أسرار الآخرين حتى لو أفشوا سري				
إ ٧١	أعاون المحتاجين حتى لو لم أعرفهم				

القيم التي يقيسها: الصدق ويرمز له ب صاد، والإيثار ويرمز له بألف، والحلم ويرمز له بحاء، والتواضع ويرمز له بكاف، الأمر بالمعروف والنهي عن المنكر ويرمز له بميم. (الحسين، ٢٠٠٢)

التصحيح والتفسير: اجمع كل القيم مع عكس القيم السلبية، وهي القيم التي وضع بجانبها عند الرمز إشارة سالب، ومن خلاله يتبين القيم الدينية التي يمتلكها الطالب، والقيم التي بحاجة إلى تطوير وتنمية.

إثنا عشر: التفاؤل Optimism

يفيد هذا المقياس في التعرف على مدى الشعور بالتفاؤل الذي يحمله الطلبة، وعلاقة هذا التفاؤل بالرغبة الزائدة في التوجه والإقبال نحو الحياة.

إن التفاؤل والمزاج الإيجابي أمران أساسيان لصحة الجسم، وأن التفاؤل يؤثر تأثيرا إيجابيا على صحة الجسم، ويسرع بالشفاء في حال المرض، وأن هناك جانبا مهما يمكن أن يميز بين مريض وآخر في الأمل في الشفاء. ومن ناحية أخرى فإن التشاؤم - الذي يرتبط بكل من الغضب والعدائية - يتسبب في مشكلات صحية كثيرة منها ارتفاع ضغط الدم ومرض الشريان التاجي والسرطان، كما ينبئ التشاؤم بانخفاض كل من مستوى الصحة والعمر المتوقع، وارتفاع معدل الوفاة، وبطء الشفاء بعد إجراء العملية الجراحية، بل إن عددا من المؤلفين يثبت أن كفاءة جهاز المناعة تزداد لدى المتفائلين بالنسبة إلى المتشائمين، ويرون أن التفاؤل يمكن أن يقوم بدور مهم كعامل وقائي ينشط عندما يواجه الفرد صعوبات الحياة كالمرض (Segerstrom, Taylor, Kemeny & Fahey, 1998)

يعرف الشعور بالتفاؤل في معجم ويستر بأنه الميل إلى توقع أفضل النتائج، وعرفه شاير وكارفار Scheier& Carver بأنه النظرة الإيجابية والإقبال على الحياة، والاعتقاد بإمكانية تحقيق الرغبات في المستقبل، بالإضافة إلى الاعتقاد باحتمال حدوث الخير أو الجانب الجيد من الأشياء بدلا من حدوث الشر أو الجانب السيئ، وأضافا فيما بعد أن الشعور بالتفاؤل استعداد يكمن داخل الفرد لتوقع النتائج الإيجابية للأحداث القادمة، ويضيفان أن الشعور بالتفاؤل يرتبط بالتوقعات الإيجابية التي لا تتعلق بموقف معين، وهو يحدد للناس الطريق لتحقيق أهدافهم، وهو سمة من سمات الشخصية تتسم بالثبات النسبي عبر المواقف والأوقات المختلفة، ولا تقتصر على بعض المواقف (حالة) (الأنصاري،٢٠٠٢). ويعرف اصطلاحا بأنه: نظرة استبشار نحو المستقبل، تجعل الفرد يتوقع الأفضل، وينتظر حدوث الخير، ويرنو إلى النجاح، ويستبعد ما خلا ذلك. (عبد الخالق، ٢٠٠٠)

مقياس الشعور بالتفاؤل Optimism Scale

من إعداد بدر محمد الأنصاري (٢٠٠٢)

كما أرجو التكرم بالإجابة على فقرات المقياس التالي بكل عناية حول مدى الشعور بالتفاؤل وذلك بوضع إشارة (X) حول الإجابة الأقرب لك علما أنه لا يوجد إجابة صحيحة وأخرى خاطئة.

دائما	في معظم الأحيان	في بعض الأحيان	نادرا	إطلاقا	العبارات	الرقم
					أنظر إلى الحياة على أنها هادفة	١-
					أتقبـل الحيـاة ببـشاشة مهـما تكـن الأحوال	٢-
					أشعر بأن الفرصـة موجودة مـن أجـل تقدمي	٣-
					سوف أشغل منصبا مرموقا في الأعـوام القادمة	٤-
					أسعد لحظات حيـاتي سـوف تكـون في المستقبل	٥-
					غالبا ما أتوقع شيئا إيجابيا في المستقبل مع الإحساس بأني استحقه	٦-
					لدي ثقة كبيرة في نجاحي	٧-
					أهتم بالمستقبل وأشعر بجدية نحوه	٨-

-٩	تبدو لي الحياة جميلة					
-١٠	أشعر أن الغد سيكون يوما مشرقا					
-١١	أتوقع أن تتحسن الأحوال مستقبلا					
-١٢	الماضي جميل والحاضر أجمل والمستقبل أفضل					
-١٣	أنظر إلى المستقبل على أنه سيكون سعيدا					
-١٤	حياتي بها بعض المشاكل ولكنني أتغلب عليها					
-١٥	أتوقع نتائج جيدة					
-١٦	سوف تتحقق أحلامي في حياتي					
-١٧	لا مكان لليأس في حياتي					
-١٨	أنا مقبل على الحياة بحب وتفاؤل					
-١٩	يخبئ لي الزمن مفاجآت سارة					
-٢٠	ستكون حياتي أكثر سعادة					
-٢١	لا يأس مع الحياة ولا حياة مع اليأس					
-٢٢	أرى أن الفرج سيكون قريبا					
-٢٣	أتوقع الأفضل					
-٢٤	الزواج استقرار وسعادة					

-٢٥	أرى الجانب المشرق المضيء من الأمور					
-٢٦	أفكر في الأمور البهيجة المفرحة					
-٢٧	لا أستسلم للحزن					
-٢٨	إن الآمال والأحلام التي لم تتحقق اليوم ستتحقق غدا					
-٢٩	أفكر في المستقبل بكل تفاؤل					
-٣٠	أتوقع أن يكون الغد أفضل من اليوم					

التصحيح والتفسير: جميع فقرات المقياس تعتبر إيجابية وتدل على التفاؤل وكلما، وتدل إطلاقا على عدم وجود الصفة لدى الطالب، وبينما تشير دائما على أن الطالب متفائل، وكلما أشار الطالب على عبارات أكثر في دائما دل ذلك على وجود تفاؤل لديه.

ثلاثة عشر: مقياس قبس في الحكم الأخلاقي

طور كولبرج (Colbey et al., 1983, 1987; Kohlberg, 1958, 1969, 1980, 1981; 1984) نظريته وأسلوبه في قياس نمو التفكير الأخلاقي منطلقا من فكر بياجيه (Piaget, 1932; Piaget and Inhelder1958; Ginsburg and Opper, 1988) في النمو المعرفي Cognitive Development بصفة عامة والنمو الأخلاقي Moral Development بصفة خاصة.

ووفقا لنظرية بياجيه فإن النمو المعرفي يمثل تغيراً نوعياً في البنية المعرفية وبالتالي في نمط التفكير نتيجة للعمليات المتتالية من انعدام التوازن والتوازن Disequilibrium / equilibrium الناتجة بدورها عن التفاعل المستمر بين العوامل البيولوجية والبيئية المتغيرة المؤدية إلى انحسار تمركز الفرد حول ذاته، واتجاه تفكيره المعرفي والمعرفي/الاجتماعي باتجاه الموضوعية والاجتماعية. ومن هذا المنطلق يمثل النمو المعرفي من وجهة نظر كولبرج (Colbey et al., 1987) شرطا ضروريا غير كاف لنمو التفكير الأخلاقي والذي يعني تغيرا في فهم الفرد لمبدأ العدالة وبالتالي في قراراته الأخلاقية.

ولقد اعتمد كولبرج (Kohlberg, (1981 في قياسه لنمو التفكير الأخلاقي على الطريقة الاكلينية التي قدمها بياجيه بهدف تحديد مستوى نضج التفكير الأخلاقي على المستوى السطحي والعميق، حيث اعتمد على قصص تقدم أزمات افتراضية تستحث الفرد لتقديم قرارات أخلاقية يهدف الفاحص من خلال طرح بعض التساؤلات التعليلية إلى استقصاء مستوى الإدراك المعرفي وراء القرارات المتخذة. ومن أمثلة هذه القصص قصة هينز Hinz والتي تفترض مرض زوجة هذا الرجل المعدم بنوع من السرطان الذي اكتشف أحد الصيادلة دواء يمكن أن يكون علاج له، إلا أنه يرغب في بيعة بعشرة أضعاف ما كلفه. وبالرغم من محاولة هينز تدبير المبلغ المطلوب فانه لم يستطع جمع أكثر من نصفه، وهو ما لم يقبله الصيدلي كقيمة للدواء، كما لم يقبل تأجيل بقية المبلغ. أمام هذه الوضع يطلب من المفحوص افتراض القرار الذي على هينز اتخاذه "هل يجب أن يسرق الدواء أم لا؟". كما علية في أي من الحالتين تقديم المبررات التي يراها سببا لهذا القرار " لماذا؟".

ولقد انتهى كولبرج إلى تأكيد الفرضيات السابقة مؤكدا سير التفكير الأخلاقي من التوجه الأخلاقي (أ) المرتبط بالمنفعة ثم المعيارية إلى التوجه الأخلاقي (ب) المرتبط بالعدالة والكمال (Walker, 1989). ولقد خرج كولبرج Kohlberg من دراساته المتعددة بتحديد ثلاثة مستويات أساسية لنمو التفكير الأخلاقي يحتوي كل منها على مرحلتين تتضمن كل منها تغيرا نوعيا في البنية المعرفية تودي إلى نمط من التفكير الأخلاقي أكثر نضجا. ويمكن إيجاز خصائصها الأساسية فيما يلي:

المستوى الأول: أخلاقية ما قبل العرف The Pre-Conventional Morality:

ترتبط أخلاقية ما قبل العرف ببدائية النمو المعرفي والنفس/اجتماعي لدى الأطفال وبعض المراهقين، حيث يعاني الفرد من درجة عالية من التمركز حول الذات تحكم فهمه للقضايا الاجتماعية والعلاقات الإنسانية وبالتالي ردود أفعاله السلوكية حيالها. ويشتمل هذا المستوى على مرحلتين تعكسان درجة عالية من الذاتية رغم الاختلاف النوعي بينهما والذي يمكن إيجازه فيما يلي:

المرحلة الأولى: أخلاقية العقاب والطاعة Punishment and Obedience Morality

ترتبط الأحكام الأخلاقية في هذه المرحلة بقواعد السلطة التي ينظر إليها كمقدسات يحتم كسرها وقوع العقاب. وعلى هذا الأساس فإن طاعتها فرضا أخلاقيا في حد ذاته كنتيجة لإدراك أو خبرة الفرد للعقاب المترتب على انتهاك هذه القدسية وليس لإدراكه لأهمية الأهداف الاجتماعية لهذه القواعد. ومثالا على نمط التفكير الأخلاقي في هذه المرحلة الاستجابات التالية على أزمة هينز الافتراضية (Kohlberg, 1981, p. 52):

- "يسرق. إذا تركت زوجتك تموت فسوف تقع في مشكلة. وتتهم بعدم إنقاذها حتى لا تصرف النقود، وسوف يقبض عليك وعلى الصيدلي بسبب موت زوجتك".

- "لا يسرق. إذا نجوت فستبقى خائفا من قبض الشرطة عليك في أي لحظة ".

المرحلة الثانية: أخلاقية الفردية والغائية النفعية وتبادل المصالح
Individualism, Instrumental Purpose and Exchange Morality:

يؤدي التقدم النوعي في النمو المعرفي والنفس/اجتماعي وزيادة خبرات الفرد في هذه المرحلة إلى درجة من التطور في تفكيره الأخلاقي، حيث يبدأ إدراكه للتضارب بين حاجاته وحاجات الآخرين ويخبر عمليا الحرمان المترتب على هذا التضارب أحيانا. ونتيجة لذلك يتبنى الفرد مبدأ تبادل المنافع أو أخلاقية **"خذ وهات"**، وتفعيل مبدأ

التقسيم العادل كضرورة لتحقيق الإشباع وليس تفعيلا للمبدأ العادلة كقيمة أخلاقية مطلقة. ومثالا على نمط التفكير الأخلاقي في هذه المرحلة الاستجابات التالية على أزمة هينز الافتراضية (Kohlberg, 1981, p. 52).

- "يسرق. إذا قبض عليك فسوف تعيد الدواء، ولن تأخذ حكما كبيرا. لن يهمك أن تبقى في السجن وقتا قصيرا إذا كنت ستجد زوجتك عندما تخرج".

- "لا يسرق. قد لا يسجن مدة طويلة إذا سرق الدواء، ولكن زوجته يمكن أن تموت قبل أن يخرج، لذلك فالسرقة لم تفده كثيرا. لا يجب أن يلوم نفسه. ليس ذنبه أن لديها سرطان".

المستوى الثاني: أخلاقية العرف Conventional Morality :

تمثل أخلاقيات العرف نقلة نوعية من الذاتية إلى الاجتماعية في التفكير الأخلاقي كنتيجة لتطور النمو المعرفي والنفس/اجتماعي وكفاية الخبرات الحياتية المحررة للفرد من حدة التمركز حول الذات إلى الدرجة التي يستطيع معها إدراك وتفهم مشاعر وحاجات وتوقعات الآخرين وإصدار أحكامه الأخلاقية وفقا لذلك. ويتم ذلك من خلال مرحلتين يعكس كل منهما إدراكا مختلفا للتوقعات الاجتماعية وبالتالي نمطا مختلفا من الأحكام الخلقية يمكن إيجازها فيما يلي:

المرحلة الثالثة: أخلاقية التوقعات المتبادلة، العلاقات، والمسايرة

Mutual Interpersonal Expectation, Relationships, and Conformity Morality:

ترتبط الأحكام الأخلاقية في هذه المرحلة بإدراك الفرد المعرفي لحاجات ومشاعر وتوقعات الآخرين وإدراكه لأهمية القصد كمحدد لأخلاقية الفعل من جانب، وكنتيجة لحاجته النفس/اجتماعية للارتباط والحصول على الاعتراف والتقدير من جانب آخر. وعلى هذا الأساس يتحدد السلوك المقبول بممارسة الأفعال المتوقعة اجتماعيا والمحققة لسعادة للغير بهدف الحصول على قبولهم واعترافهم ولذا تعرف " بأخلاقية الإنسان الطيب". وهنا يجب ملاحظة استمرارية الذاتية متمثلة في " تحقيق

القبول والاعتراف" كدافع للقرارات الأخلاقية. ومثالا على استجابات الأفراد في هذه المرحلة ما يلي (Kohlberg, 1981, p. 52):

- "يسرق. لن يرى أحد انك سيئ إذا سرقت الدواء، ولكن عائلتك سترى أنك لست إنسانيا تفعل، م تفعل، ولن تستطيع النظر في وجه أحد مرة أخرى".
- "لا يسرق. ليس الصيدلي فقط من سينظر إليك كمجرم. كل الناس سينظرون إليك كذلك. بعد أن تسرقه ستشعر بمشاعر سيئة لأنك جلبت العار للعائلة ولنفسك. لن تستطيع أن تقابل أحدا بعد ذلك".

المرحلة الرابعة: أخلاقية النظام الاجتماعي والضمير

Social System and Conscience Morality:

تمثل هذه المرحلة نقلة كيفية باتجاه الاجتماعية في التفكير الأخلاقي حيث ترتبط أحكام الفرد فيها بالقواعد القانونية للسلوك، حيث ينظر إليها كقواعد مقدسة تهدف إلى حماية المجتمع من الانهيار. وعلى هذا الأساس فكل ما ليس قانونيا ليس أخلاقيا بصرف النظر عن الضرورات الملحة والحاجات الفردية. ومن الجدير بالذكر هنا ملاحظ الفروق بين طبيعة إدراك قدسية القواعد في هذه المرحلة كوسائل لحفظ المجتمع من الانهيار وقدسية القواعد لذاتها في المرحلة الأولى. كما لا شك في أن من الضرورة بمكان إدراك بقايا الذاتية متمثلة في النظرة الجامدة لهذه القدسية وعدم القابلية للتغير تحت أي ظروف وهو ما يتم تجاوزه في المراحل التالية. ومن الأمثلة على استجابات الأفراد في المرحلة الرابعة ما يلي (Kohlberg, 1981, p.50)

- "يجب أن تسرقه. إذا لم تفعل شيء فسوف تترك زوجتك تموت. إنها مسئوليتك إذا تركتها تموت. يجب أن تأخذ الدواء بنية الدفع للصيدلي فيما بعد".
- "لا يسرق. شيء طبيعي أن يرغب هينز Hinz في إنقاذ زوجته، ولكن من الخطأ أن يسرق. إنه يدرك أنه يسرق، ويسرق دواء ثمين من الرجل الذي صنعه".

المستوى الثالث: مرحلة ما بعد العرف والقانون The Post-Conventional Morality:

يتمكن قلة من الأفراد فقط من تحقيق أخلاقية ما بعد العرف حيث تتطلب درجة عالية من النمو المعرفي والنفس/اجتماعي المحررة للفرد من درجة كبيرة من تمركزه حول ذاته أو ما يرتبط بها من منافع. هذا يؤدي بدوره إلى إظهار فهما جديدا للقيم والقواعد الأخلاقية يقوم على الموازنة بين الحقوق الاجتماعية والحقوق الفردية ويحدث هذا التطور من خلال المرحلتين التاليتين:

المرحلة الخامسة: أخلاقية العقد الاجتماعي والحقوق الفردية
Social Contract and Individual Rights Morality:

ترتبط أحكام الفرد الأخلاقية في هذه المرحلة بإدراكه المتطور لنسبية القيم الاجتماعية والحاجات الفردية، ويرتبط بذلك إدراك القانون كعقد اجتماعي يتضمن قواعد متفق عليها تعتمد صلاحيتها ومبررات استمر أريتها على قدرتها على النجاح في الحفاظ على الحقوق اجتماعية والفردية على حد سواء. ومن الأمثلة على استجابات الأفراد في هذه المرحلة ما يلي (Kohlberg, 1981, p.50):

- "يسرق. القانون لم يوضع لهذه الظروف. أخذ الدواء ليس صحيحا، ولكن له ما يبرره في هذه الحالة".

- "لا يسرق. لا يمكن لك أن تلوم تماما أي شخص على السرقة في مثل هذه الحالة، ولكن الظروف الشديدة لا تبرر فعلا اخذ القانون في مصلحتك. لا يمكن أن نترك كل شخص يسرق عندما يكون يائسا. الغاية يمكن أن تكون جيدة ولكنها لا تبرر الوسيلة."

المرحلة السادسة: أخلاقية المبادئ العالمية (الإنسانية)

Universal Ethical Principles Morality

ندرة من الأفراد يمكن له تحقيق هذه المرحلة، حيث ترتبط أحكام الفرد الأخلاقية فيها بمبادئ أخلاقية مجردة ذاتية الاختيار Self-chosen Ethical Principles تعتمد على النظر للعدالة والمساواة والتبادلية وحقوق الأفراد كمبادئ إنسانية عامة تعنى باحترام حقوق الإنسان لإنسانيته دون اعتبار لأي مؤثرات أخرى. ومثالا على استجابات الأفراد في هذه المرحلة الاستجابات التالية (Kohlberg, 1981, p. 51).

- "يسرق. لأنه في وضع الاختيار بين السرقة أو موت زوجته. في الحالة التي يتوفر فيها الاختيار، تكون السرقة مقبولة أخلاقيا. يجب أن يتصرف من منطلق مبدأ حفظ واحترام الحياة".

- "لا يسرق. يواجه هينز بقرار اعتبار الناس الذين يحتاجون الدواء كزوجته. لا يجب أن يتصرف هينز من منطلق مشاعره نحو زوجته، بل بالنظر إلى قيمة حياة كل المحتاجين". (الغامدي، ٢٠٠١)

اختبار قبس الموضوعي للحكم الأخلاقي

يفيد هذا الاختبار في التعرف على درجة الحكم الأخلاقي لدى الطلبة، ويمكن تطبيقه بشكل فردي وجماعي، ويطبق على الطلبة في جميع الصفوف الأساسية العليا فأعلى، ويمكن من خلاله تطوير برامج إرشادية لتحسين حكمه الأخلاقي. وهو: "صورة منقحة بالاعتماد على النسخة الأصلية وترجمة القاطعي (١٩٨٦) وسيد عبد الرحمن (١٩٩٨)" .((اعد لإجراء دراسة))

- يحتوي الكتيب التالي على مشكلتين، يلي كل منهما مجموعة من الأسئلة تهدف إلى التعرف على أرائك فيما يجب فعله تجاه هذه المشكلة أو مشكلات مشابهة، وأيضا التعرف على الأسباب التي دفعتك لاتخاذ الآراء.

طريقة الإجابة:

١- إقراء بتمهل القصة, ثم اجب على السؤال المباشر الذي يليها.

٢- انتقل إلى الأسئلة التي تليها وهي(٧) أسئلة بعد القصة الأولى، و(٦) أسئلة بعد القصة الثانية، يحتوي كل سؤال منها على جزأين.

٣- في الجزء الأول (أ) من غالبية الأسئلة سيطلب منك تحديد الأسباب التي دفعتك لاتخاذ قرارك مثل (يسرق ولا يسرق) أو (ضروري وغير ضروري). اختر خيار واحد فقط, لاحظ أن ليس هناك خيارات تفاضل بينها في بعض الأسئلة.

٤- انتقل إلى قائمة الأسباب المدونة تحت القرار, وضع إشارة(/) أمام كل سبب من الأسباب تحت خانة **"سبب"** إذا كنت تراه فعلا سببا لقرارك وتحت خانة **"ليس سببا"** إذا كنت ترى أنه ليس سببا لقرارك وفي خانة **"غير متأكد"** إذا لم تكن متأكدا من ذلك أو إذا لم تفهم العبارة.

٥- في الجزء الثاني (ب) من كل سؤال. عليك مراجعة الأسباب التي اخترتها **"كسبب مهم"** فقط ثم اختيار واحد منها فقط ترى أنه أهم سبب لقرارك.

راجع الأسباب.وضع دائرة حول رقم السبب الذي ترى أنه الأهم.الرجاء التأكد من الرقم الصحيح.

(تذكر أن الإجابة العشوائية أو ترك عدد من الأسئلة بدون إجابات يعني استبعاد ورقة الإجابة. علماً بأن الهدف هو البحث العلمي وأن الاسم غير مطلوب.

المشكلة الأولى:

في الوقت الذي كانت فيه "زوجة عمر" على وشك الموت من أنواع السرطان , كان احد الصيادلة قد اكتشف دواء جديدا يعتقد الأطباء أنه يمكن أن يشفيها. إلا أنه بالرغم من ارتفاع تكلفة صنعة أصلا ,فقد كان الصيدلي يبيعه للناس بعشرة أضعاف ما يكلف. حاول عمر الاقتراض من كل معارفه ليجمع المال المطلوب لشراء الدواء, ولكنه لم يستطع جمع أكثر من نصف المبلغ الذي طلبه الصيدلي. ذهب عمر إلى الصيدلي وأخبره بأن زوجته ستموت ورجاه أن يعطيه الدواء بسعر ارخص أو أن يسمح له بدفع الباقي في وقت لاحق, إلا أن الصيدلي رفض قائلاً: "لقد اكتشفت الدواء وسوف اصنع منه ثروة"، وبهذا فإن الطريقة الوحيدة التي يستطيع بها عمر الحصول على الدواء وإنقاذه حياة زوجته هي اقتحام الصيدلية وسرقة الدواء.

١- يجب أن يسرق ....

٢- يجب ألا يسرق ....

٣- غير متأكد ....

لماذا؟ ....

....

....

....

١- أ. ماذا لو أن زوجة عمر طلبت منه سرقة الدواء؟ماذا على عمر أن يفعل؟

يسرق ....

إذا كنت تعتقد أن على عمر أن يسرق الدواء, فلماذا تعتقد ذلك؟

رقم	السبب	سبب مهم	ليس سبب	غير متأكد
١-	لأنها زوجته وقد طلبت ذلك وعليه تنفيذ ما تطلبه.			
٢-	لأنها زوجته وإذا كان لا يريد أن يساعدها فلماذا تزوجها.إذا ساعدها فسوف تشفى وترد له الجميل.			
٣-	لأن صلاحية القانون تستوجب قدرته على الحفاظ على حقوق الأفراد ومن حقها أن تعيش.			
٤-	لأن بينهما حب متبادل ومن المتوقع أن يساعد الزوج زوجته سواء في مرضها أو صحتها.			
٥-	لأنه لا يمكن أن يعترف بها كزوجة من غير قبول.			
٦-	لأنه قبل المسؤولية كزوج لها وقد يصبح مسؤول قانونيا لو مات.			

١.ب- لا يسرق ....

إذا كنت تعتقد أنه يجب على عمر أن لا يسرق الدواء، فلماذا تعتقد ذلك؟

رقم	السبب	سبب مهم	ليس سبب	غير متأكد
١-	لأن الصيدلي لم يسمح له بأخذ الدواء وسوف يسجن...			
٢-	لأن الصيدلي اكتشف الدواء ويستطيع وحده أن يفعل به ما يريد.			
٣-	يمكن تفهم حاجتها للدواء وطالما أن القانون وضع لحماية الأفراد فإن عليه أن يحافظ على حقوق الصيدلي.			
٤-	لأنه يمكن أن يشرح الأمر للسلطات لتساعده في إنقاذ حياة زوجته سوف تتعاطف معه إذا فعل.			
٥-	لأن العلاقات بين الناس يجب دائما أن تقوم على إجراءات قانونية.			
٦-	هو يحب زوجته إلا أن ذلك لا يبرر السرقة ولو فعل كل فرد ذلك لانهار المجتمع.			

١.ب	حدد سبباً واحداً تعتقد أنه الأهم وذلك من الأسباب التي اخترتها تحت البند قريب.	١	٢	٣	٤	٥	٦
٢.ب	من كل الأسباب المبينة أعلاه. السبب الأقرب للسبب الذي أراه هو:	١	٢	٣	٤	٥	٦

٢.أ- ماذا لو أن الشخص الذي يموت كان صديق عمر وليس زوجته وهذا الصديق ليس لديه أي شخص أخر ليساعده، هل من الضروري أن يفعل عمر كل ما يمكنه حتى لو كان بالسرقة لإنقاذه حياة صديق؟

ضروري ....

لماذا يعتبر ضروريا؟

رقم	السبب	سبب مهم	ليس سبب	غير متأكد
١-	لأنه صديقه يمكن أن يكون قد قدم له خدمات ولذا فعليه أن يقدم له خدمة ليضمن مساعدته في المستقبل.			
٢-	يجب أن ينقذه إنقاذ حياة شخص من الناحية القانونية أهم من الحفاظ على مال الصيدلي.			
٣-	لأنه صديق عمر يمكن أن يكون شخصا مهما.			
٤-	لأن عمر سيشعر بأنه قريب من صديقه الذي يتوقع مساعدته وإنقاذه حياته.			
٥-	بصرف النظر عن ما بينهما ارتباطا وحبا عميقا فإن إنقاذ صديقه واجب لأن القانون وضع لحماية حياة الإنسان بصرف النظر عن طبيعة العلاقة.			
٦-	لأن الارتباط يمثل الشرط الأساسي الأول للعلاقة.			

غير ضروري ....

لماذا ترى أنه غير ضروري؟

رقم	السبب	سبب مهم	ليس سبب	غير متأكد
١-	الدواء حق للصيدلي يفعل به ما يشاء.			
٢-	القانون يوجب احترام أملاك الآخرين سينهار النظام لو ترك كلا منا يسرق لإنقاذ من يحب.			
٣-	لأنه إذا سرق الدواء يكون لصا وسوف يسجن.			
٤-	لن يلومه صدقه لأن من الأنانية والقسوة سرقة الغير.			
٥-	القانون وضع لحماية حقوق الأفراد يمكن تفهم حاجة الصديق لمساعدة صديقه ولكن ماذا عن حقوق الصيدلي.			
٦-	لأنه يجب أن يكون هناك مودة بين الناس.			

٣- أ. ماذا لو كان الشخص الذي يموت غريبا، وليس هناك أي شخص آخر يساعده هل من الضروري أن يفعل عمر كل ما يمكنه، حتى لو كان السرقة لإنقاذ حياة شخص غريب ؟

ضروري.............

لماذا يعتبر ضروريا؟

رقم	السبب	سبب مهم	ليس سبب	غير متأكد
١-	يجب أن ينقذه من يدري، يمكن أيضاً أن ينقذه حياة عمر يوما ما.			
٢-	لأنه يمكن أن يكون الشخص الغريب شخصا مهما ويملك ثروة كبيرة.			
٣-	لأن الحق في الحياة من الناحية القانونية يسبق الحق في الملكية.			
٤-	لأن المجتمع يجب أن يوجه الأفراد.			
٥-	لأنه لا يمكن الحكم على حياة الشخص الغريب بأنها اقل قيمة من حياة أي شخص آخر.			
٦-	لأن عمر يجب أن يضع نفسه مكان الشخص الغريب. كيف سيشعر لو أنه هو الذي يموت ولم ينقذه ذلك لشخص.			

٣- أ. ماذا لو كان الشخص الذي يموت غريبا، وليس هناك أي شخص آخر يساعده   هل من الضروري أن يفعل عمر كل ما يمكنه، حتى لو كان السرقة لإنقاذ حياة شخص غريب ؟

غير ضروري...............

لماذا ترى أنه غير ضروري؟

رقم	السبب	سبب مهم	ليس سبب	غير متأكد
١-	ماذا سيستفيد من إنقاذ شخص لا يعرفه ولا يعرف ما إذا كان سيحفظ له هذا الجميل أم لا.			
٢-	لأن الشرطة قد تقبض عليه وتسجنه.			
٣-	لأن السرقة تعتبر خروجا على القانون			
٤-	لأن صوت الحياة أقوى من صوت الموت			
٥-	يمكن تفهم حق أي شخص في الحياة .لكن سرقة حقوق الآخرين سوف تقضي على رغبتهم في الابتكار، وهي جريمة بحقهم			
٦-	لأنه إذا لم يسرق فسوف يترك انطباعا جيدا لدى الآخرين عن مدى التزامه للقانون			

٣.ب	من كل الأسباب المبنية أعلاه. السبب الأقرب للسبب الذي أراه	١	٢	٣	٤	٥	٦

٤. أ. ماذا لو أن الصيدلي طلب من عمر دفع المبلغ الذي كلفه الدواء فقط أو حتى أقل, وكان عمر لا يستطيع ؟

لماذا يعتبر ضروريا بصفه عامة الامتناع عن سرقه أشياء تخص الآخرين؟

رقم	السبب	سبب مهم	ليس سبب	غير متأكد
١-	لأن السرقة أمر سيء، وسوف يذهب إلى السجن إذا سرق .			
٢-	لأن سرقه الآخرين سلوك أناني وقاسي .			
٣-	ماذا ستستفيد. إنها مغامرة وإذا سرق أشياء الآخرين فسوف يسرق أشيائه.			
٤-	لأن الشخص المتميز يجب أن يسن طريقه متميزة لحياته الخاصة			
٥-	لأن العيش في المجتمع يعني قبول المسئوليات الواجبات .... إذا لم يحدث ذلك فسيتعرض المجتمع للخراب			
٦-	لأن احترام الملكية حق أساسي متفق عليه في أي مجتمع .			

٤.ب	من كل الأسباب المبينة أعلاه . السبب الأقرب للسبب الذي أراه هو:	١	٢	٣	٤	٥	٦

١.٥. لماذا يجب على الفرد بصفه عامة طاعة القانون

رقم	السبب	سبب مهم	ليس سبب	غير متأكد
١-	إذا لم يطيع الفرد القانون فإن الآخرين أيضاً سيعتدون على حقوقه، لحفظ حقك لا بد أن تحترم حقوق الآخرين			
٢-	لأن كسر القانون يخلق للعقاب.ن الناس .			
٣-	لأن القانون وضع للحفاظ على حقوق الإنسان .			
٤-	لأن القانون وضع لنتبعه ولذا يجب على الناس طاعته وإلا عرضوا أنفسهم للعقاب.			
٥-	لأن القانون يحمي المجتمع من الانهيار .			
٦-	لأن من المتوقع كانسان صالح أن تطيع القانون، كيف سينظر الآخرون إلك عندما لا تحترم القانون			

٥.ب	من كل الأسباب المبينة أعلاه . السبب الأقرب للسبب الذي أراه هو:	١	٢	٣	٤	٥	٦

٦.ا. ماذا لو أن عمر سرق الدواء فتحسنت صحة زوجته، ثم قبضت عليه الشرطة بتهمة السرقة وقدمته للمحاكمة، ماذا على القاضي أن يفعل ؟....................

على القاضي أن يتساهل مع عمر ....

لماذا يجب على أن يتساهل القاضي مع عمر ؟

رقم	السبب	سبب مهم	ليس سبب	غير متأكد
١-	لأنها زوجته طلبت منه أن يفعل ذلك ولهذا فهو فعل ما قالت .قد تغضب منه إذا لم يفعل.			
٢-	على القاضي أن يتفهم أن الزوج تصرف بدافع الحب وليس الأنانية لإنقاذ حياة زوجته.			
٣-	يجب على القاضي تفهم هذه المخالفة القانونية لأن المخالفة كانت للمحافظة على حياة إنسان			
٤-	لأن القاضي كان سيفعل ذلك لو أنه في حاجه للدواء لإنقاذ زوجته من الموت.			
٥-	لا يمكن تجريمه لأنه لا يملك ثمن الدواء. .حياة الناس أهم قانونيا من أملاكهم الصيدلي هو من يجب أن يعاقب على استغلاله وجشعه .			
٦-	لأن أساس التجريم الذاتي يسمو فوق الحياة.			

على القاضي أن لا يتساهل مع عمر ....

لماذا يجب عليه ألا يتساهل مع عمر ؟

رقم	السبب	سبب مهم	ليس سبب	غير متأكد
١-	لأنه سرق والسرقة جريمة تستجوب العقاب.			
٢-	لأنه كان يجب أن يدرك أن ما فعله جريمة، وان أحدا لا يتوقع منه فعل ذلك			
٣-	أتفهم كفاح عمر من اجل إنقاذ زوجته، لكن ماذا عن حق الصيدلي وماذا عن كفاحه، لا يجب أن يسرق.			
٤-	لأنه لن يستفيد شي ولن تستفيد زوجته .قد يسجن وتموت زوجته دون أن ينقذها .			
٥-	لأنه يجب أن يتحمل مسئولية ما ارتكبه من جرم			
٦-	لأن حالة عمر في هذه الحالة مسئولية .			

٦.ب	من كل الأسباب المبينة أعلاه السبب الأقرب الذي أراه هو:	١	٢	٣	٤	٥	٦

٧. ماذا لو أن عمر أخبر القاضي بأنه فعل ما أملاه عليه ضميره، ماذا يجب على القاضي أن يفعل؟
هل على القاضي أن يتساهل معه أم أن عليه أن يسجنه؟

على القاضي أن يتساهل مع عمر ....

لماذا يجب على القاضي أن يتساهل مع عمر ؟

رقم	السبب	سبب مهم	ليس سبب	غير متأكد
١-	على القاضي أن يتفهم دفاع عمر بأنه لم يستطع مقاومة ضميره .لو كان مكانه لفعل نفس الشيء.			
٢-	لأن الضمير يقوم على اللين.			
٣-	لأن ضميره دفعه إلى فعل ذلك، ولهذا فقد فعله لأنه لا يستطيع مخالفة ضميره.			
٤-	لأن ضمير الزوج في هذه الحالة متفق مع الأخلاقيات العامة.			
٥-	لأن التصرف بضمير أكد حقا أساسيا للزوجة في الحياة.			
٦-	لأنه إذا حدث ذلك فلن يسامح نفسه وهو يعلم أنه كان بالإمكان إنقاذها ولكنه لم يفعل .			

على القاضي أن يسجن عمر مع عمر ....
لماذا يجب على القاضي أن يسجن عمر مع عمر ؟

رقم	السبب	سبب مهم	ليس سبب	غير متأكد
١-	لأنه يجب أن يكون قادرا على التحكم في ضميره، هل كان سيعذر من يعتدي على حقوق باسم الضمير .			
٢-	لأن الضمير لا يمكن أن يتساوى مع الاعتقاد .			
٣-	ما كان عليه أن يستسلم لذلك، هذا سيعرضه للعقاب، ما كان سيسجن لو لم يستسلم لضميره.			
٤-	لأن الضمير ذا طبيعة ذاتيه، وهذا احد الأسباب التي توجب وجود قانون عام معياري .			
٥-	لأنه بالرغم من أن عمر كان على صواب في تأكيده على أولوية الحياة فانه يجب أن يأخذ في الاعتبار وجهة نظر المحكمة .			
٦-	لأن الضمير ليس دائما على حق، ما كان احد سيلومه لو لم يسرق. ولا احد يتوقع منه فعل ذلك.			

٧.ب	من تلك الأسباب المبينة أعلاه السبب الذي أراه هو:	١	٢	٣	٤	٥	٦

المشكلة الثانية:

محمد فتى يبلغ من العمر ١٤ سنة. كان لديه رغبة كبيرة في أن يشارك في رحلة مع الزملاء للتخييم بالبر، وقد وعده والده بالذهاب إذا تمكن من توفير المبلغ المطلوب منه. عمل محمد بجهد كبير، واستطاع توفير مبلغ ٥٠ دينار وهو المبلغ المطلوب للرحلة بالإضافة، إلى مبلغ إضافي قليل. قبل الرحلة بوقت قصير غير والده رأيه لرغبته هو (الوالد) في مشاركه أصدقائه في رحلة صيد. ولأنه لا يملك المبلغ المطلوب للرحلة فقد طلب من ابنه أن يعطيه النقود التي وفرها من عمله، محمد بطبيعة الحال لم يكن يرغب في إعطاء النقود لوالدة، مشكلة محمد هي أن وعده بالذهاب مع زملائه إذا وفر المبلغ المطلوب ثم غير رأيه، وبهذا فإن الطريقة الوحيدة التي يستطيعها محمد الذهاب هي عصيان والده وعدم مساعدته.

ماذا على محمد أن يفعل؟

١- يجب أن يرفض ....

٢- يجب متأكد. ....

٣- غير متأكد ....

لماذا؟ ....

....

لنغير الأحداث ونرى ما إذا كنت سوف تحتفظ بنفس الرأي ولماذا؟

١. أ. لماذا يعتبر ضرورياً للآباء أن يلتزموا بوعودهم لأبنائهم؟

رقم	السبب	سبب مهم	ليس سبب	غير متأكد
١-	لأنه يجب على الوالدين ألا ينقضا وعودهم فعليهما يحزن الأبناء.			
٢-	إذا أرد الوالدان من أبنائهما أن يحفظوا وعودهم فعليهما أن يحافظا على وعودهما أيضاً			
٣-	لأن الأبناء ليسوا أقل من الوالدين, أنهم أفراد لهم حقوقهم الإنسانية			
٤-	إذا تصرف الوالدان بأنانية فسيفقد الأبناء الثقة والإيمان بهما.			
٥-	سلطة الوالدين يجب أن تحترم, ولكن ليس من الضرورة طاعتهما إذا استغلا هذه السلطة لمصلحتهما.			
٦-	لأن العقود تستوجب الوعود بين الآباء والأبناء.			

ا.ب	من كل الأسباب المبينة أعلاه، السبب الأقرب للسبب الذي أراه هو:	١	٢	٣	٤	٥	٦

٢. أ. ماذا عن حفظ الوعد الصديق؟ لماذا يعتبر مهما حفظ الوعد لصديق؟

رقم	السبب	سبب مهم	ليس سبب	غير متأكد
١-	لأن صديقه يمكن أن يكون قد قدم لـه خدمـة، إذا لم يـوفي بوعده لصديقه فلن يقدم له أي خدمات في المستقبل.			
٢-	لأن المجتمع يجب أن يقوم على الثقـة بـين أفـراده, الوعـد كلمة شرف يجب أن تحترم مثلها مثل القانون (وعـد الحـر دين عليه).			
٣-	لأنه إذا لم يفعل ذلك فإن الشخص سيعاقبه وسوف يقطـع صداقته معه.			
٤-	لأن الانتماء هو أساس الصداقة.			
٥-	لأنه إذا لم يحدث ذلك فإنهما سـيفقدان الثقـة في بعـضهما وسيفقدان حبهما لبعضهما.			
٦-	لأن حفظ الوعد يدعم القيم الأساسية للشخص الآخر, أنـه حق للشخص يثق على أهميته جميع الأفراد في المجتمع.			

٢.ب	من كل الأسباب المبينة أعلاه، السبب الأقرب للسبب الذي أراه هو:	١	٢	٣	٤	٥	٦

٣.أ. ماذا عن حفظ الوعد لشخص غريب لا تكاد تعرفه؟

لماذا يعتبر ضرورياً أن تحفظ الوعد لشخص غريب إذا كان بإمكانك؟

رقم	السبب	سبب مهم	ليس سبب	غير متأكد
١-	لأن الشخص الغريب سيكتشف أنك كاذب وسوف يعاقبه.			
٢-	لأنه سيكون فخور بنفسه، وسوف يعطي الآخرين انطباعاً بأنه ليس أنانياً.			
٣-	لأنه يمكن أن يقابل هذا لشخص مرة أخرى، وقد يحتاجه.			
٤-	لأن ذلك دليل على احترام الآخرين والأعراف الاجتماعية.			
٥-	لأن الشخص الغريب له حقوق مساوية لأي شخص آخر.			
٦-	لأنه ليس هناك تفاعل من غير انتماء.			

٤.ب	من كل الأسباب المبينة أعلاه, السبب الأقرب للسبب الذي أراه هو:	١	٢	٣	٤	٥	٦

٤. أ. ما أهمية أن يترك الوالدان أطفالهم يحتفظون بالمال الذي كسبوه إذا وعدوهم بذلك؟

ضروري ....

لماذا يعتبر ضرورياً؟

رقم	السبب	سبب مهم	ليس سبب	غير متأكد
١-	لأن الابن عمل على توفير النقود ولذا فهي له يفعل بها ما يشأ.			
٢-	لأن الوعود تتطلب عهود بين الطرفين			
٣-	لأن الابن يستحقها بعد التضحية الكبيرة، واخذ النقود منه يعتبر سلوكاً قاسياً			
٤-	لأن حقوق الابن مساوية في القيمة لحقوق الوالدين.			
٥-	لأن الابن سيبكي إذا أخذت منه النقود.			
٦-	لأن الابن قبل المسؤولية, ولذا فله الحق في عائد عادل عن محاولته، كما أن الأب وعده بذلك والوعد كالقانون (وعد الحر دين عليه).			

غير ضروري ....

لماذا يعتبر غير ضرورياً؟

رقم	السبب	سبب مهم	ليس سبب	غير متأكد
١-	لأن والده سيعطيه الكثير فيما بعد.			
٢-	لأن العلاقة تتطلب وجود طرفين.			
٣-	لأن والده سيكون خجولاً من أصدقائه إذا لم يستطيع الذهاب معهم.			
٤-	يمكن تفهم كفاح الابن من أجل التوفير, ولكن عليه أن يقدر حاجة الأب.			
٥-	لأن الابن يحب أن يطيع والده.			
٦-	لأن الأب يمثل القيادة في الأسرة هو الذي يعرف ما يصلح لأفراد الأسرة, على الابن أن يحترم مكانته القيادية في الأسرة.			

٥. أ. لماذا يعتبر ضرورياً للوالدين ترك أبنائهم يحتفظون بالمال الذي وفروه حتى لو لم يعدوهم بذلك؟

غير ضروري ....

لماذا ترى أنه غير ضروري؟

رقم	السبب	سبب مهم	ليس سبب	غير متأكد
١-	لأن والده سيضربه إذا لم يعطه النقود.			
٢-	لأن والده قدم له العديد من الخدمات.			
٣-	لأن التعهد هو أساس العلاقة.			
٤-	لأنه يجب على الابن المحافظة على تماسك الأسرة ووحدتها.			
٥-	لأن الأب هو المسؤول عن اتخاذ القرارات الخاصة بالابن.			
٦-	لأنه يجب على الابن على أن يضحي من أجل والده الذي رباه وبذل قصارى جهده من أجله.			

٥.ب	من كل الأسباب المبينة أعلاه, السبب الأقرب للسبب الذي أراه هو:	١	٢	٣	٤	٥	٦

٦- أ. ماذا لو أن الأب لا يحتاج النقود للذهاب في رحلة الصيد، بل ليشتري بها أكلاً للأسرة.

لماذا يعتبر ضرورياً للأبناء مساعدة آبائهم عند الحاجة حتى لو أدى ذلك إلى حرمانهم من القيام ببعض الأعمال التي يرغبون لقيام بها؟

رقم	السبب	سبب مهم	ليس سبب	غير متأكد
١-	لأن الآباء قدموا لهم الكثير ويريدون من أبنائهم خدمة في المقابل.			
٢-	لأن الأفراد أحياناً يمكن أن يتخلوا عن وعودهم أو مصالحهم من أجل الصالح العام.			
٣-	لأن علاقة (الأبوة) أهم من علاقة (البنوة).			
٤-	لأن على الأبناء طاعة والديهم.			
٥-	لأن على الأبناء إدراك وتقدير تضحيات والديهم.			
٦-	لأن حاجات الأسرة ومصالحها ووحدتها كمؤسسة اجتماعية أهم من رغبات الابن.			

٦.ب	من كل الأسباب المبينة أعلاه, السبب الأقرب للسبب الذي أراه هو:	١	٢	٣	٤	٥	٦

أربعة عشر: مقياس الاتجاه نحو الحياة

يفيد هذا المقياس في التعرف على النزعة لدى الطلبة في الإقبال للحياة والاستبشار نحو المستقبل.

التوجه نحو الحياة فقد عرفه شاير وكارفر Scheier &Carver بأنه: النزعة أو الميل للتفاؤل أو التوقع العام للفرد بحدوث أشياء أو أحداث حسنة بدرجة أكبر من حدوث أشياء أو أحداث سيئة وهي سمة مرتبطة ارتباطا عاليا بالصحة النفسية الجيدة. (الأنصاري، ٢٠٠٢) **ويعرف اصطلاحا بأنه:** نظرة استبشار نحو المستقبل، تجعل الفرد يتوقع الأفضل، وينتظر حدوث الخير، ويرنو إلى النجاح، ويستبعد ما خلا ذلك (عبد الخالق،١٩٩٦)

مقياس نحو الحياة Life Orientation Test (LOT)

تم استخدام مقياس التوجه الحياتي من تأليف شاير وكارفر 1985, Scheier &Carver وتعريب بدر محمد الأنصاري. (الأنصاري، ٢٠٠٢)

الآن: أرجو قراءة فقرات المقياسين ووضع إشارة (X) في الخانة الأقرب لك، علما أنه لا توجد إجابة صحيحة وأخرى خاطئة.

الرقم	العبارات	إطلاقا	نادرا	بشكل متوسط	معظم الأحيان	دائما
١-	أتوقع حدوث أمور حسنة حتى في الظروف الصعبة					
٢-	من السهل على أن استرخي					
٣-	أنظر إلى الجانب المشرق من الأمور					
٤-	أنا متفائل بالنسبة لمستقبلي					

-٥	استمتع كثيرا بصحبة أصدقائي					
-٦	لا أتوقع أن تسير الأمور في صالحي					
-٧	لــن تتحقــق الأمــور بالطريقــة التــي أريدها					
-٨	أنا لا أنفعل بسهولة					
-٩	أومن بالفكرة القائلة: بعد العسر يسرا					
-١٠	أتوقـع حـدوث أمـور سـيئة في معظـم المواقف					

(الأنصاري، ٢٠٠٢)

التصحيح، والتفسير:

يتكون المقياس من عشرة فقرات تناسب البيئة الكويتية، إن فقرات المقياس جميعها إيجابية، وتتضمن الاستجابة للمقياس اختيار المفحوص لكل فقرة بديلا من خمسة بدائل، هي: (إطلاقاً، نادراً، بشكل متوسط، معظم الأحيان، ودائماً). ويعتمد تصحيح المقياس على ميزان خماسي من واحد إلى خمسة، هذا وتتراوح الدرجات على المقياس بين (١٠) وهي تمثل أدنى حد يمكن الحصول عليه، وتشير إلى مستوى متدن من الشعور بالتوجه الحياتي، و(٥٠) وهي تمثل أعلى درجة يمكن الحصول عليها، وتشير إلى مستوى مرتفع من الشعور التوجه الحياتي، وذلك بعد عكس الفقرات السلبية.

مقاييس سلوكية

أولاً: مقياس توكيد الذات

يشير مفهوم تأكيد الذات إلى خاصية تبين أنها تميز الأشخاص الناجحين، من وجهتي نظر الصحة النفسية والفاعلية في العلاقات الاجتماعية. كان أول من أشار إلى هذا المفهوم وبلوره على نحو علمي، وكشف عن مضامينه، هو العالم الأمريكي سالتر Salter الذي أشار إلى أن هذا المفهوم يمثل خاصية أو سمة شخصية عامة (مثلها مثل الانطواء أو الانبساط)، أي أنها تتوافر في البعض فيكون مؤكدا لذاته في مختلف المواقف، وقد لا تتوافر في البعض الآخر، فيصبح سلبياً وعاجزاً عن توكيد نفسه في المواقف الاجتماعية المختلة، وقد أشار كل من وولبي وسالتر إلى أنماط الاستجابة الثلاثة التالية:

- **استجابة عدم توكيد الذات:** وهذه الاستجابة تظهر عندما يترك الفرد المجال للآخرين ليتخطوا حدوده ويتعدوا على حقوقه.

- **استجابة توكيد الذات:** وهذه الاستجابة تظهر عندما يعبر الفرد عن ذاته بشكل يحترم فيه حقوقه الشخصية وحقوق الآخرين.

- **الاستجابة العدوانية:** وهذه الاستجابة تظهر عندما يقوم الفرد بالهجوم والتعدي على حقوق الآخرين. (Kelly, 1979 ، الأشهب، ١٩٩٨)

وإذا ما بحثنا في تعريف توكيد الذات فإننا نجد أن معظم تعريفاته تتفق على العديد من الجوانب المشتركة والتي أبرزها:

- توكيد الذات يتضمن بشكل واضح التعبير عن الذات.

- عندما يتصرف الفرد بشكل مؤكد وبثقة، فإنه يضع باعتباره مشاعر ومصالح الآخرين.

- استجابة الفرد المؤكد هي استجابة صادقة، وتتفق مع ثقافة المجتمع والموقف الذي يعيشه الفرد والناس الذين حوله.

- السلوك المؤكد هو سلوك شخصي يتضمن التعبير عن الأفكار والمشاعر بشكل صادق ومباشر.

- القدرة على ممارسة الحق الشخصي دون الاعتداء على حقوق الآخرين.

- الثقة بالقدرة على الدفاع عن الذات دون قلق وتوتر غير مبرر.

(Rimm&Masters,1979 ، الخطيب، ١٩٨٩، ص: ١٦٣)

مقياس توكيد الذات لراتوس

يفيد مقياس توكيد الذات في التعرف على مدى قدرة الطلبة على تدعيم وتوكيد الذات في السلوكات التي يمارسونها ومواقف الحياة التي يعيشونها باستمرار، ويمكن أن يطبق على الطلبة من الصفوف الأساسية العليا فالثانوية، ويمكن أن يطبق بشكل جماعي وفردي.

بين يديك قائمة تحتوي على مجموعة من العبارات والجمل التي تعبر عن درجة التوكيد الذاتي لديك من خلال الحكم على مجموعة من الجمل في القائمة المرافقة والتي تتصور أنها قد تعبر عن ذاتك.أرجو قراءة كل من تلك العبارات ووضع إشارة (X) في المكان المناسب في ورقة الإجابة مع رجاء التكرم بالإجابة على جميع العبارات بكل صراحة.

تتألف هذه القائمة من (٢٩) عبارة والمطلوب منك أن تقرأ كل عبارة من العبارات وأن تحكم عليها باختيار الإجابة المناسبة من بين الإجابات الست التالية: تعبر عني تماماً، تعبر عني، تعبر عني إلى حد ما، لا تعبر عني إلى حد ما، لا تعبر عني، لا تعبر عني على الإطلاق.

ويلاحظ بهذه القائمة أن العبارات تتدرج ما بين تعبر عني تماماً التي يمكن أن ينطبق فيها مضمون العبارة بشكل دائم، إلى لا تعبر عني على الإطلاق التي ينطبق فيها مضمون العبارة ولا بأي شكل من الأشكال، والمطلوب منك أن تضع لنفسك تقديراً عن مدى ما تمثله العبارة من درجة التوكيد الذاتي لديك، تذكر أنه يطلب منك أن تضع تقديراً لنفسك على كل عبارة من خلال ممارستك الفعلية وليس وفقاً لما تعتقد أنه يجب أن يكون، فإذا شعرت أن فقرة من الفقرات تناولت موقفاً لم يسبق لك أن مررت فيه فقدر تصرفك في هذا الموقف على أساس خبرتك الفعلية في مواقف مماثلة لذلك الموقف.

تذكر أنه ليس هناك إجابات صحيحة أو إجابات خاطئة كما أنه ليس هناك وقت محدد للإجابة، وأن النتائج التي سوف يتم الحصول عليها ستكون سرية للغاية وستخدم المرشد بشكل عام والطالب بشك خاص. أرجو الإجابة على جميع العبارات.

مقياس توكيد الذات لراتوس:

أخي الطالب / أختي الطالبة ، الصف.............. الشعبة ....

ضع/ضعي إشارة (X) في المكان المناسب.

لا تعبر عني على الإطلاق	لا تعبر عني	لا تعبر عني إلى حد ما	تعبر عني إلى حد ما	تعبر عني	تعبر عني تماماً	الفقرة	الرقم
						يبدو أن معظم الناس أكثر عدوانية وتأكيداً للذات مني	١-
						إنني أتردد في دعوة الآخرين قبل دعواتهم بسبب خجلي	٢-
						عندما لا يكون الطعام المقدم في المطعم مرضياً لي فإنني اعبر عن إساءتي إلى عامل المطعم (الجرسون).	٣-
						إنني احرص على تجنب إيذاء مشاعر الآخرين حتى عندما أشعر بأنه فد جرحت مشاعره	٤-
						عندما يتكبد بائع ما مشقة في عرض البائع، والتي لا تكون مناسبة لي تماماً فإنني أجد صعوبة في أن أقول.(لا)	٥-

-٦	عندما يطلب مني عمل شيء ما فإنني أصر على معرفة السبب.						
-٧	هناك أوقات أسعى فيها لجدال جيد وعنيف .						
-٨	إننـي أكـافح مـن أجـل النجـاح مثـل معظم زملائي من الطلبة.						
-٩	إن سلوكي طريق الصدق والأمانة يجعل الناس يستغلونني في اغلب الحالات						
-١٠	إننـي اسـتمتع بالبـدء بأحاديـث مـع معارف جدد وغرباء						
-١١	غالبـاً لا اعـرف مـا أقولـه للأشـخاص الذين يعجبونني من الجنس الآخر						
-١٢	إنني أتردد في إجراء مكالمات هاتفية لأي غرض من الأغراض						
-١٣	إننـي غالبـاً مـا أفـضل كتابـة الرسـائل عندما أتقدم بطلب لوظيفة أو لقبـول في كليـة أكـثر مـن أن أقـوم بمقـابلات شخصية						
-١٤	إنني أجد إحراج في إعـادة شيء كنـت قد اشتريه إلى البائع.						

-١٥	إذا ضـايقني قريـب حمـيم وأهـل للاحـترام، فـإنني أفـضل أن اخفـي مشاعري بدلاً من أن اعبر عـن ضـيقي منه .					
-١٦	إنني أجنب توجيه الأسئلة خوفا مـن أن أبدو غبياً.					
-١٧	أثناء جدال مـا اشـعر أحيانـا بـالخوف من أن اضطرب واهتز					
-١٨	إذا اعتقـدت أن معلمـي قـدم وجهـة نظر غير صائبة، فإنني اعمل كل ما في وسعي لأسـمع زمـلائي الطلبـة وجهـة نظري					
-١٩	إنني أتجنب النقاش حول الأسعار مـع البائعين.					
-٢٠	عنـدما أقـوم بعمـل شيء هـام أو يستحق الـذكر، فـإنني اعمـل عـلى أن يعرفه الآخرون.					
-٢١	اعبر عن مشاعري بصراحة ووضوح.					
-٢٢	إذا قـام احـد مـا بنـشر قـصص أو معلومات كاذبـة وسيئة عنـي، فـإنني أقـوم بمراجعتـه بالـسرعة الممكنـة لمحادثته بذلك.					

-٢٣	غالبا م أجد صعوبة في قول"لا".						
-٢٤	إنني الجأ إلى كبت مشاعري بدل من إظهارها						
-٢٥	إنني احتج من الخدمة في مطعم أو في أي مكان آخر.						
-٢٦	عندما يمدحني احد إنني أحيانا لا اعرف ماذا أقول						
-٢٧	إذا كان بجانبي في الصف أو المحاضرة طالبان يتحدثان بصوت عال نوعاً ما أطلب منه التزام الهدوء أو إتمام محادثتهم في ما بعد.						
-٢٨	إذا حاول أحد أن يتقد مني في الطابور فإنه يضع نفسه في موقف مجابه معي.						
-٢٩	أمر في حالات لا أستطيع أن أقول فيها شيئاً						

التصحيح وتفسير النتائج :

- عدد فقرات المقياس (٢٩) فقرة.

- العلامة الكلية على المقياس تتراوح بين (٨٧+، ٨٧-)

- العلامة الكلية للمقياس يمكن الحصول عليها لتغيير إشارة كل الفقرات المتبوعة (*) وإضافة علامات هذه الفقرات لباقي الفقرات.

الفقرات التي عليها نجمة هي: ١، ٢، ٤، ٥، ٩، ١١، ١٢، ١٣، ١٤، ١٥، ١٦، ١٧، ١٩، ٢٣، ٢٤، ٢٦، ٢٩.

مثال:

إذا كانت إجابة فقرة متبوعة بنجمة (٢+) ضع إشارة (-) قبل الاثنين، وإذا كانت إجابة فقرة متبوعة بنجمة (٣-) غير إشارة السالب إلى إشارة (+) لتصبح (٣+).

- العلامة على كل بعد من إبعاد المقياس يمكن الحصول عليها بنجمة(٢٠). الطريقة السابقة مع الأخذ بعين الاعتبار عدد الفقرات كل البعد.

- عرف المستوى المطلوب للتحسن بزيادة في العلامة لا تقل عن (٢٠).

(الأشهب، ١٩٨٨)

ثانياً: مقياس بيركس لتقدير السلوك   Burks Behavior Rating Scale (BBRS)

هذا المقياس يفيد في التعرف على السلوكات المشكلة الموجودة لدى الطلبة وحصر ١٩ من هذه الأنماط كالإفراط في القلق وفي لوم الذات وضعف القوة الجسمية وضعف قوة الأنا وضعف الشعور بالهوية وضعف في ضبط مشاعر الغضب، ويمكن استخراج الدرجة الفرعية لكل بعد للتعرف على توفر المشكلة لدى الطلبة، ويمكن تطبيق بعد واحد وإخراج النتيجة له .

المؤلف: بيركس Harold F Burks سنة النشر ١٩٧٥ المراجعة :١٩٨٠

غرض الاختبار: مسحي Screening للتعرف على الاضطرابات السلوكية

الفئة المستهدفة: يستخدم مع الطلاب في المرحلتين الابتدائية والإعدادية أي في الأعمار ٦ إلى ١٥ سنة .

أهمية المقياس:

تكمن أهمية المقياس في الفوائد العلمية المتحققة من استخدامه في المجالات التربوية والخدمات النفسية لتحقيق واحد أو أكثر من الأهداف التالية.

- تحديد أنماط السلوك المضطرب عن الأطفال ذوي اضطرابات السلوك.

- التعرف على جوانب شخصية الطفل الذي يظهر أنماطا سلوكية مضطربة وتحتاج إلى تقويم اشمل وأعمق .

- المساعدة في تحديد البديل التربوي المناسب.

- المساعدة في بناء الخطة التربوية الفردية للطفل ذوي السلوك المضطرب.

- الكشف عن التغير في أنماط السلوك مع الزمن.

- تقويم فعالية البرامج المقدمة للطفل.

أبعاد المقياس :

١- الإفراط في لوم النفس Excessive Self Blame ويعرف بأنه نزعة مبالغ فيها بتحميل النفس مسؤولية أخطاء حقيقية أو متخيلة .وتقيسه الفقرات: ٢-٥-١٠-١٤-٢١.

٢- الإفراط في القلق Excessive Anxiety ويعرف بأنه التعبير القابل للملاحظة عن شعور بالألم أو عدم السرور، وتقيسه الفقرات: (٢٣-٣٣-٣٧-٤٢-٤٩).

٣- الانسحابية الزائدة Excessive Withdrawal إظهار عدم الرغبة في الاستجابة الانفعالية للآخرين. وتقيسها الفقرات: ٨٠-٨٦-٩٠-٩٤-٩٨-١٠٧.

٤- الاعتمادية الزائدة Excessive Dependency المبالغة في إظهار الحاجة للحصول على دعم الآخرين ومساندتهم، وتقيسه الفقرات: ٧٣-٨٧-٩٣-١٠٢-١٠٥-١٠٩.

٥- ضعف قوة الأنا Poor Ego Strength كف التعبير عن القدرات بسبب ضعف الثقة بالنفس، وتقيسه الفقرات: ٧١-٨٨-٩١-٩٧-١٠١-١٠٤-١١٠.

٦- ضعف القوة الجسمية Poor Physical Strength عدم القدرة على المحافظة على مستوى الطاقة اللازم للنشاطات الاعتيادية أو عدم القدرة على المشاركة بفعالية في الأنشطة التي تتطلب احتكاكا جسديا بالآخرين. وتقيسه الفقرات: ٥٤-٥٩-٦٤-٧١-٧٥.

٧- ضعف التآزر الحركي Poor coordination عدم القدرة على ضبط العضلات الإرادية وأعضاء الحس في الأنشطة الهامة، وتقيسه الفقرات: ٥٨-٦٢-٦٥-٦٩-٦٢-٧٢.

٨- انخفاض القدرة العقلية Poor Intellectual ظهور مؤشرات قابلة للملاحظة تدل على انخفاض مستوى القدرات المعرفية، وتقيسه الفقرات:٤-٦-٩-١٢-١٦-١٨-٢٢.

٩- الضعف الأكاديمي Poor Achievement عدم قدرة الطفل على النجاح في الموضوعات المدرسية الأساسية، وتقيسه الفقرات:٢٥-٢٩-٣٩-٤٤-٥١.

١٠- ضعف الانتباه Poor Attention عدم القدرة على استدعاء الأشياء إلى دائرة الوعي وعدم القدرة على الاحتفاظ بها لمدة طويلة، وتقيسه الفقرات: ١-٧-١١-١٥-٢٠.

١١- ضعف القدرة على ضبط النشاط Poor Impulse control عدم القدرة على تأجيل الاستجابات بأسلوب مناسب، وتقيسه الفقرات: ٢٦-٣١-٣٥-٤٦-٥٢.

١٢- ضعف الاتصال بالواقع Poor Reality contact العجز الشديد عن التقييم الصحيح وعدم الاستجابة المناسبة لمثيرات متطلبات الحياة اليومية، وتقيسه الفقرات:٢٤-٢٧-٣٢-٣٦-٤٠-٤٣-٤٧-٥٠.

١٣- ضعف الشعور بالهوية Poor sense of identity إظهار الرغبة في الاختلاف عن الآخرين، وتقيسه الفقرات: ٥٦-٦٣-٦٨-٧٤-٧٨.

١٤- الإفراط في المعاناة Excessive Suffering التعبير الظاهر عن رغبة داخلية في الفشل أو إيذاء النفس، وتقيسه الفقرات:٧٩-٨٥-٨٩-٩٥-٩٩-١٠٣-١٠٨.

١٥- الضعف في ضبط مشاعر الغضب Poor Anger Control ضعف القدرة المزمن على ضبط أو كبت كف مشاعر الغضب العارمة، وتقيسه الفقرات: ٥٥-٦١-٦٧-٧٣-٧٧.

١٦- المبالغة في الشعور بالظلم Excessive Sense of Persecution إحساس غير واقعي ومبالغ فيه بسوء معاملة الآخرين، وتقيسه الفقرات:٣-٨-١٣-١٧-١٩.

١٧- العدوانية الزائدة Excessive Aggressive الرغبة في إيقاع الأذى بالآخرين من خلال القول أو الفعل تقيسها الفقرات: ٨٢-٨٤-٩٢-٩٦-١٠٠-١٠٦.

١٨- العناد والمقاومة Excessive Resistance الرغبة في عدم احترام مطالب الآخرين، وتقيسه الفقرات:٥٧-٦٠-٦٦-٧٠-٧٦.

١٩- ضعف الانصياع الاجتماعي Poor Social Conformity عدم القدرة على ضبط السلوك الشخصي وفقا للمعايير الأخلاقية المقبولة، وتقيسه الفقرات:٢٨-٣٠-٣٤-٣٨-٤١-٤٥-٤٨-٥٣.

ملاحظة: (فقرات البعد الواحد ليست متتالية في المقياس)

تعليمات التطبيق والتصحيح :

- يتميز المقياس بسهولة تطبيقه إذ لا يتطلب درجة عالية من التأهيل أو التدريب حيث يستطيع المعلم أو الأخصائي النفسي أو الاجتماعي تطبيقه دون تدريب خاص كما أن الفترة الزمني لتطبيقه قصيرة نسبية (٣٠ دقيقة) .

- والمقياس ليس موجها نحو المفحوص نفسه إذ يتم جمع البيانات من شخص ذو ألفة بالمفحوص كالوالدين أو المعلمين ولا حاجة لوضع المفحوص في موقف اختباري

وعند تطبيق المقياس يجب أن تراعى الاعتبارات التالية:

- أن يكون مصدر المعلومات ذو ألفة بالمفحوص.

- جمع البيانات من مصادر متعدد.

- أن يكون مصدر المعلومات على معرفة بتصحيح وتفسير الاختبار لتجنب اثر الهالة.

- لا داعي لوجود المفحوص أثناء تطبيق الاختبار.

- يقدم مصدر المعلومات أو تقدير يتبادر إلى ذهنه.

تفسير النتائج:

ذات دلالة عالية	دالة	غير دالة	البعد
٢٥-١٨	١٧-١١	١٠-٥	الإفراط في لوم النفس
٢٥-١٨	١٧-١١	١٠-٥	الإفراط في القلق
٣٠-٢٢	٢١-١٣	١٢-٦	الاستجابة الزائدة
٣٠-٢٢	٢١-١٣	١٢-٦	الاعتمادية الزائدة
٣٥-٢٥	٢٤-١٥	١٤-٧	ضعف قوة الأنا
٢٥-١٨	١٧-١١	١٠-٥	ضعف القوة الجسدية
٢٥-١٨	١٧-١١	١٠-٥	ضعف التآزر الحركي
٣٥-٢٥	٢٤-١٥	١٤-٧	انخفاض القدرة العقلية
٢٥-١٨	١٧-١١	١٠-٥	الضعف الأكاديمي
٢٥-١٨	١٧-١١	١٠-٥	ضعف الانتباه
٢٥-١٨	١٧-١١	١٠-٥	ضعف القدرة على ضبط النشاط
٤٠-٢٩	٢٨-١٧	١٦-٨	ضعف الاتصال بالواقع
٢٥-١٨	١٧-١١	١٠-٥	ضعف الشعور بالهوية
٣٥-٢٥	٢٤-١٥	١٤-٧	الإفراط في المعاناة
٢٥-١٨	١٧-١١	١٠-٥	الضعف في ضبط مشاعر الغضب
٢٥-١٨	١٧-١١	١٠-٥	المبالغة في الشعور بالظلم
٣٠-٢٢	٢١-١٣	١٢-٦	العدوانية الزائدة
	٢٥-١٨	الصف:١٧-١	العناد والمقاومة
٤٠-٢٩	٢٨-١٧	١٦-٨	ضعف الانصياع الاجتماعي

اسم الطفل: .... اسم المدرسة: .... تاريخ الميلاد: .... الصف: ....

العنوان: .... الهاتف: ....

الجنس: .... المستوى التعليمي للأب : ....

المستوى التعليمي للأم: .... الجنس: ....

مصدر المعلومات: ....

إعداد: د. يوسف القريوتي وجلال جرار

الفقرات التالية تصف بعض المظاهر السلوكية لدى الأطفال, يرجى تقدير الطفل على كل فقرة من فقرات المقياس, وذلك بوضع إشارة في المربع المخصص مقابل الدرجة المناسبة, ووفقا للمعيار التالي:

الدرجة (١): إذا كان الطفل لا يظهر السلوك مطلقا.

الدرجة (٢): إذا كان الطفل نادراً ما يظهر السلوك.

الدرجة (٣): إذا كان الطفل قليلاً ما يظهر السلوك.

الدرجة (٤): إذا كان الطفل كثيراً ما يظهر السلوك.

الدرجة (٥): إذا كان الطفل كثيراً جداً ما يظهر السلوك.

(يرجى الإجابة على جميع الفقرات)

الرقم	الفقرات	التقديرات				
		١	٢	٣	٤	٥
١-	يبدو مشتتاً وغير مستقر فسرعان ما ينتقل من موضوع إلى آخر					
٢-	يسأل أسئلة تظهر قلقا على المستقبل					
٣-	دائم الشكوى من أن الأطفال الآخرين يضايقونه					
٤-	لا يسأل أسئلة					
٥-	ينزعج جدا إذا اخطأ					
٦-	لا يستطيع أن ينوع في استجاباته					
٧-	غير مثابر وسريعا ما يتشتت انتباهه					
٨-	يدعي بأنه مظلوم وحقوقه مهضومة					
٩-	يقوم باستجابات (ردود فعل) غير ملائمة للموقف					
١٠-	يبالغ في تأنيب الضمير إذا اخطأ					
١١-	فترة انتباهه لا تتحسن سواء عوقب أم أثيب					
١٢-	لا يبدي خيالا (ضيق الأفق)					
١٣-	لا يغفر للآخرين إذا أساؤوا إليه					
١٤-	ينزعج إذا لم يكن كل شيء في غاية الكمال					
١٥-	فترة انتباهه قصيرة					
١٦-	يجد صعوبة في تذكر الأشياء أو الأحداث					
١٧-	يتهم الآخرين بأشياء لم يفعلوها معه حقيقة					

الرقم	الفقرات	التقديرات				
		١	٢	٣	٤	٥
١٨-	يبدو الضعف واضحا في مفرداته اللغوية					
١٩-	يشكو من أن الآخرين لا يحبونه					
٢٠-	لا يتم عملا، إذ يستمر في التنقـل مـن عمـل إلى آخر					
٢١-	يلوم نفسه إذا لم تسر الأمور كما يحب					
٢٢-	غير منطقي في حكمه على الأشياء					
٢٣-	يظهر مخاوف كثيرة					
٢٤-	يحكي قصصا غريبة ولا معنى لها					
٢٥-	يظهر ضعفا في القراءة					
٢٦-	يتهيج بسرعة					
٢٧-	لغته غير مفهومة					
٢٨-	لا يهتم بردود فعل الآخرين ويفعل ما يحلو له					
٢٩-	يقع في أخطاء إملائية عندما يكتب					
٣٠-	يكذب					
٣١-	حركته زائدة					
٣٢-	يبدو شارد الذهن مستغرقا في أحلام اليقظة					
٣٣-	يبدو متوترا ومتضايقا					
٣٤-	لا يفي بوعوده					

-٣٥	يثور بسرعة ويقوم بأعمال غير متوقعة					
-٣٦	يظهر على وجهه حركات لا إرادية ودون سبب ظاهر					
-٣٧	يعتريه القلق كثيرا					
-٣٨	يستولي على ممتلكات غيره					
-٣٩	يبدو ضعيفا في إتباع التعليمات الأكاديمية					
-٤٠	يضحك في سره ويكلم نفسه					
-٤١	قليل الاحترام للسلطة وللمسؤولين					
-٤٢	يحمر (يتورد) وجهه بسهولة					
-٤٣	يداوم على هز جسمه باتجاه معين					
-٤٤	يكتب مهماته المدرسية بشكل غير منتظم					
-٤٥	يتأخر عن الدوام المدرسي					
-٤٦	متهور ولا يضبط نفسه					
-٤٧	رسوماته لا تتفق مع الواقع					
-٤٨	يقوم بأعمال طائشة وغير مقبولة					
-٤٩	يبدو عصبيا					
-٥٠	لا يعي ما يدور حوله					
-٥١	لا يقوم بأداء واجباته المدرسية أو يؤديها غير مكتملة					
-٥٢	عندما ينفعل لا يضبط نفسه(كأن يصرخ أو يقفز من كرسيه)					

-٥٣	يتغيب عن المدرسة دون عذر مقبول					
-٥٤	يتحاشى الاحتكاك الجسمي أثناء اللعب ويتجنب الألعاب الخشنة					
-٥٥	سريع الغضب					
-٥٦	يتعمد أن يكون معارضا					
-٥٧	عنيد وغير متعاون					
-٥٨	يواجه صعوبة في حمل الأشياء					
-٥٩	يتعرض للإصابة (يؤذي نفسه) أثناء اللعب					
-٦٠	يرفض إتباع التعليمات والقواعد ويتمرد عند محاولة ضبطه					
-٦١	يغضب إذا طلب منه القيام بعمل ما					
-٦٢	يظهر عدم تناسق في أداء النشاطات والحركات العضلية الكبيرة					
-٦٣	يميل إلى ألعاب الجنس الآخر					
-٦٤	يتعب بسرعة					
-٦٥	خطه ضعيف وغير متناسق					
-٦٦	ينكر مسؤوليته عن أفعال قام بها					
-٦٧	يحبط ويفقد القدرة على ضبط انفعالاته بسرعة					
-٦٨	يفضل أن يكون وحيدا					

-٦٩	رسـوماته غـير متناسـقة وتلوينـه للأشـكال غـير متقن					
-٧٠	لا يقبل توجيهات الآخرين ويصر على استخدام أسلوبه عند القيام بعمل ما					
-٧١	لا يشارك الآخرين في الألعاب الخشنة					
-٧٢	متعثر في مشيه إذ يصطدم بالآخرين أو بالأشـياء من حوله					
-٧٣	ينفجر غضبا تحت تأثير الضغوطات					
-٧٤	لا يتقبل زملاءه ويعبر عن ذلك بطريقة عدائية					
-٧٥	يبدو خاملا وثقيل الحركة					
-٧٦	لا يتقبل اقتراحات من الآخرين					
-٧٧	ينفجر غضبا على زملاءه إذا ضايقوه في مزاحهم أو دفعوه بأيديهم					
-٧٨	يتعمد أن يكون سلوكه مختلفا عن الآخرين					
-٧٩	عبوس الوجه مقطب الجبين					
-٨٠	يصعب فهمه أو التودد إليه					
-٨١	لا يثق بقدراته ويقلل من شأنه					
-٨٢	يسر عندما يرى غيره في مأزق					
-٨٣	يعتمد على الآخرين وينقاد لهم					

-٨٤	يضرب ويدفع الآخرين					
-٨٥	يبدو غير سعيد					
-٨٦	لا يتعاطف مع الآخرين في حزنهم					
-٨٧	خنوع, مبالغ في الطاعة					
-٨٨	يشعر بالرضا تجاه أداءه الضعيف					
-٨٩	يرغب في عقاب الآخرين له					
-٩٠	ينسحب بسرعة من النشاطات الجماعية بحيث يفضل أن يعمل بمفرده					
-٩١	يتجنب المواقف التي تتضمن منافسة					
-٩٢	لا يرضى إلا أن يقوم بدور القائد للآخرين					
-٩٣	يقاد ويذعن لغيره بسهولة					
-٩٤	خجول					
-٩٥	يتعمد وضع نفسه في مواقف تستدعي الانتقاد					
-٩٦	يسخر من الآخرين					
-٩٧	إذا فشل فمن السهل أن يحبط ولا يحاول مرة أخرى					
-٩٨	يصعب التعرف على مشاعره لكونه لا يظهر مشاعر نحو الآخرين					
-٩٩	يظهر نفسه بمظهر المغلوب على أمره (يتمسكن)					

-١٠٠	يغيض ويضايق الآخرين					
-١٠١	يتصرف بسخافة					
-١٠٢	يتكل على غيره في أداء الأعمال التي يفترض أن يقوم هو بها					
-١٠٣	شديد الحساسية, تؤذى مشاعره بسهولة					
-١٠٤	يبدو قليل الثقة بنفسه					
-١٠٥	شديد التعلق بالكبار(الراشدين) إذ من الصعب أن يفارقهم					
-١٠٦	يخدع الأطفال الآخرين ويحتال عليهم					
-١٠٧	لا يظهر اهتماما بأعمال غيره من الأطفال					
-١٠٨	يبدو مكتئبا					
-١٠٩	يبحث عن التشجيع والمديح باستمرار					
-١١٠	يحاول جذب انتباه زملاءه عن طريق التهريج					

(القريوتي وجرار، ١٩٨٧)

ثالثاً: مقياس التمرد للعالم ليكرد

يظهر هذا المقياس مدى التمرد والعناد لدى الطلبة ويستخدم خاصة للمراهقين، حيث يتكون من ٢٨ فقرة موزعة على جانبين وهما:

- مجال التمرد السلوكي.
- مجال التمرد اللفظي.

تتراوح الدرجة للمقياس ٢٨ كحد أدنى من التمّرد و ١١٢ كحد أعلى من التمرد عند المراهقين

- وقد وضع العالم ليكرد أمام كل فقرة درجة تمثله.
- لا أوافق بشدة حصلت على ٤ درجات.
- لا أوافق حصلت على ٣ درجات.
- أوافق حصلت على ٢ درجة.
- أوافق بشدة حصلت على ١ درجة.
- وفي حالة الفقرات السالبة تقلب الإشارات.

الرقم	الفقرة	لا أوافق بشدة	لا أوافق	أوافق	أوافق بشدة
١-	إذا قدم لي شيء وكان غير مناسب فإني أحاول التعبير عن عدم تقبلي لذلك الشيء علناً				
٢-	اشعر بالاستياء ممن هم في موقع السلطة عندما يحاولون الطلب مني بالقيام بعمل ما				

-٣	غالباً لا أثـق بمـن هـم موجـودون في موقـع السلطة أو المسؤولية				
-٤	استمتع برؤية شخص ما وهو يقوم بعمل شيء مسيء للآخرين				
-٥	أحاول مقاومـة مـن يعمـل عـلى التقليـل مـن شخصيتي				
-٦	اشعر بسعادة بالغة كلـما سـمحت لي الفرصـة بدفع غير الراغبين بعمل لا يرغبون به				
-٧	أكون مـن الأفـضل أن املـك شيء غالبـاً لـة في أداء عملي				
-٨	استمتع كثيراً بالجدال مع الآخرين				
-٩	اشـعر إننـي لا اقتنـع بـسهوله بمـا يطرحـه الآخرين من نقاشات عامه				
-١٠	إذا طلب مني القيام بعمل شيء غالباً ما أقوم بعكس ما يطلب مني				
-١١	لا أخاف من مخالفتي للآخرين في أدائهم				
-١٢	اشـعر بالـضيق عنـدما أرى أن شرطـي المـرور صاحب سلطة يجبر الآخرين على القيام بعمل ما				
-١٣	لا يزعجنـي تغيـير خططـي عنـدما يريـد احـد أفراد مجموعتي عمل شيء مغاير				

-١٤	لا أمانع في ما إذا طلب مني الآخرين القيام بأي عمل				
-١٥	لا شيء يثيرني كما تثيرني المجادلات السليمة				
-١٦	إذا طلب احد معروف أتروى				
-١٧	لا احتمل محاولات الآخرين في إقناعي				
-١٨	غالبا لا اتبع نصائح الآخرين واقتراحاتهم				
-١٩	أنا متعند في رأيي				
-٢٠	أرى أنه من المهم أن أكون في موقع قوّة بالنسبة للآخرين				
-٢١	أنا غير منفتح لتقبل حلول شاكي من قبل الآخرين				
-٢٢	استمتع بالوقوف ضدّ من يعتقد أنه على حق				
-٢٣	اعتبر نفسي منافساً لا متعاوناً				
-٢٤	أُحب مساعدة الآخرين حتى دون أن اعرف لماذا أساعدهم				
-٢٥	غالباً لا أميل إلى الأخذ بنصائح الآخرين				
-٢٦	أنا عنيد جداً في أسلوبي				
-٢٧	أنه من غير المهم لي أن اجعل العلاقة جيدة مع الذين اعمل معهم				

مصطفى (٢٠٠١)

رابعاً: قائمة السلوك الاندفاعي

يميل الناس إلى التصرف والتفكير والكلام إما بطريقة اندفاعية أو تأملية أو عادية، وكلما كان الفرد أكثر تأملا أو أكثر اندفاعا، أثر عليه ذلك بطريقة سلبية، وهذا المقياس يبين مدى التسرع الذي يظهره الطلبة، وتصرفهم دون تفكير، لمساعدتهم في مرحلة لاحقة على التخلص من هذا السلوك.

بين مدى تطابق المواقف التالية معك في حياتك اليومية:

الرقم	العبارات	أبداً	قليلاً	أحياناً	غالباً	دائماً
١-	هل تجد نفسك متسرعا في حديثك؟	١	٢	٣	٤	٥
٢-	هل تستعجل الآخرين في حديثهم من خلال مقاطعتهم أو تكملة كلامهم؟	١	٢	٣	٤	٥
٣-	هل تكره الوقوف في طابور؟	١	٢	٣	٤	٥
٤-	هل تجد وقتك غير كافي لانجاز أعمالك؟	١	٢	٣	٤	٥
٥-	هل تكره تضييع الوقت؟	١	٢	٣	٤	٥
٦-	هل تأكل بسرعة؟	١	٢	٣	٤	٥
٧-	هل تتخطى السرعة المحددة في سياقتك؟ أو مشيك	١	٢	٣	٤	٥
٨-	هل تحاول أن تفعل أكثر من عمل واحد في نفس الوقت؟	١	٢	٣	٤	٥
٩-	هل تفقد صبرك في حالة قيام الآخرين بعملهم يبطئ	١	٢	٣	٤	٥
١٠-	هل تجد أن وقتك ضيق حتى لقليل من الاسترخاء أو التمتع بيومك؟	١	٢	٣	٤	٥

-١١	هل التزاماتك فوق طاقتك؟	١	٢	٣	٤	٥
-١٢	هل تهز ركبتيك أو تنقر بأصابعك؟	١	٢	٣	٤	٥
-١٣	هل تفكر في أشياء أخرى أثناء حديثك؟	١	٢	٣	٤	٥
-١٤	هل تسرع الخطى أثناء المشي؟	١	٢	٣	٤	٥
-١٥	هل تكره أن تضيع الوقت بعد تناول وجبة الطعام؟	١	٢	٣	٤	٥
-١٦	هل تصبح في حالة غير مريحة بعد تناول وجبة الطعام؟	١	٢	٣	٤	٥
-١٧	هل تكره الخسارة في الرياضة؟	١	٢	٣	٤	٥
-١٨	هل تجد نفسك مشدودا عضليا باستمرار؟	١	٢	٣	٤	٥
-١٩	هل تركيزك يتبدد بينما تفكر فيما سيحدث؟	١	٢	٣	٤	٥
-٢٠	هل شخصيتك تنافسية؟	١	٢	٣	٤	٥

مقتبس من:

Publications Truch, S. (1980).Teacher Burnout Nomato, CA: Academic Therapy

تفسير المقياس: يدل مجموع الدرجات على ٢٠-٦٠ اندفاع عادي يماثل سلوك نمط (ب) في الشخصية، ٦١-٧٩ بحاجة إلى تغيرات في أسلوب حياتك، ٨٠ فأكثر قنبلة موقوتة.(عسكر،٢٠٠٠)

مقاييس المشكلات والاضطرابات

أولاً: مقياس قلق الامتحان لسارسون

القلق هو مشاعر تدور حول تهديدات قريبة غير محددة لا يوجد لها أساس واقعي، ويظهر القلق في مظاهر معرفية(أفكار حول شيء مخيف)، سلوكية(سلوكات تجنب للمواقف المثيرة للقلق مثل التحدث أمام الجمهور)، مظاهر جسمية (ضيق التنفس، زيادة العرق، توتر عضلي، ارتفاع ضغط الدم، عسر الهضم. (Oltmanns & Emery, 1998).

يفيد هذا المقياس في مساعدة المرشد في التعرف على وجود القلق لدى بعض الطلبة أثناء الامتحانات والذي يؤثر على أدائهم، وبالتالي مساعدتهم فيما بعد من خلال البرامج العلاجية المناسبة.

أخي / أختي الطالب: ....

تتضمن هذه الاستبانة مجموعة من العبارات حول ما تفكر أو تشعر به في مواقف معينة علما بان مشاعر كل طالب تختلف عن مشاعر الآخر، لذا فانه ليس هناك إجابات صحيحة وإجابات خاطئة تعبر عن مشاعرك وأحاسيسك الخاصة.

أرجو أن أؤكد على أن المعلومات التي تجمع من استجابتك لهذه الاستبانة ما هي إلا لأغراض الحقيقة.تربوي فقط ولن يطلع عليها أحد غير المرشد والمعالج المختص.

اقرأ كل عبارة من العبارات وضع إشارة (x) في المكان الذي تشعر أنه يمثل مشاعرك وأحاسيسك الحقيقة.

مثال:

الرقم	الفقرة	أوافق بشدة	أوافق	لا أوافق	لا أوافق بشدة
١-	ادرس كل يوم بانتظام		x		

الرقم	الفقرة	أوافق بشدة	أوافق	لا أوافق	لا أوافق بشدة
١-	اشعر بالضيق عند كل سؤال يطرحه المعلم علي ليتأكد من مدى استفادتي وتعلمي.				
٢-	اشعر بالقلق حول ما إذا كنت سأرفع من صفي الحالي إلى الصف الذي يليه في نهاية العام.				
٣-	اشعر بالتوتر إذا ما طلب مني المعلم الوقوف والقراءة بصوت مرتفع..				
٤-	عندما يطلب مني المعلم حل بعض المسائل على اللوح فأنني أتمنى بيني وبين نفسي أن يطلب ذلك من غيري.				
٥-	أثناء نومي احلم كثيراً بالامتحانات				
٦-	تزداد دقات قلبي عندما يقترب موعد امتحاناتي.				
٧-	اشعر بالقلق الشديد عند استعدادي للنوم نتيجة تفكيري بما سيكون عليه أدائي في الامتحان غداً.				

-٨	ترتجف يدي التي اكتب بها عندما يطلب مني المعلم الكتابة على اللوح أمام طلاب صفي.				
-٩	اشعر بالتوتر عند اقتراب موعد الامتحان بدرجة أكثر من زملائي				
-١٠	عندما أكون في البيت وأفكر في دروس الغد اشعر بالخوف من أنني سوف أعطي إجابات خاطئة.				
-١١	إذا تغيبت عن المدرسة نتيجة مرض اشعر بان أدائي للواجبات المدرسية سوف يكون اقل درجة من الطلاب الآخرين.				
-١٢	عندما أفكر بدروس اليوم التالي اشعر بالقلق بأن أدائي في بعض الدروس سوف لا يكون مقبولاً				
-١٣	اشعر بالغثيان والارتجاف أو الدوار عندما يسال المعلم سؤالا بهدف تحديد مدى ما تعلمت الدرس.				
-١٤	اشعر بالارتباك والتوتر إذا وجه المعلم لي سؤالا وأجبت علية إجابة خاطئة.				
-١٥	اشعر بخوف من كل موقف فيه امتحان				
-١٦	اشعر بضيق شديد قبل دخولي الامتحان				
-١٧	بعد الانتهاء من الامتحان اشعر بالتوتر حول أدائي في هذا الامتحان				

١٨-	اشعر أحيانا أن أدائي في الامتحان الذي قدمته كان سيئاً مهماً كنت قد استعددت له				
١٩-	اشعر أن يدي ترتجف أثناء الامتحان				
٢٠-	أخاف من الفشل في أدائي إذا ما علمت أن المعلم سيعطينا امتحانا				
٢١-	اشعر أنني أنسى في الامتحان كثيرا من المعلومات التي كنت أتذكرها قبل بدئه.				
٢٢-	أتمنى لو أنني لا اشعر بضيق من الامتحان بهذه الدرجة				
٢٣-	اشعر بالقلق إذا أخبرنا المعلم أنه يريد أن يعطي الامتحانً.				
٢٤-	اشعر بان أدائي سوف يكون سيئاً أثناء الإجابة على الامتحان.				
٢٥-	أخاف أحيانا عندما أكون في طريقي إلى المدرسة أن يعطينا المعلم امتحاناً فجائياً				
٢٦-	اشعر بصداع شديد قبل وأثناء الامتحان				
٢٧-	خوفي من الرسوب يعيق أدائي في الامتحان				
٢٨-	اشعر بالقلق أثناء إعلان المعلم كم تبقى من الوقت لانتهاء الامتحان				
٢٩-	اشعر بالخوف أثناء انتظار توزيع أوراق أسئلة الامتحان.				

-٣٠	اشعر بالقلق أثناء الامتحان بأن لا يكفي الوقت للإجابة				
-٣١	اشعر بالقلق أثناء الانتظار بدخول قاعة الامتحان				
-٣٢	اشعر بالخوف من المدرسة لأنها تذكرني بالامتحانات				
-٣٣	اشعر بعدم الارتياح أثناء تحدث الطلاب في الساحة عن امتحان قادم				
-٣٤	يزداد إفراز العرق في يدي أو وجهي أثناء الامتحان				
-٣٥	اشعر بالتوتر والارتباك أثناء استعدادي لامتحان يومي				
-٣٦	غالباً ما اشعر بالقلق عند استعدادي للامتحان قبل موعده بيوم.				
-٣٧	اشعر دائماً بالتوتر والارتباك عند استعدادي للامتحان النهائي.				
-٣٨	اشعر بالقلق عند استماعي للمعلم وهو يعلن عن مواعيد الامتحانات القادمة.				

طرق التصحيح وتفسير النتائج

- عدد الفقرات المقياس (٣٨).
- العلامة الكلية للمقياس تتراوح (٣٨-١٥٢) على اعتبار أن التقدير من (١) إلى (٤)، وهنا في حالة شطب البنود (٢، ٣، ٩، ٢٠) تصبح من (٣٣-١٣٢).
- الأوزان على الفقرات كالتالي:
  - أوافق بشدة (٤) درجات.
  - أوافق (٣) درجات.
  - لا أوافق (٢) درجة.
  - لا أوافق بشدة (١) درجة.
- الدرجات على الفقرات المقياس للحصول على الدرجة الكلية.
- اعتبرت الدرجة (٩٥) فما فوق تمثل قلقاً فما دون (٩٥) تمثل قلقاً منخفضاً، وأشير هنا في حالة حذف الفقرات المذكورة أعلاه وكون الدرجة القصوى هي (١٣٢) فيمكن اعتبار درجة (٨٤) فما فوق تمثل قلقاً مرتفعاً، والدرجة ما دون (٨٤) تمثل قلقاً منخفضاً على اعتبار أن (٩٥÷١٥٢) تعادل ٦٣%. (الشوبكي، ١٩٩١)

ثانياً: مقياس السلوك العدواني

يفيد هذا المقياس في التعرف على وجود السلوك العدواني لدى بعض الطلبة، من خلال التعرف على المظاهر التي تحدث وتدل عليه. ويمكن أن يطبق بشكل جماعي لقياس وجود الظاهرة في المدرسة وبالتالي العمل في سبيل معالجة مظاهرها.

تعريف السلوك العدواني: عرفه باص (Buss, 1961) بأنه شكل من أشكال السلوك الذي يتم توجيهه إلى كائن حي آخر، ويكون هذا السلوك مزعجا له (عبد القوي، ١٩٩٥، ص: ٢٨٣)، كما يذهب باندورا Bandura,1973 إلى أن العدوان سلوك يهدف إلى إحداث نتائج تخريبية أو مكروهة، أو السيطرة من خلال القوة الجسدية أو

اللفظية على الآخرين وينتج عنه إيذاء شخص أو تحطيم ممتلكات، وقد وضع ثلاثة معايير لتحديد السلوك العدواني وهي:

- خصائص السلوك نفسه كالاعتداء الجسمي أو الإهانة وإتلاف الممتلكات.
- شدة السلوك فالسلوك الشديد يعتبر عدوانا كحدة الصوت.
- خصائص الشخص المعتدى: عمره، جنسه، سلوكه في الماضي.
- خصائص المعتدى عليه (أحمد، ١٩٩٥، ص: ١٤).

حضرة المعلم/ المعلمة المحترم...

بين يديك قائمة بفقرة، أنماط السلوك العدوانية، يرجى منك المساعدة في التعرف على الطلبة الذين يظهرون مثل هذه الأنماط وذلك بالاستعانة بالقائمة المرفقة.

الرجاء قراءة كل فقرة، وتحديد ما إذا كانت تنطبق على الطالب أم لا. فإذا كانت لا تنطبق علية ضع دائرة حول الرقم (صفر). وإذا كانت تنطبق علية أحيانا ضع دائرة حول (١) الرقم، وإذا كانت تنطبق عليه دائما أو باستمرار ضع دائرة حول الرقم (٢).

الرقم	الفقرة	لا يحدث	أحيانا	باستمرار
١-	يسبب الأذى للآخرين بطريقة غير مباشرة	٠	١	٢
٢-	يبصق على الآخرين	٠	١	٢
٣-	يدفع أو يخمش أو يقرص الآخرين	٠	١	٢
٤-	يشد شعر الآخرين أو آذانهم	٠	١	٢
٥-	بعض الآخرين	٠	١	٢
٦-	يرفس أو يضرب أو يصفع الآخرين	٠	١	٢

الرقم	الفقرة	لا يحدث	أحيانا	باستمرار
-٧	يحاول خنق الآخرين	٠	١	٢
-٨	يرمي الأشياء على الآخرين	٠	١	٢
-٩	يستعمل أشياء حادة (مثل السكين) ضد الآخرين	٠	١	٢
-١٠	يمزق أو يشد أو يمضغ ملابسه	٠	١	٢
-١١	يلوث ممتلكاته	٠	١	٢
-١٢	يمزق دفاتره أو كتبه أو أي ممتلكات أخرى	٠	١	٢
-١٣	يمزق دفاتر أو كتب أو أي ممتلكات للآخرين	٠	١	٢
-١٤	يمزق أو يشد أو يمضغ ملابس الآخرين	٠	١	٢
-١٥	يلوث ملابس الآخرين	٠	١	٢
-١٦	يمزق المجلات والكتب. أو أي ممتلكات عامة أخرى	٠	١	٢
-١٧	يتعامل بخشونة مفرطة مع الأثاث (كضربة أو كسره أو رميه على الأرض).	٠	١	٢
-١٨	يكسر الشبابيك.	٠	١	٢
-١٩	يبكي ويصرخ.	٠	١	٢
-٢٠	يضرب الأشياء بقدميه وهو يصرخ ويصيح	٠	١	٢
-٢١	يرمى بنفسه على الأرض ويصيح ويصرخ	٠	١	٢
-٢٢	يضرب بقدميه أو يغلق الأبواب بعنف	٠	١	٢
-٢٣	يقوم بأشياء أخرى (حددها).	٠	١	٢

التصحيح وتفسير النتائج:

- عدد فقرات المقياس (٢٢) فقرة.
- الأوزان: لا يحدث أبدا (صفر) يحدث أحيانا (١) يحدث دائما (٢).
- الدرجة الكلية للمقياس تتراوح بين (صفر- ٤٤).
- اعتبرت العلامة (١٨) فما فوق مستوى عال من العدوانية (العمايرة، ١٩٩١).

ثالثاً: مقياس القلق الاجتماعي

يمكن الاستفادة من هذا المقياس في تحديد مظاهر القلق الاجتماعي التي تظهر لدى الطلبة، حيث أن تحديد المخاوف الاجتماعية سيسهم في معرفة خوف بعض الطلبة من المشاركة والإقبال على التحدث مع الآخرين أو المشاركة في النشاطات على سبيل المثال.

يحدث القلق الاجتماعي عندما يظهر عدد من المخاوف في مجموعة مختلفة من مواقف التفاعل الاجتماعي، حيث يتجلى القلق كالخوف من الجمهور الناتج عن وجود الإنسان في موقف اجتماعي أو موقف عام، الأمر الذي يقود إلى ظهور ردود فعل القلق عند حدوث هذه المواقف. وتعد درجة معينة من القلق الاجتماعي سوية وعادية وبخاصةً في المواقف التي تتضمن متطلبات جديدة، وعند الحديث أمام الجمهور ...الخ، غير أننا نتحدث عن القلق الاجتماعي بالمعنى غير السوي عندما يصبح الخوف من المواقف الاجتماعية مزعجاً للشخص وموتراً له ومستمراً وعندما يتضرر الشخص في مجالاته الحياتية بشكل كبير .(Marks1987).

ويقصد بالقلق الاجتماعي هنا الخوف غير المقبول وتجنب المواقف التي يفترض فيها للمعني أن يتعامل أو يتفاعل فيها مع الآخرين ويكون معرضاً بنتيجة ذلك إلى نوع من أنواع التقييم (Margraf & Rudolf, 1999 P. 4). فالسمة الأساسية المميزة للقلق الاجتماعي تتمثل في الخوف غير الواقعي من التقييم السلبي للسلوك من قبل الآخرين (Stangie & Heidenreich, 1999, P.40) والتشوه الإدراكي للمواقف الاجتماعية لدى

القلق اجتماعياً (Roeder & Margraf, 1999 p. 61). والمعنيون غالباً ما يشعرون بأنهم محط أنظار محيطهم بمقدار أكبر بكثير مما يعنونه أنفسهم لهذا المحيط، ويتصورون أن محيطهم ليس له من اهتمام آخر غير تقييمهم المستمر وبطبيعة الحال فإنهم يتصورون دائماً أن التقييم لابد وأن يكون سلبياً. أما النتيجة فهي التضخيم الكارثي للعواقب الذي يتمثل مثلاً من خلال التطرف في طرح المتطلبات من الذات بحيث يتحول أدنى خطأ يرتكبه المعني إلى كارثة بالنسبة له تغرقه في الخجل وتعزز ميله للقلق الاجتماعي يظهر وفق ثلاثة مستويات (Kafner, Reinecker & Schmeltzer, 1990):

- **المستوى السلوكي:** ويتجلى في سلوك الهرب من مواقف اجتماعية مختلفة وتجنبها كعدم تلبية الدعوات الاجتماعية والتقليل من الاتصالات الاجتماعية... الخ.

- **المستوى المعرفي:** ويتمثل في أفكار تقييميه للذات، وتوقع الفضيحة أو عدم لباقة السلوك، والمصائب والانشغال المتكرر بالمواقف الاجتماعية الصعبة أو المثيرة للقلق، وعما يعتقده الآخرون حول الشخص نفسه، والقلق الدائم من ارتكاب الأخطاء...الخ.

- **المستوى الفيزيولوجي:** ويتضح من معاناة الشخص من مجموعة مختلفة من الأعراض الجسدية المرتبطة. الاجتماعية المرهقة بالنسبة له، كالشعور بالغثيان والأرق والإحساس بالغصة في الحلق والارتجاف والتعرق... الخ.

وتترابط هذه المستويات مع بعضها بشكل وظيفي. فتوقع التقييم السلبي للسلوك الشخصي يقود إلى تنشيط ارتفاع في الانتباه الذاتي يتجلى من خلال تكثيف ملاحظة الذات Self monitoring. فالأشخاص الذين يعانون من قلق اجتماعي ينشغلون باستمرار بإدراك إشارات الأخطاء الممكنة والفشل والفضيحة ..الخ في سلوكهم. ويقود هذا الإدراك إلى العزو السببي الخاطئ لأعراض القلق كدليل على التقييم السلبي من قبل الآخرين ex-consequentia-conclusion. وهذا بدوره يؤدي إلى ارتفاع حدة الإثارة الجسدية وتزايد في أعراض القلق، التي يتم عزوها إلى التقييمات الاجتماعية.

ويؤدي هذا العزو الخاطئ إلى الوقوع في حلقة مفرغة تصعِّد فيها الإثارة الأولية والعزو الخاطئ بعضهما باطراد وفق آلية تغذية راجعة إيجابية وصولاً إلى نوبة من الذعر أو الهلع (Stangier & Heidenreich, 1999, P.42,Oltmanns &Emery 1998).

مقياس القلق الاجتماعي

الرقم	العبــارة	دائماً	أحياناً	أبداً
١-	أكون عادة غير واثقا من نفسي ومتوتراً عند لقائي بآخرين			
٢-	ألاحظ أني أفكر في أشياء، ليس لها علاقة بـالموقف الـذي أكـون فيه			
٣-	أشـعر دائمـاً بـردود أفعـال جـسدي، كالحكـة والألم والتعـرق والغثيان (الشعور بالإقياء) مثلاً عندما أكون مع الآخرين			
٤-	أشعر وكأني مـشلول عنـدما أفكـر في لقـاء عـلي القيـام بـه مـع أشخاص آخرين			
٥-	أكون متوتراً جداً قبل حدوث موقف اجتماعي ما			
٦-	أفكر في أشياء غير مهمة عندما أكون مع أشخاص آخرين			
٧-	يخفق قلبي عندما أكون بين الآخرين في موقف اجتماعي ما			
٨-	تشرد أفكاري دائماً أثناء مخالطتي للآخرين			
٩-	أكون متوتراً أثناء وجودي بين الآخرين			

-١٠	ألاحظ أنني أشعر بالخوف قبل حدوث موقف اجتماعي			
-١١	يصبح العمل صعباً علي عندما أشعر أن أحدهم ينظر إلي (يراقبني) أثناء قيامي به			
-١٢	عندما أكون في حفلة ما أو بين مجموعة أشخاص فإني لا أصدق كيف تنتهي هذه الحفلة			
-١٣	أكون عاجزاً عن النقاش إذا دار حديث ما ضمن مجموعة من الأفراد			
-١٤	كثرة الناس حولي تربكني			
-١٥	أشعر بالصداع في أثناء وجودي في المواقف الاجتماعية المهمة			
-١٦	قبل أن أدخل في موقف اجتماعي أكون مهموماً من احتمال فشلي في هذا الموقف			
-١٧	أصاب بالصداع قبل حدوث ملاقاة اجتماعية ما			
-١٨	غالباً ما أكون متردداً عندما أريد أن أسأل شخصاً ما عن أمر من الأمور (كسؤال شخص ما عن شارع معين)			
-١٩	أحياناً أشعر بالدوار عندما أتجاذب الحديث مع الآخرين			
-٢٠	غالباً ما تشرد أفكاري في المواقف الاجتماعية			
-٢١	أشعر بالخجل عندما أتحدث مع شخص مهم			

-٢٢	أنزعج عندما ينظر إلي الناس في الشارع أو في الأماكن العامة				
-٢٣	عندما أكون بين الآخرين فإني غالباً ما أظل في الخلفية (لا أشاركهم الحديث)				
-٢٤	أحتاج لوقت حتى أستطيع التغلب على خجلي في المواقف غير المألوفة بالنسبة لي				
-٢٥	يصعب علي التعبير عن رأيي في نقاش مع أشخاص لا أعرفهم				
-٢٦	يكون حلقي جافاً عندما أكون بين الآخرين				
-٢٧	من الصعب عليَّ أن أتحدث مع شخص لا أعرفه				
-٢٨	أعاني من قلق مرعب عندما أكون بين الناس				
-٢٩	أشعر بالضيق الشديد والارتباك عندما يكون علي الحديث أمام مجموعة من الأشخاص				

(رضوان، ١٩٩٩)

رابعاً: اختبار المخاوف المرضية من الظلام لأطفال الشمس، المرحلة الابتدائية من ٦-٩ سنوات

إعداد: عبد الرحمن سيد سليمان، جامعة عين شمس، كلية التربية

يمكن من خلال هذا الاختبار معرفة المخاوف الموجودة لدى الطلبة من الصفوف الأول إلى الرابع الأساسي من أجل معالجتها.

تعليمات الاختبار:

أولا تعليمات عامة

١- هذا الاختبار مصمم للتطبيق على أطفال الصفوف الثلاثة الأولى من المرحلة الابتدائية (٦-٩) سنوات

٢- يهدف هذا الاختبار إلى التعرف على مخاوف أطفالنا من الظلام في هذه المرحلة العمرية المبكرة.

٣- يتكون هذا الاختبار من (٣٠) عبارة، والمطلوب الإجابة عنها جميعاً.

٤- يطبق هذا الاختبار فرديا، أي كل طفل على حدة وليس هناك وقت محدد للانتهاء من الاختبار، فهو من نوع الاختبارات المفتوحة التي لا تحدد بزمن معين.

٥- لا توجد إجابات صحيحة وأخرى خاطئة.

ثانياً: تعليمات لمطبق الاختبار

١- على الصفحة التالية، توجد بعض العبارات والمطلوب أن تقرأ كل عبارة على حدة أمام الطفل، ثم تترك له الفرصة لكي يدلي باستجابته، وأمام كل عبارة كلمتين(يحدث أو نعم أو آه) وهي تدل على موافقة الطفل على ما جاء بها، وكلمة لا وهي تدل على عدم موافقة الطفل على ما جاء بها.

٢- إذا أجاب الطفل بالموافقة، ضع دائرة حول كملة نعم، وإذا أجاب الطفل بعدم الموافقة، ضع دائرة حول كملة لا ولا تترك عبارة دون إجابة

٣- بعد كتابة بيانات الطفل يبدأ الاختبار بالعبارات التمهيدية التالية: فيه ناس بتخاف من الظلمة، وفيه ناس تانيين ما بيخافوش منها مش هيك..طيب، هسا أن رح أسألك بعض أسئلة، عن الظلمة فإذا كنت بتخاف فعلا تقول مزبوط أو نعم أو هيك بصير معي بأخاف، إذا كنت ما بتخاف تقول لا.

الاسم: .... الجنس: ....

المدرسة: .... تاريخ الميلاد: ....

الصف: .... تاريخ تطبيق الاختبار: ....

الرقم	العبـارة	نعم	لا
١-	بتحس بخوف شديد لما تكون الدنيا ظلمة (عتمـة) في أي مكـان تكـون فيه		
٢-	وأنت في الظلمة يتهيأ لك إن فيه حد واقف قدامك		
٣-	بتخاف تروح سريرك تنام، لما النور يكون قاطع		
٤-	بتحس إنك خايف كثير لما تكون في مكان ظلمة لدرجة إنك ترتعش		
٥-	يتهيأ إلك في الظلمة إن فيه خيالات ماشية على الحيط		
٦-	لو قعدناك وحدك في غرفة ظلمة نورها مطفي تخاف		
٧-	تخاف تروح دورة المية لوحدك لما النور يكون مطفي بالليل		
٨-	بتكون خايف لما تروح تنام مكانك خصوصا إذا كان النور قاطع		

-٩	بتخاف كثير من الظلمة			
-١٠	تحس بخوف شديد لو مشين لوحدك في شارع نوره مطفي			
-١١	تخاف تطلع سلم البيت إذا كان النور مقطوع			
-١٢	لو انقطع النور فجأة وأنت موجود في البيت لوحدك بالليل تخاف			
-١٣	لو انقطع النور فجأة بالليل وأنت موجود مع بابا وماما وإخوانك تخاف			
-١٤	لو قلنا الك ح تنام الليلة هاي في غرفة غير غرفتك تخاف			
-١٥	بتخاف دائما لما الدنيا تليل أي تصير ليل			
-١٦	لو صحيت من نومك ولقيت النور مقطوع والدنيا ظلمة تخاف			
-١٧	تخاف تدخل جوه غرفة ظلمة عشان تجيب منها حاجة أنت تريدها			
-١٨	لو حدة حكى لك حكاية أي حكاية بالليل تخاف			
-١٩	لما النور بيتقطع بتفضل قاعد في مكان واحد ما تتحرك منه حتى يجي النور			
-٢٠	تحس بخوف شديد لو أتفرجت على التلفزيون والنور مطفي			
-٢١	لو النور انطفى وأنت بتكتب الواجب بالليل تقوم تنام على طول			
-٢٢	تخاف لو أخواتك وبابا وماما ناموا قبل منك وسابوك صاحي لوحدك			
-٢٣	هل بتبقى خايف لما تكون قاعد في البيت لوحد ومفيش حدى معاك			

-٢٤	لو قلنا الك هات لنا حاجة من غرفة مفيهاش نور تخاف تدخلها			
-٢٥	لو بعتوك تشترك لهم حاجة بالليل تخاف تخرج تشتريها			
-٢٦	تحس انك خايف كثير لو حدة ضرب جرس أو خبط على باب بيتكم في وقت متأخر			
-٢٧	لو بعتوك تشترك الهم حاجة بالليل تخاف تخرج تشتريها			
-٢٨	ما بتحبش تخرج من البيت بالليل			
-٢٩	بتخاف تمشي لوحدك بالليل			
-٣٠	تبخاف تنزل الشارع إذا كان النور مقطوع			

(إبراهيم، ١٩٩٨)

خامساً: اختبار ذاتي لتحديد درجة الإحباط

مقتبس من: Girdano,D., Everly, G., & Dusen, D.(1997). Controlling stress and tension (5the Ed). Boston: Allyn and Bacon

من خلال هذا الاختبار يتم التعرف على مدى الإحباط واليأس وخيبة الأمل الموجودة لدى الطلبة، ويفضل تطبيقه على الطلبة في الصفوف الثانوية.

اختر الإجابة الأكثر مناسبة من وجهة نظرك للعبارات التقريرية التالية وذلك بوضع دائرة حول الإجابات التي تختارها.

الرقم	العبارة	دائماً	غالباً	نادراً	أبداً
١-	أشعر بالجمود في حياتي				
٢-	اشعر بالحاجة لإنجاز له معنى				
٣-	أشعر بأنني بحاجة للتوجيه				
٤-	ألاحظ على نفسي نفاذ الصبر				
٥-	أشعر بالعجز في السيطرة على ما يجري في حياتي				
٦-	أشعر بخلوي من الأوهام				
٧-	أجد نفسي محبطا				
٨-	أشعر بخيبة الأمل				
٩-	أشعر بقلة الشأن				
١٠-	أنزعج لعدم سير الأمور كما كان مخططا لها				

دائماً: ٤، غالباً:٣، نادراً:٢، أبداً:١ ،

التفسير: ١٠-١٩ درجة إحباط منخفضة، ٢٠-٢٤ درجة إحباط متوسطة، ٢٥-٤٠ درجة إحباط عالية (عسكر، ٢٠٠٠)

سادساً: مقياس الوحدة النفسية

يفيد هذا المقياس في التعرف على مدى توفر الوحدة النفسية لدى الطلبة، والشعور بعدم الألفة مع الآخرين ونقص المحبة.

اهتم فريق من الباحثين بالنظرة إلى الوحدة النفسية أنها: حالة نفسية اجتماعية ويشير إلى ذلك كل من: كيركن Kerken فيراها رغبة يشوبها الشوق واللهفة والافتقاد المؤلم لطرف آخر(الحسين، ٢٠٠٢) بينما أشار بيلبو وبيرلمان (Pepau & Perlman,1981)

إلى أن الوحدة النفسية خبرة غير سارة ناشئة عن وجود خلل في شبكة العلاقات الاجتماعية للفرد بنوعيها الكمي والكيفي، فقد يكون هذه الخلل كميا ويتمثل في عدم وجود عدد كاف من الأصدقاء، أو قد يكون نوعي كنقص المحبة أو الألفة مع الآخرين. وينقل عطا (١٩٩٣) تعريف نيسلون وزملاؤه عن الوحدة النفسية بأنها تلك الحالة التي يشعر فيها الفرد بالعزلة عن الآخرين، ويصاحبها معاناة الفرد لكثير من ضروب الوحشة والاغتراب والاغتمام، والاكتئاب من جراء الإحساس بكونه وحيدا.

بينما نظر لها آخرون على أنها وحدة نفسية انفعالية ويشير إلى ذلك كل من: وايتهورن Whitehron الذي رآها تباعد بين صورة الفرد عن ذاته وبين الصورة التي يراها الآخرون عنه، وموسكتكاز Mousktakas حيث ربطها بمشاعر الإثم التي تنجم عن كون الفرد لا يسلك على نحو يتفق مع حقيقة أو جوهر وجوده. (الحسين، ٢٠٠٢) كما رآها قشقوش (١٩٨٨) أنها إحساس الفرد بوجود فجوة نفسية Psychological gap تباعد بينه وبين أشخاص وموضوعات في مجاله النفسي. أما كترونا Cutrona (1982) فيشير إلى أن أنها لا ترتبط بنوعية أو كمية العلاقات الاجتماعية للفرد بقدر ما ترتبط بعدم رضا الفرد عن هذه العلاقات. بينما عرفتها أبو الحسن (١٩٩٦) بأنها خبرة انفعالية عامة وذاتية وحالة مركبة تنشأ نتيجة شعور الفرد بافتقاد الآخرين وفاعلية علاقاته الاجتماعية، مما يحول بينه وبين الانخراط في علاقات بناءة ومشبعة مع الآخرين، ويرسخ في نفسه مشاعر البؤس والكآبة والفراغ العاطفي.

ويلخص ويس Wiess (١٩٧٣) ذلك في نظرته للوحدة النفسية بأنها إما:

أ - **الوحدة النفسية العاطفية Emotional**: وهي تنتج عن نقص العلاقة الوثيقة والودودة مع شخص آخر.

ب- **الوحدة النفسية الاجتماعية Social**: وهي تنتج عن نقص في نسيج العلاقات الاجتماعية التي يكون الفرد فيها جزءا من مجموعة من الأصدقاء يشتركون في الاهتمامات والأنشطة

مقياس الإحساس بالوحدة النفسية UCLA Loneliness Scale

وضعه راسل و بابلو وكوترون Russel, D. Peplau, L. A., & Cutron, C. E. .1980 وعربه د. محمد محروس محمد الشناوي، د. علي محروس خضر ١٩٨٥ (الحسين، ٢٠٠٢)، علماً أن له صدق وثبات مناسب في البيئة الكويتية، تألف المقياس من ٢٠ فقرة، موزعة بين ٩ فقرة إيجابية، ١١ فقرة سلبية، كما تم تصحيح الإجابات في هذه الأداة استناداً إلى سلم إجابة مكون من خمس فئات (إطلاقاً، نادراً، بدرجة متوسطة، معظم الأحيان ودائماً).

ولقد كانت الفقرات التالية إيجابية (١، ٥، ٦، ٩، ١١، ١٥، ١٦، ١٩، ٢٠) أما الفقرات السلبية فكانت (٢، ٣، ٤، ٧، ٨، ١٠، ١٢، ١٣، ١٤، ١٧، ١٨)

الرقم	العبارة	إطلاقا	نادرا	بدرجة متوسطة	معظم الأحيان	دائما
١-	أشعر أنني منسجم مع من حولي من الناس					
٢-	أشعر أنني محتاج لأصدقاء					
٣-	أشعر أنه لا يوجد من ألجأ إليه من الناس					
٤-	يغلب علي الشعور بالوحدة					
٥-	أشعر بأنني جزء من مجموعة من الأصدقاء					
٦-	أشترك في كثير من الأشياء مع الناس المحيطين بي					
٧-	أشعر بأنني لم أعد قريبا من أي شخص					
٨-	أشعر بأن اهتماماتي وأفكاري لا يشاركني فيها أحد					

٩-	أشعر بالود والصداقة مع الآخرين					
١٠-	أشعر بأن الآخرين يهملونني					
١١-	أشعر بأنني قريب من الناس					
١٢-	أشعر بأن علاقتي مع الآخرين ليس لها قيمة					
١٣-	أشعر بأنه لا يوجد شخص يفهمني جيدا					
١٤-	أشعر بأنني منعزل عن الآخرين					
١٥-	أشعر بأنني أستطيع أن أعثر على الأصدقاء عندما أحتاج إليهم					
١٦-	أشعر بأنه يوجد أناس يفهمونني جيدا					

(الحسين، ٢٠٠٢)

سابعاً: سلوك العزلة لدى طلبة المراهقة الوسطى

يفيد هذا المقياس في تحديد مقدار العزلة والابتعاد عن الآخرين، والشعور بالرغبة في البقاء بعيدا عن الآخرين.

تتألف الاستبانة من ٥٧ فقرة، لك فقرة سلم إجابة مكون من خمس فئات كما يبدو فيما يلي، المطلوب منك أن تضعي/ تضع إشارة (X) أسفل كل فئة في سلم الإجابة والتي تنسجم مع رأيك عن ممارستك الحياتية ووجهة نظرك.

تهدف هذه الاستبانة إلى الوصول إلى بعض المعلومات عن الممارسات والسلوكيات الحياتية اليومية للطالب والكيفية التي ينظر بها إلى بعض القضايا (مؤشرات حول سلوك العزلة).

لذلك أرجو الإجابة على فقرات هذه الاستبانة بصدق. وأود أن أؤكد للطالبات/ الطلبة بأن المعلومات سرية وسوف تستخدم فقط لأغراض الإرشاد التربوي.

الرقم	الفقرة	أوافق	أوافق بشدة	غير متأكدة	لا أوافق	لا أوافق بشدة
١-	أشعر بالفراغ والملل.					
٢-	قبـل ذهـابي إلى الـسـوق أكتـب قائمـة باحتياجاتي.					
٣-	أشعر برغبة بالبكاء.					
٤-	أشعر أنه من الصعب علي اتخاذ قرار.					
٥-	أتخوف من بناء علاقات مع الآخرين.					
٦-	أحب أن أواجه الناس بما يفعلون.					
٧-	كثير من الناس لا يستحق الاحترام.					
٨-	يضايقني في بعض الأحيان بعض النـاس الـذين يطلبون مني عمل معروف.					
٩-	أفضل أن أرد على الـشخص بالمثـل مـن أن أسامحه.					
١٠-	أشعر بأنني منعزل عن الناس.					
١١-	ليس لدي صديق حميم لأتحدث إليه عـن الأشياء التي تخصني.					
١٢-	أحب أن أجرب أصنافاً جديدة من الطعام.					
١٣-	أحب أن أغتاب الآخرين.					

-١٤	أشعر بأنني وحيد.					
-١٥	أميل للاعتراف بالخطأ عندما أخطئ.					
-١٦	لا مانع عندي من أن أجرب نفسي في مدرسة أخرى.					
-١٧	لا أحد يحبني.					
-١٨	لدي الكثير من الأعمال غير المنجزة والناقصة.					
-١٩	أشعر بالكآبة والحزن باستمرار.					
-٢٠	الناس من حولي منصفون.					
-٢١	لا أستطيع النظر في وجوه الآخرين عند التحدث معهم.					
-٢٢	ليس في حياتي شيء يبدو أنه جدير بالاهتمام.					
-٢٣	إن أشياء مضحكة مثيرة تحدث لي.					
-٢٤	لا يقوم الناس بمساعدة بعضهم البعض لكثرة أشغالهم.					
-٢٥	لا أجد ما يملأ وقت فراغي.					
-٢٦	أفضل المدرسة ذات القوانين والأنظمة.					
-٢٧	ممن الصعب بناء علاقة صداقة مع أحد.					
-٢٨	يشك الناس في الدوافع وراء أفعالي.					

-٢٩	يسرني أن أنتقل إلى مكان جديد.					
-٣٠	تحتاج حياتي إلى هدف.					
-٣١	كثيراً ما أفكر قبل أن أتصرف.					
-٣٢	يبدو أن الآخرين يتجنبون الاقتراب مني.					
-٣٣	أتحدث بصوت عال.					
-٣٤	يمكن أن أتسامح مع الآخرين عندما يسيئون إلي.					
-٣٥	أستطيع أن أحسن عملي إذا حاولت.					
-٣٦	أكره نفسي.					
-٣٧	المدرسين الذين ينكتوا في الصف يضيعون الوقت.					
-٣٨	الناس لا يثقون بأحد.					
-٣٩	الموضة الجديدة تجعل الحياة مثيرة.					
-٤٠	يخاف الناس مواجهة بعضهم البعض.					
-٤١	أستمتع بالنهايات المثيرة.					
-٤٢	أنا خجول.					
-٤٣	يجب أن يعاقب الأطفال دائماً على أفعالهم الخاطئة.					
-٤٤	سأكون أكثر سعادة، إذا كان هناك من يشاركني اهتماماتي وميولي.					

-٤٥	لا أجـد فائـدة في الـدروس التـي أتلقاهـا في المدرسة.					
-٤٦	أحاديث الناس فارغة لا معنى لها.					
-٤٧	يصعب علي أن أتخذ قراراً.					
-٤٨	أجد صعوبة في التعبير عن مشاعري للآخرين.					
-٤٩	يصعب علي أحياناً أن ألتزم بوعود قطعتها.					
-٥٠	لا أحد يهتم بمشاعري.					
-٥١	كثيراً ما تتصف أفعالي بالجرأة.					
-٥٢	كثـيراً مـا أسـتغل مـن قبـل مـن أحـاول مصادقتهم.					
-٥٣	أحب أن أقضي وقتي في حل الألغاز.					
-٥٤	لا يعيرني الآخرين كثيراً من الاهتمام.					
-٥٥	التخطيط للأعمال اليومية مضيعة للوقت.					
-٥٦	لا أحد يفهم كيف أشعر.					
-٥٧	أتمنى لو أعرف بعض النكت.					

طريقة التصحيح وتفسير الدرجات:

- عدد فقرات المقياس (٥٧).

- الأوزان في حالة الفقرات السلبية:

  - موافق بشدة (٥) درجات   - موافق (٤) درجات   - غير متأكد (٣) درجات

  - غير موافق (٢) درجتان   - غير موافق بشدة (١) درجة

- أما إذا كانت الفقرات تعكس اتجاهاً إيجابياً:

تعطى الدرجات ١، ٢، ٣، ٤، ٥ على موافق (في حالة الإجابة موافق بشدة (١)، موافق (٢)، غير متأكد (٣)، غير موافق (٤)، غير موافق بشدة (٥).

- فقرات المقياس وزعت كالتالي:

(١٧) فقرة ذات اتجاه إيجابي، بمعنى أن من يوافق على هذه الفقرة يصف حالته لا يعاني من الشعور بالعزلة.

(٤) فقرة ذات اتجاه سلبي بمعنى أن من يوافق على هذه الفقرة يصف حالته بأنه يعاني من العزلة.

- الفقرات ذات الاتجاه الإيجابي: ٢، ٦، ١٢، ١٥، ١٦، ٢٠، ٢٣، ٢٧، ٢٩، ٣١، ٣٣، ٣٤، ٣٥، ٣٩، ٤١، ٤٤، ٥١.

- الفقرات ذات الاتجاه السلبي: ١، ٣، ٤، ٥، ٧، ٨، ٩، ١٠، ١١، ١٣، ١٤، ١٧، ١٨، ١٩، ٢١، ٢٢، ٢٤، ٢٥، ٢٦، ٢٨، ٣٠، ٣٢، ٣٦، ٣٧، ٣٨، ٤٠، ٤٢، ٤٣، ٤٥، ٤٦، ٤٧، ٤٨، ٤٩، ٥٠، ٥٢، ٥٣، ٥٤، ٥٦، ٥٧.

- الدرجة الكلية على المقياس تتراوح بين (٥٧ – ٢٨٥) وتمثل الدرجة المرتفعة شعوراً أعلى بالعزلة، في حين تشير الدرجة الدنيا إلى عدم الشعور بالعزلة.

ملاحظة: تم تحويل فقرات المقياس من صيغة الإناث إلى صيغة الذكور. (المصري، ١٩٩٤)

ثامناً: قائمة وصف المشاعر (بيك للاكتئاب)

يمكن من خلال قوائم الاكتئاب تحديد مدى شعور الطلبة بالحزن كظاهرة مستمرة، ويمكن أيضا تحديد المشاعر التي يحملونها، وكذلك الأفكار السوداوية لديهم، وبالتالي تغيير أفكارهم ومشاعرهم ونظرتهم للمستقبل وللحياة وللناس.

يعرف الاكتئاب بأنه: حالة من التبلد الانفعالي وفقد الطاقة الجسمية يبدو فيها المكتئب حزيناً مثبطاً خائر العزائم لا يستطيع أداء عمل يحتاج فترة زمنية طويلة، يتكلم ببطئ وبشكل متقطع ولا يجيب عن الأسئلة إلا بصعوبة وهو كثير الزفرات والأنات ويبكي ويتأوه ليركز انتباهه في أفكاره التشاؤمية. (Oltmanns & Emery, 1998)

ويعاني من أعراض تصاحب الاكتئاب مثل اضطراب الشهية وتغير الوزن واضطراب النوم وزيادة النشاط الحركي ونقص الطاقة والشعور بفقد القيمة والإحساس بالذنب وصعوبة التركيز وتكرار فكرة الموت أو أفكار انتحارية، ولا يعي المصاب حالته .

تتضمن هذه القائمة مجموعة من الجمل تظهر أحاسيسك ومشاعرك. يرجئ القيام بقراءة كل مجموعة من الجمل واختيار جملة واحدة تعطي أدق وصف لحالتك النفسية وللشعور السائد لديك خلال السبعة أيام الماضية بما فيها هذا اليوم وبعد أن تحدد الجملة التي تصف دائرة حول الرقم الذي يسبقها أما إذا وجدت في المجموعة ما أن هنالك عدة جمل تنطبق بصورة متساوية على حالتك فضع دائرة حول رقم جملة واحدة منها فقط ترجح أنها الأكثر انطباقا على حالتك.

(١) إنني لا اشعر بالحزن .

١- إنني اشعر بالحزن في بعض الأوقات.

٢- اشعر بالحزن طيلة الوقت وللمستقبل للتخلص من هذا الشعور.

٣- إنني اشعر بالحزن والتعاسة لدرجة لا استطيع احتمالها.

(٢) إنني لست متشائما بشان المستقبل.

١- اشعر بالتشاؤم بشان المستقبل.

٢- أشعر أنه لا يوجد لدي ما اطمح للوصول إليه.

٣- اشعر بان المستقبل لا أمل فيه وان هذا الوضع من غير الممكن تغييره.

(٣) لا اشعر بأنني فاشل بشكل عام.

١- أشعر بأنني أواجه من الفشل أكثر مما يواجهه الإنسان العادي.

٢- عندما أنظر إلى حيلتي الماضية، فإن كل ما أراه الكثير من الفشل.

٣- أشعر بأنني إنسان فاشل فشلاً تاماً.

(٤) ما زالت الأشياء تعطيني شعوراً بالرضي كما كانت عادة.

١- لا أشعر بمتعة في الأشياء على النحو الذي كنت أشعر به عادة.

٢- لم أعد أشعر بأية متعة حقيقة في أي شيء على الإطلاق.

٣- لدي شعور بعدم الرضا والملل من كل الأشياء.

(٥) لا يوجد لدية أي شعور بالذنب.

١- أشعر بالذنب في بعض الأوقات.

٢- أشعر بالذنب في معظم الأوقات.

٣- أشعر بالذنب في كافة الأوقات.

---

(٦) لا أشعر بأنني أستحق عقاباً من أي نوع.

١- أشعر بأنني أستحق العقاب أحياناً.

٢- كثيراً ما أشعر بأنني أستحق العقاب.

٣- أحس بأنني أعاقب وأعذب في حياتي وأنني أستحق ذلك.

---

(٧) لا أشعر بخيبة الأمل في نفسي.

١- أشعر بخيبة الأمل في نفسي.

٢- أشعر أحيلناً بأنني أكره نفسي.

٣- أنني أكره نفسي في كل ألأوقات.

---

(٨) لا أشعر بأنني أسوأ من الآخرين.

١- أنني أنتقد نفسي بسب ما لدية من أخطاء وضعف.

٢- ألوم نفسي طيلة الوقت بسب أخطائي.

٣- ألوم نفسي في كل شيء يحدث حتى لو لم يكن لي علاقة مباشرة بذلك.

---

(٩) لا يوجد لدية أي أفكار انتحارية.

١- توجد لدية أفكار انتحارية ولكني لن أقوم بتنفيذها.

٢- أرغب في قتل نفسي.

٣- سأقتل نفسي إذا توفرت لي الفرصة السامحة لذلك.

---

(١٠) لا أبكي أكثر من المعتاد.

١- أبكي في هذه الأيام أكثر من المعتاد.

٢- أنني أبكي طيلة الوقت هذه الأيام.

٣- لقد كانت لدية قدرة على البكاء ولكنني في هذه الأيام لا أستطيع البكاء مع أنني أريد ذلك.

---

(١١) لا اشعر في الأيام بأنني سريع الغضب أكثر من المعتاد.

١- أصبح غضبي يستثار بسهولة أكثر من المعتاد هذه الأيام.

٢- أشعر بسرعة الاستثارة طيلة الوقت في هذه الأيام.

٣- أحس بأن مشاعري قد تبدلت ولم يعد شيء يغضبني.

---

(١٢) لا اشعر بأنني قد فقدت اهتمامي بالناس الآخرين .

١- أصبحت أقل اهتماماً بالناس الآخرين مما كنت عليه.

٢- فقدت معظم اهتمامي بالناس الآخرين.

٣- فقدت كل اهتمام لي بالناس الآخرين.

---

(١٣) اشعر بأن مظهري مناسب كما كان عادة .

١- يزعجني الشعور بأنني كهلا أو غير جذاب.

٢- اشعر أن هنالك تغيرات دائمة تطرأ على مشيي.تجعلني أبدو غير جذاب.

٣- اعتقد بأنني أبدو قبيحاً.

---

(١٤) استطيع العمل بنفس الكفاءة كما كنت افعل عادة .

١- احتاج إلى إضافي كي أبدء العمل في أي شيء .

٢-   علي أن أحث نفسي بشده كي أقوم بعمل أي شيء .

٣-   لا أستطيع عمل أو انجاز أي شيء على الإطلاق.

---

(١٥) أستطيع النوم جيدا كالمعتاد .

١-   لا أنام جيدا كالمعتاد .

٢-   أستيقظ من النوم أبكر بساعة أو ساعتين من المعتاد ولا استطيع العودة ثانيه إلى النوم .

٣-   أستيقظ من النوم أبكر بساعات عديدة من المعتاد ولا أستطيع العودة ثانية إلى النوم.

---

(١٦) لا أجد إنني أصبحت أكثر تعبا من المعتاد

١-   أصبحت أتعب أكثر من كالمعتاد.

٢-   أصبحت أتعب من عمل أي شيء تقريبا .

٣-   أنا متعب جدا لدرجة لا استطيع معها عمل أي شيء.

---

(١٧) شهيتي للطعام هي كالمعتاد .

١-   شهيتي للطعام ليست جيده كما هي عادة.

٢-   شهيتي للطعام سيئة جدا هذه الأيام.

٣-   ليست لدي شهية للطعام على الإطلاق في هذه الأيام.

---

(١٨) لم أفقد كثيرا من وزني مؤخرا أو بقي وزني كما هو .

١-   فقدت من وزني حوالي ٢ كغم .

٢-   فقدت من وزني حوالي ٤ كغم .

٣-   فقدت من الآلام والأوجاع غم.

(١٩) ليس لدي انزعاج يتعلق بصحتي أكثر من المعتاد .

١-   إنني منزعج بشأن المشكلات الصحية مثل ألام المعدة أو الإمساك أو الآلام والأوجاع الجسمية عامه

٢-   إنني متضايق من المشكلات الصحية ومن الصعب أن أفكر في أي شيء أخر.

٣-   إنني قلق للغاية بسبب وضعي الصحي بحيث لا استطيع التقبل.في أي شيء أخر.

- -

(٢٠) لم ألاحظ أية تغيرات تتعلق في اهتماماتي الجنسية .

١-   أصبحت أقل اهتماما بالأمور الجنسية مما كنت عليه من قبل .

٢-   اهتمامي قليل جدا بالأمور الجنسية في هذه الأيام .

٣-   فقد اهتمامي بالأمور الجنسية تماماً.

طريقة التصحيح وتفسير النتائج .

- عدد فقرات المقياس (٢١) فقرة.

- العلامة الكلية للمقياس يتم الحصول عليها بجمع الأرقام التي تم وضع دائرة حولها في كل فقره , وهي تتراوح بين (صفر – ٦٣).

مثال: إذا كانت إجابة الفقرة رقم (١) بأنني أشعر بالحزن في بعض الأوقات. والتي يقابلها علامة (١) يتم جمعها مع علامة الفقرة رقم (٢) وهكذا .

- تفسير نتائج المقياس كالتالي :

  (صفر – ٩) لا يوجد اكتئاب

  (١٠ - ١٥) اكتئاب ضعيف

(١٦ - ٢٣) اكتئاب متوسط

(٢٣ فما فوق) اكتئاب شديد

- الحد الفاصل بين الاكتئاب وعدمه تبدأ من مستوى (١٠).

ملاحظة: المقياس يقيس حالة الفرد خلال أسبوع ولا يخدم بدراسة سمة شخصية الفرد .
(حمدي، ١٩٩٨، ج)

تاسعاً: سلم الاكتئاب لهاميلتون Hamilton Depression Scale

هذا الاختبار يفيد في التعرف على الاكتئاب لدى الأفراد ويصلح للطلبة الكبار وخاصة في المرحلة الثانوية. ويمكن أن يستخدم هذا الاختبار في حالة الاكتئاب المرضي بشكل خاص أي الاكتئاب المزمن لدى الطلبة.

ملاحظة: يعتمد هذا الفحص على آخر أسبوع منقضي أي سبعة أيام قبل يوم الفحص.

مقدمة: إن سلم هاميلتون منذ وضعه سنة ١٩٦٠ معتمدا لدى غالبية الباحثين في العالم بأسره لنتدارس وتقييم حالات الاكتئاب وهو يمثل طريقة بسيطة لتقييم عمق وخطورة حالة اكتئابية بلغة الأرقام أو لإبراز تطوراتها أثناء العلاج. إلا أن لا يشكل أداة تشخيصية في أهدافه.

تاريخه وتقديمه: كان وضع هذا السلم في أوائله بهدف قيس تغيرات عمق ظواهر الاكتئاب عند التجارب العلاجية بالأدوية المضادة للاكتئاب إلا أنه يتكون من ظواهر واردة بكثافة بالغة أثناء حالات الاكتئاب من جهة، ومن عوارض قد تقل كثافتها لكنها تدل عند تواجدها على حالة سريرية خاصة من الاكتئاب.

يتواجد سلم هاميلتون في صبغات عديدة إلا أن الصبغة الأصلية لسنة ١٩٦٠ وهي تشمل ٢١ سؤالا. والصبغة التي اعتبرها الواضع نهائية سنة ١٩٦٧ تحوي ١٧ سؤالا.

وهناك صيغة تشمل ٢٣ سؤالا حيث قسم فيها سؤالات إلى نصفين انطلاقا من الصيغة الأصلية بـ ٢١ سؤال. وتتواجد أيضا صيغة تجريبية تشمل ٢٦ سؤالا وضعت بأمريكا NIMA حيث يتواجد بها ثلاثة أسئلة إضافية: الشعور بعدم الاقتدار والجدارة، الشعور بفقدان التقدير والشعور بفقدان الأمل.

كيفية تركيب السلم: اختار الأستاذ هاميلتون (الواضع) ١٧ سؤالا اعتبرها حرية بتمثيل العلامات الاكتئابية على أحسن وجه. فالحاصل الجملي للعدد يبين في منظور الواضع عمق متلازمة اكتئابية على وجه أم. وكانت دراسته الأولية سنة ١٩٦٧ تقوم على شريحة تتكون من 272 مريضاً. كما تجدر الإشارة هنا إلى أن بعض الأسئلة التي لا تميز الاكتئاب كالظواهر الجسدية والقلق تم اعتمادها بحكم كثافة تواجدها أثناء المتلازمة الاكتئابية .

أما الأسئلة الأربعة الإضافية مثل: التقلبات أثناء اليوم. وتبدد الشخصية والعلامات الهذيانية والظواهر الوسواسية فهي علامات تقل كثافة من جهة كما لا ترتبط حتما بقوة وعمق المتلازمة الاكتئابية عموما، بل هي تتواجد بالخصوص في بعض أوجه الاكتئاب أما الأسئلة الثلاثة الإضافية والتي تخص الصيغة التجريبية الأمريكية وهي الشعور بعدم الاقتدار والجدارة، والشعور بفقدان القيمة والتقدير، وكذلك الشعور بفقدان الأمل فهي تدل على حرص الواضع على تكثيف عدد الأسئلة "المميزة" للاكتئاب.

كيفية الإجراء: يقوم المرشد بتعبئة الاستبيان في بضع دقائق بعد إجراء حوار مع الطالب، والهدف من هذا الحوار إبراز العلامات الاكتئابية لدى الطالب،

الترقيم: ترقم الأجوبة على أسئلة السلم بين 0 و 2 أو بين صفر و 4. فالعدد الجملي بالنسبة للصيغة ذات 17 سؤال يتراوح بين صفر و 52 والترقيم بين صفر و 4 يناسب سلم العلامات الآتي:

منعدم (0) - محل تشكك أو غير دال (1) طفيف (2) متوسط (3) هام (4)

أما الترقيم بين 0 و 2 فهو يناسب السلم العلامات كما يلي :

منعدم (0) - طفيف أو محل تشكك (1) سافر وعميق (2)

ويقوم الترقيم على معطيات الحوار أثناء الجلسة وكذلك على ما وصفه المريض من عوارض أثناء الأسبوع المنقضي. وأوصى هاميلتون القيام بترقيم ثنائي بواسطة فاحصين مستقلين عن بعضهم، ويشكل الفارق بأربع نقاط (4) أقصى ما يجوز قبوله كتباين بين فاحصين فإن وقع تجاوز هذا العدد استلزم الأمر حصص تدريب جماعي على الترقيم بتجويد التوافق بين الفاحصين.

الحاصل الجملي: أقل من 7: لا وجود للاكتئاب، من 8 إلى 15: اكتئاب طفيف، من ١٦ فما فوق: اكتئاب جسيم (خطير) نوصي باعتماد الأسئلة في شكلها الموالي عند ترقيم سلم هاميلتون. لقد وضع هذا الدليل لتوحيد استعمال هذا السلم التقييمي واثبات هذا الدليل جدواه في تحسين توافق النتائج بين الفاحصين لجل أسئلة هذا السلم. (Willams ,1988)

وعند اعتبار الإحترازات التي قدمت حول دلالة الرقم الجملي من جهة والأبحاث التي بينت أن ستة أسئلة فقط من هذا السلم تستوفي شروط أحادية الاتجاه (أحادية البعد أو التجانس) فالموقف الحذر يتطلب اعتماد الحاصل المناسب للسلم الجزئي المناسب للنواة الاكتئابية المتكونة من المتغيرات الستة التالية:

١- المزاج الاكتئابي: من 0 إلى 4

٢- الشعور بالذنب: من 0 إلى 4

٣- سلم العمل والأنشطة: من 0 إلى 4

٤- البطء: من 0 إلى 4

٥- القلق النفسي: من 0 إلى 4

٦- العلامات الجسدية العامة: من 0 إلى 2

وبالنسبة لهذا السلم الفرعي فإن الرقم الحاصل قد يتراوح بين: 0 و 22.

فحاصل دون 4 يعني عدم تواجد الاكتئاب

فحاصل بين 4 و 8 يعني اكتئاب طفيف

وحاصل يفوق 9 يعني حالة اكتئاب سافرة أو "اكتئاب جسيم".

الحالة	الدرجة
١- المزاج الاكتئابي: حزن - شعور بانعدام الأمل، بعدم الاقتدار والجدوى مع تقلص التقدير الذاتي وتخفيض الشأن	0= انعدام أي علامة 1= إن كان هذا الشعور لا يبرز إلا بتوجيه السؤال إلى المسترشد 2= إن كان الإدلاء بهذا الشعور تلقائيا من خطاب المسترشد 3= إن كان المريض يبلغ شعوره بصفة لا كلامية بملامح وجهه أو بموقفه وبنبرات صوته أو ميله إلى البكاء 4= إن كان المريض لا يبلغ إلا تلك الحالة الوجدانية في تخاطبه تلقائيا على وجه كلامي أو لا كلامي.
٢ - الشعور بالذنب أو بالتذنيب	0= انعدام أي شعور من هذا القبيل 1= إن كان المسترشد يعاتب نفسه وكأنه تسبب في ضرر أو إضرار لغيره. 2= أفكار ذاتية أو اجترار حديث حول أخطاء سابقة أو أعمال قد يلام عليها. 3= شعوره بأن المشكلة الحالية تمثل عقوبة أفكار 4= يسمع أصوات تتهمه أو تشهر بذنوبه أو يرى هلاوس بصرية مخيفة.

الحالة	الدرجة
٣- مشكلة الانتحار	0= انعدام أي رغبة أو فكرة انتحارية 1= يشعر أن الحياة لا تستحق أن يعيشها الإنسان - ليست أهـلا بـأن تعاش. 2= يتمنى أن يكون ميتا أو ما يشابهها من أفكار. كل فكرة تتجه ضـد ذاته وتحوم حول احتمال الموت. 3= فكرة انتحارية أو حركة في اتجاه الانتحار 4= محاولات الانتحار (ترقم كل ٤ محاولة جديّة في الانتحار).
٤- أرق أوائل الليل	0= لا وجود لأي صعوبة في النوم 1= يشتكي من صعوبات محتملة في النوم مثل: يقضي أكثر مـن نـصف ساعة قبل أن ينام 2= يشتكي من صعوبات في النوم لكل ليلة
٥- أرق منتصف الليل	0= لا وجود لأي صعوبة ولا ارق 1= يشتكي المسترشد من الهيجان والاضطراب أثناء الليل. 2= يستيقظ ليلا (ترقم كلما استيقظ مع النهوض من الفراش ما عدى إن كان ذلك للبول)
٦- الأرق في الفجر	0= لا وجود لصعوبة 1= يستيقظ باكرا صباحا لكنه ينام مجددا. 2= لا يتمكن من النوم مجددا عندما يستيقظ

الحالة	الدرجة
٧- العمل والأنشطة	0= لا يلاقي أي صعوبة في عمله 1= أفكار ومشاعر بعدم القدرة. شعور بالتعب وبالضعف يرتبط بأنشطة مهنية أو بأعمال ترفيهية. 2= فقدان الاهتمام للأنشطة المهنية أو للأنشطة الترفيهية إما أن يكون المريض صرح بها مباشرة أو بطريقة غير مباشرة عبر خموله وسوء استقراره وتردده وتذبذبه (يشعر باضطراره لإجهاد نفسه للقيام بعمله أو بأي نشاط. 3= تقلص وقت العمل أو تدني الإنتاجية عند الإقامة بالمستشفى: ترقم إن كان المريض لا يقضي ٣ ساعات على أقل تقدير في الأنشطة: مساعدة الممرضين أو علاج بالشغل (باستثناء الأعمال الرتيبة بالقاعة). 4= انقطع عن عمله من جراء مرضه الحالي إن كان مقيما بالمستشفى ترقم إن كان المريض لا يقوم بأي نشاط غير الأنشطة الرتيبة بالقاعة أو إن كان عاجزا على القيام بها بدون من يساعد.
٨- البطء: بطء الأفكار وبطء التعبير تقلص القدرة على التركيز مع تدني الأنشطة الحركية	0= إن كان تغييره وأفكاره سوية 1= بطء طفيف في التحاور 2= بطء واضح أثناء الحوار 3= صعوبة تخاطب بحكم البطء 4= حالة ذهول مع استحالة التخاطب

الحالة	الدرجة
٩- الهيجان أو الهياج	0= لا وجود للهياج 1= تشنج وهزات في عضلاته 2= يلعب بيديه أو بشعره الخ. 3= يتحرك دائما. لا يستطيع المكوث بهدوء 4= يلوي يديه. بعض أظافره - يقلع شعره - يعض شفتيه.
١٠- القلق النفسي	0= لا وجود لأي خلل ولا اضطراب 1= توتر داخلي وميوله إلى الإثارة 2= يقلق ويتحرج من مشاكل طفيفة 3= موقف حيرة ووجل جلي في ملامح الوجه وفي التعبير 4= يدلي عن مخاوفه دون أن توجه له أي سؤال
١١- القلق الجسدي	جفاف الفم اضطرابات هضمية - سيلان - آلام الأمعاء - جشاء علامات جهاز القلب والشرايين (خفقان - صداع) جهاز التنفس (سرعة التنفس - زفرات - تبول تكراري). 0= لا وجود لأي اضطراب 1= علامات طفيفة 2= علامات من درجة متوسطة 3= علامات من درجة خطيرة 4= علامات تثبط نشاطه وتقعده

الحالة	الدرجة
١٢- علامات جسدية بالمعدة والأمعاء	0= لا وجود لأي علامة 1= تقلص شهية الأكل على أن يأكل بدون حث من الممرضين - شعور بثقل في بطنه. 2= يأكل بصعوبة ما عدى أن حثه الممرضون يحتاج إلى المسهلات ويطالب بها وبأدوية تخص المعدة والأمعاء.
١٣- علامات جسدية عامة	0= لا وجود لأي علامة 1= ثقل بالذراعين وبالرجلين وبالظهر والرأس - آلام بالظهر، صداع بالرأي، وآلام بالعضلات، فقدان الطاقة مع سهولة الشعور بالتعب. 2= نرقم 2 عندما تكون إحدى العلامات الأنفة سافرة وواضحة
١٤- علامات على وجود اضطراب في الحيض لدى الطالبات وعدم وجود قدرة جنسية رغم المراهقة	0= لا وجود لأي اضطراب 1= اضطراب طفيف 2= اضطراب خطير
١٥- المراق والوسوسة:	0= انعدام أي علامة 1= تركيز الاهتمام على الجسد 2= حيرة وانشغال بالصحة الذاتية

الحالة	الدرجة
	3= تذمرات وتشكيات واردة بكثافة - طلب المساعدات. 4= أفكار هذيانية مراقية (حول المرض المحتمل أو المتوهم)
١٦- تدني الوزن على وجهين: أ و ب	أ: حسب تصريحات المسترشد 0= لا وجود لأي تدني 1= تدني الوزن محتمل ويرتبط بالمرض الحالي 2= تدني الوزن واضح حسب تصريحات المسترشد ب: تدني الوزن حسب قيس الوزن أسبوعيا بواسطة أعوام المؤسسة إن كانوا يراقبون تطورات الوزن 0= أقل من 500 غرام أسبوعيا في التدني 1= أكثر من 500 غ أسبوعيا من التدني 2= أكثر من 1 كلغم أسبوعيا من التدني.
١٧- وعى المسترشد بحالة واكتئابية:	0= هو يعي بمشكلته وبالاكتئاب ويقربه 1= يقر بمرضه لكنه يعزوه إلى الأكل أو إلى الطفل أو إلى الإرهاق أو إلى فيروس والى حاجته إلى الراحة الخ... 2= ينفي احتمال المشكلة
١٨- تقلبات الحالة أثناء النهار	أ- نلاحظ إن كانت الظواهر تتفاقم صباحا أو مساء أن ليس هناك تغيير تذكر "لاشي" لاشيء تفاقم صباحي تفاقم مسائي

الدرجة	الحالة
ب- إن كان هناك تقلبات نرقم حدتها في السلم الموالي (إن لم نجد تقلبات فإننا نذكرها بـ "لاشيء") 0= لاشيء 1= تقلبات طفيفة 2= تقلبات هامة	
0= لا وجود للاختلال 1= شعور طفيف 2= شعور من درجة وسطى 3= شعور من درب خطيرة عميقة 4= شعور أدى إلى العجز الوظيفي	١٩- تبدد الشخصية وعمه الواقعية (مثل الشعور بأن العالم المحيط خيالي أو نكران الواقع المحيطي)
1= مجرد شكوك وتشككات 2= أفكار مرجعية 3= أفكار هذيانية مرجعية واضطهادية (كيدية)	٢٠- علامات هذيانية (اضطهادية وكيدية)
0= لاشيء 1= طفيفة 2= خطيرة	٢١- ظواهر وسواسية وقهرية

(شبكة العلوم النفسية العربية، ٢٠٠٣)

عاشراً: مقياس "بيك" لليأس

هذا المقياس يظهر مدى اليأس لدى الطلبة، ومدى شعور الطلبة بحالة من انقطاع الأمل والرجاء، وبالتالي يفيد في علاج هذه الفئة من الطلبة، ويمكن تطبيقه في الصفوف الثانوية.

ويعرف رزوق (١٩٧٩) اليأس بأنه: حالة عاطفية غير سارة ترتبط بالتخلي من جانب المرء عن الأمل بالنسبة لبذل الجهد بنجاح في سبيل التوصل إلى هدف أو إشباع رغبة.

كما يعرف الشرقاوي (١٩٨٤) اليأس بأنه: انقطاع الأمل والرجاء والوصف من يأس - يائس - ويقال أن من كثر يأسـه فهو يئوس، ويصـف القرآن الكريم الإنسان في

قوله تعالى: (وَإِذَا أَنْعَمْنَا عَلَى الْإِنْسَانِ أَعْرَضَ وَنَأَى بِجَانِبِهِ وَإِذَا مَسَّهُ الشَّرُّ كَانَ يَئُوسًا)(الإسراء: ٨٣) .

ويعرف "بيك" Beck اليأس أو فقدان الأمل بأنها "حالة وجدانية تبعث على الكآبة وتتسم بتوقعات الفرد السلبية نحو الحياة والمستقبل وخيبة الأمل أو التعاسة، وتعميم ذلك الفشل في كل محاولة، وقد أطلق "بيك" على ذلك الثالوث المعرفي للاكتئاب واليأس وتعني النظرة السلبية للذات والعالم والمستقبل" (Beck, et al, 1987). ويرتبط بأنواع مختلفة من الاضطرابات النفسية وتتضمن الاتجاه السلبي للشخص نحو النظرة للحاضر والمستقبل، فالأشخاص اليائسون يعتقدون أن لا شيء يمكن أن يتحول ليكون في صالحهم، وعجزهم عن النجاح في أي عمل يقومون به، وعجزهم عن تحقيق أهدافهم.

ويعرف بدر (١٩٩١،ص ١١٨) اليأس بأنه: حال من أحوال الإنسان يرتبط على الدوام بفشله واستسلامه لهذا الفشل وتنتج عنه حالة مزاجية كئيبة، ومن هذه الزاوية يرتبط اليأس بالاضطراب والمرض، وبذلك يكون اليأس سلبياً على الدوام.

كما يعرف عبد الرحمن (١٩٩١ص: ٢٤) اليأس بأنه: اتخاذ الفرد اتجاها سلبياً نحو حاضره ومستقبله بشكل يفقده الأمل والرجاء ويقعده عن بذل الجهد اللازم لتحقيق أهدفه الحالية وطموحاته المستقبلية.

مقياس بيك لليأس (١٩٧٤) Beck Hopelessness Scale (BHS) من إعداد "بيك"، "ستير" (Beck & Steer, 1974) ونشر مقياس "بيك" لليأس في أصله الإنجليزي وفي عام ١٩٨٨ صدرت الطبعة الثانية للمقياس بدون أي تعديل أو إضافة بالنسبة لعدد البنود أو نوعيتها (Beck & Steer, 1988). وقد اعتمد هنا على الصيغة الأولى التي صدرت في عام ١٩٧٤ - المتاحة لدينا والتي تتكون من عشرون (٢٠) بنداً تم صياغتها بطريقة سهلة ومختصرة، يجيب عليها باختيار إجابة واحدة من إجابتين (نعم - لا) على كل بند علما بأن (٩) بنود أرقام (١، ٣، ٥، ٦،، ١٠، ١٣، ١٥، ١٩) تصحح سلبياً في ضوء النفي وتحصل الإجابة لا على درجة واحدة والإجابة (نعم) على الدرجة (صفر) في حين أن هناك (١١) بنداً أرقام (٢، ٤، ٧، ٩، ١١، ١٢ ،١٤، ١٦، ١٧، ١٨، ٢٠) يصحح إيجابيا حيث تحصل الإجابة (نعم) على الدرجة (١) والإجابة (لا) على الدرجة (صفر) ثم تجمع الإجابات جميعها لاستخراج الدرجة الكلية، وتتراوح درجات المقياس بين (صفر، ٢٠) درجة. علما بأن " بيك " يعرف اليأس كما أسلفنا بأنه حالة وجدانية تبعث على الكآبة وتتسم بتوقعات الفرد السلبية نحو الحياة والمستقبل وخيبة الأمل أو التعاسة، وتعميم الفشل في كل محاولة، وهو ما أطلق عليه الثالوث المعرفي للاكتئاب واليأس وتعني النظرة السلبية للذات والعالم والمستقبل وبناءاً على هذا التعريف وضع " بيك " و"ستير" بنود المقياس حيث أن (٩) بنود منها تدور حول اتجاه الفرد نحو المستقبل. أما بقية البنود وعددها (١١) بنداً، والتي تدور عباراته حول التشاؤم، حيث أن تلك العبارات تعكس الاتجاه السلبي نحو المستقبل والتي كان يستخدمها المرضى في حديثهم بشكل متكرر يومياً. ثم عرض المقياس على محكمين لمراجعته وقد تم تصويب المقياس نحويا ومن ثم طبق على مجموعتين متعارضتين (مكتئبين وغير مكتئبين) وقد نجح المقياس في التمييز بين المجموعتين المتطرفتين من خلال تحليل التباين بين استجاباتهم. لذلك صمم مقياس " بيك " لليأس لاستخدامه

على المرضى البالغين سواء الخاضعين للعلاج الإكلينيكي (المرضى الموجودين في المستشفى أو خارجه) أو غير الخاضعين له (مثلا: طلاب الكليات أو المتقدمين للوظائف) والذين تتراوح أعمارهم بين الثامنة عشرة والسبعين عاما. ويتطلب تطبيق المقياس مستوى من القراءة يوازي الصف الخامس. وتستغرقه عملية التطبيق بين (٥) إلى (١٠) دقيقة تقريبا، وأن كان وقتا أكثر يكون مطلوبا لكبار السن والأفراد الذين لديهم تدني في الأداء الحركي والمعرفي وبطيئين القراءة.

تعليمات التطبيق: يطبق مقياس " بيك " لليأس ذاتيا وتعد التعليمات المدونة على ورقة الأسئلة كافية ومختصرة لتوجيه المفحوصين، ويستغرق التطبيق من ٥ - ١٠ دقيقة. والمقياس مكون من (٢٠) عبارة، يقوم المفحوصين بتقدير كل عبارة على مقياس ثنائي (صيغة الاختيار بين بديلين) وفقا لدرجة مطابقة العبارة له (نعم - لا).

تعليمات التصحيح: يتكون مقياس اليأس من (٢٠) بندا وبديلين للإجابة هما (نعم، لا). ويبدأ التصحيح بإعطاء كل بند في المقياس درجة للإجابة (بنعم)، ودرجة صفر للإجابة (لا)، وذلك في جميع بنود المقياس ما عدا البنود التالية: ١، ٣، ٥، ٦، ٨، ١٠، ١٣، ١٥، ١٩ حيث تعطي درجات معكوسة. ومن هنا فإنه يمكن استخراج الدرجة الكلية التي حصل عليها المفحوصين بجمع الدرجات أو النقاط لكل إجابة اختارها المفحوص. ويمكن أن تتفاوت الدرجة الكلية على المقياس بأكمله من صفر (الحد الأدنى) إلى ٢٠ (الحد الأقصى). وتعكس الدرجة العالية للمقياس أن اليأس مرتفع. فيما تعكس الدرجة المنخفضة أن اليأس منخفض.

مقياس " بيك " لليأس

تعليمات: فيما يلي عدد من العبارات التي يمكن أن تميز مشاعرنا وسلوكنا. اقرأ كل عبارة وضع بعدها دائرة واحدة حول " نعم " أو " لا " ولا تفكر كثيرا في الإجابة، ولا تترك أي عبارة دون إجابة

العبـارات	نعم	لا
١ - أتطلع إلى المستقبل بأمل وحماس.	نعم	لا
٢ - يمكنني أن أقر بعجزي لأنني لم أستطيع تحقيق الأفضل بالنسبة لنفسي.	نعم	لا
٣ - عندما تسوء الأمور، فانه تساعدني معرفتي بـأن الأمـور لـن تـدوم كـذلك إلى الأبد .	نعم	لا
٤ - لا أستطيع أن أتخيل ماذا ستكون عليه حياتي بعد عشر سنوات .	نعم	لا
٥ - عندي الوقت الكافي لانجاز الأشياء التي تشتد رغبتي في القيام بها.	نعم	لا
٦ - في المستقبل، أتوقع أن أنجح فيما هو أكثر أهمية بالنسبة لي.	نعم	لا
٧ - يبدو أن المستقبل مظلم بالنسبة لي .	نعم	لا
٨ - أتوقع أن أحمل من الأشياء الجيدة في الحياة قدرا أكبر مـما ينـال الـشخص العادي.	نعم	لا
٩ - لم يكن لي حظ سعيد، وليس هناك سبب يدعو للاعتقاد بأنني سأحصل عليه في المستقبل .	نعم	لا
١٠ - أن خبراتي الماضية قد أعدتني إعدادا جيدا للمستقبل.	نعم	لا
١١ - كل ما أستطيع رؤيته أمامي، هو أمور سيئة أكثر مما هي سارة.	نعم	لا
١٢ - لا أتوقع أن أحصل على ما أريده حقيقة.	نعم	لا
١٣ - عندما أتطلع إلى المستقبل، أتوقع أنني سوف أكون أسعد مما أنا عليه الآن .	نعم	لا
١٤ - لن تحدث الأمور في المستقبل بالطريقة التي أودها .	نعم	لا
١٥ - لدى (عندي) ثقة كبيرة في المستقبل.	نعم	لا

١٦ - أنا لا أحصل أبدا على ما أريد، ولذلك فمن الحماقة أن أرغب في أي شيء.	نعم	لا
١٧ - من غير المتوقع أنني سأحقق أي إشباع حقيقي لرغباتي في المستقبل.	نعم	لا
١٨ - يبدو لي المستقبل غامضا ومشكوكا فيه .	نعم	لا
١٩ - باستطاعتي أن أتوقع أن الأيام الهانئة ستكون أكثر من الأيام السيئة.	نعم	لا
٢٠ - لا فائدة من المحاولة الجادة للحصول على شيء ما أريده، لأنني لن أتمكن من الحصول عليه في الغالب.	نعم	لا

(الأنصاري، ٢٠٠٢)

إحدى عشر: مقياس الغضب

يفيد هذا المقياس في تحديد مدى الغضب الذي يحمله الطلبة وعم القدرة على السيطرة على ضبط الذات، ويهتم بقياس الغضب كسمة موجودة لدى الفرد وكحالة انفعالية مؤقتة.

الغضب: انفعال يصاحب الإنسان منذ ولادته، يساعد صاحبه على إبعاد الأشياء المزعجة، أو تغيير الظروف التي تعرقل نموه وتقدمه، أو تمنعه من نيل رغباته، أو انفعال شديد يخلق طاقة لدى الإنسان إثر حادثة ما (بن علو، ١٩٩٣). ورأى المصري بأنه: تغير طارئ على الفكر إثر حادثة ما، أو حالة نفسية وظاهرة انفعالية، يحس بها المرء في الأيام الأولى من حياته (المصري،١٩٨٦). بينما رأه شيفر وهوارد بأنه: رد فعل

غريزي للإحباط، أو التعرض للهجوم، أو لعدم تلبية توقعاتنا، التعبير عن مشاعر قوية، بدلاً من أن تفكر بطريقة منطقية، رد الفعل الطبيعي لكلمة توقف. (شيفر هوارد، ١٩٩٦)

هذا وقد ميز Spielberger بين الغضب حالة وسمة، الغضب حالة Anger as a state ويعرفه بأنه: حالة عاطفية تتركب من أحاسيس ذاتية تتضمن التوتر والانزعاج والإثارة والغيظ، كما أن الغضب حالة يشير إلى خبرة وقتية متغيرة ومرحلية متعلقة بشعور الفرد بأنه مضطرب هنا والآن، كما ويمكن تعريف الغضب حالة بأنه حالة انفعالية مؤقتة تختلف في الشدة من فرد لآخر حسب طريقة تأثيره بالموقف الذي يتعرض له وطريقة تفكيره في هذا الموقف.

الغضب كسمة Anger as a Trait فيعرفه بلغة الكم: بعدد المرات التي يشعر فيها المفحوص بحالة الغضب وفي وقت محدد والشخص مرتفع سمة الغضب يميل للاستجابة لكل المواقف أو غالبيتها بالغضب، كما أن الغضب سمة يشير إلى ميل أو تهيؤ أو سمة ثابتة نسبيا في الشخصية يكون لدى الفرد ميل ثابت نسبيا للاستجابة لمواقف الحياة المختلفة بطريقة يغلفها حالة الغضب.

(Spielberger,1988)

فيما يلي عدد من العبارات التي اعتاد الناس وصف أنفسهم بها، اقرأ كل عبارة ثم ضع علامة X داخل أحد المربعات التالية لكل منها، لتبين ما الذي تشعر به فعلا الآن، أي في هذه اللحظة، ليست هناك إجابات صحيحة وأخرى خاطئة، ولا تفكر طويلا في أي عبارة منها، ولكن ضع الإجابة التي يبدو أنها تصف مشاعرك الحالية على أفضل وجه.

	الرقم	الفقرة	نادراً	أحياناً	كثيراً	دائماً
الغضب كحالة	١-	ما أشعر به في هذه اللحظة: أشعر بالغيظ				
	٢-	أشعر بالضيق				
	٣-	أشعر بالرغبة في الانتقام				
	٤-	أشعر بالرغبة في الصياح في وجه شخص ما				
	٥-	أشعر بالرغبة في تحطيم الأشياء				
	٦-	أكاد أجن من الغيظ				
	٧-	أشـعر برغبـة في أن أضرب بعنـف عـلى الطاولة				
	٨-	أشعر بالرغبة في ضرب شخص ما				
	٩-	أكاد احترق من الداخل				
	١٠-	اشعر بالرغبة في توجيه الشتائم				
الغضب كسمة	١١-	مزاجي سريع الاستثارة				
	١٢-	طبعي حاد				
	١٣-	أميل للتسرع والاندفاع				
	١٤-	أغضب حينما تتسبب أخطاء الآخرين في تأخيري				
	١٥-	أشعر بالضيق حينما لا يلقي عملي الجيد تقديرا				

	الرقم	الفقرة	نادراً	أحياناً	كثيراً	دائماً
	-١٦	أفقد السيطرة على نفسي				
	-١٧	أتفوه بألفاظ غير لائقة حين يستثار غضبي				
	-١٨	أغضب بشدة حينما أتعرض للنقد أمام الآخرين				
	-١٩	أشعر برغبة في أن أضرب شخصا ما حين أتعرض للإحباط				
	-٢٠	استشاط غضبا حينما أقوم بعمل جيد وأحصل على تقدير ضعيف				

القرشي، عبد الفتاح. (١٩٩٧)، قائمة حالة وسمة الغضب، إعداد: سيبليرجر Speilberger

اثني عشر: استخبار الحالات الثماني sq

إعداد جيمس كوران, ريموند , كاتل cattell and curron

تعريب عبد الغفار الدماطي واحمد عبد الخالق

إعداد الصورة الكويتية: بدر محمد الأنصاري

هذا الاختبار يقيس ثمانية حالات نفسية أساسية ومهمة، وهي: القلق، الانعصاب، الاكتئاب، النكوص، الإرهاق، الشعور بالذنب، الانبساط، التنبيه، ويمكن أن يطبق كمقياس كلي، ويمكن أن يطبق للتعرف على حالة واحدة من الحالات الثمانية، وينصح بتطبيقه على الطلبة في المرحلة الثانوية.

تعليمات كراسة الأسئلة:

تحتوي هذه الكراسة على عبارات تتعلق بالحالات النفسية أو الأمزجة والمشاعر التي يحملها معظم الناس في وقت من الأوقات. ونظرا لاختلال الناس وتفاوتها في هذه الأمزجة وتلك المشاعر فإنه ليست هناك إجابة صائبة أو خاطئة لكل عبارة منها وكل ما يجب عليك فعلة هو أن تقوم بالإجابة عن هذه العبارات طبقا لما تشعر به في هذه اللحظة.

لا تجب عنها طبقا لما تشعر به عادة , ولكن على الأصح طبقا لما تشعر به الآن وفي هذا المكان. ضع من فضلك إشارة الإجابة لكل عبارة على ورقة الإجابة فقط, حيث يوجد لكل عبارة أربع اختيارات هي أ, ب, ج, د. اختر منها أفضل إجابة تعبّر عما تشعر به في هذه اللحظة بالذات , ثم ضع علامة X على الحرف الذي يمثل أجابتك التي اخترتها. والذي ينبغي أن يكون حرفا واحدا فقط لكل عبارة.

تأكد في كل مرة تضع فيها إشارة الإجابة أن رقم العبارة هو نفس الرقم الذي تقوم بالتأشير علية في ورقة الإجابة.

والمثال التالي يوضح ذلك:

* أشعر أنني في حالة نفسية سعيدة:

أ. صحيح تماما .

ب. صحيح إلى حد ما

ج. خاطئ إلى حد ما

د. خاطئ تماما

وبإمكانك بالطبع أن تختار أي إجابة من الإجابات الأربعة السابقة. فإذا كنت سعيدا حقا في هذه اللحظة فستختار الحرف (ا). ثم تضع إشارة علية , آما إذا كنت تشعر الآن انك غير سعيد بالمرة فستقوم بوضع إشارة على الحرف (د) لاحظ أن إجابتي (ب) و (ج) تعطيانك اختيارا وسطا بين ما هو صائب تماما أو خاطئ تماما. لكن لا

تستخدم أي منهما كإجابة إلا إذا كان الاختيار (أ) أو الاختيار (د) لا يمثل بكل دقة ما تشعر به الآن

ضع النقاط الخمسة التالية نصب عينيك أثناء الإجابة:

١- لا تقض وقتا طويلا أكثر من اللازم مفكرا في أجابتك. بل أعط الإجابة الأولى الطبيعية التي تأتي إلى ذهنك عن الحالة التي تشعر بها الآن .

٢- تأكد من أن الرقم الذي تؤشر عليه في ورقة الإجابة يطابق رقم العبارة الموجودة في كراسة الاختبار .

٣- اجب عن كل عبارة حتى ولو كانت تبدو غير منطقية عليك بشكل جيد. علما بان جميع إجاباتك سوف تبقى سرية وستحفظ طي الكتمان.

٤- اجب عما يصدق عليك بقدر ما يمكنك من الصدق والنزاهة. ولا تقم من فضلك بالتأشير على إجابة ما لمجرد إنها تبدو شبيهة بما يجب عليك أن تقوله.

٥- تذكر دائما أن أجابتك يجب أن تكون مطابقة للحالة النفسية التي تشعر بها حاليا وفي لحظة الإجابة بالذات

الرقم	الفقرة				
١-	ليست لدي هموم أو مشاكل في هذه الدقيقة	صحيح تماما	صحيح إلى حد ما	خاطئ إلى حد ما	خاطئ تماما
٢-	الآن وفي هذه اللحظة	هناك مقدار كبير من الضغط علي	هناك بعض الضغط علي	هناك قليل من الضغط يوضع علي بصعوبة	ليس هناك ضغط علي على الإطلاق

الرقم	الفقرة				
٣-	أنا مبتهج حقا	صحيح تماما	صحيح إلى حد ما	خاطئ إلى حد ما	خاطئ تماما
٤-	إذا عرضت لدي مشكلة صعبة وأنا بالحالة التي اشعر بها الآن فإنها ستعتبر	تحديا تاما	تحديا إلى حد ما	إزعاجا	مشكلة يصعب التغلب عليها
٥-	اشعر في هذه اللحظة بأنني كسولا جدا	صحيح تماما	صحيح إلى حد ما	خاطئ إلى حد ما	خاطئ تماما
٦-	آنا ثائر وغاضب جدا وقلق إلى درجة أن يديّ ترتعشان	صحيح تماما	صحيح إلى حد ما	خاطئ إلى حد ما	خاطئ تماما
٧-	حين أتتحدث إلى الناس فأنني اشك فيما إذا كانوا مهتمين حقا بما أقوله لهم	صحيح تماما	صحيح إلى حد ما	خاطئ إلى حد ما	خاطئ تماما
٨-	تندفع الأفكار البارعة فجأة إلى عقلي اليوم	صحيح تماما	صحيح إلى حد ما	خاطئ إلى حد ما	خاطئ تماما
٩-	اشعر أنني متوتر ومضطرب	صحيح تماما	صحيح إلى حد ما	خاطئ إلى حد ما	خاطئ تماما
١٠-	اعمل اليوم بقدر ما يمكنني حقا أن افعل	صحيح تماما	صحيح إلى حد ما	خاطئ إلى حد ما	خاطئ تماما
١١-	أن الحالة التي اشعر بها الآن تجعلني لا اعتمد أكثر مما ينبغي علي كرم الناس الذين اعرفهم	صحيح تماما	صحيح إلى حد ما	خاطئ إلى حد ما	خاطئ تماما

الرقم	الفقرة				
١٢-	في حالتي النفسية التي اشعر بها الآن فأنني أجد نفسي أتصرف	بحذر وترو شديدين	على الأصح باحتراس وحذر	على الأصح باندفاع وتهور	باندفاع وتهور شديدين دون أن أفكر أو لا
١٣-	اشعر أنني	يقظ تماما	يقظ بعض الشيء	نعسان إلى حد ما	نعسان جدا
١٤-	في هذه اللحظة الحالية ليس لدي آلام وأوجاع غريبة لا يمكنني شرحها	صحيح تماما	صحيح إلى حد ما	خاطئ إلى حد ما	خاطئ تماما
١٥-	في هذه اللحظة الحالية اشعر أنني	ثرثار جدا	ثرثار إلى حد ما	هادئ بعض الشيء	هادئ جدا
١٦-	اشعر بأنني بحاجة إلى النوم بعض الشيء ولكني قلق جدا بحيث لا يمكنني الذهاب إلى الفراش حتى لو استطعت النوم	صحيح تماما	صحيح إلى حد ما	خاطئ إلى حد ما	خاطئ تماما
١٧-	إذا حدث حادث الآن وفي هذه اللحظة فأنني لن أثار أو انزعج بصورة مفرطة	صحيح تماما	صحيح إلى حد ما	خاطئ إلى حد ما	خاطئ تماما
١٨-	ألان وفي هذه اللحظة لن تسمح الظروف لي أن آخذ الأمر بسهولة	صحيح تماما	صحيح إلى حد ما	خاطئ إلى حد ما	خاطئ تماما

١٩-	ألان وفي هـذه اللحظـة لـست متفـائلا بالنـسبة للأمـور بالقـدر الذي أعهده في نفسي	صحيح تماما	صحيح إلى حد ما	خاطئ إلى حد ما	خاطئ تماما
٢٠-	إذا كـان لي أن اشـترك في نـشاط جماعـي الآن وفي هـذه اللحظـة فأنني سأكون	متعاوناً ومتحمسا جدا	متعاوناً على الأصح	غير متعاون على الأصح	غير متعاون بالمرة
٢١-	اشعر اليوم بأنني في شدة التعب والإجهاد	صحيح تماما	صحيح إلى حد ما	خاطئ إلى حد ما	خاطئ تماما
٢٢-	أن الطريقـة التـي اشـعر بهـا الآن تجعلني أسائل نفسي إذا كنت حقـا يومـا مـا محل نفـع وفائـدة كبـيرة بالنسبة لأي إنسان	صحيح تماما	صحيح إلى حد ما	خاطئ إلى حد ما	خاطئ تماما
٢٣-	إذا كان لي أن أوجـد في زحـام الآن وفي هذه اللحظة فإنني سأكون	مرتاح تماما	مرتاح إلى حد ما .	غير مرتاح إلى حد ما	غير مرتاح بالمرة
٢٤-	أفـضل الآن وفي هــذه اللحظــة الاســتماع إلى موســيقى ناعمــة، حالمة، لا موسيقى صاخبة	صحيح تماما	صحيح إلى حد ما	خاطئ إلى حد ما	خاطئ تماما
٢٥-	ليست لـدي الآن وفي هـذه اللحظة أيـة مـشاعر مـن العـصبية والنرفـزة (وذلـك مثـل اضـطراب معـدتي أو خفقان قلبي .... الخ	صحيح تماما	صحيح إلى حد ما	خاطئ إلى حد ما	خاطئ تماما

٢٦-	من الممكن أن توصف حياتي اليوم بأنها	قلقة محمومة جدا كما إنها مستنزفة جدا للطاقة	قلقة محمومة جدا كما إنها مستنزفة للطاقة بعض الشيء	تسير في الغالب بسهولة	تأخذ الأمر بسهوله تامة
٢٧-	آنا في مزاج أو في حالة نفسية تسمح لي بالتمتع مع الأصدقاء بنوع ما من الألعاب أو الرياضة	صحيح تماما	صحيح إلى حد ما	خاطئ إلى حد ما	خاطئ تماما
٢٨-	تـضل الألحـان والمقـاطع الموسـيقية جاريـة اليـوم في رأسي حتـى حـين لا أريدها أن تتصادم مع أفكاري	صحيح تماما	صحيح إلى حد ما	خاطئ إلى حد ما	خاطئ تماما
٢٩-	أشـعر أننـي مـلـيء بالحيويـة والنشاط	صحيح تماما	صحيح إلى حد ما	خاطئ إلى حد ما	خاطئ تماما
٣٠-	اشعر في هذه اللحظـة بنـوع مـن الذنب بالنسبة لأشياء	صحيح تماما	صحيح إلى حد ما	خاطئ إلى حد ما	خاطئ تماما
٣١-	أتمنى في هذه الدقيقة بالذات أن أكون في حفل صاخب	صحيح تماما	صحيح إلى حد ما	خاطئ إلى حد ما	خاطئ تماما
٣٢-	يتحتم علي اليوم أن اعمـل بجـد واجتهـاد لـكي أظـل في منتهـى اليقظة والانتباه	صحيح تماما	صحيح إلى حد ما	خاطئ إلى حد ما	خاطئ تماما

-٣٣	أخشى وأنا في حالتي النفسية الحالية أنى قد أصبح في شدة الغضب وان أقوم بتوبيخ شخص ما	صحيح تماما	صحيح إلى حد ما	خاطئ إلى حد ما	خاطئ تماما
-٣٤	أرغب أن أقول الآن وفي هذه اللحظة بالذات أنني	سأكون هادئ جدا	سأكون هادئ إلى حد ما	قلق ومتلهف بعض الشيء	قلق جدا
-٣٥	لقد حصلت على قسط وافر من التمتع بفعل أشياء لنفسي اليوم	صحيح تماما	صحيح إلى حد ما	خاطئ إلى حد ما	خاطئ تماما
-٣٦	اشعر الآن وفي هذه اللحظة بأنني في أحسن أحوالي العقلية والبدنية	صحيح تماما	صحيح إلى حد ما	خاطئ إلى حد ما	خاطئ تماما
-٣٧	اشعر اليوم بالتعب والإجهاد حتى إذا عملت حقا بجد واجتهاد	صحيح تماما	صحيح إلى حد ما	خاطئ إلى حد ما	خاطئ تماما
-٣٨	اشعر بأنني أنجز واجباتي بطريقة يستحسنها ويوافق عليها كل فرد	صحيح تماما	صحيح إلى حد ما	خاطئ إلى حد ما	خاطئ تماما
-٣٩	اشعر في هذه اللحظة بأنني جريء ومغامر جدا	صحيح تماما	صحيح إلى حد ما	خاطئ إلى حد ما	خاطئ تماما

٤٠-	لست أبدو الآن وفي هذا الوقت قادرا تماما على دراسة الأمور وفهمها بوضوح	صحيح تماما، فأنا لست قادرا على ذلك	صحيح إلى حد ما	خاطئ إلى حد ما	خاطئ تماما, لأنني قادر على ذلك
٤١-	أنني بالحالة التي اشعر بها الآن يمكنني أن أعالج معظم الأمور التي قد تطرأ (تحدث)	صحيح تماما	صحيح إلى حد ما	خاطئ إلى حد ما	خاطئ تماما
٤٢-	لا اشعر في هذه اللحظة بأي وطأة أو إجهاد شديدين	صحيح تماما، حيث لا اشعر بذلك	صحيح إلى حد ما	خاطئ إلى حد ما	خاطئ تماماً, حيث اشعر بذلك
٤٣-	أجد الضوضاء العالية والأصوات المرتفعة كريهة بغيضة إلى نفسي اليوم , ومن الصعب تحملها	صحيح تماما	صحيح إلى حد ما	خاطئ إلى حد ما	خاطئ تماما
٤٤-	تتدافع اليوم إلى ذهني مشاهد من الماضي بينما أكون مفكرا في أشياء تختلف اختلافا تاما في هذه المشاهد	صحيح تماما	صحيح إلى حد ما	خاطئ إلى حد ما	خاطئ تماما
٤٥-	اشعر في هذه اللحظة بأن ذراعي ورجلي تقريبا ثقيلة إلى درجة شديدة بحيث لا تتحرك	صحيح تماما	صحيح إلى حد ما	خاطئ إلى حد ما	خاطئ تماما

٤٦-	آنا اليوم كثير المطالب والتذمر والشكوى إلى حد ما	صحيح تماما	صحيح إلى حد ما	خاطئ إلى حد ما	خاطئ تماما
٤٧-	الآن وفي هذه اللحظة تكون قراءة القصص أكثر إمتاعا مما لو قصصتها	صحيح تماما	صحيح إلى حد ما	خاطئ إلى حد ما	خاطئ تماما
٤٨-	يبدو سمعي في اللحظة الحالية أكثر حدة وقوة مما هو معتاد	صحيح تماما	صحيح إلى حد ما	خاطئ إلى حد ما	خاطئ تماما
٤٩-	أعتقد أنني في حالتي النفسية الراهنة سوف أوشك على البكاء إذا سارت الأمور بطريقة خاطئة	صحيح تماما	صحيح إلى حد ما	خاطئ إلى حد ما	خاطئ تماما
٥٠-	يبدو أنني نشيط مشغول باستمرار لا آكل ولا أمّل وشاعر بأن لدي ألف شيء يتحتم علي فعلة	صحيح تماما	صحيح إلى حد ما	خاطئ إلى حد ما	خاطئ تماما
٥١-	في هذه اللحظة الراهنة لست سعيد مثل من حولي من الآخرين الذين يبدون سعداء	صحيح تماما	صحيح إلى حد ما	خاطئ إلى حد ما	خاطئ تماما
٥٢-	يمكنني في حالتي النفسية الراهنة أن أصمم بسهولة على عمل أمور	صحيح تماما	صحيح إلى حد ما	خاطئ إلى حد ما	خاطئ تماما

-٥٣	في هذه اللحظة الحالية أفضل	أن استلقي في فراشي لأستريح برهة قصيرة	مجرد أخذ الأمور بسهولة	أن افعل شيئا ما بحيث لا يتطلب جهدا كبيرا	أن افعل شيئا ما مليئا بالجهد الشاق والإثارة
-٥٤	سـوف اضـطجع الليلـة مـستيقظاً متسائلا ماذا سيحدث بسبب أشـياء قمت بفعلها خطأ	صحيح تماما	صحيح إلى حد ما	خاطئ إلى حد ما	خاطئ تماما
-٥٥	إذا كان ولا بد أن أتتحدث إلى أناس آخرين وفي هذه اللحظة فأنني لا محالة	سأواجه صعوبة كبيرة في التفكير فيما أقول	سأواجه بعض الحرج للتفكير فيما أقول	لن أواجه حرجا على الإطلاق للتفكير فيما أقول	سوف أقول أكثر مما يتسع الوقت لقوله
-٥٦	تحضرني الأفكار بسهولة في هذه اللحظة الحالية	صحيح تماما	صحيح إلى حد ما	خاطئ إلى حد ما	خاطئ تماما
-٥٧	أني قلق كما لو كنت في حاجة إلى شيء ما ولكنني لا اعلم ما هو	صحيح تماما	صحيح إلى حد ما	خاطئ إلى حد ما	خاطئ تماما
-٥٨	حياتي الاجتماعية تعتبر	تقريبا غير موجودة وهي تقريبا لا شيء	مملة مضجرة إلى حد ما	مفعمة بالنشاط إلى حد ما	مفعمة جدا بالنشاط ومليئة بالإثارة

-٥٩	أعاني وأنا في حالتي الراهنة من إبقاء أي شيء جدير بالاهتمام في ذاكرتي	صحيح تماما	صحيح إلى حد ما	خاطئ إلى حد ما	خاطئ تماما
-٦٠	أجد من الصعب عليّ اليوم أن أرتب أفكاري عندما أريد أن أقول شيئا ما	صحيح تماما	صحيح إلى حد ما	خاطئ إلى حد ما	خاطئ تماما
-٦١	أن ممارسة شيء من التدريب والتمرين البدني الآن سوف	يُمدني حقا بالحيوية والنشاط	يُمدني بمقدار قليل من الحيوية والنشاط	يُتعبني قليلا	يستنفد طاقتي وينهكني
-٦٢	أنا قانع الآن وفي هذه اللحظة بالطريقة التي أتصرف بها عادة	صحيح تماما	صحيح إلى حد ما	خاطئ إلى حد ما	خاطئ تماما
-٦٣	إذا فُرض وكان هناك الآن تجمع اجتماعي فإنني على الأرجح سوف اجلس فقط في الخلف أشاهد الآخرين	صحيح تماما	صحيح إلى حد ما	خاطئ إلى حد ما	خاطئ تماما
-٦٤	أن عقلي أكثر نشاطا وحيوية مما كان عليه مبكرا خلال اليوم	صحيح تماما	صحيح إلى حد ما	خاطئ إلى حد ما	خاطئ تماما
-٦٥	اشعر بأنني في هذه اللحظة "على راحتي" إلى حد كبير جداً	صحيح تماما	صحيح إلى حد ما	خاطئ إلى حد ما	خاطئ تماما

-٦٦	في حالتي النفسية الحاضرة سوف استمتع بلعبة أو مباراة في حالة فوزي بها فقط	صحيح تماما	صحيح إلى حد ما	خاطئ إلى حد ما	خاطئ تماما
-٦٧	اشعر الآن وفي هذه اللحظة بأن كل شيء في الحياة يسير بنجاح وبالطريقة التي أريدها	صحيح تماما	صحيح إلى حد ما	خاطئ إلى حد ما	خاطئ تماما
-٦٨	إذا كان ولا بد أن أقوم الآن بجهد بدني شاق فإنني سوف أصاب بالدوخة والدوار وسأشعر وكأنني مصاب بالإغماء	صحيح تماما	صحيح إلى حد ما	خاطئ إلى حد ما	خاطئ تماما
-٦٩	أن ميلي للعمل في اللحظة الحالية هو بدرجة مساوية لمستواي العادي	صحيح تماما	صحيح إلى حد ما	خاطئ إلى حد ما	خاطئ تماما
-٧٠	أشعر في هذه اللحظة بأنني مثقل مرهق وحزين , كما أفكر في الأمور السيئة التي كنت قد فعلتها	صحيح تماما	صحيح إلى حد ما	خاطئ إلى حد ما	خاطئ تماما
-٧١	إذا كان ولا بد أن يطلب مني الآن بالذات وبدون توقع أن أقف متحدثا أمام حشد هائل من الناس فإنني سوف	أكون عصبيا متنرفزا جدا وغير واثق من نفسي	أكون عصبيا متنرفزا قليلا	أكون إلى حد ما هادئا وواثقا من نفسي	أكون هادئا جدا وواثقا من نفسي

٧٢-	تتقدم أفكاري اليوم ببدء	صحيح تماما	صحيح إلى حد ما	خاطئ إلى حد ما	خاطئ تماما
٧٣-	أنا في حالة نفسية سارة ومشجعة	صحيح تماما	صحيح إلى حد ما	خاطئ إلى حد ما	خاطئ تماما
٧٤-	لقد كان لدي اليوم عدد كبير من المطالب التي طُلب مني أدائها	صحيح تماما	صحيح إلى حد ما	خاطئ إلى حد ما	خاطئ تماما
٧٥-	مهما يكن ما سوف يتعين علي فعلة فإني اعتقد أني سوف أقوم بأدائه بصورة أفضل من المعتاد	صحيح تماما	صحيح إلى حد ما	خاطئ إلى حد ما	خاطئ تماما
٧٦-	أتمنى أن لا تكون حياتي في غاية التعقيد والاضطراب ألان وفي هذه اللحظة	صحيح تماما	صحيح إلى حد ما	خاطئ إلى حد ما	خاطئ تماما
٧٧-	اشعر وكأن دمي " متعكر " (من التعب والإرهاق)	صحيح تماما	صحيح إلى حد ما	خاطئ إلى حد ما	خاطئ تماما
٧٨-	آنا راض عن نفسي قانع بها الآن وفي هذه اللحظة	صحيح تماما	صحيح إلى حد ما	خاطئ إلى حد ما	خاطئ تماما
٧٩-	معظم الناس الذين أعرفهم يمكن أن يعتبروني اليوم	أهدأ بكثير مما اعتدت أن أكون علية	أهدأ بقليل مما اعتدت أن أكون علية	أنشط بقليل مما اعتدت أن أكون علية	أنشط بكثير مما اعتدت أن أكون علية

-٨٠	يبدو أن الوقت يمر ببطء شديد هذا اليوم	صحيح تماما	صحيح إلى حد ما	خاطئ إلى حد ما	خاطئ تماما
-٨١	اشعر بأنني سيئ الطبع ضيق الخلق	صحيح تماما	صحيح إلى حد ما	خاطئ إلى حد ما	خاطئ تماما
-٨٢	أبدو الآن في هذه اللحظة أنني اعمل	بمستوى عالي من الفعالية والكفاءة	بمستوى متوسط من الفعالية والكفاءة	بمستوى اقل من المتوسط من الفعالية والكفاءة	بمستوى منخفض جدا من الفعالية والكفاءة
-٨٣	أشعر الآن وفي هذه اللحظة على درجة عالية من الكآبة وانقباض الصدر لدرجة تدعوني إلى التساؤل إذا ما كان باستطاعتي أن انهي اليوم بنجاح	صحيح تماما	صحيح إلى حد ما	خاطئ إلى حد ما	خاطئ تماما
-٨٤	اشعر أنني مستعد لمواجهة أي طارئ يطرأ	صحيح تماما	صحيح إلى حد ما	خاطئ إلى حد ما	خاطئ تماما
-٨٥	أن لدي الآن وفي هذه اللحظة طاقة كافياً لقدمين: بنزهة طيّبة سيرا على القدمين	صحيح تماما	صحيح إلى حد ما	خاطئ إلى حد ما	خاطئ تماما
-٨٦	اشعر وكأنه لن يكون هناك لأنام:يقني عندما اذهب الليلة لأنام	صحيح تماما	صحيح إلى حد ما	خاطئ إلى حد ما	خاطئ تماما

خاطئ تماما	خاطئ إلى حد ما	صحيح إلى حد ما	صحيح تماما	آنـا مـسـرور في هـذه اللحظـة بمظهري البدني	٨٧-
خاطئ تماما	خاطئ إلى حد ما	صحيح إلى حد ما	صحيح تماما	أن الطريقة التي اشعر بها الآن هي أنـه بإمكـاني أن أصـبح متحمـسا تقريبا لأي شيء	٨٨-
خاطئ تماما	خاطئ إلى حد ما	صحيح إلى حد ما	صحيح تماما	في هذه اللحظة آنا قلق مهموم	٨٩-
غاضب جدا	غاضب إلى حد ما	غاضب قليلا	لست غاضبا على الإطلاق	اشعر اليوم أنني	٩٠-
خاطئ تماما	خاطئ إلى حد ما	صحيح إلى حد ما	صحيح تماما	أنـا في حالـة نفـسية مـن الفـرح والابتهاج والمزاح	٩١-
خاطئ تماما	خاطئ إلى حد ما	صحيح إلى حد ما	صحيح تماما	قد يكون من الصعب بالنسبة لي ألان وفي هـذه اللحظـة أن أخـبر أحـدا مـا بالـضبط عـن أي شيء مؤخرا:د أحلامي التي حلمت بها مؤخرا	٩٢-
ملیء بالطاقة والنشاط	نشيط إلى حد ما	متعب	مرهق مائة بالمائة	اشعر من الناحية البدنية بأنني	٩٣-
خاطئ تماما	خاطئ إلى حد ما	صحيح إلى حد ما	صحيح تماما	آنـا قـانع راض في هـذه اللحظـة الحاضرة بالطريقـة التـي سـارت عليها الأمور	٩٤-

٩٥-	حين أتتحدث عن أشياء وأمور اليوم فإنه بإمكاني أن اجعل الآخرين يشاركوني حاجتي لها	صحيح تماما	صحيح إلى حد ما	خاطئ إلى حد ما	خاطئ تماما
٩٦-	يبدو لي أن قدرا كبيرا جدا (من الأمور) تحدث فجأة وفي وقت واحد	صحيح تماما	صحيح إلى حد ما	خاطئ إلى حد ما	خاطئ تماما

وصف الحالات التي يقيسها استخبار الحالات الثمانية:

القياس	الفقرات ونظام وضع الدرجات	يصف المفحوص نفسه بأنه	المتعلقات السلوكية في مجال الاختبارات الموضوعية
القلق	١د، ٩ أ، ١٧د، ٢٥د، ٣٣أ، ٤١د، ٤٩أ، ٥٧أ، ٦٥د، ٧٣د، ٨١أ، ٨٩أ.	مهموم، يمكن مضايقته بسهولة، متوتر، مضطرب انفعاليا، يمكن إغضابه بسهولة، عصبي شديد، الحساسية، يمكن إزعاجه بسهولة	التسليم بنواحي الضعف والوهن الأكثر شيوعا، نزوع أكبر إلى الموافقة، أقل ثقة في مهارته في أداء غير مجرب، تفصيلات قرائية أقل تعرضا للشك والمساءلة، قابلية أعلى للارتباك، دقة أقل في مراجعة الأعداد والتأكيد منها

الإنعصاب	٢أ، ١٠د، ١٨أ، ٢٦أ، ٣٤د، ٤٣د، ٥٠أ، ٥٨د، ٦٦أ، ٧٤أ، ٨٢د، ٩٠د.	يشعر بكثير من الضغط، عاجز عن انتهاز الوقت للراحة والاسترخاء، ناشط دائما في غير كلل، يشعر بأنه محموم، يعاني من توتر شديد، غير سعيد بما يقوم به من إنجاز، يعاني من تعدد المطالب	تصلب إدراكي حركي أقل، قدرة أفضل على حفظ واستظهار المواد الحالية من المضمون والمعنى، نسبة عالية من أشياء الموضوعات التي تحمل تهديدا للفرد فيما يشاهده من رسومات غير منظمة
الاكتئاب	٣د، ١١أ، ١٩أ، ٢٧د، ٣٥د، ٤٣أ، ٥١أ، ٥٩أ، ٦٧د، ٧٥د، ٨٣أ، ٩١د.	تعيس شقي، سيء الطبع، متشائم حزين منقبض النفس، محزون لما أصابه من خيبة أمل	أقل براعة في حفظ واستظهار المواد الملينة بالمضمون والمعنى، نسبة أقل من الطلاقة المتعلقة بالذات بالمقارنة إلى الطلاقة في موضوعات أخرى
النكوص	٤د، ١٢د، ٢٠د، ٢٨أ، ٣٦د، ٤٤أ، ٥٢د، ٦٠أ، ٦٨أ، ٧٦أ، ٨٤د، ٩٢أ.	مشوش، غير منظم، عاجز عن التركيز، يعاني من صعوبة في الكفاح بنجاح، يتصرف باندفاع وتهور	قابلية أعلى للتأثر بالإيحاء أو بأفكار الآخرين، نسبة أدنى في الدقة مقابل السرعة، دقة أدنى في التقدير المكاني، تآزر يدوي أقل، الحصول على درجة أعلى في قائمة الأعراض العصابية، سرعة اقل في الإغلاق الجشتنالتي

الإرهاق	٥أ، ١٣د، ٢١أ، ٢٩د، ٣٧د، ٤٥أ، ٥٣أ، ٦١د،٦٩د، ٧٧أ، ٨٥د، ٩٣أ	الراحة، مستنزف القوى، بلا طاقة، كسول بليد، متعب، محتاج إلى الراحة، مرهق، دون المعدل في الأداء والإنجاز	تغيرية كبيرة في الدقة، نقص سريع لوجود النظر
الذنب	٦أ، ١٤د، ٢٢أ، ٣٠أ، ٣٨د، ٤٦أ، ٥٤أ، ٦٢د، ٧٠أ، ٧٨د، ٨٦د، ٩٤د.	مفعم بالندم، مشغول بما اقترفه من آثام، يعاني من صعوبة في النوم، قاس غير رحيم، غير راض عن نفسه	
الانبساط	٧د، ١٥أ، ٢٣أ، ٣١أ، ٣٩أ، ٤٧د، ٥٥د، ٦٣د، ٧١د، ٧٩د، ثرثار، أ.	اجتماعي النزعة، محب للاختلاط، ودود غير متحفظ، مغامر جسور، ثرثار، متحمس	عدد أكبر من الموضوعات التي يدركها في رسومات غير منظمة، قابلية أقل للموافقة خضوع أقل للسلطة، إدعاء أكثر ثقة بمهاراته في أداء وإنجاز ما لم يجربه
التنبيه	٨أ، ١٦أ، ٢٤د، ٣٢د، ٤٠د، ٤٨أ، ٥٦أ، ٦٤أ، ٧٢د، ٨٠د، ٨٨أ، ٩٦د.	يقظ، متنرفز، منبه، متهيج، مثار، دو حواس قوية يقظة.	

تعليمات تطبيق الاختبار: يمكن إعطاء اختبار الحالات الثمانية إما لفرد أو لمجموعة من الأفراد.

تعليمات التصحيح: لكل سؤال من أسئلة استخبار الحالات الثمانية أربع اختيارات بحيث يجاب عنه باختيار درجة واحدة مما يلي: صفر، ١، ٢، ٣، وتسهم درجة كل بند في عامل واحد فقط، ونظرا لوجود اثني عشر بندا لكل حالة من الحالات الثمانية بالنسبة لكل حالة من الحالات الثمانية بالنسبة لكل من صيغتي الاختبار فإن ٣٦ تعد أعلى درجة خام يمكن الحصول عليها من المقياس الفرعي الواحد.

وسيتم التصحيح اليدوي وسهولة بحيث يصحح كل بند بأن يعطى درجة واحدة مما يلي: ٣، ٢، ١، صفر، ويشار إلى اتجاه التصحيح المرتفع في هذا الجدول (أ) ٣، والاستجابة (ب) ٢، والاستجابة (ج) ١ والاستجابة (د) صفر، أما إذا وضع الحرف (د) فإن الاستجابة (د) تعطى ٣، والاستجابة (ج) ٢، والاستجابة (ب) ١، والاستجابة (أ) صفر. (الأنصاري، ٢٠٠٢)

ثلاثة عشر: قائمة بورتس (Porteous ,1985) لمشكلات المراهقة

تقيس هذه القائمة تسعة أبعاد مشكلة لدى الطلبة المراهقين وهي: مشكلات تخص معاملة الوالدين، مشكلات تخص معاملة الأقران، مشكلات تخص فرص العمل، مشكلات تخص علاقة المراهق بالسلطة، الاهتمامات المتمركزة حول الذات، العلاقة بين الجنسين، الاضطهاد، الانحراف، التصور الذاتي، ويمكن تطبيق القائمة بشكل كامل أو يمكن الاهتمام بالأبعاد.

تتضمن القائمة عدة أبعاد وهي كما يلي:

١- **مشكلات تخص معاملة الوالدين Parents وتقيسها الفقرات:** ٨، ٩، ١٥، ١٦، ٣٢، ٣٣، ٤٣، ٤٩، ٥٠، ٥٧، ٦٠، ٦٦، ٦٧ وتهتم بمدى تفهم الوالدين وتعاملهم مع المراهق

٢- **مشكلات تخص معاملة الأقران Peers وتقيسه الفقرات:** ٣، ٦، ١١، ٢٢، ٢٥، ٣٧، ٤٠، ٥٦، ٥٩، ويهتم بمدى تقبل المراهق من قبل أقرانه والمنتمين للمجموعة وعدم إحساسه بالوحدة

٣- **مشكلات تخص فرص العمل Employment وتقيسه الفقرات:** ٤، ٧، ٢٣، ٣١، ٣٨، ٤١، ٦٤، ٦٥، وتهتم بعملية إيجاد عمل ومدى ملائمة الشخصية للأعمال المختلفة

٤- **مشكلات تخص علاقة المراهق بالسلطة Authority وتقيسه الفقرات:** ٢، ١٤، ١٦، ١٩، ٢٩، ٣٣، ٣٦، ٤٦، ٤٨، ٥٣، ٥٨، ٦٣، وتهتم بفرض القيود والأنظمة على المراهقين

٥- **الاهتمامات المتمركزة حول الذات Self-centered Concerns وتقيسه الفقرات:** ٩، ١٠، ١٣، ١٥، ٢٤، ٢٧، ٣٢، ٤٣، ٤٤، ٤٥، ٤٧، ٤٩، ٦٠، ٦٦، وتهتم بالأمراض العصبية والشك الذاتي والصعوبات الجسمية كالتعب والمرض

٦- **العلاقة بين الجنسين Boy-Girl وتقيسه الفقرات:** ٥، ٦، ٢٠، ٢٢، ٣٩، ٤٥، ٥٤، ٥٦، ٦١، وتهتم بعلاقة المراهق بالجنس الآخر ومدى ملائمة الفرد ومقدرته على إقامة هذه العلاقات ويشير إلى ضعف الثقة والشك بمقدرته

٧- **الاضطهاد Oppression وتقيسه الفقرات:** ١، ٢١، ٢٤، ٢٦، ٣٠، ٣٥، ٥٠، ٦٧، ٦٨، ويهتم بالقيود التي يفرضها الوالدان والمجتمع لمنع المراهق من القيام ببعض السلوكيات والديكتوراتية من قبل الوالدين

٨- **الانحراف Delinquency وتقيسه الفقرات:** ١٤، ١٧، ١٨، ١٩، ٢٨، ٣٤، ٤٨، ٥١، ٥٢، ٥٥، ٦٢، ٦٨، ويهتم بتعرض المراهق للمشاكل وعدم توافر الرعاية الصحية والانفعالية

٩- **التصور الذاتي Image وتقيسه الفقرات:** ١١، ١٢، ٢٥، ٣٤، ٤٠، ٥٣، ٥٨، ٥٩، ويهتم بتصور الفرد عن ذاته كما يبديها له ويدركها الآخرون مما يشكل مصدرا للإحساس بالأمن والشعور الإيجابي نحو الذات .

الرقم	العبارة	نعم	أحياناً	لا
١-	يزعجني أن اذهب إلى أي مكان يذهب إليه والدي			
٢-	أنا انزعج من كون جيراني مزعجين بحيث يخبرون والدي بكل شيء عني			
٣-	يزعجني أن يتحكم (يقرر) بأموري أناس كثيرون			
٤-	إنني قلق من كوني لا امتلك مهارات أو قدرات تمكنني من كسب عيشي			
٥-	فكرة أن لا يعجبني أحد تقلقني			
٦-	عدم محبة أقراني لي أمر يقلقني			
٧-	يقلقني أنني قد لا أعرف ما قد يتوجب عليّ عمله عند ذهابي للعمل			
٨-	من الأمور التي تزعجني أن أمي هي التي تقرر أموري بشكل كبير			
٩-	إن إحدى مشكلاتي هي شعوري بعدم وضوح أمور حياتي			
١٠-	إن ما يقلقني هو عدم وجود أي شخص يساعدني في حل مشكلاتي			
١١-	إنني قلق لاعتقادي بأن جميع أصدقائي يمكن إن يتحولوا ضدي			
١٢-	يقلقني أنني لست ذكيا على النحو الذي أريده (أو أصبو إليه)			
١٣-	إن عدم القدرة على إيجاد معنى للحياة لأمر يقلقني			

١٤-	يزعجني أن أحتجز بعد انتهاء الدوام			
١٥-	إن الدخول والخوض في جدال مع والدي يعني مشكلة بالنسبة لي			
١٦-	إن شكوى الكبار وتذمرهم المستمر مني يعد مشكلة بالنسبة لي			
١٧-	ما يزعجني هو أن اضطر للذهاب إلى المحكمة باستمرار بسبب وجود مشكلات			
١٨-	يزعجني أنني كثيرا لا أذهب إلى المدرسة من دون سبب معقول			
١٩-	تدخل المعلمين بشؤوني أمر يزعجني			
٢٠-	من الأمور التي تشغلني عدم نمو جسمي بشكل سليم			
٢١-	إن مكوثي أو بقائي في البيت لفترة يمثل مشكلة بالنسبة لي			
٢٢-	من الأمور التي تزعجني التفكير بالأسباب التي تكمن وراء عدم كون الناس أكثر لطفا في تعاملهم معي			
٢٣-	حيرتي في ما إذا كنت قادرا على أداء العمل بشكل جيد عندما ابتدئ به هي أحد متاعبي			
٢٤-	إحدى مشكلاتي هي أنني أرغب في مغادرة البيت، ولكنني لا أستطيع عمل ذلك			
٢٥-	من الأمور التي تقلقني استغابة الناس لي			
٢٦-	إن إحدى مشكلاتي هي فقداني للخصوصية في البيت			

-٢٧	إن ما يقلقني هو أنني قد أفقد صوابي ذات يوم			
-٢٨	مشكلتي في عدم شعوري بالنظافة بشكل كبير			
-٢٩	مشكلتي في شعوري بالسأم أو الملل من المدرسة			
-٣٠	إن عدم السماح لي باختيار أصدقائي مشكلة لي			
-٣١	من الأمور التي تقلقني إمكانية عدم الحصول على وظيفة عندما أنهي المدرسة			
-٣٢	مشكلتي هي أنه يبدو أن لا أحد يفهمني			
-٣٣	من الأسباب التي تسبب لي مشكلة عدم ثقة والدي بي			
-٣٤	إحدى مشكلاتي هي أنني ألفق أكاذيب كثيرة			
-٣٥	إن عدم السماح لي بالذهاب إلى الأماكن التي أحبها أمر يزعجني			
-٣٦	أن أكون ملزما بارتداء الزي المدرسي أمر يزعجني			
-٣٧	مشكلتي في أن الشباب الأقوياء يسخرون مني دائما			
-٣٨	إحدى المشكلات التي أواجهها عدم حصولي على النصح الكافي لاختيار التخصص الذي يناسبني			
-٣٩	أن أعرف أنني قد وقعت في الحب أم لا أمر يحيرني			
-٤٠	ما يقلقني هو أن أعمل من نفسي أضحوكة أمام أصدقائي			
-٤١	يقلقني التفكير بأنه قد لا أجد وظيفة عندما انهي دراستي			
-٤٢	تكليفي بأعمال باستمرار يسبب لي مشكلة			

-٤٣	إنني قلق لأن والدي لا يفهماني بشكل جيد				
-٤٤	إحدى مشكلاتي إصابتي بالصداع بشكل متكرر				
-٤٥	يقلقني أن مظهري غير جيد				
-٤٦	إحدى المشكلات التي أعانيها عدم إعطائي فرصة للتعبير عما يجول في خاطري				
-٤٧	عدم قدرتي على النوم بشكل جيد أمر يقلقني				
-٤٨	أتضايق من سخرية المعلمين بي				
-٤٩	عدم قدرتي على التحدث مع والدي من الأمور التي تجعلني مهموما				
-٥٠	من المشكلات التي أعاني منها عدم السماح لي بأن أحضر أصدقاء معينين				
-٥١	إن حضور الشرطي إلى بيتنا مرارا مشكلة بالنسبة لي				
-٥٢	من الأمور التي تقلقني كثرة تعرضي للحوادث				
-٥٣	إن توجيه اللوم لي لأشياء تصدر عني يمثل مشكلة بالنسبة لي				
-٥٤	عدم معرفتي بما يجب أن أقوله عندما أكون مع الناس خارجا أمرا يقلقني				
-٥٥	إنني قلق لأن والدتي لا تهتم بي بشكل كاف				
-٥٦	إن عدم وجود أصدقاء كثيرين لي أمر يقلقني				
-٥٧	إن تحكم والدي الزائد بمصيري شيء يزعجني				

-٥٨	أن أجد نفسي في مشكلة ولا أعرف السبب مشكلة بالنسبة لي			
-٥٩	من الأمور التي تقلقني أن يورطني الآخرين في المشاكل			
-٦٠	أن لا امتلك النقود الكافية لكي أخرج مع أصدقائي مشكلة			
-٦١	يزعجني التفكير بأنني قد لا أجد أبدا شخصا أرتاح له			
-٦٢	يزعجني أن أرغم على التخصص في موضوع دراسي معين			
-٦٣	أن ألزم بالذهاب إلى المدرسة أمر يزعجني			
-٦٤	إنني قلق من أن لا أحدا يرغب أن أعمل معه			
-٦٥	من الأمور التي تسبب لي القلق عدم معرفتي ماذا سأعمل عندما أترك المدرسة			
-٦٦	يزعجني أنه لا يوجد أحد أتحدث معه عن مشكلاتي			
-٦٧	يقلقني أن والدي يعاملني وكأنني ما زلت طفلا			
-٦٨	من الأمور التي تزعجني أن يتجسس والدي علي عندما أكون خارج البيت.			

التصحيح: نعم درجتان وتعني أن المشكلة تتكرر، أحيانا وتعطى درجة واحدة وتعني أن المشكلة تحدث بعض الوقت، لا وتعطى صفر وتعني أن المشكلة لا توجد إطلاقا. (المنيزل، ١٩٩١)

أربعة عشر: المقياس النفسي لإدمان الانترنت لسيد يوسف

يفيد هذا المقياس في التعرف على مدى إدمان الطلبة للإنترنت، حيث أصبح استعمال الانترنت شائعا في هذه الأيام.

يقدر عدد الذين يعتقد بأن لديهم إدمان ولفظة إدمان هنا غير دقيقة بعدة ملايين على مستوى العالم لاسيما الذين تستهويهم الدردشة chat ، أو أولئك الذين تستهويهم الألعاب games ، ويعرف إدمان النت بصعوبة الابتعاد عن الانترنت لعدة أيام متتالية ومن ثم لهفة الجلوس عليه والشعور بالحاجة إلى التشبع منه...وهو تعريف فضفاض نسبيا فضلا عن كونه غير كاف.

التعريف الإجرائي: نستطيع أن نتبنى هذا التعريف "إدمان الانترنت" هو استخدام الفرد للانترنت لفترات طويلة في اليوم الواحد بصورة غير توافقية قد تصل إلى ١٠ ساعات ينتج عنها مجموعة من الأعراض النفسية كالتوتر والقلق والأرق والعزلة وبعض الاضطرابات السلوكية الأخرى.

الأعراض الشائعة

- الجلوس لفترات طويلة أمام الانترنت يستدل عليها من شكوى المقربين.
- إهمال الواجبات الأسرية والزوجية، والمهنية في بعض الأحوال نتيجة السهر والأرق.
- الشعور بالضيق الشديد عند انفصال النت عن الكمبيوتر سواء بانقطاع التيار الكهربائي أو بغيره.
- وجود حالة من الترقب للجلوس عليه ثانية.
- الشعور بالفشل عن محاولته تقنين الجلوس أمام الانترنت.
- بعض الدراسات تؤكد وجود علاقة بين إدمان الانترنت وبين وجود أعراض القلق والاكتئاب.
- وجود بعض الاضطرابات الجسمية من كثرة الجلوس أمام الانترنت مثل آلام العمود الفقري.

- هناك مؤشرات تربط بين البدانة حيث قلة الحركة وبين إدمان الانترنت.

- الميل إلى العزلة (الانطواء في حالة صغار السن والعزوف عن بعض الأنشطة الاجتماعية سلوك جديد طارئ لم يكن موجودا من قبل.

المقياس النفسي لإدمان الانترنت:

أجب عن الأسئلة التالية بنعم أمام العبارات التي تنطبق عليك وبلا أمام العبارات التي لا تنطبق عليك، وإذا كانت تنطبق عليك عبارة ما في بعض الأحيان – لا غالب الوقت- فأجب بأحياناً.

١- أجلس أمام الانترنت لفترات طويلة في اليوم الواحد تصل إلى عشر ساعات أو أكثر.

٢- أشعر أن علاقاتي الاجتماعية مع أصحابي ومعارفي أصبحت ضعيفة.

٣- أعتقد أني مدمن انترنت...أقاربي وأصحابي يقولون ذلك عني.

٤- التفكير في الانترنت قليلا ما يفارق خيالي حين أتواجد في عملي أو بين أصحابي وأهلي.

٥- يصيبني الإجهاد والتعب في يدي أو في ظهري من كثرة الجلوس أمام الكمبيوتر.

٦- أشعر بالرغبة في الحديث عن مغامراتي في الانترنت مع معارفي وأصدقائي.

٧- تتملكني الرغبة حين أغلق الكمبيوتر بالعودة إليه بعد قليل .

٨- أشعر أني أجد احتراما واهتماما على شبكة الانترنت أكثر مما في غيره.

٩- جلوسي على الانترنت يؤخرني دوما عن مواعيد الغداء والعشاء أو لقيا الأصحاب أو النوم.

١٠- غلق جهاز الكمبيوتر هو ما افعله قبل النوم، وفتح الجهاز هو أول شيء أفعله بعد الاستيقاظ.

١١- أشعر من كثرة جلوسي أمام الكمبيوتر أن حياتي المهنية الاستذكار بالنسبة للطلاب متعثرة.

١٢- أستمر في الجلوس أمام الانترنت حتى لو شعرت ببعض التعب، أو النعاس.

١٣- أشعر بالندم حين أجلس لفترات طويلة أمام الانترنت.

١٤- جلوسي طويلا أمام الانترنت أصابني بالكسل.

١٥- ينتابني ضيق شديد عند انقطاع النت عني لسبب ما من الأسباب.

تفسير النتائج:

أعط نفسك درجتين على كل إجابة ب (نعم) ودرجة واحدة على كل إجابة ب (أحيانا) وصفر على كل إجابة ب (لا) ثم أحسب درجاتك ثم انظر

- الدرجات من 21 إلى ٣٠ تعني أن لديك درجة مرتفعة من أعراض إدمان الانترنت والتي تستلزم تدخلا إرشاديا لدى متخصصين في الإرشاد النفسي.

- الدرجات من ١٦ إلى ٢٠ تعني أن لديك درجة متوسطة من تلك الأعراض ويمكنك التغلب على تلك الأعراض ببعض السيطرة على النفس.

- الدرجات الأقل من ١٥ تعني أنك لا تعاني من تلك الأعراض بدرجة معوقة. (يوسف، إدمان الإنترنت - الشبكة العنكبوتية)

خمسة عشر: مقياس الخجل

يتعرف هذا المقياس ومقياس الخجل المعدل على مدى توفر صفة الخجل وضعف توكيد الذات لدى الطلبة، والتي تنعكس على العلاقات الاجتماعية والشخصية والأكاديمية بشكل عام.

يعرف زيمباردو الخجل بأنه: معاناة للذات لدى الأفراد، وهو خبرة عامة يصاحبها اضطراب أو خلل وظيفي وأفكار مضطربة ومزعجة (Zimbardo,1986) ويعرفه بص (Buss,1980) بأنه الاستجابة في وجود غرباء أو تطلع الآخرين مما يصيب الفرد بالتوتر والاهتمام أو مشاعر الحرج وعدم الراحة وكف السلوك الاجتماعي السوي المتوقع .

مقياس الخجل CBSS

يحتوي مقياس الخجل على ٩ بنود، وبدائل خمسة للإجابة هي،١، ٢، ٣، ٤، ٥ ويتم التصحيح بإعطاء كل بند في المقياس درجة تتراوح بين ١-٥، وذلك في جميع البنود ما عدا البند رقم ٢، حيث يعطي درجة معكوسة، ويتم تصحيح المقياس بأن تجمع تقديرات العبارات مع بعضها للحصول على درجة كلية، ويمكن أن تتفاوت الدرجة الكلية على المقياس بأكمله من ٩ درجات (الحد الأدنى) إلى ٤٥ درجة (الحد الأقصى) وتعكس الدرجة العالية للمقياس الخجل المرتفع على حين تعكس الدرجة المنخفضة الخجل المنخفض

مقياس الخجل: إعداد: شيك وباص Cheak& Buss

تعريب : بدر محمد الأنصاري

تعليمات: اقرأ عبارة وقرر درجة انطباقها عليك حيث أن كل منا لديه درجة من السلوك قد تكون كبيرة أو قليلة.

الرقم	العبارة	أبداً	قليلاً	توسط	كثيراً	دائماً
١-	إنني غير اجتماعي الأمر الـذي يلـزم تكـوين علاقات حديثة بالآخرين					
٢-	لا أجد صعوبة في مبادرة الحديث مع الغربـاء من الناس					
٣-	أشعر بالتوتر حينما أتواجـد في مجموعـة مـن الناس لا أعرفهم					
٤-	ينتابني الشعور بالقلق أثنـاء المحادثـة خشية من قول شيء يدل على الغباء					
٥-	أشعر بـالقلق عنـدما أتحدث إلى شخص ذي سلطة أو نفوذ					
٦-	ينتـابني الـشعور بعـدم الراحـة والـضيق في الحفلات والنوادي الاجتماعية الأخرى					
٧-	أشـعر بـأنني مقمـع أو مكبـت في المواقـف والنواحي الاجتماعية					
٨-	أشعر بـصعوبة النظـر أو التحـديق في مرمـى بصر شخص ما					
٩-	إنني أكثر خجلا مع أفراد الجنس الآخـر عـن أفراد جنسي					

الأنصاري(٢٠٠٢).

ستة عشر: مقياس الخجل المعدل (CMSS)

يتكون المقياس من ١٨ بندا وبدائل خمسة للإجابة هي ١، ٢، ٣، ٤، ٥، ويتم التصحيح بإعطاء كل بند في المقياس درجة تتراوح بين ١-٥ وذلك في جميع البنود ما عدا البنود التالية: ٥، ٩، ١٢، حيث تعطى درجات معكوسة، ومن هنا يمكن استخراج الدرجة الكلية التي حصل عليها المفحوص بجمع تقديرات العبارات مع بعضها البعض، ويمكن أن تتفاوت درجات المقياس بأكمله من ١٨ درجة الحد الأدنى إلى ٩٠ درجة الحد الأعلى وتعكس الدرجة المرتفعة للمقياس الخجل المرتفع فيما تعكس الدرجة المنخفضة الخجل المنخفض .

مقياس الخجل المعدل : إعداد شيك وميلشاير Check& Melchior

تعريف: لؤلؤة حمادة وحسن عبد اللطيف ، إعداد بدر محمد الأنصاري للبيئة الكويتية

الرقم	العبارة	أبداً	قليلا	متوسط	كثيراً	دائماً
١-	أشعر بالتوتر عندما أكون مع أناس لا أعرفهم جيدا					
٢-	أتجنب الحديث مع الغرباء خشية أن أقول شيء يدل على الغباء					
٣-	إنني غير لبق أثناء التحدث مع الآخرين					
٤-	أجد صعوبة في طلب المساعدة من الآخرين					
٥-	أشعر بالراحة في الحفلات أو اللقاءات الاجتماعية					
٦-	أجد صعوبة في التفكير في الأشياء المناسبة عندما أكون وسط جماعة من الأفراد					

الرقم	العبارة	أبداً	قليلا	متوسط	كثيراً	دائماً
٧-	من الصعب علي أن أتصرف بشكل طبيعي عندما أقابل أناس لأول مرة					
٨-	أشعر بالخجل عندما أكون بـين أشخاص لا أعرفهم					
٩-	أشعر بالثقـة في قـدرتي عـلى التعامـل مـع الآخرين					
١٠-	أشعر بالتوتر عنـدما أتحـدث إلى شخص في مركز السلطة					
١١-	أجد صعوبة في النظر أو التحديق في مرمـى بصر شخص ما					
١٢-	أبادر بالحديث مع الآخرين					
١٣-	لدي شكوك في رغبة الآخرين في مـصاحبتي أو مجاراتي					
١٤-	أشعر بالارتباك عندما يقـدمني أحـد لأنـاس جدد					
١٥-	أجد صعوبة في التحدث مع الغرباء					
١٦-	أتجنب الاختلاط بمعارف جدد خشية عـدم الانسجام معهم					
١٧-	اشعر بالخجـل عنـد مقابلـة أحـد أفـراد الجنس الآخر					
١٨-	أشعر بعد الارتياح في اللقاءات الاجتماعية					

(الانصاري، ٢٠٠٢)

ستة عشر: اختبار الأفكار العقلانية واللاعقلانية

يهتم هذا الاختبار بالتعرف على الأفكار العقلانية واللاعقلانية التي يحملها الطلبة، وينطلق هذا المقياس من فكر أليس بأن هناك ١٣ فكرة خاطئة قد يحملها الناس، وعلى المرشد اكتشاف الأفكار من أجل تغييرها، وبالتالي سيؤدي تغيير الأفكار إلى تغيير السلوكيات والمشاعر التي يحملها الطلبة.

يرى أليس (Ellis, 1962) أن التفكير اللاعقلاني يقود إلى سوء التوافق الفعال ويعتبر أن الفرد بإمكانه أن يخلص نفسه من تعاسته أو اضطرابه الانفعالي أو العقلي إذا تعلم أن يرتقي بتفكيره العقلاني إلى الحد الأعلى.

أخي/ أختي الطالب..........

بين يديك قائمة تحتوي على مجموعة من العبارات (X)جمل التي تعبر عن أفكار ومبادئ واتجاهات يؤمن بها البعض أو يرفضها بشكل مطلق. أرجو قراءة كل من تلك العبارات ووضع إشارة (X) في المكان المناسب في ورقة الإجابة الذي يعبر عن موقفك من كل منها. راجياً التكرم بالإجابة على جميع العبارات بكل الصراحة والصدق الممكنين.

أرجو التأكد من الإجابة على جميع العبارات دون استثناء، ولك خالص الشكر والتقدير.

١- لا أتردد أبداً بالتضحية بمصالحي ورغباتي في سبيل رضا وحب الآخرين.

٢- أؤمن بأن كل شخص يجب أن يسعى دائماً لتحقيق أهدافه بأقصى ما يمكن من الكمال.

٣- أفضل السعي وراء إصلاح المسيئين بدلاً من معاقبتهم أو لومهم.

٤- لا أستطيع أن أقبل نتائج أعمال تأتي على غير ما أتوقع.

٥- أؤمن بأن كل شخص قادر على تحقيق سعادته بنفسه.

٦- يجب أن لا يشغل الشخص نفسه في التفكير بإمكانية حدوث الكوارث والمخاطر.

٧- أفضل تجنب الصعوبات بدلاً من مواجهتها.

٨- من المؤسف أن يكون الإنسان تابعاً للآخرين ومعتمداً عليهم.

٩- أؤمن بأن ماضي الإنسان يقرر سلوكه في الحاضر والمستقبل.

١٠- يجب أن لا يسمح الشخص لمشكلات الآخرين أن تمنعه من الشعور بالسعادة.

١١- أعتقد أن هناك حل مثالي لكل مشكلة لا بد من الوصول إليه.

١٢- إن الشخص الذي لا يكون جدياً ورسمياً في تعامله مع الآخرين لا يستحق احترامهم.

١٣- أعتقد أنه من الحكمة أن يتعامل الرجل مع المرأة على أساس المساواة.

١٤- يزعجني أن يصدر عني أي سلوك يجعلني غير مقبول من قبل الآخرين.

١٥- أؤمن بأن قيمة الفرد ترتبط بمقدار ما ينجز من أعمال حتى وإن لم تتصف بالكمال.

١٦- أفضل الامتناع عن معاقبة مرتكبي الأعمال الشريرة حتى أتبين الأسباب.

١٧- أتخوف دائماً من أن تسير الأمور على غير ما أريد.

١٨- أؤمن بأن أفكار الفرد وفلسفته في الحياة تلعب دوراً كبيراً في شعوره بالسعادة أو التعاسة.

١٩- أؤمن بأن الخوف من إمكانية حدوث أمر مكروه لا يقلل من احتمال حدوثه.

٢٠- أعتقد أن السعادة هي في الحياة السهلة التي تخلو من تحمل المسؤولية ومواجهة الصعوبات.

٢١- أفضل الاعتماد على نفسي في كثير من الأمور رغم إمكانية الفشل فيها.

٢٢- لا يمكن للفرد أن يتخلص من تأثير الماضي حتى وإن حاول ذلك.

٢٣- من غير الحق أن يحرم الفرد نفسه من السعادة إذا شعر بأنه غير قادر على إسعاد غيره ممن يعانون الشقاء.

٢٤- أشعر باضطراب شديد حين أفشل في إيجاد الحل الذي أعتبره حلاً مثالياً لما أواجه من مشكلات.

٢٥- يفقد الفرد هيبته واحترام الناس له إذا أكثر من المرح والمزاح.

٢٦- إن تعامل الرجل مع المرأة من منطلق تفوقه عليها يضر في العلاقة التي يجب أن تقوم بينهما.

٢٧- أؤمن بأن رضا جميع الناس غاية لا تدرك.

٢٨- أشعر بأن لا قيمة لي إذا لم أنجز الأعمال الموكلة إلي بشكل يتصف بالكمال مهما كانت الظروف.

٢٩- بعض الناس مجبولون على الشر والخسة والنذالة ومن الواجب الابتعاد عنهم واحتقارهم.

٣٠- يجب أن يقبل الإنسان بالأمر الواقع إذا لم يكن قادراً على تغييره.

٣١- أؤمن بأن الحظ يلعب دوراً كبيراً في مشكلات الناس وتعاستهم.

٣٢- يجب أن يكون الشخص حذراً ويقظاً من إمكانية حدوث المخاطر.

٣٣- أؤمن بضرورة مواجهة الصعوبات بكل ما أستطيع بدلاً من تجنبها والابتعاد عنها.

٣٤- لا يمكن أن أتصور نفسي دون مساعدة من هم أقوى مني.

٣٥- أرفض أن أكون خاضعاً لتأثير الماضي.

٣٦- غالباً ما تؤرقني مشكلات الآخرين وتحرمني من الشعور بالسعادة.

٣٧- من العبث أن يصر الفرد على إيجاد ما يعتبره الحل المثالي لما يواجهه من مشكلات.

٣٨- لا أعتقد أن ميل الفرد للمداعبة والمزاح يقلل من احترام الناس له.

٣٩- أرفض التعامل مع الجنس الآخر على أساس المساواة.

٤٠- أفضل التمسك بأفكاري ورغباتي الشخصية حتى وإن كانت سبباً في رفض الآخرين لي.

٤١- أؤمن أن عدم قدرة الفرد على الوصول إلى الكمال فيما يعمل لا يقلل من قيمته.

٤٢- لا أتردد في لوم وعقاب من يؤذي الآخرين ويسيء إليهم.

٤٣- أؤمن بأن ما كل ما يتمنى المرء يدركه.

٤٤- أؤمن بأن الظروف الخارجة عن إرادة الإنسان غالباً ما تقف ضد تحقيقه لسعادته.

٤٥- ينتابني خوف شديد من مجرد التفكير بإمكانية وقوع الحوادث والكوارث.

٤٦- يسرني أن أواجه بعض المصاعب والمسؤوليات التي تشعرني بالتحدي.

٤٧- أشعر بالضعف حين أكون وحيداً في مواجهة مسؤولياتي.

٤٨- أعتقد أن الإلحاح على التمسك بالماضي هو عذر يستخدمه البعض لتبرير عدم قدرتهم على التغيير.

٤٩- من غير الحق أن يسعد الشخص وهو يرى غيره يتعذب.

٥٠- من المنطق أن يفكر الفرد في أكثر من حل لمشكلاته وأن يقبل بما هو عملي وممكن بدلاً من الإصرار على البحث عما يعتبره حلاً مثالياً.

٥١- أؤمن بأن الشخص المنطقي يجب أن يتصرف بعفوية بدلاً من أن يقيد نفسه بالرسمية والجدية.

٥٢- من العيب على الرجل أن يكون تابعاً للمرأة.

تصحيح المقياس وتفسير النتائج:

- عدد فقرات المقياس (٥٢) فقرة.

- الأوزان:

القيمة (٢) للإجابة التي تدل على قبول الطالب للفكرة اللاعقلانية التي تقيسها العبارة.

والقيمة (١) للإجابة التي تدل على رفض الطالب للفكرة اللاعقلانية التي تقيسها العبارة.

- العلامة الكلية على المقياس تتراوح بين (٥٢ – ١٠٤):

الحد الأدنى (٥٢) تعبر عن رفض الطالب لجميع الأفكار اللاعقلانية التي يمثلها المقياس أو تعبر عن درجة عليا من التفكير العقلي.

الحد الأعلى (١٠٤) وهي تعبر عن قبول الطالب لجميع الأفكار اللاعقلانية التي يمثلها المقياس أو تعبر عن درجة عليا من التفكير اللاعقلاني.

- العلامة الكلية دون الـ (٦٥) درجة عليا في العقلانية.

- (٧٨) خط النمط العام.

- العلامات الفرعية على المقياس عددها (١٢) علامة، وهي تقيس أبعاد الاختبار الثلاثة عشر.

تتراوح العلامة على كل بعد بين (٤ – ٨) علامات:

الحد الأدنى (٤) تعبر عن درجة عليا من التفكير العقلي.

الحد الأعلى (٨) تعبر عن درجة عليا من التفكير اللاعقلي.

- العلامة الفرعية من (٧ – ٨) لاعقلانية - من (٤ – ٥) أميل إلى العقلانية. (٦) فما فوق التأرجح بين العقلانية واللاعقلانية.

● العلامة الفرعية يتم الحصول عليها بجمع أربع فقرات موضوعة بشكل عمودي في ورقة الإجابة.

مثال:

الفقرات الثلاثة عشر والفقرات التي تقيسها كل فكرة:

١- من الضروري أن يكون الشخص محبوباً أو مقبولاً من كل فرد من أفراد بيئته المحلية. الفقرات التي تقيسها (١، ١٤، ٢٧، ٤٠).

٢- يجب أن يكون الفرد فعالاً ومنجزاً بشكل يتصف بالكمال حتى تكون له قيمة. الفقرات التي تقيسها (٢، ١٥، ٢٨، ٤١).

٣- بعض الناس سيئون وشريرون وعلى درجة عالية من الخسة والنذالة ولذا يجب أن يلاموا ويعاقبوا. الفقرات التي تقيسها (١٣، ١٦، ٢٩، ٤٢).

٤- أنه لمن المصيبة الفادحة أن تأتي الأمور على غير ما يتمنى الفرد. الفقرات التي تقيسها (٤، ١٧، ٣٠، ٤٣).

٥- تنشأ تعاسة الفرد عن ظروف خارجية، لا يستطيع السيطرة عليها أو التحكم بها. الفقرات التي تقيسها (٥، ١٨، ٣١، ٤٤).

٦- الأشياء المخيفة أو الخطرة تستدعي الاهتمام الكبير والانشغال الدائم في التفكير بها وبالتالي فإن احتمال حدوثها يجب أن يشغل الفرد بشكل دائم. الفقرات التي تقيسها (٦، ١٩، ٣٢، ٤٥).

٧- من السهل أن نتجنب بعض الصعوبات والمسؤوليات بدلاً من أن نواجهها. الفقرات التي تقيسها (٧، ٢٠، ٣٣، ٤٦).

٨- يجب أن يكون الشخص معتمداً على الآخرين، ويجب أن يكون هناك من هو أقوى منه لكي يعتمد عليه. الفقرات التي تقيسها (٨، ٢١، ٣٤، ٤٧).

٩- إن الخبرات والأحداث الماضية تقرر السلوك الحاضر، وإن تأثير الماضي لا يمكن تجاهله أو محوه. الفقرات التي تقيسها (٩، ٢٢، ٣٥، ٤٨).

١٠- ينبغي أن ينزعج الفرد أو يحزن لما يصيب الآخرين من مشكلات واضطرابات. الفقرات التي تقيسها (١٠، ٢٣، ٣٦، ٤٩).

١١- هناك دائماً حل مثالي وصحيح لكل مشكلة وهذا الحل لابد من إيجاده وإلا فالنتيجة تكون مفجعة. الفقرات التي تقيسها (١١، ٢٤، ٣٧، ٥٠).

١٢- ينبغي أن يتسم الشخص بالرسمية والجدية في تعامله مع الآخرين حتى تكون له قيمة أو مكانة محترمة بين الناس. الفقرات التي تقيسها (١٢، ٢٥، ٣٨، ٥١).

١٣- لا شك في أن مكانة الرجل هي الأهم فيما يتعلق بعلاقته مع المرأة.الفقرات التي تقيسها (١٣، ٢٦، ٣٩، ٥٢).

المقياس يطبق على الطلبة من الصف الثامن فما فوق.(الريحاني، ١٩٨٥)

ورقة الإجابة على اختبار الأفكار العقلانية واللاعقلانية

أخي/ أختي الطالب ....

الرجاء وضع إشارة (X) في المكان المناسب

الاسم: .... الصف: .... الشعبة: ....

أرجو التأكد من الإجابة على جميع العبارات دون استثناء.

	١	٢	٣	٤	٥	٦	٧	٨	٩	١٠	١١	١٢	١٣
نعم													
لا													
	١٤	١٥	١٦	١٧	١٨	١٩	٢٠	٢١	٢٢	٢٣	٢٤	٢٥	٢٦
نعم													
لا													
	٢٧	٢٨	٢٩	٣٠	٣١	٣٢	٣٣	٣٤	٣٥	٣٦	٣٧	٣٨	٣٩
نعم													
لا													
	٤٠	٤١	٤٢	٤٣	٤٤	٤٥	٤٦	٤٧	٤٨	٤٩	٥٠	٥١	٥٢
نعم													
لا													
مجموع العلامات													

المقاييس المهنية

أولاً: التعرف على مستوى الوعي المهني

يفيد هذا المقياس في التعرف على مستوى الوعي المهني بشكل عام لدى الطلبة، وله خمسة أبعاد أساسية.

عزيزي/ عزيزتي:

المقياس الذي سوف تجيب عليه ليس امتحانا بل هو أداة لتساعدك على معرفة مستوى الوعي المهني لديك كما تساعدك على معرفة جوانب القوة لديك في الوعي المهني والجوانب التي تحتاج إلى تطوير. يرجى منك قراءة كل عبارة من عبارات المقياس ثم وضع إشارة(X) في المكان المناسب لبيان رأيك في تلك العبارة هل توافق عليها بشدة، أو توافق، أو لا توافق أو لا توافق بشدة.

الرقم	الفقرة	أوافق بشدة	أوافق	لا أوافق	لا أوافق بشدة
١-	لم اختر خطا للمهنة التي قد اعمل بها بعد				
٢-	إذا تمكنت من مساعدة الآخرين من خلال عملي فسوف أكون سعيدا				
٣-	يبدو أن كل شخص يخبرني شيئا مختلفا وكنتيجة لذلك لا اعرف نوع العمل المناسب لي				

-٤	من المحتمل أن يكون النجاح سهلا في مهنة ما، كما هو في أي مهنة أخرى.					
-٥	حتى تختار العمل المناسب لك يجب أن تعرف أي نوع من الأشخاص أنت					
-٦	لا يهم ما هي المهنة التي تختارها طالما كان الأجر جيدا					
-٧	إنني اخطط أن اعمل في المجال الذي يقترحه علي والدي					
-٨	عند اختيار المهنة يحتاج الإنسان لان يعرف ميوله					
-٩	عليك أن تقرر بنفسك نوع العمل الذي تريده					
-١٠	لا اعرف كيف أتوصل إلى نوع العمل الذي أريده					
-١١	اعرف القليل فقط عما هو مطلوب من العمل					
-١٢	عندما اختار مجال عمل معين يجبان آخذ بعين الاعتبار المهن المختلفة التي تقع ضمن هذا المجال					
-١٣	عندما اختار مهنة يكفي أن اعتمد على نصيحة والدي وأصدقائي					

١٤-	هناك أشياء متعددة يجب أن تؤخذ بعين الاعتبار عند اختيار مهنة ما مثل الميول والقدرات وفرص العمل				
١٥-	عليك أن تختار مهنة تتفق مع ما تحب أن تفعله في حياتك				
١٦-	أن أفضل طريقة للاختيار المهني هي أن تجرب مهنا مختلفة ثم تختار الوظيفة التي تعجبك أكثر				
١٧-	ليس هناك معنى لاختيارك لمهنة لان جميع المهن متعبة				
١٨-	هناك مهنة واحدة فقط لكل شخص				
١٩-	أن والديك يعرفان أكثر منك عن المهنة التي يجب أن تلتحق بها				
٢٠-	إنني ارغب في أن أنجز شيئا ما في عملي مثل أن أصل إلى اكتشاف عظيم أو أساعد عددا كبيرا من الناس				
٢١-	عندما يكون الأمر متعلقا باختياري المهني فإنني صاحب القرار الأول				
٢٢-	إذا أعطيت حرية الاختيار لتخصصي في المدرسة فإنني لا اعرف أي التخصصات سأختار				

-٢٣	إن العمل يعطي معنى لحياة الإنسان				
-٢٤	لا استطيع أن افهم كيف يكون بعض الناس متأكدين من الاختيار المهني				
-٢٥	امضي الكثير من الوقت متمنيا أن أكون في عمل اعرف بأنني لا استطيع القيام به أبدا				
-٢٦	العمل ممل وغير ممتع				
-٢٧	أحيانا تضطر أن تتخذ لك مهنة ليست هي الاختيار الأول بالنسبة لك				
-٢٨	إنني أغير من اختياري المهني باستمرار				
-٢٩	عندما تختار مهنة معينة فإنك لا تستطيع أن تغير هذا الاختيار				
-٣٠	لن اشغل بالي في التفكير بمهنة مناسبة لي في الوقت الراهن				
-٣١	العمل بحد ذاته غير مهم المهم هو الدخل المالي.				
-٣٢	أن دخولك إلى مهنة معينة هو أمر تقرره الصدفة				
-٣٣	يقل احتمال وقوعك في الخطأ إذا جمعت معلومات حول المهنة التي تختارها				
-٣٤	إن اختيار مهنة هو أمر يجب أن تقوم به بنفسك				

-٣٥	نادرا ما أفكر بالعمل الذي ارغب أن التحق به				
-٣٦	إن على المرء أن يهتم باتخاذ قرار حول المهنة التي ينوي العمل بها				
-٣٧	ليست لدي فكرة عن نوع العمل الذي سألتحق به في المستقبل				
-٣٨	اهتم بنوع المهنة التي تناسب قدراتي				
-٣٩	ارغب في الاعتماد على شخص ما في اختياري لمهنتي في المستقبل				
-٤٠	أفضل أن لا أعمل على أن ألتحق بعمل أحبه				
-٤١	أفضل عدم العمل على العمل في جميع الظروف				
-٤٢	إنني أدرك بأن كل إنسان سوف يلتحق بعمل ما أن عاجلا أم آجلا ولكنني لا أتطلع لذلك بشوق				
-٤٣	الأمر الوحيد الذي ينبغي أن يؤخذ بعين الاعتبار في الاختيار المهني هو الكسب المادي				
-٤٤	يجب أن لا تشغل بالك في موضوع الاختيار المهني طالما أنه أمر لا تستطيع عمل شيء بصدده				

-٤٥	لا أريد من والدي أن يفرضا علي نوع المهنة التي سوف اعمل بها في المستقبل				
-٤٦	أن عليك أن ترضى في كثر من الأحيان بعمل اقل مما كنت تطمح إليه				
-٤٧	إذا قام شخص ما باختيار مهنة لي فإن هذا يجعلني اشعر بالارتياح				
-٤٨	يبدو لي أنني لست كثير الاهتمام بمستقبلي المهني				
-٤٩	حقيقة لا استطيع أن أجد أي عمل يستهويني				
-٥٠	إما أن اعمل في المهنة التي اطمح للوصول إليها أو امتنع عن العمل إطلاقا				
-٥١	أن معرفتك للمهن المتوفرة في سوق العمل هو أمر مهم لمستقبلك				
-٥٢	عندما أحاول القيام باختيار مهني فإنني أفضل أن يخبرني شخص ما ماذا يجب أن افعل.				
-٥٣	أجد لدي اهتمامات كثيرة بحيث يصبح من الصعب على أن اختار مهنة محددة				

٥٤-	عليك أن تختار المهنة التي تمكنك من تحقيق ما تطمح إليه في الحياة					
٥٥-	الآباء هم الذين يجب أن يختاروا المهن المناسبة لأبنائهم					
٥٦-	عليك أن تختار مهنة تناسب ميولك وقدراتك ثم تخطط للالتحاق بها					
٥٧-	اشعر بأن علي أن اعمل في المهنة التي يرى الأصدقاء بأنها مناسبة لي					
٥٨-	أن اتخاذ قرار مهني أمر يربكني ولا أحب التفكير فيه					
٥٩-	يضايقني أن اعمل في أية مهنة					
٦٠-	إن الجانب الأكثر أهمية في العمل هو المتعة الناتجة عن أدائه					

تصحيح الاختبار:

بعد الإجابة على فقرات المقياس تعطى درجة كلية على المقياس من ٢٤٠، والتي تعبر عن مستوى الوعي المهني لدى الفرد، فكلما اقتربت الدرجة من ٢٤٠ دل ذلك على مستوى عالي من الوعي المهني، بحيث تعطي لكل إجابة أوافق بشدة ١، أوافق تعطي ٢، لا أوافق تعطي ٣، لا أوافق بشدة ٤. ومن ثم تستخرج درجة فرعية على كل بعد من أبعاد المقياس الخمسة كما يلي:

النتيجة على المقياس الكلي:

تجمع الدرجات على فقرات المقياس الستون، وتكون هذه الدرجة من ٢٤٠ بحيث كلما اقتربت العلامة من الدرجة ٢٤٠ دل ذلك على مستوى عال من الوعي المهني، وكلما ابتعدنا عن هذه الدرجة اتضحت الحاجة إلى تطوير مهارات الوعي المهني. فمثلا لو حصلت على ١٢٤ من ٢٤٠ فإن مستوى الوعي المهني لديك يكون مقبولا إلا أن هناك بعض الجوانب التي تحتاج إلى تطوير.

النتيجة على المقاييس الفرعية:

أولاً: التعرف إلى الميول والقدرات والقيم ومراعاتها في عملية اتخاذ القرار وتمثل العلامة ٦٨ الدرجة الكلية على هذا البعد بحيث تجمع الإجابة على الفقرات التالية (٢، ٤، ٥، ١٥، ١٤، ٨، ٦، ١٦، ٥٦، ٥٤، ٥٣، ٤٣، ٣٨، ٣٢، ٢٥، ٢٤، ٢٠) وكلما اقتربت الدرجة من ٦٨ دل ذلك على أن الفرد يراعي الميول والقدرات والقيم في اتخاذ القرار.

ثانياً: الاستقلالية تمثل العلامة ٥٢ الدرجة الكلية على هذا البعد بحيث تجمع العلامة المحصلة على الإجابة على الفقرات التالية (١٣، ٩،٧، ٣، ٥٧، ٥٥، ٥٢، ٤٧، ٤٥، ٣٩، ٣٤، ٢١، ١٩) ومن ثم تحصل على درجتك على هذا البعد وكلما اقتربت الدرجة من ٥٢ فإن ذلك يشير إلى أن مستوى الوعي المهني مقبول لديك في الاستقلالية إلا أن هناك بعض الجوانب التي تحتاج إلى تطوير.

ثالثاً: الاهتمام وهي جمع المعلومات عن المهن وطبيعة العمل بها وشروط الالتحاق والفرص المتاحة:

تمثل العلامة ٥٦ الدرجة الكلية على هذا البعد بحيث تجمع العلامة المحصلة على الإجابة على الفقرات التالية (٥٨، ٥١، ٤٨، ٤٤، ٣٧، ٣٦، ٣٥، ٣٣، ٣٠، ٢٨، ٢٢، ١١، ١٠، ١) ومن ثم تحصل على درجتك على هذا البعد، وكلما اقتربت الدرجة من ٥٦ فإن ذلك يشير إلى مستوى عالي من الوعي المهني في مجال الاهتمام.

رابعاً: المرونة تمثل الدرجة ٢٨ الدرجة الكلية على هذا البعد بحيث تجمع العلامة المحصلة على الإجابة على الفقرات التالية (٥٠، ٤٦، ٤٠، ٢٩، ٢٧، ١٨، ١٢) ومن ثم تحصل على درجتك على هذا البعد وكلما اقتربت الدرجة من ٢٨ فإن ذلك يشير إلى مستوى المرونة لديك في اتخاذ القرار.

خامساً: الاتجاه نحو العمل بشكل عام تمثل الدرجة ٣٦ الدرجة الكلية على هذا البعد بحيث تجمع العلامة المحصلة على الإجابة على الفقرات التالية (٦٠، ٥٩، ٤٩، ٤٢، ٤١، ٣١، ٢٦، ١٧، ٣) وتجمع العلامات على هذه الفقرات وكلما اقتربت الدرجة من ٣٦ دل ذلك على مستوى الاتجاه نحو العمل بشكل عام.

(مشروع المنار، ١٩٩٧)

ثانياً: مقياس استمارة استطلاع للتعرف على الاهتمامات الترويحية

يفيد هذا المقياس في التعرف على اهتمامات ومدعمات الطلبة، وقد تفيد في التوجيه المهني من خلال الاهتمام بما يحمله الفرد ويهتم به ويقضي من خلاله وقت فراغه.

وزعت الأنشطة الترويجية إلى التالية:

- أنشطة ثقافية ٧ أنشطة
- أنشطة رياضية ١٤ أنشطة
- أنشطة دينية ٦ أنشطة
- أنشطة فينة ١٧ نشاط
- أنشطة اجتماعية ٧ أنشطة
- أنشطة خلوية ٧ أنشطة

وقد وضع تقدير على النحو التالي:

أميل بشدة ويقدر له ثلاث درجتان. يل بدرجة متوسط ويقدر له درجتان..

لا أميل مطاقاً ويقدر له درجة واحدة.

بيانات:

الاسم: .... الصف: ....

طبيعة السكن: ريف/ قرى/ مدن، عضوية الأندية الرياضية: نعم/لا

أماكن وقت الفراغ:

نادي أو مركز الشباب	في المنزل	أمام المنزل	في المقهى	في منزل الأقارب أو الأصدقاء	إمام منزل الأقارب أو الأصدقاء	خارج القرية أو المدنية

الأفراد الذين تفضل قضاء وقت الفراغ معهم:

الأصدقاء	الأسرة	الأقارب

من المعروف أن كل فرد يقوم بأنشطة متنوعة خلال يوم الإجازة (٢٤) ساعة المطلوب تحديد الوقت الذي تقوم فيه بكل نشاط من الأنشطة المذكورة وذلك بوضع علامة(x) أمام النشاط والسلوك الممارس وأسفل الوقت الذي يستغرقه، علماً بأن كل خانة تمثل ساعة مفسحة بخطوط متقطعة إلى خانتين تمثل منهما نصف ساعة.

السلوك أو النشاط	الحاجات اليومية الضرورية	مساعدة الوالدة	المساعدة في أعمال المنزل	العمل لكسب الرزق	النوم ليلا	وقت الفراغ
عدد الساعات						
نشاط أو سلوك وقت الفراغ	أنشطة رياضية	أنشطة ثقافية	أنشطة فنية	أنشطة اجتماعية	أنشطة ليلية	الاسترخاء أو النوم ظهرا
عدد الساعات						

الرقم	النشاط	أفضل بدرجة كبيرة	أفضل بدرجة متوسطة	لا أفضل مطلقاً
النشاط الثقافي				
١-	قراءة المجيلات والجرائد اليومية			
٢-	قراءة القصص والكتب الثقافية			
٣-	كتاب الشعر			
٤-	كتاب القصص			
٥-	الاستماع للمذياع أو المسجل			
٦-	كتابة المقال			

-٧	حضور مناقشات وندوات			
-٨	أنشطة أخرى تذكر			
النشاط الاجتماعي				
-١	الرحلات			
-٢	مصاحبة الأصدقاء			
-٣	زيارة الأقارب			
-٤	الجلوس والتحدث مع الأسرة			
-٥	لعب الشطرنج			
-٦	لعب الدمينو			
-٧	لعب الورق			
-٨	أنشطة أخرى تذكر			
النشاط الفني				
-١	الذهاب إلى الحفلات الفنية			
-٢	الذهاب إلى المسرح			
-٣	الذهاب إلى السينما			
-٤	الاستماع للموسيقى والغناء			
-٥	مشاهدة أفلام الفيديو			
-٦	الرسم بالقلم الرصاص أو الفحم			

٧-	التصوير الزيتي			
٨-	أشغال النجارة			
٩-	أشغال السلك			
١٠-	الدهان والبياض			
١١	أشغال النسيج			
١٢	التمثيل			
١٣	العناء			
١٤	العزف على آلة موسيقية			
١٥	التصوير الفوتوغرافي			
١٦	جمع الطوابع			
١٧	جمع العملة			
١٨	أنشطة أخرى تذكر			
النشاط الرياضي				
١-	السباحة			
٢-	كرة القدم			
٣-	كرة السلة			
٤-	كرة اليد			
٥-	الكرة الطائرة			

٦-	التنس الأرضي				
٧-	تنس الطاولة				
٨-	الريشة الطائرة				
٩-	التمرينات السويدية				
١٠-	ألعاب القوى				
١١-	الألعاب الصغيرة				
١٢-	الكاراتيه				
١٣-	كمال الأجسام				
١٤-	رفع الأثقال				
١٥-	أنشطة أخرى تذكر				
النشاط الديني					
١-	حضور الدروس الدينية بالمسجد				
٢-	حضور ندوات ومناقشات دينية				
٣-	قراءة الكتب الدينية				
٤-	مشاهدة البرامج الدينية بالتلفزيون				
٥-	الاستماع للبرامج الدينية				
٦-	الإذاعية				
٧-	قراءة القران الكريم				
٨-	أنشطة أخرى تذكر				

النشاط الخلوي					
-١	صيد الأسماك				
-٢	ركوب الدراجات				
-٣	القنص				
-٤	ركوب الخيل				
-٥	المعسكرات				
-٦	ركوب القوارب والتجديف				
-٧	التجوال والرحلات الخلوية				
-٨	أنشطة أخرى تذكر				

(سكر، ٢٠٠٣)

ثالثاً: اختبار استكشاف الذات EXTRA

للتخطيط الدراسي المهني سهام أبو عيطة

يفيد هذا الاختبار الذي انطلق من قائمة هولاند في تحديد المهن المناسبة للطلبة بناء على نشاطاتهم وكفاءاتهم وصفاتهم الشخصية ومهنهم التي يحبونها وتقديرهم لذاتهم، ويحدد ذلك من خلال التعرف على بيئات العمل الستة: الواقعية والتقليدية والفنية والبحثية والمغامرة والاجتماعية.

قام هولاند Holland (1997) بتطوير نظرية في الاختيار المهني قائمة على أن اختيار الأفراد للمهن إنما يعبر عن شخصياتهم المهنية، بالرغم من أنه يختار بناءً على ميوله وقدراته ورغبات الأهل والأصدقاء .وقد بنى هولاند نظريته في الاختيار المهني على الافتراضات التالية:

١- الاختيار المهني هو سلوك يعكس فيها الفرد شخصيته وميوله وقدراته.

٢- المهن المختلفة تشبع حاجات الأفراد النفسية المختلفة.

٣- يتم الاختيار المهني بناء على معرفة الشخص بيئات العمل المختلفة.

٤- يتجه الأفراد نحو المهن التي تناسب شخصياتهم.

٥- مقاييس الشخصية ومقاييس الميول المهنية تعطي نفس النتائج وان اختلفت محتوياتها.

....وبناء على هذه الافتراضات وضع هولاند بيئات العمل الستة هي:

١- البيئة الواقعية: المهن في هذه البيئة تحتاج إلى جهد بدني واضح مثل المزارع، وميكانيكي السيارات وتحتاج هذه البيئة إلى مهارة الصبر والحركة.

٢- البيئة البحثية: المهن في هذه البيئة تحتاج إلى التعامل مع الأرقام والأدوات الدقيقة، ويلزم هذه البيئة كثير من الذكاء والإبداع من مثل المختبر والمكتبة.

٣- البيئة الاجتماعية: المهن في هذه البيئة تحتاج إلى قدرة على التعامل والتفاعل مع الآخرين وفهم سلوكا تهم ،ومن أمثلتها المهن التعليمية ، التمريضية.

٤- البيئة التقليدية: المهن في هذه البيئة تحكمها القوانين والأنظمة والمعلومات الرياضية واللغوية مثل المحاسبة.

٥- البيئة المغامرة: المهن في هذه البيئة تتطلب مقدرة لغوية واجتماعية لأنها تعتمد على الإقناع والتعامل مع الآخرين مثل مهن السياسة والمبيعات.

٦- البيئة الفنية: المهن في هذه البيئة تتطلب مهارة في التخيل وفي فهم أذواق ومشاعر الآخرين، مثل مهن الموسيقى وتصميم صفحات الإنترنت. (Holland,1965)

١- المدرسة / العمل .... ٢- العمل / الصف ....

٣- الجنس ذكر أنثى

٤- الجنسية:

كويتي أردني / فلسطيني عراقي مصري أخرى

٥- العمر:

أقل من ١٤ ١٥ - ١٩ ٢٠ -٢٤ ٢٥ - ٢٩ ٣٠ فأكثر

أولاً: المهن التي تفكر فيها

رتب ثمان مهن تفكر في اختيارها في المستقبل، يمكنك استخدام دليل المهن ليساعدك تعرف مهن عديدة تتعلق بميولك وقدراتك.

المهنة	الرمز	المهنة	الرمز
١-		٦-	
٢-		٧-	
٣-		٨-	
٤-		٩-	
٥ -		١٠ -	

معنى الرموز المستخدمة كعناوين لإجراء الاختبار:

و= واقعي، ع = علمي، ف = فني ،ج = اجتماعي، م = مغامر، ر = روتيني

ثانياً: النشاطات

ظلل المستطيل تحت كلمة أميل وذلك بالنسبة للنشاط الذي تميل أليه أو ظلل المستطيل تحت كلمة لا أميل وذلك بالنسبة الذي لا تميل إليه.

و	أميل	لا أميل
١- تصليح أدوات كهربائية		
٢- تصليح سيارات		
٣- تصليح أدوات ميكانيكية		
٤- بناء أشياء من الخشب		
٥- قيادة شاحنة أو جرار		
٦- القيام بصناعة الأدوات المعدنية أو الأدوات آلية		
٧- القيام بتغيير محركات السيارات والدرجات النارية (السباق)		
٨- دراسة موضوع يتعلق بالعمل بالمحلات التجارية		
٩- دراسة موضوع يتعلق بالرسم الميكانيكي		
١٠- دراسة الموضوع يتعلق بالصناعة الخشبية		
١١- دراسة الموضوع يتعلق ميكانيكا السيارات.		

	أميل	لا أميل
١- قراءة الكتب العلمية والمجلات.		
٢- العمل في مختبر .		
٣- العمل في مشروع علمي .		
٤- بناء نموذج صاروخي .		
٥- العمل في مشروع كيماوي .		
٦- قراءة فرديه لمواضيع علميه مختلفة .		
٧- حل مسائل رياضية أو الغاز الشطرنج		
٨- دراسة موضوع بالفيزياء		
٩- دراسة موضوع بالكيمياء .		
١٠ - دراسة موضوع بالهندسة .		
١١ -دراسة موضوع بالأحياء .		

ف	أميل	لا أميل
١- القيام بتخطيط، رسم، تلوين		
٢- مشاهدة مسرحيات.		
٣- تصميم مباني أو ديكورات.		
٤- العزف مع فرقه موسيقية.		
٥- العزف على اله موسيقية.		
٦- حضور حفلات موسيقى عالمية.		
٧- قراءة قصص خيالية عالمية.		
٨- ابتداع الروايات ولوحات فنية.		
٩- قراءة الروايات .		
١٠- قراءة أو كتابة للأصدقاء.		
١١ - دراسة موضوع فني.		

ج	أميل	لا أميل
١- كتابة رسائل للأصدقاء.		
٢- حضور مجالس دينية.		
٣- الانتساب إلى أنديه اجتماعية.		
٤- مساعدة الأطفال على حل مشاكلهم الشخصية.		
٥- رعاية الأطفال .		
٦- الذهاب إلى حفلات .		
٧- المشاركة بالرقص .		
٨- قراءة كتب علم النفس .		
٩- حضور اجتماعات أو مؤتمرات.		
١٠- الذهاب لمشاهدة أحداث ومباريات رياضية.		
١١- مناقشة المواضيع.		

م	أميل	لا أميل
١- التأثير على الآخرين		
٢- بيع الأشياء		
٣- مناقشة المواضيع السياسية		
٤- إدارة أعمال خاصة		
٥- حضور مؤتمرات		
٦- إلقاء خطب		
٧- القيام بدور المسؤول عن المجموعة		
٨- الأشراف على أعمال الآخرين		
٩- مقابلة أشخاص ذو الأهمية		
١٠ - قيادة جماعة لتحقيق أهدافها		
١١- المشاركة في حملة سياسية مثل الانتخابات		

لا أميل	أميل	ر
		١- المحافظة على ترتيب غرفتك ومكتبك
		٢- طباعة بحوث ورسائل
		٣- القيام بإدارة الأعمال وما تتطلبه من عمليات حسابية
		٤- استخدام آلات الأعمال الإدارية - كالآلة الكاتبة
		٥- دراسة الموضوع بالكتابة على الآلة الكاتبة
		٦- القيام بحفظ سجلات مفصلة للمصاريف
		٧- دراسة موضوع بإدارة الأعمال
		٨- دراسة موضوع بمسك الدفاتر
		٩- دراسة الموضوع بالحسابات التجارية
		١٠- تنظيم الملفات والرسائل والسجلات
		١١- كتابة رسائل العمل

ثالثاً: الكفاءات

ظلل المستطيل تحت كلمة أستطيع إذا كنت تستطيع القيام بالنشاط بشكل جيد أو ظلل المستطيل تحت كلمة لا أستطيع للنشاط الذي لا تستطيع القيام به بشكل جيد أو لم تقم به بتاتا.

و	أستطيع	لا أستطيع
١ - استخدام أدوات النجارة الكهربائية الآلية كالمنشار الآلي		
٢- استخدام الفوليمتر		
٣ - تصليح الكاربوريتر		
٤ - استخدام آليات كهربائية مثل الثاقب الكهربائي		
٥ - إعادة صقل وتلميع المصنوعات الخشبية		
٦- قراءة تصاميم مختلفة (معماري، ميكانيكي)		
٧ - عمل إصلاحات كهربائية بسيطة		
٨ - إصلاح أثاث		
٩ - عمل رسومات ميكانيكية		
١٠- أجراء تصليحات بسيطة للتليفزيون		
١١ - أجراء تصليحات بسيطة بالمجاري.		

لا أستطيع	أستطيع	ع
		١- معرفة كيفية استخدام صمام تفريغ الهواء (كالمكنسة الكهربائية)
		٢- معرفة ثلاثة من أنواع الأغذية التي تحتوي على بروتين
		٣- استخدام جداول تفكيك ذرات مادة ذات نشاط إشعاعي
		٤ - استخدام جداول اللوغريتمات
		٥ - استخدام المسطرة ذات الآلة الحاسبة
		٦- استخدام الميكروسكوب
		٧- تعيين ثلاث أبراج للنجوم
		٨- وصف وظيفة كريات الدم الحمراء
		٩ - تفسير معادلات كيمائية بسيطة
		١٠- معرفة سبب عدم سقوط الأمعارض،صناعية على العارض
		١١- المشاركة بنشاط علمي (معارض، مسابقات)

لا أميل	أميل	ف
		١- العزف على اله موسيقية
		٢- المشاركة في الغناء مع كورس
		٣- أداء العزف المنفرد
		٤- التمثيل في المسرحية
		٥- تفسير وقراءة الدور المسرحي
		٦- إجادة رقص البالية
		٧- رسم أشخاص يمكن التعرف عليهم
		٨- القيام بالنحت أو الرسم
		٩- صنع آنية فخارية
		١٠- تصميم ملابس أو إعلانات أو مفروشات
		١١- كتابة شعر أو قصص بشكل جيد

ج	أميل	لا أميل
١- شرح الأشياء أو المواقف للآخرين		
٢- المشاركة في عمل الإحسان والخير		
٣- التعاون والعمل بشكل أفضل مع الآخرين		
٤- تسلية الناس الذين يكبرونك سنا		
٥- أن تكون مضيفا جيدا		
٦- تعليم الأطفال بسهولة		
٧- أعداد برامج ترفهيه لحفلة ما		
٨- مواساة من هم في حالة ضيق أو اضطراب		
٩- عمل خير كمتطوع		
١٠- التخطيط لقضايا أو شؤون اجتماعية مدرسية أو دينية		
١١- إصدار أحكام على الأشخاص الآخرين		

م	أميل	لا أميل
١- إدارة جماعة نشاط في المدرسة ثانوية أو كلية		
٢- الأشراف على عمل الآخرين		
٣ - إثارة الحماس والتصميم العالي جدا		
٤- جعل من يحيط بك أن يعمل ما تريد		
٥- أن تكون بائع جيد		
٦- تمثل مجموعة في تقديم شكاوى واقتراحات لدى المسئولين		
٧- الحصول على جائزة على عمل كبائع أو مسؤول مبيعات في المعارض		
٨- القدرة على نشاط في نادي أو مع الأصدقاء		
٩- القدرة على أداء عمل ناجح لوحدك		
١٠- أن تتصف بصفات القائد الناجح		
١١- أن تكون مناقش مقنع.		

ر	أميل	لا أميل
١- الطباعة على الآلة الكاتبة		
٢- تشغيل آلة سحب أو آلة تصوير		
٣- القيام بالاختزال		
٤- القيام بتنظيم الرسائل المتبادلة وأوراق أخرى		
٥- أداء عمل مكتبي - مثل سكرتارية أو استعلامات		
٦- استخدام أدوات مسك دفاتر		
٧- انجاز أعمال مكتبية في وقت قصير		
٨- استخدام آلة الدائن والمدين واستخدام الحاسب الآلي في عمليات تفسير المعلومات		
٩- ترحيل حسابات الدائن والمدين		

رابعاً: المهنة

فيما يلي قائمة لمهن مختلفة، ظلل المستطيل تحت كلمة نعم وذلك بالنسبة للمهنة التي تميل أو تهتم أليها بها أو ظلل المستطيل تحت كلمة لا وذلك بالنسبة للمهنة التي لا تميل أليها أو تهتم بها.

و	نعم	لا
١- ميكانيكي طائرات		
٢- اختصاص بعلم الحيوان البري والمائي		
٣- ميكانيكي سيارات		
٤- نجار		
٥- مشغل جرافة آلية		
٦- مساح أراضى		
٧- مراقب بناء		
٨- مصلح جهاز الراديو		
٩- موظف في محطة بنزين		
١٠- منسق حدائق		
١١- سائق باصات		
١٢- مهندس		
١٣- ميكانيكي		
١٤- كهربائي		

لا	نعم	ع
		١- عالم بالأرصاد الجوية
		٢- عالم أحياء
		٣- عالم فلك
		٤- فني مختبرات طبية
		٥- انتروبولوجي
		٦- عالم بالحيوان
		٧- كيماوي
		٨- عالم بحوث علمية
		٩- كاتب مقالات علمية
		١٠- محرر مجلة علمية
		١١- جيولوجي
		١٢- عالم نبات
		١٣- عالم فيزياء
		١٤- عالم فيزياء

ف	نعم	لا
١- شاعر		
٢- قائد فرقة موسيقية (مايسترو)		
٣- موسيقار		
٤- مؤلف		
٥- فنان دعايات		
٦- أعداد موسيقى		
٧- كاتب مستقل		
٨- فني تماثيل		
٩- صحفي		
١٠- مؤلف موسيقي ملحن		
١١- مغني		
١٢- نحات فني		
١٣- مؤلف روايات مسرحية		
١٤- رسام كاريكاتيري		

ج	أميل	لا أميل
١- عالم اجتماع		
٢- مدرس		
٣- خبير جناح الأحداث		
٤- معالج كلام		
٥- مرشد		
٦- مدير مدرسة		
٧- منظم ملاعب رياضية		
٨- معالج نفسي		
٩- مدرس مواد اجتماعية		
١٠- مشرف على معسكرات		
١١- محامي		
١٢- طبيب		
١٣- مرشد مهني		
١٤- أخصائي اجتماعي		

م	أميل	لا أميل
١- تعمل في البورصة		
٢- وكيل مشتريات		
٣- مدير مؤسسة إعلانية		
٤- ممثل صاحب المصنع		
٥- منتج تليفزيوني		
٦- مدير فندق		
٧- مدير مؤسسة تجارية		
٨- مدير مطعم		
٩- منظم حفلات		
١٠- مسؤول مبيعات		
١١- بائع عقارات		
١٢- منظم إعلانات		
١٣- مدرب رياضي		
١٤- مدير مبيعات		

ر	أميل	لا أميل
١- كاتب حسابات		
٢- مدرس إدارة أعمال		
٣- مراجع ميزانية		
٤- محاسب قانوني		
٥- مسؤول تسليف وادخار		
٦- كاتب اختزال في المحكمة		
٧- صراف في بنك		
٨- خبير ضرائب		
٩- مراقب مخازن أو بضاعة		
١٠- مشغل معدات اى. بي. ام		
١١- محلل مالي		
١٢- مقدر تكاليف		
١٣- محاسب رواتب		
١٤- فاحص مدقق في بنك		

سادساً: الصفات الشخصية:

ظلل المستطيل تحت كلمة نعم وذلك بالنسبة للصفات التي ترى أنها مشابهة لصفاتك أو ظلل المستطيل تحت كلمة لا وذلك بالنسبة للصفات التي ترى أنها غير مشابهة لصفاتك الشخصية.

و	نعم	لا
١- منساق		
٢- صريح		
٣- أمين		
٤- متواضع		
٥- مادي		
٦- طبيعي غير متكلف		
٧- مثابر		
٨- عملي أو مرن		
٩- بسيط		
١٠- خجول		
١١- متزن		
١٢- مقتصد		

ع	نعم	لا
١- تحليلي		
٢- حريص		
٣- ناقد		
٤- يحب الاستطلاع		
٥- مستقل		
٦- مفكر		
٧- انطوائي		
٨- منهجي التفكير		
٩- بسيط متواضع		
١٠- دقيق		
١١- عقلاني		
١٢- متحفظ		

ف	نعم	لا
١- عاطفي		
٢- يعبر عن نفسه		
٣- مثالي		
٤- خيالي		
٥- غير عملي (غير مرن)		
٦- مندفع		
٧- استغلالي		
٨- حدسي (ذاتي)		
٩- غير منساق		
١٠- يتصف بالأصالة		
١١- معقد		
١٢- غير منظم		

ج	نعم	لا
١- ودود		
٢- كريم (معطاء)		
٣- معين		
٤- مثالي		
٥- متبصر		
٦- عطوف		
٧- يتحمل المسؤولية		
٨- اجتماعي		
٩- لبق		
١٠- متفهم		
١١- متعاون		
١٢- مقنع		

م	نعم	لا
١- مغامر		
٢- طموح		
٣- يهتم بذاته فقط		
٤- متسلط		
٥- نشيط		
٦- متهور		
٧- متفائل		
٨- يبحث عن الملذات		
٩- واثق من نفسه		
١٠- اجتماعي		
١١- محبوب		
١٢- معروف		

ر	نعم	لا
١- حي الضمير		
٢- منساق أو منقاد		
٣- حريص		
٤- متحفظ		
٥- محدود الطموح		
٦- مطيع		
٧- منظم		
٨- مثابر		
٩- عملي		
١٠- هادئ		
١١- غير خيالي		
١٢- فعال		

سابعاً: كيف تنظم إجابتك

ابدأ بصفحة رقم وعد كم مرة آخذت إجابة إيجابية سواء كانت أميا أو أستطيع أو نعم، وسجلها في مكانها تحت الرموز التي تمثلها سواء كانت نشاطات كفاءات مهن صفات شخصية وذلك في المخطط التالي:

أجزاء الإحصاء	و	ع	ف	ج	م	ر
النشاطات						
الكفاءات						
المهن						
تقدير الذات						
الصفات الشخصية						
المجموع						

الرموز الثلاثة التي حصلت فيها على أعلى الدرجات تشير إلى المهن التي تفضلها على غيرها، يرجى ترتيبها أدناه تنازلياً مثلاً لو حصلت على أعلى الدرجات في وثم تليها ف، ثم تليها ر هنا تضع قيمة وتحت كلمة الثاني، ثم تضع قيمة ر تحت كلمة الثالث.

ترتيب الإجابة:

الأول الثاني الثالث

خامساً: تقديرات الذات:

صنف نفسك على قائمة التصنيف التالية: وذلك طبقاً لرأيك بالمقارنة مع الآخرين بنفس عمرك وذلك بتظليل المستطيل حول الرقم المناسب وحاول ألا تصنيف نفسك بتقدير واحد لجميع القدرات كلما أمكن ذلك. مستفيداً من أجابتك عن الجزء السابق من هذا الاختيار.

	قدرة ميكانيكية	قدرة علمية	قدرة فنية	قدرة على التدريس	قدرة على بيع	قدرة كتابية
عالي	٧	٧	٧	٧	٧	٧
	٦	٦	٦	٦	٦	٦
	٥	٥	٥	٥	٥	٥
متوسط	٤	٤	٤	٤	٤	٤
	٣	٣	٣	٣	٣	٣
	٢	٢	٢	٢	٢	٢
منخفض	١	١	١	١	١	١
	و	ع	ف	ج	م	ر

	مهارات يدوية	قدرة حسابية	قدرة صداقات	تكوين صداقات	مهارة إدارية	مهارة مكتبية
عالي	٧	٧	٧	٧	٧	٧
	٦	٦	٦	٦	٦	٦
	٥	٥	٥	٥	٥	٥
متوسط	٤	٤	٤	٤	٤	٤
	٣	٣	٣	٣	٣	٣
	٢	٢	٢	٢	٢	٢
منخفض	١	١	١	١	١	١
	و	ع	ف	ج	م	ر

سادساً: تفسير الرموز الثلاثة التي حصلت عليها عند الإجابة على هذا الاختبار:

أولاً: استخدم دليل المهن التي تتفق مع الرموز التي وصلت أليها في الصفحة السابقة فإذا حصلت على الأحرف الثلاثة: (وف ر) فإن المهن التي تقع تحت هذا الرموز مناسبة لك، سجل مهن منها أدناه مع تحديد المستوى الدراسي المناسب لها:

الرقم	المهنة	المستوى الدراسي
١		
٢		
٣		
٤		
٥		
٦		

أما إذا كانت الرموز التي حصلت عليها لا تتفق مع ترتيب الرموز في دليل المهن فعليك البحث عن الرموز المشابهة للرموز التي حصلت وان اختلفت في الترتيب والعدد سجل ست مهن أدناه منها مع تحديد المستوى الدراسي المناسب لها.

الرقم	المهنة	المستوى الدراسي
١		
٢		
٣		
٤		
٥		
٦		

ثانياً: قارن الرموز التي حصلت عليها برموز المهن التي سجلتها في صفحة رقم (١) من المقياس والمفروض أن تكون متشابهة أو متقاربة أن كانت مختلفة فإنه من الأفضل مناقشة المرشد في مدرستك في ذلك أو ارجع إلى دليل المهن وابحث عن المعلومات التي تتعلق في المهن التي تمثلها الرموز المختلفة وتعرف الفروق بينها قابل أناس عاملين بمثل هذه المهن وناقش معهم المهن التي ترغب القيام بها أقرا بعض البحوث والمقالات حولها التي توضح متطلبات هذه المهن سواء كانت صفات شخصية أو متطلبات دراسية. (أبو عيطة، بلا تاريخ)

رابعا: الميول المهنية لهولاند ثم ثيرستون

هذا المقياس ينطلق من نظرية هولاند والذي يليه قام بإعداده ثيرستون، ويمكن الاستفادة من هذين المقياسين في زيادة وعي الطلبة بميولهم المهنية.

تمثل الميول المهنية مجالاً هاماً من مجالات اهتمام العلماء والباحثين في ميدان التربية من منطلق حقيقة هامه مؤداها أن التربية تفقد الكثير من كفاءتها وفعاليتها إذا تمت بمعزل عن ميول المتعلم كما تأكدت أهمية الميول كعامل من العوامل الرئيسية في توجيه الفرد نحو نوعية الدراسة أو المجال المهني الذي يشبع حاجاته ودوافعه النفسية ويحقق له الرضا والاستقرار المهني.

تعددت أراء علماء النفس حول مفهوم الميول ومحدداتها وخصائصها وتفسير نشأتها وتطورها عند الفرد ومن ثم تعددت تعريفاتها ومن هذه التعريفات التعريف الذي ورد في قاموس دريفر لعلم النفس ومؤداه أن الميل عامل من عوامل تكوين الفرد قد يكون مكتسبا ويدفع الفرد إلى الانتباه لأمور معينه وهو من الناحية الوظيفية نوع من الخبرة الوجدانية تستحوذ على اهتمام الفرد وترتبط بانتباهه إلى موضوع معين أو قيامه بعمل ما.(Drever,1961).

كما يتفق كل من بردي Berdie وكول Cole وهانسون Hanson على أن الميول تعني ببساطه فئات أو مجموعات من الأشياء أو الأشخاص التي يتقبلها أو يرفضها الفرد وتقوده إلى نماذج أو أنماط متسقة من السلوك. ويعرف بنجهام الميل بأنه النزعة التي تؤدي إلى الانغماس في خبره ما والاستمرار فيها ولا يعرف الميل فقط من مسميات الأشياء أو الأنشطة التي تجذب انتباه الفرد وتحقق له الإشباع أو الرضا ولكن أيضا في قوة النزعة نحو البحث عن الأنشطة أو الأشياء التي تحقق قدرا كافيا من الإشباع أو الرضا.(Dawis,1991).

كما ينظر كثير من علماء النفس إلى الميول باعتبارها سمه من سمات الشخصية ويبدو ذلك في تعريف جيلفورد للميل بأنه نزعه سلوكيه عامه لدى الفرد للانجذاب

نحو نوع معين من الأنشطة ويعني بقوله نزعه سلوكيه عامه أنه ليس شيئا أكثر من كونه سمه عامه كما يعني بالانجذاب نحو إن الفرد يهتم أو يتجه نحو، أو يبحث عن أو يهدف إلى الحصول على شيء له قيمة كامنة بالنسبة له، وكون الفرد ينجذب نحو أنشطة معينة معناه أن الميل اقرب إلى أن يحدد ما يفعله الفرد، أكثر مما يحدد كيف يفعله وتعريف الميل على هذا النحو يضعه في المجال العام للدوافع فالميول كالحاجات والاتجاهات تكون نوعا من السمات التي يمكن أن يطلق عليها دينامية أو دافعيه. (غنيم،١٩٧٢)

ويرى سوبر أن هناك أربعة معان لمصطلح الميل ترتبط بأساليب الحصول على بيانات الميل فهناك الميل الذي يعبر عنه الفرد لفظيا والميل الذي يظهر في مشاركة الفرد في نشاط أو عمل أو مهنه والميل الذي تقيسه الاختبارات الموضوعية والميل الذي تقيسه الاستبيانات التي تشمل أوجه النشاط والأشياء والأشخاص الذين يفضلهم الفرد ولا يفضلهم. (عبد الحميد،١٩٨٣) كما ظهر أن الأفراد ذوي الميول المهنية المتنوعة لديهم القدرة على النجاح في سلسلة من البيئات المهنية، كما أن الميول المهنية المتنوعة مفيدة في مواجهة التغيرات المهنية خلال فترة البلوغ. (Osipow, 1999).

وقد توصل أكرمان وهيجستاد (Akerman and Heggestad, 1997) أن الأشخاص ذوي الذكاء المرتفع لديهم تنوع في ميولهم المهنية بدرجة اكبر من الأفراد ذوي الذكاء المتدني، ووجد أن هناك علاقة قوية بين العلامات المدرسية وتنوع الميول المهنية ،ووجد أيضا علاقة إيجابية بين تنوع الميول المهنية والانبساطية.

إن تأثير التوقعات على الميول المهنية والسلوك الاستكشافي تمت دراسته فوجود كفاية ذاتية مرتفعة وتوقعات ناتجة إيجابية بالنسبة لمهنة ما يفترض أن تؤثر على السلوك الاستكشافي لهذا الفرد وبالتالي تطوير ميول مهنية إيجابية نحوها وهذا بدوره يزيد من احتمالية اختيار المهنة وفي المقابل وجدت سوانسون وووتك (Swanson and Woitke, 1997) أنه وبالرغم من وجود كفاءة ذاتية وميول مهنية مرتفعة نحو مهنة معينة، فإنهم قد يوقفون السعي لها إذا وجدوا معيقات أو توقعات مشوهة ،وعليه فإن وجود التوقعات الخاطئة والمشوهة قد تحفزه لإيجاد تقنية فعالة لإحداث تغيير إيجابي في الإرشاد المهني.

فقد لاحظ ميوشنكسي (Muchinsky,1994) أن خبرات الحياة للفرد لها أثار مباشرة أو غير مباشرة على القرارات التي تتعلق بمتابعة أو الاهتمام بمهنه محددة دون غيرها،كما أن للتحصيل الأكاديمي والميول الأكاديمية، والوضع الاجتماعي الاقتصادي ومستوى رقابة الوالدين هي عوامل مؤثرة في تاريخ الفرد وتؤثر على الميول المهنية،وبالتالي فإن الناس ذوي الخبرات الحياة المتشابهة لهم ميول مهنية متشابهة. (Wilkinson , 1997)

إن معرفة الميول المهنية تساعد في تحديد المهارات التي يفضل أن يمتلكها الفرد في كل مرحلة من مراحل النمو المهني، إذ تمثل الميول المهنية سمة هامة من سمات الشخصية،وترتبط ارتباطاً وثيقاً بالإقبال على نواحي النشاط في المجالات المختلفة ،كما تساهم مع غيرها من السمات كالاتجاهات والقيم والقدرات في تشكيل النضج المهني (محمود، ١٩٩٩)، وتنمو الميول من خلال انخراط الفرد في نشاطات وخبرات مختلفة حيث يقوم الفرد بعملية تحليل معرفية للمعلومات التي يشكلها من هذه النشاطات ،وهذا التحليل يقود إلى بلورة وتشكيل الميل من خلال النشاط الذي سيمارسه،إن الأفراد يكونون أكثر رضا إذا عملوا في المهنة التي تتطلب نمطاً من الميول أقرب إلى سماتهم الشخصية (الشرعة، ١٩٩٣) وبهذا فإنها تدفع بصاحبها إلى الانتباه والتوجه نحو أهداف معينة .

ومنذ البدايات يوصي المرشدين بالانتباه إلى ميول الأفراد منذ مراحل عمريه مبكرة معرفة الأشياء التي يحبونها ويميلون لها وتنظيم هذه الميول وتشجيعها، وكيف تتغير هذه الميول مع مرور الزمن وتتطور وزيادة الخبرات التعليمية والحياتية (Tracey, 2001) وبالتالي حسن الاختيار المهني وبالرضا المهني.

مقياس هولاند للميول المهنية

تطوير (نزال، ٢٠٠٥)

يضم مقياس هولاند للميول المهنية مجموعة من المهن مدرجة في القائمة التالية من رقم " ١" ولغاية رقم "٨٤"، بعضها يعجبك وبعضها لا يعجبك، اقرأها جيدا ثم ضع على ورقة الإجابة المرفقة إشارة دائرة حول كلمة نعم، إن كانت المهنة تستهويك

وتجذبك ، أو بوضع دائرة حول كلمة لا إن كنت لا تميل إلى هذه المهنة ولا تعجبك، علما بأن إجاباتك سوف تبقى سرية وهي لغايات البحث العلمي.

نموذج الإجابة

1-ميكانيكي سيارات نعم لا	2- سائق نعم لا	3- نجار نعم لا	4 -طباخ نعم لا	5-مقاول بناء نعم لا	6- ضابط أمن نعم لا
7- مساح أراضي نعم لا	8 -مهندس إنتاج نعم لا	9-حداد نعم لا	10 -ضابط في الجيش نعم لا	11- كهربائي سيارات نعم لا	12-طوبرجاي نعم لا
13-مزارع نعم لا	14-خبير أرصاد جوية نعم لا	15-صيدلي نعم لا	16-عالم في الكيمياء نعم لا	17-مشغل محطة كهربائية نعم لا	18-مدقق في بنك نعم لا
19- مراقب جودة إنتاج في مصنع نعم لا	20- أمين مستودع نعم لا	21-خبير ضرائب نعم لا	22-صراف في بنك نعم لا	23- طابع على الحاسب نعم لا	24-محاسب نعم لا
25- عامل في كازية نعم لا	26- إحصائي نعم لا	27- متعهد حفلات نعم لا	28- كاتب جداول رواتب نعم لا	29 -محرر مساعد نعم لا	30- محامي نعم لا
31-قاضي نعم لا	32- تاجر مضارب نعم لا	33- جراح نعم لا	34-كاتب مقالات علمية نعم لا	35- محلل نظم نعم لا	36- عالم فلك نعم لا
37-عالم أحياء نعم لا	38- مهندس تصميم نعم لا	39- عالم نفس تربوي نعم لا	40- دكتور في الجامعة نعم لا	41-عالم نبات نعم لا	42- عالم فيزياء نعم لا

43 -متخصص في علم الحيوان نعم لا	44- مرشد تربوي نعم لا	45-طبيب نفسي نعم لا	46- باحث اجتماعي نعم لا	47- إمام جامع نعم لا	48- مدرس مواد اجتماعية نعم لا
49- رئيس لجنة اجتماعية نعم لا	50-معالج نطق نعم لا	51- معالج مهني نعم لا	52- ممرض نعم لا	53-مدير مؤسسة خيرية نعم لا	54- طبيب نعم لا
55- عالم اجتماع نعم لا	56- مساعد مدير مدرسة نعم لا	57- محقق جنائي نعم لا	58- دبلوماسي نعم لا	59-مخرج تلفزيوني نعم لا	60- مدير مبيعات نعم لا
61-بائع عقارات نعم لا	62- رئيس غرفة تجارية نعم لا	63-مدير مشروع نعم لا	64-طيار نعم لا	65- مدير دعاية وإعلان نعم لا	66- معلق سياسي نعم لا
67-صاحب مصنع نعم لا	68- باحث علمي نعم لا	69- معماري نعم لا	70- ممثل نعم لا	٧١- مصمم أزياء نعم لا	72 -شاعر نعم لا
73-رسام إعلانات تجارية نعم لا	74 -مصور نعم لا	75-مدرب مسرح نعم لا	76-كاتب روايات مسرحية نعم لا	77-مؤلف أدبي نعم لا	78-قائد فرقة مسرحية نعم لا
79-مصمم داخلي نعم لا	80- مغني في فرق موسيقية نعم لا	81-رسام كاريكاتير نعم لا	82- واعظ ديني نعم لا	83- كاتب ديوان نعم لا	84- سكرتير نعم لا

تم استخدام مقياس هولاند فقرة، ل المهنية الذي طوره الحواري(١٩٨٢)على البيئة الأردنية، يتكون مقياس هولاند المطور من ستة مقاييس فرعية، يقيس كل منها بيئة من بيئات العمل التي يفضلها الفرد ،كما يقيس أيضاً أنماط الشخصية المهنية التي ينتمي إليها ذلك الفرد.

ويحتوي كل مقياس على أربعة عشره فقرة ،هي عبارة عن أسماء أربعة عشرة مهنة،ويطلب من المفحوص بأن يضع دائرة حول كلمة نعم إذا كان يفضلها أو يضع دائرة حول كلمة لا إذا كان لا يفضلها.

ويستخدم اختبار هولاند لقياس ميول الفرد المهنية بغرض توجيهه مهنياً حسب هذه الميول، فإذا أظهر الفرد ميلا عالياً على مقياس من المقاييس فإنه يوجهه إلى البيئة التي يدل عليها هذا المقياس ليأخذ منها مهنة تناسب ميوله.

وفيما يلي وصفا لكل مقياس فرعي في الاختبار:

١- المقياس الواقعي :يدل هذا المقياس على الأعمال التي تتطلب مجهوداً عضلياً وتؤدى بشكل فردي ويقاس بالفقرات (١، ٣،٢، ٤، ٥، ٦، ٧، ٨،٩ ،١٠، ١١، ١٢، ١٣، ١٧).

٢- المقياس العقلي: يدل هذا المقياس على الأعمال التي تتطلب مجهوداً عقلياً وأغلب هذه الأعمال يؤديها شخص بمفرده ويقاس بالفقرات (١٤، ١٥، ١٦، ٣٣، ٣٤، ٣٥، ٣٦، ٣٧، ٣٨، ٣٩، ٤٠، ٤١، ٤٢، ٤٣).

٣- المقياس الاجتماعي :يدل هذا المقياس على الأعمال الجماعية التعاونية والتي تتصف بمساعدة الآخرين وإرشادهم وتخفف آلامهم وتقاس بالفقرات (٨٢، ٥٦، ٥٥، ٥٤، ٥٣، ٥٢، ٥١، ٥٠، ٤٩، ٤٨، ٤٧، ٤٦، ٤٥، ٤٤).

٤- المقياس التقليدي: يدل هذا المقياس على الأعمال التي تتطلب دقة في الأداء وإتباع التعليمات كالأعمال الكتابية وتدقيقها ويقاس بالفقرات (٨٤، ٨٣، ٦٨، ٢٩، ٢٨، ٢٦، ٢٥، ٢٤، ٢٣، ٢٢، ٢١، ٢٠، ١٩، ١٨).

٥- المقياس المغامر :يدل هذا المقياس على الأعمال التي تتطلب قيادة اجتماعية كإدارة المشاريع والمؤسسات التجارية والقيادة السياسة ويقاس بالفقرات (٦٧، ٦٦، ٦٥، ٦٤، ٦٣، ٦٢، ٦١، ٦٠، ٥٨، ٥٧، ٣٢، ٣١، ٣٠، ٢٧).

٦- المقياس الفني :يدل هذا المقياس على الأعمال التي تتطلب إبداعا وقدرة فنية على التعبير الرمزي عما يدور في النفس ويقاس بالفقرات (٨١، ٨٠، ٧٩، ٧٨، ٧٧، ٧٦، ٧٥، ٧٤، ٧٣، ٧٢، ٧١، ١٠، ٦٩، ٥٩).

تصحيح الأداة:

تتم الإجابة على كل فقرة من فقرات المقياس بنعم إذا كان يحب المهنة ولها (٢) علامة، أو لا إذا كان لا يحب المهنة ولها علامة واحدة، وبذلك تتراوح العلامة الكلية لكل مقياس بين ٢٨ و ١٤ علامة بمتوسط علامات ٢١، وبما يساوي ١.٥ علامة وهي درجة القطع ما بين من لديه ميول ملائمة ومن لديه ميول مهنية غير ملائمة.

كما تتراوح العلامة الكلية للمقياس ككل ما بين ١٦٤ إلى ٨٤ علامة بمتوسط علامات ١٢٦ وبما يساوي ١.٥ علامة وهي درجة القطع، وبهذا يكون الطالب الذي يحصل على علامة ٢١ فأكثر في أي مقياس فرعي يكون لديه ميول مهنية ملائمة في ذلك المقياس، والطالب الذي يحصل على علامة ١٢٦ فأكثر في المقياس ككل يكون لديه ميول مهنية ملائمة.(نزال، ٢٠٠٥)

استبيان الميول المهنية / مقتبس عن ثرستون

اسم الطالب/الطالبة: .... العمــر: ....

المدرسة:.................... الصف:............ التاريخ: ....

أقرأ: الغرض من هذا الاستبيان هو معرفة ما تفضله من مهن أو وظائف وذلك لمساعدتك في اختيار المهنة أو الوظيفة التي تناسبك أو اختيار المدرسة أو التخصص الذي يناسب مهنة المستقبل, وقد كتبت هذه المهن في مربعات كل زوج منها في مربع والمطلوب منك أن تقارن بين كل زوج ثم تبين تفضيلك لإحدى المهنتين أو في كليهما فاشطب ما لا ترغبه وذلك بوضع إشارة (X) على ما لا تفضل وإليك بعض الأمثلة وهي مأخوذة من أجوبة طالب.

وضع الطالب دائرة حول رقم (١) كما في الشكل لأنه يفضل أن يكون مدرساً على أن يكون فلاحاً.

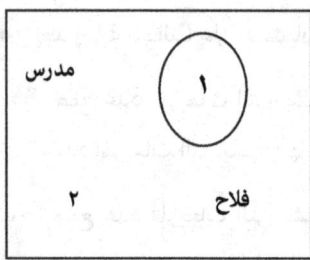

وضع الطالب دائرة حول رقم (٢) في الشكل المجاور لأنه يفضل أن يكون ضابطاً على أن يكون موسيقاراً.

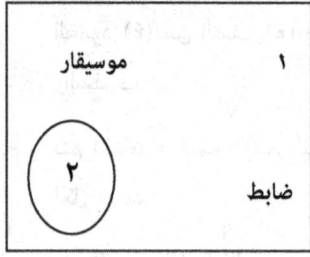

وضع الطالب دائرتين حول رقمي مهندس وطبيب لأنه لا يفضل واحدة عن الأخرى ويرغب بهما بنفس الدرجة.

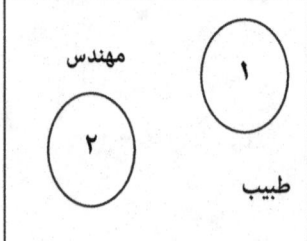

خطوات تحليل الاستبيان

● بعد إجابة الطالب على الاستبيان يقوم المرشد بالآتي:

أ- جمع عدد المربعات التي يشير فيها الطالب إلى الرقم (٢) من الصف رقم (١) ع ف ٢ مع عدد المربعات التي يشير فيها الطالب إلى رقم (١) من العمود الأول ع ف ١.

ب- جمع عدد المربعات التي يشير فيها الطالب إلى رقم (٢) من الصف رقم (٢) ب٢ مع عدد المربعات التي يشير فيها الطالب إلى رقم (١) من العمود الثاني ب١.

ج- جمع عدد المربعات التي يشير فيها الطالب إلى رقم (٢) من الصف رقم (٣) ع ح ٢ مع عدد المربعات التي يشير فيها الطالب إلى رقم (١) من العمود الثالث ع ح ١, وهكذا يتم جمع العمود (٤) من الصف (٤) بنفس الطريقة وبنفس الطريقة يتم التعامل مع بقية الأعمدة والصفوف.

د- يتم استخدام قائمة الرسم البياني المرفقة, حيث يظل الأعمدة حسب مقدار حاصل الجمع لكل عمود.

هـ- يتم تفسير ميول الطالب من خلال درجته على الأعمدة والمرتبة في الشكل البياني .

	١	٢	٣	٤	٥	٦	٧	٨	٩	١٠	مجموع
	ع ف ١	ب١	ع ح ١	أ ع ١	أ د ١	أ ق ١	ل غ ١	أ ن ١	ف ن ١	م١	
صف ١	١ فيزيائي مهندس ٢	١ طبيب فيزيائي ٢	١ مدقق حسابات صيدلي ٢	١ موظف بنك مصمم آلات ٢	١ مدير نادي مهندس مدني ٢	١ محام دفاع مهندس جسور ٢	١ صيدلي أخصائي رياضيات ٢	١ رعاية طفولة مصمم طائرات٢	١ فنان تجاري مهندس ميكانيكي ٢	١ قائد موسيقي مخترع ٢	
صف ٢	١ مهندس ميكانيكي علم تشريح ١	١فيزيولوجي علم أحياء ٢	١ إحصائي علم نبات ٢	١ مدير أعمال فيزيولوجي ٢	١رئيس بلدية بيولوجي ٢	١ حكم موظف صحة ٢	١ مراسل أجنبي أخصائي بستنه ٢	١ رجل دين طبيب ٢	١ ناقد فني يكتروبولوجي ٢	١ مؤلف موسيقي جراح ٢	
صف ٣	١ مخترع مدير مشتريات ٢	١فيزيولوجي إحصائي ٢	١ حاسب كلفة خبير ضرائب ٢	١ صانع أشياء فاحص حسابات ٢	١ قاضي خبير ضرائب ٢	١ سياسي محلل كلفة ٢	١ معلق إذاعي إحصائي تأمين ٢	١ مرشد مهني محاسب٢	١ فنان فاحص حسابات ٢	١ عازف بيتو صراف ٢	
صف ٤	١ صيدلاني بائع سيارات ٢	١عالم التشريح صانع الأشياء	١ محاسب تاجر مارد ٢	١ تاجر مفرد صانع أشياء ٢	١ محافظ تاجر جملة ٢	١ خطيب سياسي مصرفي ٢	١ رئيس تحرير مستورد ٢	١ موظف حكومة مدير فناق ٢	١ رسام مقاول ٢	١ عازف كمان دلال ٢	

	١	٢	٣	٤	٥	٦	٧	٨	٩	١٠	مجموع
	ع ف ١	ب١	ع ح ١	أ ع ١	أ د ١	أ ق ١	ل غ ١	أ ن ١	ف ن ١	م١	
صف ٥	١ مهندس كهربائي مدير متحف ٢	١ بيولوجي مدير مصنع ٢	١ إحصائي تأمين مدير نادي ٢	١ دلال مدير بلدية ٢	١ مدير فندق مدير بلدية ٢	١ كاتب إعلانات ضابط ٢	١ كاتب في مجلة قبطان ٢	١ رجل دين مدير مدرسة ٢	١ نحات قاضي ٢	١ مغني مدير مستشفى ٢	
صف ٦	١ أخصائي رياضيات محام دفاع ٢	١ بكترويولوجي مدير إعلانات ٢	١ فاحص مصرفي حكم رياضي ٢	١ دلال خطيب سياسي ٢	١ ضابط سواحل صحفي ٢	١ محام دفاع خطيب سياسي ٢	١ مؤرخ بائع ٢	١ أخصائي اجتماعي موظف تأمين ٢	١ رسام كاريكاتير سياسي ٢	١ رئيس جوقة مغنين مدير مبيعات ٢	
صف ٧	١ فيزيائي مؤلف ٢	١ عالم نباتي في السلك الدبلوماسي ٢	١ محلل تكليف محاضر ٢	١ مدير مخزن محام٢	١ مدير مستشفى صحفي ٢	١ مدير مبيعات أستاذ جامعي ٢	١ رئيس تحرير كاتب مجلة ٢	١ سكرتير نادي معلق في جريدة ٢	١ مهندس زراعي مؤرخ ٢	١ مؤلف أغان مراسل أجنبي ٢	

	١	٢	٣	٤	٥	٦	٧	٨	٩	١٠	مجموع
	ع ف ١	ب١	ع ح ١	أ ع ١	أ د ١	أ ق ١	ل غ ١	أ ن ١	ف ن ١	م١	
صف٨	١ فلكي رجل دين ٢	١ عالم بستنه مدير نادي ٢	١ مدير مشتريات قاضي أحداث ٢	١ تاجر مارد مرشد مهني ٢	١ مدير مدرسة باحث اجتماعي٢	١ مدير إعلانات سكرتير نادي ٢	١ محام في الهلال الأحمر ٢	١ رعاية طفولة في الهلال الأحمر ٢	١ مدير مسرح رجل دين ٢	١ عازف رعاية طفولة ٢	
صف ٩	١ مصمم آلات مهندس زراعي ٢	١ جراح نحات ٢	١ خبير ضرائب مصمم أزياء ٢	١ تاجر جملة ناقد فني ٢	١ قبطان سفينة فنان تجاري ٢	١ مذيع مدير مسرح ٢	١ مؤلف فنان ٢	١ في الهلال الأحمر رسام ٢	١ فنان تجاري ناقد فني ٢	١ مدرس موسيقي مصمم أزياء	
صف ١٠	١ خبير الكتروني مدرس موسيقي ٢	١ بيولوجي عازف بيانو ٢	١ صراف قائد موسيقية ٢	١ وسيط تأمين كاتب أغان ٢	١ مدير مصنع عازف بيانو ٢	١ موظف تأمين عازف قانون ٢	١ دبلوماسي مؤلف موسيقى ٢	١ مدير نادي مغن ٢	١ مصمم اقمشة رئيس أوركسترا ٢	١ عازف بيانو عازف كمان ٢	
مجموع											

رسم بياني لميول الطالب:

الاسم: ....

الصف: ....   التاريخ..................

م: موسيقى، فن: فن، أ ن: إنسانيات، ل إ: لغات، أ ق: إقناع، أ د: إدارة، أ ع: أعمال، ع ح: عمليات حسابية، ب: بيولوجي، ع ف: علوم فيزيائية.

م	فن	أ ن	ل غ	أ د	أ ع	ع ح	ب	ع ف	حاصل جمع الصف الأول + العمود الأول
									٢٠
									١٨
									١٦
									١٤
									١٢
									١٠
									٨
									٦
									٤
									٢

(الخواجا، ٢٠٠٣)

خامساً: مقياس النضج المهني لكرايتس

هذا المقياس ينطلق من قائمة كرايتس ويساعد المرشد في تحديد مدى نضج الطلبة المهني واستعدادهم للاختيار المهني السليم .

يعد مفهوم النضج المهني مفهوماً غير واضح ويختلف باختلاف الخلفية النظرية لعلماء الإرشاد والتوجيه المهني وروداه؛ وربما يعود عدم الوضوح هذا إلى أنه مفهوم افتراضي ويستدل عليه من مظاهره ونتائجه. ويعتبر أصحاب الاتجاه التطوري في الإرشاد المهني من أبرز الرواد الذين أعطوا تصوراً واضحاً للنضج المهني (الشرعة، ١٩٩٨). فقد أكد سوبر (Super) أن النضج المهني يعني استعداد الفرد للتعامل مع المهمات المهنية النمائية المناسبة لمرحلته العمرية أو لأبناء عمره، ويرى أن المفتاح الرئيسي للاختيارات المهنية هو النضج المهني(Super,1988).

ويرى هولاند (Holland) وهو من أصحاب الاتجاه الشخصي إلى أن النضج المهني يشير إلى مدى قدرة الفرد على معرفة ذاته، وتوفر المعلومات الصحيحة عن عالم المهن وسوق العمل، وانه امتداد شخصية الفرد إلى عالم العمل يتبعه تطابق لاحق مع أنماط مهنية، وأهم محددات الاختيار المهني هو مقارنة الذات مع إدراك الفرد للمهنة، وهذا بالتالي يقود إلى اتخاذ القرار المهني السليم (Osipow،1983).

مقياس كرايتس (Crites) لنضج الاتجاه المهني, الشكل الإرشادي

(١- B) لقياس مستوى النضج المهني, ويتكون المقياس من (٤٧) فقرة، تكون الإجابة عليها بنعم أو لا، وذلك حسب انطباق أو عدم انطباق مضمون الفقرة على المستجيب, حيث يتراوح مجموع الأداء للمستجيب بين (صفر – ٤٧), ويمكن تطبيق الاختبار على الأفراد من مستوى الصف السادس حتى مستوى الصف الثاني عشر, ويعطي هذا المقياس علامة كلية لمستوى النضج المهني عند المفحوص ولا يؤخذ بعلامات أبعاده الفرعية أما الأبعاد الفرعية للمقياس فهي:

١- التأكد في اتخاذ القرار المهني, وهو مدى تأكد الفرد من اختياره المهني.

٢- الاهتمام في اتخاذ القرار المهني, وهو مدى اهتمام الفرد في المشاركة في اختياره المهني.

٣- الاستقلال في اتخاذ القرار المهني وهو مدى استقلال الفرد في اختياره المهني أو اعتماديته على الآخرين.

٤- توفر المعلومات في اتخاذ القرار المهني وهو مدى توفر المعلومات اللازمة أو الخاصة للاختيار المهني.

٥- التوفيق في اتخاذ القرار المهني, وهو مدى رغبة الفرد في التوفيق بين حاجاته والواقع (السفاسفة، ١٩٩٣).

ويعرف النضج المهني بأنه: مجموعة السلوكيات والإجراءات المهنية التي تقود إلى تضيق الخيارات المهنية وبالتالي اتخاذ القرار المهني السليم (السفاسفة، ١٩٩٣).

وضع اختبار ميول أو تحصيل أو استعدادات, ويمكن استخدام المعلومات التي نحصل عليها هذا المقياس ليشمل الاتجاهات والمشاعر نحو الاختيار المهني ودخول عالم العمل, وهو ليس من المقياس في التخطيط لاختيار مهنة المستقبل.

لذا يرجو الباحث الإجابة على المقياس بدقة واهتمام, مع العلم أن هذه المعلومات سرية ولغاية البحث العلمي.

الإجابة		الفقرة	الرقم
لا	نعم	غالبا ما احلم بالمهنة التي سوف اعملها، ولكنني في الحقيقة لم اختر مجالاً مهنياً حتى الآن .	١
لا	نعم	من المحتمل أن انجح في مهنة ما اختار، انجح في أي مهنة أخرى .	٢
لا	نعم	اخطط لأتباع المهنة التي يقترحها على الأهل .	٣
لا	نعم	لا اعرف ما افعل كي التحق بالمهنة التي أريد أن اعمل بها.	٤
لا	نعم	عند اختيار مهنة ما يجب أن أفكر في مهن عديدة .	٥
لا	نعم	يبدو أن كل فرد يعطيني وجهة نظر مختلفة. لذلك لا اعرف أي نوع من العمل اختار .	٦
لا	نعم	لا يهم أي مهنة اختار، طالما أن دخلها المالي جيد .	٧
لا	نعم	على أن أقرر بنفسي أي نوع من المهن أريد .	٨
لا	نعم	اعرف قليلاً عن متطلبات المهن .	٩
لا	نعم	غالبا ما اشعر بوجود اختلاف حقيقي بين إمكانياتي وتطلعاتي المهنية .	١٠
لا	نعم	من الصعب أن يتخذ الإنسان قرارا مهنيا، وذلك لكثرة الأمور التي يجب أن تؤخذ بعين الاعتبار عند اختيار المهنة.	١١
لا	نعم	لا فائدة من اختياري أي مهنة إذا كان مستقبلي المهني مشكوك فيه.	١٢

الرقم	الفقرة	الإجابة	
١٣	من المحتمل أن والداي يعرفان أكثر من أي شخص أخر أي مهنة يجب على الالتحاق بها .	نعم	لا
١٤	لا اعرف ما هي التخصصات التي يجب أن التحق بها في الجامعة	نعم	لا
١٥	اقضي كثيرا من الوقت متمنيا انحاز عمل اعرف أنني لا أستطيع انجازه أبدا .	نعم	لا
١٦	الأفضل أن تمارس عددا من المهن المهني،ثم تختار المهنة التي تحبها أكثر .	نعم	لا
١٧	لكل شخص مهنه واحدة فقط .	نعم	لا
١٨	عندما يحين الوقت لاتخاذ القرار المهني، فإنني سأقرر المهنة التي أريدها .	نعم	لا
١٩	لا أستطيع أن افهم كيف يكون بعض الناس متأكدين مما يريدون عمله	نعم	لا
٢٠	اشعر أحيانا بأنه على اختيار مهنه لا تعتبر اختياري الأول.	نعم	لا
٢١	أقوم بتغيير اختياري المهني باستمرار .	نعم	لا
٢٢	لن أزعج نفسي في اختيار مهنة ما حتى أتخرج من المدرسة.	نعم	لا
٢٣	لن يكون خطأك جسيما إذا اتبعت رأي الوالدين بها.تيار المهنة المناسبة	نعم	لا
٢٤	نادرا ما أفكر في المهنة التي أريد الالتحاق بها .	نعم	لا

الرقم	الفقرة	الإجابة	
٢٥	أتساءل باستمرار كيف أستطيع أن أوفق بين نمط شخصيتي ونمط الشخصية التي أريد أن أكونها في مستقبلي المهني .	نعم	لا
٢٦	فيما يتعلق باختياري المهني فأنني سأجد ما يناسبني عاجلاً أم أجلا .	نعم	لا
٢٧	غالبا ما يتم اختيار مهنة معينة بالصدفة .	نعم	لا
٢٨	أن اختياري للمهنة أمرا يجب أن أقوم به بنفسي .	نعم	لا
٢٩	لدي فكرة بسيطة أو حتى ليس لدي فكرة عن طبيعة أجواء العمل .	نعم	لا
٣٠	لن أتخلى عن شيء في سبيل الوصول إلى المهنة أو الوظيفة التي أريدها .	نعم	لا
٣١	أفضل العمل أكثر من اللعب .	نعم	لا
٣٢	المهم في المهنة أن تعرف الأشخاص الذين يعملون فيها، وليس ما تعرفه أنت عن هذه المهنة .	نعم	لا
٣٣	لا أريد من والدي أن يخبراني عن المهنة التي على اختيارها.	نعم	لا
٣٤	أجد من الصعب على تهيئة نفسي للعمل الذي عليّ الالتحاق به .	نعم	لا
٣٥	اشعر بان أهدافي المهنية فوق مستواي ولن أكون قادرا على تحقيقها أبدا	نعم	لا

٣٦	لا ادري فيما إذا كان مستقبلي المهني سيتيح لي أن أكون الـشخص الذي أريده	نعم	لا
٣٧	لا تقلق نفسك باختيار مهنة ما، لأنه لـيس بيـدك مـا تفعلـه بهـذا الصدد على آية حال.	نعم	لا
٣٨	إذا دلني شخص ما على المهنة التي يجب عليّ أن الأبناء هم إنني سأشعر بالراحة والسعادة .	نعم	لا
٣٩	لا أجد المهنة التي تجذبني إليها .	نعم	لا
٤٠	لست متأكدا من أن خططي المهنية واقعية	نعم	لا
٤١	عليّ اختيار مهنة تجعلني في يوم ما مشهوراً .	نعم	لا
٤٢	عادة ما يستطيع الوالدان اختيار المهن الملائمة لأبناهم .	نعم	لا
٤٣	أن اتخاذ قرار مهني يربكني لأنني لا اعرف ما قيمـة الكفايـة عـن نفسي و لا عن عالم العمل .	نعم	لا
٤٤	لـدي اهتمامـات مهنيـة كثـيرة، لـذلك مـن الـصعب اختيـار مهنـة واحدة فقط .	نعم	لا
٤٥	الدخول في مهنة ما، لا يختلف عن الدخول في مهنة لي. .	نعم	لا
٤٦	اشعر أنه عليّ اختيار المهنة التي يختارها والدي لي .	نعم	لا
٤٧	من الصعوبة على أن أتخيل نفسي في أي مهنة	نعم	لا

(السفاسفة، ١٩٩٣)

سادساً: قائمة التفضيلات المهنية

هذا القائمة مختصرة ومفيدة في معرفة التفضيلات المهنية التي يحملها الطلبة، وبالتالي معرفة ما يفضلونه في البيئات المهنية والحياة المهنية بشكل عام، مما يساعدهم في الاختيار المهني السليم.

الرقم	النشاط	أحبه	بين بين	لا أحبه
١	الدوام في أوقات مختلفة			
٢	البقاء بلباس معين			
٣	دوام الانتباه والحرص			
٤	البقاء في المكاتب			
٥	السرية التامة			
٦	كتابة التقارير والمراسلات			
٧	الدقة في المواعيد			
٨	التضحية من أجل الآخرين			
٩	الاهتمام بالمظهر العام واللياقة الشخصية			
١٠	التفكير والتأمل			
١١	مهارة يدوية			
١٢	مهارة عددية أو حسابية			

١٣	التعامل بالنقود				
١٤	التنظيم والترتيب				
١٥	التعامل مع الأشياء				
١٦	التعامل مع الناس				
١٧	يؤدي إلى أرباح				
١٨	يسر أو ضيق محدودية الدخل				
١٩	البحث والدراسة				
٢٠	التخطيط للمستقبل البعيد				
٢١	لا يحتاج لمهارة معينة				
٢٢	السرعة والدقة معا				
٢٣	المخاطرة				

(أبو غزالة، ١٩٩١)

مقاييس الشخصية

أولاً: استبيان نمط السلوك (أ) Types (A) Behavior pattern

هذا المقياس يفيد في معرفة نمط السلوك الذي يحمله الفرد حيث يميل هؤلاء الأفراد إلى أن يكونوا باحثين عن الكمال والمنافسة وعدوانيين، ويفيد هذا في إرشادهم وتوجيه أفراد أسرتهم والمعلمين إلى عدم تشجيع هذا النمط بشكل كبير.

يعرف نمط السلوك (أ) بأنه مجموعة من الخصائص السلوكية التي يشعر معها الفرد بالحاجة إلى الانجاز والانشغال المفرط بالعمل وبالتنافس الشديد وضيق الوقت مما يؤدي إلى توتره مما يفقده القدرة على الصبر والاسترخاء ويجعله مؤهلا للإصابة بأمراض القلب.

بالإضافة إلى ذلك تجمع الدراسات المختلفة على أن أبرز ما يميز صاحب هذا النمط من السلوك هو الجهد الزائد الذي يبذله لتحقيق أهدافه غير الواقعية وطموحاه غير المحدودة والتوتر الذهني والعضلي والسرعة في العمل إيمانا منه بأهمية الوقت مما قد يضطره لإنجاز أكثر من مهمة في نفس الوقت.

(Wright,1988;Jennings& Choi,1981;Feldman,1989)

الرقم	الفقرة	دائماً	أحياناً	أبداً
١	أشعر بأن الوقت غير كافي لإنجاز ما لدي من أعمال			
٢	أتمنى لو كان هناك أكثر من ٢٤ ساعة باليوم لأتمكن من أنجاز أعمالي			
٣	يتراكم لدي العمل بسبب ضيق الوقت			
٤	أنزعج إذا شعرت أن الوقت يضيع سدى			
٥	أؤمن بأن السرعة هي عامل أساسي للنجاح في أي عمل			
٦	أشعر وكأنني في سباق مع الزمن			
٧	أحب السرعة عند ركوب أو قيادة السيارة			
٨	أحاول إنجاز أكثر من عمل بنفس الوقت			
٩	أعمل على جدولة الكثير من أعمالي في وقت محدود			
١٠	يضايقني ازدحام السير			
١١	أقوم بإنجاز عملين معا للاستفادة من الوقت			
١٢	أجد نفسي أفكر في مواضيع خارجة عن إطار الحديث مع الآخرين			
١٣	أنهمك بالتفكير بأكثر من شيء بنفس الوقت			
١٤	أشعر بتزاحم فكرتين أو أكثر خلال حديثي مع الآخرين			
١٥	يحول انشغالي بالعمل دون الحصول على وقت كاف من الراحة والاستجمام			

١٦	أستغل أيام العطل لانجاز ما تراكم لدي من أعمال			
١٧	ينتابني شعور بالذنب عند قضاء بعض الوقت في الراحة والاستجمام بعيدا عن العمل			
١٨	التفكير في أعمالي يحول دون الإصغاء التام للآخرين			
١٩	أحاول أن أتوقع خلاصة ما يريد الآخرون قوله باختصار للوقت			
٢٠	ابحث عن أكثر الطرق فعالية لإنجاز أعمالي والتفوق فيها			
٢١	أنزعج إذا خسرت في إحدى الألعاب			
٢٢	أهتم بالفوز بالألعاب أكثر من اهتمامي بالاستمتاع بها			
٢٣	لدي رغبة ملحة بأن أكون الأفضل			
٢٤	أشعر بأن أهدافي وطموحاتي صعبة التحقيق			
٢٥	يصف العديد من الناس أهدافي وطموحاتي بأنها غير واقعية			
٢٦	أنزعج وأحبط كلما فكرت بأهداف وطموحات لم أحققها بعد			
٢٧	أجد صعوبة في الثقة بالآخرين			
٢٨	يراودني الشك بنوايا الآخرين			

تصحيح المقياس: تكون المقياس من ٢٨ فقرة تقيس السمات والسلوكيات الأساسية لنمط السلوك (أ) وقد تم اعتماد ثلاثة بدائل للإجابة على فقرات المقياس وهي: دائماً، أحياناً، أبدا، وعند تصحيح فقرات المقياس تعطي الاستجابة (دائماً) درجتان، والاستجابة (أحياناً) درجة واحدة والاستجابة (أبدا) درجة صفر، وبذلك تتراوح الدرجة الكلية على المقياس بين صفر - ٥٦ درجة.

تصنيف الاستجابات على مقياس نمط السلوك (أ) وهي على شكل أربعة فئات على النحو التالي:

- فئة نمط السلوك (أ) المرتفع وتتضمن الاستجابات المرتفعة والتي تقع ضمن أعلى ٢٥% من الدرجات أي التي تتراوح على هذا المقياس بين ٤٣-٥٦ درجة.

- فئة نمط السلوك (أ) المتوسط: وتتضمن الاستجابات الأقل حدة والتي تقع ضمن الرباعي الثاني أي التي تتراوح على هذا المقياس بين ٢٨-٤٢ درجة.

- فئة نمط السلوك (أ) المنخفض: وتتضمن الاستجابات المنخفضة والتي تقع ضم الرباعي الثالث أي التي تتراوح على هذا المقياس بين ١٤-٢٧ درجة.

- فئة نمط السلوك (ب) وتتضمن الاستجابات المنخفضة جدا والتي تقع ضمن أدنى ٢٥% من الدرجات أي التي تتراوح على هذا المقياس بين صفر – ١٣ درجة.(الفرح والعتوم، ١٩٩٩)

نمط الشخصية :

لتحديد نمط شخصية الطالب اطلب منه وضع دائرة حول الرقم الذي يمثل سلوكه على المقياس الاستمراري التالي:

١- لا أعطي أهمية كبيرة للمواعيد   ١٢٣٤٥٦٧٨ لا أتأخر عن المواعيد مطلقاً.

٢- لا أحب المنافسة   ١٢٣٤٥٦٧٨ أنا منافس عنيد.

٣- لا أندفع أو استعجل في أي ظرف   ١٢٣٤٥٦٧٨ دائماً مندفع أو في عجلة من أمري.

٤-	أتعامل مع الأمور كل على حدة	١٢٣٤٥٦٧٨	أتعامل مع عدة أمور في وقت واحد.
٥-	أنجز الأمور ببطئ	١٢٣٤٥٦٧٨	أنجز الأمور بسرعة (الأكل، المشي).
٦-	أعبر عن مشاعري	١٢٣٤٥٦٧٨	أكتم مشاعري.
٧-	اهتماماتي كثيرة	١٢٣٤٥٦٧٨	اهتماماتي قليلة.

لتفسير النتائج: اجمع الدرجات واضربهم في (٣) يفسر حاصل الضرب كالتالي:

أقل من ٩٠ نمط (ب) في الشخصية، ٩٠-٩٩ نمط (ب+) في الشخصية، ١٠٠-١٠٥ نمط (أ-) في الشخصية، ١٠٦-١١٩ نمط (أ) في الشخصية، ١٢٠ فأكثر نمط(أ +) في الشخصية.(عسكر،٢٠٠٠)

مقتبس من:

Luthans,F.(1992). Organizational Behavior (6 th Ed.) New York: Mac-Graw-Hill.Inc.

ثانياً: مركز الضبط: locus of Control

يمكن من خلال هذا المقياس التعرف على نوعية مركز الضبط الذي يحمله الطلبة هل هو مركز ضبط خارجي لا يتحملوا من خلاله المسؤولية عن سلوكاتهم، أو مركز ضبط داخلي يتحملوا مسؤولية ما يقوموا به من سلوكات.

يرى روتر (Rotter, 1966) أن مصطلح مركز الضبط يشير إلى الأسباب المدركة للنتائج السلوكية، فعندما يحصل الفرد على تدعيم نتيجة سلوك معين ويعتقد أن الحظ أو المصادفة أو تأثير الأشخاص ذوي الأهمية أو الظروف التي لا تدخل تحت سيطرته هي المسؤولة عن هذا السلوك فإنه يقع في نمط الضبط الخارجي، وفي الطرف الآخر عندما يحصل الفرد على التعزيز ويعتقد أنه حصل عليه نتيجة مهاراته أو صفاته الشخصية فإنه يقع في نمط الضبط الداخلي ويتحرك الأفراد على خط متصل أحد طرفيه النمط الداخلي والطرف الآخر النمط الخارجي لمركز الضبط. (بذري والشناوي، ١٩٨٦: ص ٤٧٤-٤٧٩)

مقياس الضبط الداخلي - الخارجي:

يشتمل المقياس الذي طوره موسى جبريل، على ٢٤ زوجا من الفقرات، يعبر (١٨) زوجا منها على اتجاهات داخلية خارجية كما وضعت ٦ فقرات للتمويه على المفحوص، وتعتمد طريقة الإجابة في المقياس على اختيار المستجيب إحدى الفقرتين من كل زوج من الفقرات، وتمثل الدرجة على الاختبار مجموع الإجابات التي يختارها المستجيب والتي تعبر عن اتجاه خارجي، وتمتد الدرجات على المقياس من صفر وتعبر عندما وجود اتجاه خارجي مطلقا إلى ١٨ وهي تمثل أعلى درجة للتوجه الخارجي.

عزيزي الطالب:

هذه أداة لقياس الاعتقادات الشخصية لدى الأفراد ولا توجد فيها إجابة صحيحة وأخرى خاطئة، يتكون كل بند من بنود المقياس من عبارتين أشير إليهما بالرمزين أ، ب، والمرجو منك أن تختار إحدى العبارتين والتي تعتقد أنها تعبر عن قناعتك أو موقفك بدرجة أكبر، الرجاء أيضا أن تختار العبارة التي تعتقد أنها أكثر صدقا وليس العبارة التي تفضل أن تكون هي الأصح، تأكد من أنك تجيب على كل بند بوضع دائرة حول أحد البديلين أ، أو ب، والموجودين أمام العبارتين اللتين يتضمنهما كل بند من بنود هذه الأداة.

فقد تجد في بعض البنود أنك توافق على ما جاء في العبارتين أو أنك لا توافق عليهما، وفي هذه الحالة عليك أن ترجح أحد البديلين باعتباره الأنسب.

	١	أ	الناجحون غالباً أمناء وصادقون
		ب	النجاح في الحياة لا يعتمد دائماً على الأمانة
خ	٢	أ	غالباً ما تتأثر علامات الطالب بعوامل الصدفة
		ب	إن فكرة تأثر علامات الطالب بميول المعلم خاطئة جدا
خ	٣	أ	عموما لا أسلك وفقا لما يريده الآخرون
		ب	كثيرا ما يتأثر سلوكي بما يريده الآخرون

	٤	أ	السعادة تتوفر عند امتلاك الفرد لما يحتاج
		ب	السعادة تتوفر عند الحصول على محبة واحترام أكثرية الناس
خ	٥	أ	لا أستطيع أن أفهم كيف ولماذا يتخذ المدير والمعلمون قراراتهم
		ب	غالباً ما أفهم الدوافع وراء قرارات المدير والمعلمين
خ	٦	أ	أتحكم بانفعالاتي باستمرار
		ب	توجد أوقات لا أستطيع فيها التحكم بانفعالاتي
خ	٧	أ	غالباً ما يعتمد نجاح الفرد على العمل الجاد
		ب	النجاح في الحياة يعتمد إلى حد كبير على عوامل الحظ
خ	٨	أ	يستطيع الناس عبر بذل الجهد القضاء على الفساد
		ب	القضاء على الفساد الاجتماعي أمر مستحيل مهما حاول الناس
	٩	أ	أكثر الناس خيرون
		ب	عادم يقدم الناس المساعدة أملا في الحصول على التقدير
خ	١٠	أ	غالبية الناس لا يدركون مدى تحكم عوامل الصدفة في حياتهم
		ب	لا تلعب الصدفة دورا مهما في حياة الناس
خ	١١	أ	من السهل علي أن أسلك مستقلاً عن تأثير أية جماعة تحاول التحكم بي
		ب	أخضع أحياناً لضغوط اجتماعية لا استطيع التحكم بها أو فهمها
خ	١٢	أ	أن نجاحي في المستقبل يتوقف على قدراتي وعملي
		ب	أدرك دائماً أنني مهما بذلت من جهد فإن النتائج محكومة بالقضاء والقدر

	١٣	أ	يساعد النشاط الرياضي في المجتمع على إقامة علاقات جيدة بين الناس
		ب	يمكن أن يؤدي النشاط الرياضي إلى تنافس حاد يضر بالعلاقات بين أفراد المجتمع
خ	١٤	أ	اندفع أحياناً إلى القيام بأشياء دون تروى
		ب	لا أقوم بعمل إلا بعد التفكير في نتائجه
خ	١٥	أ	غالباً أستطيع أن أنفذ ما أقرر القيام به
		ب	يوجد دائماً في المجتمع ما يحد من حرية الفرد في اتخاذ القرار
خ	١٦	أ	نتيجة للحظ وسوء الطالع لا ينال معظم الناس ما يتمنونه
		ب	يستطيع الناس الوصول إلى تحقيق الكثير من أهدافهم
	١٧	أ	أرغب العيش في مدينة كبيرة
		ب	أفضل العي في بيئة ريفية
خ	١٨	أ	أستطيع التفوق إذا بذلك الجهد المناسب
		ب	نجاح الفرد يعتمد على عوامل متعددة في المجتمع
خ	١٩	أ	أقوم أحياناً بأعمال لا تتفق مع قناعاتي
		ب	أشعر دائماً أنني أتحكم بنفسي وبما أقوم به
خ	٢٠	أ	ما يحدث للناس يرجع إلى القدر
		ب	يستطيع الإنسان أن يقرر مصيره بنفسه إلى حد كبير
	٢١	أ	خسارة النقود أكثر إيلاما من خسارة صديق
		ب	الناس هم أهم شيء في عالمنا
خ	٢٢	أ	لا أعتقد أنه بإمكاني التأثير في ما يجري في بيئتي الاجتماعية

		ب	يمكن أن يكون لي تأثير في البيئة الاجتماعية عبر المشاركة في النشاط الاجتماعي
خ	٢٣	أ	غالباً لا يستطيع الناس تأجيل إشباع رغباتهم
		ب	يستطيع الناس إذا أرادوا تأجيل إشباع رغباتهم والتحكم بها
خ	٢٤	أ	إن وصولي إلى تحقيق أهدافي لا يعتمد على الصدفة أو الحظ
		ب	لا فائدة من التخطيط للمستقبل البعيد لأن أكثر الأمور تعود إلى الحظ.

الحرف خ يشير إلى أن العبارة تدل على توجه خارجي للضبط، إذا أجاب المفحوص في الفقرات التالية على أ فإن لديه مركز ضبط خارجي وهي: (٢، ٥، ١٠، ١٤، ١٦، ١٩، ٢٠، ٢٢، ٢٣) وبقية الفقرات التي أمامها حرف خ الإجابة على رمز ب يدل على وجود مركز ضبط خارجي.(جبريل، ١٩٩٦)

ثالثاً: قائمة أيزنك للشخصية The Eysenk Personality Inventory

الصورة (أ)

هذه القائمة من أجل التعرف على ثلاثة مجالات رئيسية في الشخصية وهي مدى الانبساط - الانطواء والاتزان - الاندفاع والكذب.

الصف: .... المدرسة: ....

تعليمات: ....

عزيزي الطالب/ الطالبة:

إليك بعض الأسئلة عن الطريقة التي تسلك بها وتشعر بها وتعمل، حاول أن تقرر وتحدد الإجابة التي تتفق مع طريقتك المعتادة، في التصرف والشعور. هل هي (نعم) أم (لا) ثم ضع X في المستطيل تحت عمود (نعم) أو تحت عمود (لا).

أجب بسرعة، ولا تفكر كثيراً في أي سؤال فنحن نريد استجابتك الأولى ولا نريد الإجابة بعد عملية تفكير طويلة، ولا يجب أن تستغرق الإجابة كلها أكثر من بضع دقائق، ولا تترك أي سؤال بدون إجابة.

الرقم	فقرات الاختيار	الإجابة	
		نعم	لا
١-	هل تتوق إلى الأشياء المثيرة في معظم الأحيان؟		
٢-	هل تحتاج إلى أصدقاء يفهمونك لكي تشعر بالارتياح والابتهاج؟		
٣-	هل أنت سعيد وتعالج الأمور ببساطة ودون تدقيق وتمحيص؟		
٤-	هل تنزعج إلى حد كبير لو رفض طلب لك؟		
٥-	هل تتمثل وتفكر ملياً قبل الإقدام على عمل أي شيء؟		
٦-	هل تفي دائماً بوعد قطعته على نفسك بغض النظر عما قد يكلف من تعب أو عناء؟		
٧-	هل يثور مزاجك ويهدأ في أحيان كثيرة؟		
٨-	هل من عادتك أن تقوم بعمل وقول أشياء على نحو متسرع ودون تأمل أو تفكير؟		
٩-	هل حدث أن شعرت بالتعاسة دون سبب كاف لذلك؟		
١٠-	هل تعمل أي شيء تقريباً من أجل الجرأة؟		
١١-	هل تشعر بالخجل فجأة عندما تريد التحدث إلى شخص غريب جذاب؟		
١٢-	هل يحدث أن تفقد السيطرة على نفسك وتغدو غاضباً أحياناً؟		

الرقم	فقرات الاختيار	الإجابة	
		نعم	لا
١٣-	هل تقوم بالأشياء على نحو ارتجالي في معظم الأحيان؟		
١٤-	هل تشعر غالباً بالقلق حيال أشياء كان ينبغي لك ألا تفعلها أو تقولها؟		
١٥-	هل تفضل المطالعة على التحدث مع الآخرين بصفة عامة؟		
١٦-	هل يسهل جرح مشاعرك نوعاً ما؟		
١٧-	هل ترغب في الخروج كثيراً من المنزل؟		
١٨-	هل تراودك أحياناً أفكار وخواطر لا ترغب أن يعرفها الآخرين؟		
١٩-	هل تشعر بنشاط شديد أحياناً وبالبلادة أحياناً أخرى؟		
٢٠-	هل تفضل أن يكون لديك عدد قليل من الأصدقاء شريطة أن يكونوا من المقربين؟		
٢١-	هل تستغرق في أحلام اليقظة؟		
٢٢-	هل تجيب الناس بالصراخ عندما يصرخون في وجهك؟		
٢٣-	هل يضايقك الشعور بالذنب في كثير من الأحيان؟		
٢٤-	هل عاداتك جميعها حسنة ومرغوب فيها؟		
٢٥-	هل يمكنك أن تترك نفسك على سجيتها وتتمتع كثيراً في حفل مرح؟		
٢٦-	هل تعتبر نفسك متوتر الأعصاب؟		
٢٧-	هل يعتقد الآخرون أنك حيوي ونشيط؟		

-٢٨	هل قمت بعمل شيء هام، ثم شعرت غالباً أن باستطاعتك القيام به على نحو أفضل؟		
-٢٩	هل يغلب عليك طابع الهدوء عندما تكون مع الآخرين؟		
-٣٠	هل تنهمك في القيل والقال أو نشر الإشاعات أحياناً؟		
-٣١	هل تلازمك الأفكار لدرجة لا تستطيع معها النوم؟		
-٣٢	إذا كنت تريد معرفة شيء ما، فهل تفضل معرفته من خلال اللجوء إلى شخص آخر تحدثه عنه؟		
-٣٣	هل يحدث لك خفقان قلب أو تسرع في دقاته؟		
-٣٤	هل تحب نوع العمل الذي يتطلب منك انتباهاً شديداً أو دقيقاً؟		
-٣٥	هل تنتابك نوبات من الارتجاف والارتعاش أحياناً؟		
-٣٦	هل تصرح للجمارك عن كل شيء لديك حتى لو علمت أنه يستحيل اكتشافه؟		
-٣٧	هل تكره أن تكون في مجموعة ينكت فيها الواحد فيها على الآخر؟		
-٣٨	هل أنت شخص سريع الاستثارة أو الانفعال؟		
-٣٩	هل ترغب القيام بأشياء ينبغي لك أن تتصرف حيالها بسرعة؟		
-٤٠	هل تقلق بصدد أشياء مخيفة قد تحدث لك؟		
-٤١	هل يمتاز أسلوب حركتك بالبطء وعدم السرعة؟		
-٤٢	هل حدث أن تأخرت عن تنفيذ موعد أو عمل ما؟		

٤٣-	هل تنتابك كوابيس أو أحلام مزعجة كثيرة؟		
٤٤-	هل ترغب في التحدث مع الناس إلى حدٍ كبير بحيث لم تضيع فرصة الحديث إلى شخص غريب؟		
٤٥-	هل تزعجك الآلام والأوجاع؟		
٤٦-	هل تشعر بتعاسة شديدة إن لم تر كثير من الناس في معظم الأحيان؟		
٤٧-	هل تعتبر نفسك شخصاً عصبياً؟		
٤٨-	هل هناك أشخاص ممن تعرفهم لا تحبهم على نحو قاطع؟		
٤٩-	هل تستطيع القول بأنك واثق من نفسك تماماً؟		
٥٠-	هل يؤلمك الآخرون بسهولة لدى اكتشافهم الخطأ فيك أو في عملك؟		
٥١-	هل يصعب عليك أن تتمتع فعلاً في حفل مرح؟		
٥٢-	هل تنزعج من الشعور بالنقص؟		
٥٣-	هل يسهل عليك إضفاء جوٍ من الحيوية على حفل ممل إلى حدٍ ما؟		
٥٤-	هل تتحدث أحياناً عن أمور لا تعرف عنها شيئاً؟		
٥٥-	هل أنت قلق على صحتك؟		
٥٦-	هل تحب إيقاع الآخرين في " مقالب " بقصد المرح؟		
٥٧-	هل تعاني من الأرق؟		

الأبعاد التي يقيسها الاختبار:

الانبساط - الانطواء		الاتزان - الانفعال		الكذب	
الرقم	رقم الفقرة	الرقم	رقم الفقرة	الرقم	رقم الفقرة
١	١	١	٢	١	٦
٢	٣	٢	٤	٢	١٢
٣	٥	٣	٧	٣	١٨
٤	٨	٤	٩	٤	٢٤
٥	١٠	٥	١١	٥	٣٠
٦	١٣	٦	١٤	٦	٣٦
٧	١٥	٧	١٦	٧	٤٢
٨	١٧	٨	١٩	٨	٤٨
٩	٢٠	٩	٢١	٩	٥٤
١٠	٢٢	١٠	٢٣		
١١	٢٥	١١	٢٦		
١٢	٢٧	١٢	٢٨		
١٣	٢٩	١٣	٣١		
١٤	٣٢	١٤	٣٣		
١٥	٣٤	١٥	٣٥		
١٦	٣٧	١٦	٣٨		
١٧	٣٩	١٧	٤٠		
١٨	٤١	١٨	٤٣		
١٩	٤٤	١٩	٤٥		
٢٠	٤٦	٢٠	٤٧		
٢١	٤٩	٢١	٥٠		
٢٢	٥١	٢٢	٥٢		
٢٣	٥٣	٢٣	٥٥		
٢٤	٥٦	٢٤	٥٧		

مفاتيح تصحيح قائمة أيزنك

الإجابة	رقم الفقرة	الإجابة	رقم الفقرة	الإجابة	رقم الفقرة	الإجابة	رقم الفقرة
نعم	٤٦	نعم	٣١	نعم	١٦	نعم	١
نعم	٤٧	لا	٣٢	نعم	١٧	نعم	٢
لا	٤٨	نعم	٣٣	لا	١٨	نعم	٣
نعم	٤٩	لا	٣٤	نعم	١٩	نعم	٤
نعم	٥٠	نعم	٣٥	لا	٢٠	لا	٥
لا	٥١	نعم	٣٦	نعم	٢١	نعم	٦
نعم	٥٢	لا	٣٧	نعم	٢٢	نعم	٧
نعم	٥٣	نعم	٣٨	نعم	٢٣	نعم	٨
لا	٥٤	نعم	٣٩	نعم	٢٤	نعم	٩
نعم	٥٥	نعم	٤٠	نعم	٢٥	نعم	١٠
نعم	٥٦	لا	٤١	نعم	٢٦	نعم	١١
نعم	٥٧	لا	٤٢	نعم	٢٧	لا	١٢
		نعم	٤٣	نعم	٢٨	نعم	١٣
		نعم	٤٤	لا	٢٩	نعم	١٤
		نعم	٤٥	لا	٣٠	لا	١٥

(شهاب، ١٩٩٢)

رابعاً: مقياس كاتل للشخصية

هذا المقياس طويل نسبيا ولكنه يمكن أن يستخدم بشكل كامل أو بأبعاده فقط من أجل المساعدة في التعرف على الشخصية بشكل كامل، ويحتوي على ١٦ بعدا تقيس معظم مجالات الشخصية.

أخي/ أختي الطالب ..

تحية طيبة وبعد:

تحتوي هذه الاستبانة على ١٨٧ فقرة تتصل بنوحي اهتماماتك وميولك، وما تحبه وما تكرهه، أمام كل فقرة ثلاث إجابات محتملة، فإذا وقع اختيارك على الإجابة (أ) فضع إشارة (X) أمام رقم الفقرة وتحت العمود (أ) على ورقة الإجابة، وإذا اخترت الإجابة (ب) فضع إشارة (X) أمام رقم الفقرة وتحت العمود (ب) على ورقة الإجابة، وإذا اخترت الإجابة (ج) فضع إشارة (X) أمام رقم الفقرة وتحت العمود (ج) على ورقة الإجابة.

ليس هناك إجابات صحيحة وأخرى خاطئة، فلكل فرد وجهة نظره الخاصة في حياته - أرجو منك عند الإجابة مراعاة ما يلي:

١- لا تصرف وقتاً طويلاً في التأمل والتفكير، وأجب بأول إجابة تخطر ببالك.

٢- حاول أن لا تختار الإجابة (غير متأكد) أو الإجابة (بين بين) إلا إذا استحال عليك تماماً وربما لا يزيد مرة كل أربع أو خمس فقرات تقريباً.

٣- تأكد بأنك لم تقفز عن أية فقرة، وأجب عن كل فقرة قدر الإمكان، فبعض الفقرات قد لا تكون موافقاً عليها بشكل جيد، ولكن أرجو أن تضع أفضل جواب محتمل لها، وبعض الفقرات تظهر بأنها شخصية، فتأكد بأن ورقة الإجابة في أيدي أمينة وموثوق بها ولأغراض الإرشاد فقط، ولن يطلع عليها أحد غير المرشد.

٤- أجب بصراحة وصدق بقدر الإمكان، ولا تختر الإجابة لمجرد اعتقادك بأنها ستعطي الانطباع الأفضل عنك.

٥- يرجى مراعاة أن هنالك جواباً واحداً فقط لكل فقرة، ومن ثم يرجى أن لا تضع إلا إشارة (X) واحدة أمام رقم كل فقرة على ورقة الإجابة.

٦- لا تكتب أي شيء على الصفحات التي تحوي على الفقرات.

٧- اكتب اسمك على ورقة الإجابة.

١- لدي تفهم واضح لتعليمات هذا الفحص:

(أ) نعم   (ب) غير متأكد   (ج) لا

٢- إني على استعداد للإجابة عن كل سؤال بصدق قدر الإمكان:

(أ) نعم   (ب) بين بين   (ج) لا

٣- أثناء العطلة أفضل الذهاب إلى:

(أ) بلد مزدحم بالناس
(ب) وسط بين الإجابة أ و ج
(ج) كوخ هادئ في مكان منعزل

٤- أشعر بالضيق عندما أكون في مكان صغير محصور مثل مصعد مزدحم بالناس:

(أ) أبداً   (ب) نادراً   (ج) أحياناً

٥- أجد نفسي كثير التفكير في قضايا تافهة وأبذل جهداً للتخلص منها:

(أ) نعم   (ب) أحياناً   (ج) لا

٦- إذا عرفت شخصاً ما يفسر الأشياء بطريقة خاطئة أميل إلى أن أكون:

(أ) هادئاً   (ب) بين بين   (ج) معبراً عن رأيي

٧- تبدو أفكاري:

(أ) سابقة لأوانها   (ب) غير متأكد منها   (ج) تظهر في أوانها

٨- أنا غير موهوب في إطلاق النكات وسرد القصص المسلية:

(أ) صحيح   (ب) بين بين   (ج) خطأ

٩- أفضل أن أعيش عمراً طويلاً هادئاً على أن أتعب نفسي في خدمة مجتمعي المحلي:

(أ) صحيح   (ب) أحياناً   (ج) خطأ

١٠- كنت مشاركاً نشيطاً في تنظيم نادي أو فريق أو مجموعة اجتماعية تشبه النادي:

(أ) نعم   (ب) أحياناً   (ج) أبداً

١١- لا أستطيع إلا أن أتصرف تصرفاً عاطفياً:

(أ) نادراً جداً   (ب) أحياناً   (ج) غالباً

١٢- أفضل قراءة كتاب عن:

(أ) تعاليم دينية عظيمة   (ب) غير متأكد   (ج) المؤسسات السياسية الوطنية

١٣- المواضيع التي تثير حساسيتي أو تزعجني بسهولة قليلة جداً:

(أ) صحيح   (ب) غير متأكد   (ج) خطأ

١٤- القدرات والخصائص التي يرثها الأفراد عن الوالدين لها أهمية أكبر من التي يقر بها الناس:

(أ) صحيح   (ب) بين بين   (ج) خطأ

١٥- أشعر بأن الأعمال الروتينية يجب أن تتم حتى ولو بدا لي أنها غير ضرورية:

(أ) صحيح   (ب) غير متأكد   (ج) خطأ

١٦- النكات حول الموت مناسبة ومستساغة:

(أ) نعم   (ب) غير متأكد   (ج) لا

١٧- أفضل إرشادي بالطريقة الأحسن في عمل الأشياء بدل أن أجد الطريقة بنفسي:

(أ) نعم   (ب) غير متأكد   (ج) لا

١٨- عندما أكون في وسط أي مجموعة من الناس يغلب علي الشعور بالعزلة وعدم القيمة:

(أ) نعم   (ب) بين بين   (ج) لا

١٩- لا تتغير ذاكرتي كثيراً من يوم ليوم:

(أ) صحيح   (ب) أحياناً   (ج) خطأ

٢٠- إذا قدم لي طعام رديء في مطعم أعتقد أن من واجبي أن أبدي تذمري للخادم أو لمدير المطعم:

(أ) نعم   (ب) أحياناً   (ج) لا

٢١- من أجل الراحة والاسترخاء أفضل:

(أ) الرياضة والألعاب   (ب) غير متأكد   (ج) المناقشات والأحاجي والألغاز

٢٢- بالمقارنة مع الآخرين، شاركت في:

(أ) كثير من النشاطات الاجتماعية والمحلية

(ب) بعض النشاطات

(ج) فقط قليلاً من النشاطات الاجتماعية والمحلية

٢٣- عندما أخطط غالباً ما أترك الأمور للحظ:

(أ) صحيح   (ب) غير متأكد   (ج) خطأ

٢٤- عند ذهابي إلى مكان ما لتناول الطعام أو للعمل... الخ فإني:

(أ) أبدو وكأني أندفع من شيء لآخر   (ب) بين بين   (ج) أفكر بالأمر جيداً

٢٥- أشعر بالقلق وكأني أريد شيئاً غير أني لا أعرفه:

(أ) نادراً جداً   (ب) أحياناً   (ج) غالباً

٢٦- لو كنت في مصنع يبدي لي أنه من الممتع أن أكون مسؤولاً عن:

(أ) النواحي الميكانيكية   (ب) غير متأكد   (ج) مقابلة الناس وتوظيفهم

٢٧- أفضل قراءة كتاب عن:

(أ) السفر عبر الفضاء الخارجي   (ب) غير متأكد   (ج) التربية في الأسرة

٢٨- أي من الكلمات التالية تختلف عن الكلمات الأخرى:

(أ) الكلب   (ب) الطير   (ج) البقرة

٢٩- إذا أتيحت لي الفرصة أن أعيش مرة ثانية فإني:

(أ) سأخطط لحياة مختلفة   (ب) غير متأكد

(ج) سأعيش نفس الحياة التي أعيشها الآن

٣٠- في اتخاذ القرارات في حياتي وعملي لم أزعج قط من سوء تفهم عائلتي لي:

(أ) صحيح   (ب) بين بين   (ج) خطأ

٣١- أفضل أن أتجنب قول أشياء سيئة تضايق الناس:

(أ) صحيح   (ب) بين بين   (ج) خطأ

٣٢- إذا كان بيدي سلاحاً وعرفت بأنه معبأ يستمر شعوري بالضيق حتى أفرغه:

(أ) نعم   (ب) بين بين   (ج) لا

٣٣- أستمتع كثيراً في إطلاق النكات التي لا تحمل الإساءة للآخرين:

(أ) صحيح   (ب) بين بين   (ج) خطأ

٣٤- يمضي الناس قسطاً كبيراً من أوقات فراغهم في خدمة جيرانهم والمساعدة في إيجاد حلول للقضايا المحلية:

(أ) نعم   (ب) غير متأكد   (ج) لا

٣٥- أشعر أحياناً بأنني لا أؤدي أعمالي جيداً وكما يجب اجتماعياً لأنني غير واثق من نفسي:

(أ) صحيح   (ب) بين بين   (ج) خطأ

٣٦- أستمتع بالمشاركة بمحادثة ما ونادراً ما أضيع فرصة دون التكلم مع شخص غريب:

(أ) صحيح   (ب) بين بين   (ج) خطأ

٣٧- إن العنوان الذي يثيرني أكثر من غيره في الصحيفة اليومية هي:

(أ) مناقشة رجال الدين لأمور العقيدة   (ب) غير متأكد

(ج) تحسين الإنتاج والتسويق

٣٨- أشك في أمانة الناس الذين يبدون وداً أكثر مما أتوقع منهم:

(أ) صحيح   (ب) بين بين   (ج) خطأ

٣٩- نصيحتي للناس هي:

(أ) سر للإمام وحاول فلن يصيبك أذى   (ب) بين بين

(ج) فكر ملياً أولاً ولا تجعل من نفسك شخصاً أحمقاً

٤٠- أكثر أهمية بالنسبة لي:

(أ) أن أعبر عن نفسي بحرية   (ب) بين بين

(ج) إقامة علاقات جيدة مع الآخرين

٤١- أستمتع بأحلام اليقظة (سارح الفكر أو شارد الذهن):

(أ) نعم   (ب) غير متأكد   (ج) لا

٤٢- أفضل أن أعمل بوظيفة أستطيع من خلالها اتخاذ قرارات ذكية على وظيفة أتخذ من خلالها قرارات روتينية سريعة:

(أ) صحيح   (ب) غير متأكد   (ج) خطأ

٤٣- لدى شعور بأن أصدقائي لا يحتاجونني بقدر ما أحتاجهم:

(أ) صحيح   (ب) غير متأكد   (ج) خطأ

٤٤- أشعر بالضيق إذا ظن أحد بي السوء:

(أ) نادراً   (ب) أحياناً   (ج) غالباً

٤٥- ارتكبت حوادثاً لأنني كنت شارد الذهن:

(أ) نادراً تماماً   (ب) بين بين   (ج) بضع مرات

٤٦- في الصحيفة المفضلة لدي أحب أن أشاهد:

(أ) بحث القضايا الاجتماعية الأساسية في العالم الحديث   (ب) بين بين

(ج) تغطية جيدة لجميع الأخبار المحلية

٤٧- أجد بأن الكتب أكثر تسلية من الأصدقاء:

(أ) نعم   (ب) بين بين   (ج) لا

٤٨- مهما كانت العقبات صعبة ومعقدة فإنني دائماً ما أواظب على هدفي الأصلي:

(أ) نعم   (ب) بين بين   (ج) لا

٤٩- تتوتر أعصابي نتيجة لبعض الأصوات فمثلاً صرير الباب غير محتمل ويؤدي بي إلى الارتعاش:

(أ) غالباً   (ب) أحياناً   (ج) أبداً

٥٠- غالباً ما أشعر بالتعب تماماً عندما أستيقظ في الصباح:

(أ) نعم   (ب) بين بين   (ج) لا

٥١- لو كانت رواتب الوظائف التالية متساوية لفضلت أن أكون:

(أ) باحث كيماوي   (ب) غير متأكد   (ج) مديرة (مدير) أوتيل

٥٢- إن العمل لجمع الأموال لخدمة قضية أؤمن بها أو التنقل لبيع الأشياء هو بالنسبة لي:

(أ) ممتع تماماً   (ب) بين بين   (ج) وظيفة مزعجة

٥٣- أي من الأرقام التالية ليس له علاقة بالأخرى:

(أ) ٧   (ب) ٩   (ج) ١٣

٥٤- الكلب بالنسبة للعظم كالبقرة بالنسبة لـ :

(أ) الحليب   (ب) العشب   (ج) الملح

٥٥- إن تغييرات الطقس لا تؤثر عادة في فعاليتي ومزاجي:

(أ) صحيح   (ب) بين بين   (ج) خطأ

٥٦- عندما أكون في مدينة غريبة فإنني سوف:

(أ) أتجول أينما أشاء   (ب) غير متأكد

(ج) أبتعد عن الأماكن التي يقال عنها أنها خطرة

٥٧- إنه من الأهمية بمكان أن:

(أ) تكون لطيفة مع الناس   (ب) بين بين   (ج) تضع أفكارك موضع التنفيذ

٥٨- أعتقد في:

(أ) الشعار الذي يقول "اضحك وكن منشرحاً في معظم المناسبات"

(ب) بين بين   (ج) أن تكون رزيناً جداً في عملك اليومي

٥٩- حينما أعطى مجموعة من التعليمات فإنني أتبعها عندما أقتنع بها:

(أ) صحيح   (ب) غير متأكد   (ج) خطأ

٦٠- في علاقاتي الاجتماعية يضايقني أحياناً شعوري بالنقص لعدم وجود سبب حقيقي لهذا الشعور:

(أ) صحيح   (ب) بين بين   (ج) خطأ

٦١- أشعر بالارتباك قليلاً مع الجماعة ولا أظهر تماماً على حقيقتي:

(أ) نعم   (ب) أحياناً   (ج) لا

٦٢- أفضل:

(أ) العمل مع بعض الناس الذين هم أقل مني درجة   (ب) غير متأكد

(ج) العمل مع لجنة

٦٣- أغلب الناس لا يهمهم الاعتراف بالخطأ حتى لو لم يلمهم الناس على أخطائهم:

(أ) صحيح   (ب) غير متأكد   (ج) خطأ

٦٤- لا يوجد هناك أحد يحب رؤيتي منزعجاً:

(أ) صحيح   (ب) غير متأكد   (ج) خطأ

٦٥- من الأهمية بمكان أن يكون الإنسان مهتماً بـ :

(أ) المعنى الحقيقي للحياة   (ب) غير متأكد   (ج) أن يؤمن دخلاً جيداً لعائلته

٦٦- بقائي في الداخل طويلاً بعيداً عن الخارج يجعلني أشعر بالتفاهة:

(أ) دائماً   (ب) أحياناً   (ج) خطأ

٦٧- لدي أفكار غير عادية عن كثير من الأشياء وهي كثيرة جداً ولا أستطيع أن أنفذها:

(أ) صحيح   (ب) أحياناً   (ج) خطأ

٦٨- عادة ما تكون معنوياتي عالية، بغض النظر عما أواجهه من متاعب:

(أ) صحيح   (ب) بين بين   (ج) خطأ

٦٩- من الصعب أن يغمض لي جفن بسبب انزعاجي لحادث مؤسف:

(أ) غالباً   (ب) أحياناً   (ج) نادراً

٧٠- أفضل رؤية:

(أ) فلم هزلي ذكي أو مسرحية هزلية قصيرة عن المجتمع في المستقبل:

(ب) بين بين   (ج) فلم جيد جريء عن الأيام العصيبة الرائدة

٧١- ربما يعتقد أصدقائي أنه من الصعب معرفتي على حقيقتي جيداً:

(أ) نعم   (ب) بين بين   (ج) لا

٧٢- أحل مشكلة ما بطريقة أفضل:

(أ) عندما أدرسها لوحدي   (ب) بين بين   (ج) مناقشتها مع الآخرين

٧٣- حينما يجب صنع قرارات سريعة فإنني:

(أ) أتكل على التفكير المنطقي الهادئ   (ب) بين بين

(ج) أصبح متوتراً وقلقاً غير قادر على التفكير بوضوح

٧٤- أحياناً أجد أفكاراً وذكريات سخيفة تمر على ذهني:

(أ) نعم   (ب) بين بين   (ج) لا

٧٥- لم يسبق لي أن تضايقت في مناقشات لم أستطع أن أسيطر أثنائها على صوتي:

(أ) صحيح   (ب) غير متأكد   (ج) خطأ

٧٦- أثناء السفر أفضل النظر للمناظر الطبيعية على أن أتحدث مع الناس:

(أ) صحيح   (ب) غير متأكد   (ج) لا

٧٧- هل كلمة (يفقد) أفضل كلمة معاكسة للكلمة (يظهر) من كلمة يخبئ:

(أ) نعم   (ب) غير متأكد   (ج) لا

٧٨- السواد بالنسبة للرمادي كالألم بالنسبة لـ :

(أ) التواء المفصل   (ب) غير متأكد   (ج) الحكة

٧٩- أجد من الصعوبة أن أتقبل كلمة "لا" حتى عندما أعرف أنني أطلب المستحيل:

(أ) صحيح   (ب) بين بين   (ج) خطأ

٨٠- غالباً ما أتألم من طريقة قول الناس للأشياء أكثر من القول نفسه:

(أ) صحيح   (ب) بين بين   (ج) خطأ

٨١- أتضايق من انتظار الخدم لي:

(أ) نعم   (ب) بين بين   (ج) لا

٨٢- عندما يكون الأصدقاء في مناقشة حية فإنني:

(أ) أفضل أن أصغي لهم بانتباه   (ب) بين بين

(ج) أبدي ملاحظات أكثر من أغلب الناس

٨٣- أحب أن أتواجد في مواقف فيها كثير من الإثارة والصخب:

(أ) نعم   (ب) بين بين   (ج) خطأ

٨٤- في العمل من الأهمية بمكان أن تكون محبوباً من الناس المناسبين من أن تعمل بوظيفة ممتازة:

(أ) صحيح   (ب) بين بين   (ج) خطأ

٨٥- إذا كان هناك من يراقبني في الشارع أو في الدكان أشعر بارتباك بسيط:

(أ) نعم   (ب) بين بين   (ج) لا

٨٦- ليس من السهل توضيح أفكاري في كلمات، لذلك فلا أقاطع مناقشة بالسهولة التي يقوم بها أغلب الناس

(أ) صحيح   (ب) بين بين   (ج) لا

٨٧- أهتم دائماً بالنواحي الميكانيكية مثل السيارات والطائرات:

(أ) نعم   (ب) بين بين   (ج) خطأ

٨٨- غالباً ما يكون خوف الناس من أن يقبض عليهم رادعاً لهم من عدم الأمانة أو الأعمال الإجرامية

(أ) نعم   (ب) بين بين   (ج) لا

٨٩- حقيقة يوجد هناك أناس طيبون أكثر من غير الطيبين في العالم:

(أ) نعم   (ب) غير متأكد   (ج) لا

٩٠- الجماعات المهملة التي تقول إن أفضل الأشياء بالحياة هي التي يحصل عليها مجاناً، عادة لا تعمل للكسب:

(أ) صحيح   (ب) بين بين   (ج) خطأ

٩١- إذا تكلم الناس عند اجتماعهم في لجنة بدون الوصول إلى النقطة الرئيسية فإنني:

(أ) أستحثهم للوصول إلى النقطة الرئيسية

(ب) غير متأكد

(ج) أعمل الشيء العملي الذي يحقق الانسجام

٩٢- إن الشخص الذي نجد أن طموحاته تجرح وتؤذي صديقاً عزيزاً ربما يظل معتبراً إنساناً عادياً ومواطناً جديراً بالاحترام والتقدير:

(أ) نعم (ب) بين بين (ج) لا

٩٣- عندما يحدث خطأ صغير بعد خطأ آخر فإنني:

(أ) أستمر بشكل طبيعي (ب) بين بين (ج) أشعر بالانهزام

٩٤- أنزعج عند شعوري بالذنب، أو أندم على الأمور الصغيرة:

(أ) نعم غالباً (ب) أحياناً (ج) لا

٩٥- من الأفضل أن يجتمع الناس ببعضهم في العبادة العامة (صلاة الجمعة مثلاً) بانتظام:

(أ) صحيح (ب) بين بين (ج) خطأ

٩٦- عند التخطيط لنزهات اجتماعية فإنني:

(أ) أكون دائماً مسروراً بالالتزام (بالارتباط كلياً) (ب) بين بين

(ج) أحب الاحتفاظ بحقي في إلغاء ذهابي

٩٧- كثير من الناس يناقشون مشاكلهم ويطلبون نصيحتي عندما يحتاجون أحداً ليحدثهم:

(أ) نعم (ب) بين بين (ج) لا

٩٨- إذا تركني أصدقائي بسبب خلاف كانوا سببه:

(أ) فإنني أثور (ب) بين بين

(ج) أتقبل ذلك بهدوء معتقداً بأن لديهم سبباً

٩٩- بعض الأحيان من السهل أن أمتنع عن العمل بالتسلية وأحلام اليقظة:

(أ) نعم (ب) بين بين (ج) لا

١٠٠- لا أستطيع أن أكون فكرة فورية عن الحب وعدم الحب للناس الذين قابلتهم الآن:

(أ) صحيح (ب) غير متأكد (ج) خطأ

١٠١- أستمع كثيراً لكوني:

(أ) مدير مكتب العمل   (ب) غير متأكد   (ج) مهندس معماري

١٠٢- نيسان بالنسبة لآذار كيوم الثلاثاء بالنسبة لـ:

(أ) الأربعاء   (ب) الجمعة   (ج) الاثنين

١٠٣- أي من الكلمات ليس لها علاقة بالكلمات الأخرى:

(أ) حكيم   (ب) محبوب   (ج) لطيف

١٠٤- أقطع الشارع لأتجنب مقابلة أناس لا أرغب برؤيتهم:

(أ) أبداً   (ب) نادراً   (ج) أحياناً

١٠٥- في اليوم العادي فإن عدد المشاكل التي أقابلها والتي لا أستطيع حلها هي:

(أ) واحدة صعبة   (ب) بين بين

(ج) أكثر من نصف دزينة

١٠٦- إذا لم أتفق مع مسؤول في وجهات نظره فعادة ما:

(أ) أحتفظ برأيي لنفسي   (ب) غير متأكد

(ج) أخبره بأن راتبي يختلف عن رأيه

١٠٧- أتجنب أي حديث محرج مع أفراد الجنس الآخر:

(أ) صحيح   (ب) بين بين   (ج) خطأ

١٠٨- إنني لست ناجحاً في معاملة الناس:

(أ) صحيح   (ب) غير متأكد   (ج) خطأ

١٠٩- أستمتع في قضاء أحسن وقتي وقوتي لـ:

(أ) بيتي وحاجات أصدقائي الحقيقية

(ب) بين بين

(ج) النشاطات الاجتماعية والهوايات الشخصية

١١٠- عندما أرغب في التأثير في الناس بشخصيتي فإنني:

(أ) أنجح دائماً تقريباً

(ب) أنجح أحياناً

(ج) بشكل عام غير متأكد من النجاح

١١١- أفضل أن يكون لدي:

(أ) كثير من المعارف

(ب) غير متأكد

(ج) فقط قلة أصدقاء مجربين جيداً

١١٢- من المستحسن أن تكون فيلسوفاً عن أن تكون مهندساً ميكانيكياً:

(أ) صحيح   (ب) غير متأكد   (ج) خطأ

١١٣- أميل أن لا أكون ناقداً لأعمال الآخرين:

(أ) نعم   (ب) أحياناً   (ج) لا

١١٤- أستمتع بالتخطيط بحرص للتأثير في معاوني حتى يساعدوني للوصول إلى أهدافي:

(أ) صحيح   (ب) بين بين   (ج) خطأ

١١٥- أعتقد بأنني أكثر حساسية من معظم الناس الأغنياء في بيئتي:

(أ) نعم   (ب) غير متأكد   (ج) لا

١١٦- يعتقد أصدقائي بأنني سطحي وشارد الذهن وغير عملي:

(أ) نعم   (ب) غير متأكد   (ج) لا

١١٧- أفضل مع أصدقائي أن:

(أ) أحتفظ بالواقع وبالأشياء غير الشخصية

(ب) بين بين

(ج) أتحدث عن الناس ومشاعرهم

١١٨- أحياناً أكون مسروراً جداً حتى يتملكني الخوف بأن سعادتي لن تدوم:

(أ) صحيح   (ب) بين بين   (ج) لا

١١٩- أحياناً أشعر بفترات يأس وتعاسة وهبوط في الروح المعنوية بلا مبرر كافٍ:

(أ) نعم   (ب) بين بين   (ج) لا

١٢٠- تظهر في عملي مشاكل من الناس الذين:

(أ) باستمرار يغيرون أساليبهم التي ووفق عليها   (ب) غير متأكد

(ج) يرفضون استخدام الأساليب الحديثة

١٢١- أحب أصدقائي أن يفكروا بي كواحد منهم:

(أ) صحيح   (ب) بين بين   (ج) خطأ

١٢٢- عندما أبحث عن مكان في مدينة غريبة سوف:

(أ) أسأل الناس   (ب) بين بين   (ج) أخذ معي خريطة

١٢٣- أحث أصدقائي على الخروج عندما يقولون بأنهم يريدون البقاء في البيت:

(أ) نعم   (ب) غير متأكد   (ج) لا

١٢٤- عندما أدفع وأعمل فوق طاقتي أقاسي من عمليتي عدم الفهم والإمساك:

(أ) أحياناً   (ب) بالتأكيد للأبد   (ج) أبدا

١٢٥- إذا أزعجني أحد فإني
(أ) أحتفظ بذلك لنفسي   (ب) بين بين
(ج) اضطر للتحدث إلى أي إنسان لأنفس عن نفسي

١٢٦- سأكون أكثر استمتاعا بأن أكون مندوب شركة تأمين من أن أكون مزارعا:

(أ) نعم   (ب) بين بين   (ج) لا

١٢٧- التمثال بالنسبة للشكل كالأغنية بالنسبة لـ:

(أ) الجمال   (ب) الملاحظات   (ج) النغمات

١٢٨- أي من الكلمات التالية ليس لها علاقة بالكلمات الأخرى:

(أ) يهمهم (ب) يتكلم (ج) يصفر

١٢٩- الحياة الحديثة بها كثير من الإزعاجات المحيطة والمحطمة:

(أ) صحيح (ب) بين بين (ج) خطأ

١٣٠- أشعر بأنني مستعد للحياة ومتطلباتها:

(أ) دائماً (ب) أحياناً (ج) للأبد

١٣١- أعتقد بصدق بأنني أكثر تصميما وقوة وطموحا من كثير من الناس الناجحين:

(أ) نعم (ب) أحياناً (ج) لا

١٣٢- غالباً ما يكون لي رغبة ملحة في إثارة أكثر:

(أ) صحيح (ب) بين بين (ج) خطأ

١٣٣- أفضل أن أكون:

(أ) ممثلا (ب) غير متأكد (ج) بناء

١٣٤- أجد من الأفضل أن أخطط لتجنب تضييع الوقت للتنقل بين وظيفة وأخرى:

أ) نعم (ب) بين بين (ج) لا

١٣٥- حينما أكون ضمن مجموعة ما فمن عادتي:

(أ) أن أكون ملما بكل ما يدور حولي

(ب) بين بين

(ج) أن اندمج في أفكاري الخاصة أو عملي الحالي

١٣٦- عند الانضمام لجماعة جديدة انسجم بسرعة:

(أ) نعم (ب) بين بين (ج) لا

١٣٧- استمتع جدا لدى مشاهدتي لبعض العروض التلفزيونية المثيرة الكوميدية:

(أ) نعم (ب) بين بين (ج) لا

١٣٨- أفضل القراءة عن:

(أ) اكتشافات لرسومات زيتية قديمة

(ب) غير متأكد

(ج) المشاكل الإجرامية

١٣٩- عندما مواجهة المشاكل العادية دائماً لدي الأمل بحلها:

(أ) نعم   (ب) غير متأكد   (ج) لا

١٤٠- إن اهتمامي لأن أكون رجلا ناجحا عمليا وماديا أقل من اهتمامي بالسعي وراء الحقائق القيمة والروحية:

(أ) صحيح   (ب) بين بين   (ج) خطأ

١٤١- أفضل قراءة :

(أ) رواية تاريخية جيدة   (ب) بين بين

(ج) مقال من عالم عن استغلال المصادر الطبيعية

١٤٢- لدى مناقشة الفن، الدين، السياسية نادراً ما أنعس أو أثار إلى درجة أفقد فيها أدبي واحترامي للعلاقات الإنسانية:

(أ) صحيح   (ب) غير متأكد   (ج) خطأ

١٤٣- لدى ذهابي للركوب في الباص أسرع وأتوتر وأشعر بالقلق رغم معرفتي بأنني أملك الوقت:

(أ) نعم   (ب) أحياناً   (ج) لا

١٤٤- أرغب في مطالعة المشاكل التي أفسدها الناس الآخرين:

(أ) نعم   (ب) بين بين   (ج) لا

١٤٥- يجب أن يدار المجتمع بطريقة منطقية وليس بالعاطفة أو التقليد:

(أ) نعم   (ب) بين بين   (ج) لا

١٤٦- عندما أعمل ما أرغب، أجد غالباً أنني:

(أ) مفهوم من قبل أصدقائي فقط

(ب) بين بين

(ج) أعمل ما يعتقد غالبية الناس أنه صحيح

١٤٧- أشعر بالدهشة العنيفة وعدم الثقة في بعض المجالات:

(أ) نعم   (ب) بين بين   (ج) لا

١٤٨- أحاول دائماً أن لا أكون شارد الذهن أو أنسى التفاصيل:

(أ) نعم   (ب) بين بين   (ج) لا

١٤٩- حادث قريب أو مجرد نقاش حيوي يتركني أحياناً مهزوز البدن منهك حتى أنني لا أستطيع

أن أركز على عمل ما:

(أ) صحيح   (ب) بين بين   (ج) خطأ

١٥٠- أجد مشاعري تغلي من الداخل:

(أ) نادراً   (ب) أحياناً   (ج) غالباً

١٥١- لهواية ممتعة أفضل أن انتسب إلى:

(أ) نادي هواة التصوير   (ب) غير متأكد   (ج) جمعيات المناظرات الأدبية

١٥٢- الربط بالنسبة للخلط كالفريق بالنسبة لـ:

(أ) الجمهور   (ب) الجيش   (ج) لعبة

١٥٣- الساعة للزمن كالخياط لـ:

(أ) مقياس الأشرطة   (ب) مقص   (ج) القماش

١٥٤- أجد صعوبة في إتباع ما يقوله الناس نتيجة استعمالهم الغريب لاصطلاحات دارجة:

(أ) نعم   (ب) بين بين   (ج) لا

١٥٥- يهتم القضاء دائماً في:

(أ) الاتهامات دون اعتبار الشخص   (ب) غير متأكد

(ج) حماية البريء

١٥٦- يدعوني الناس أحياناً بالمتفاخر وبأنني شخصية متكبرة (متعالية)

(أ) نعم   (ب) بين بين   (ج) لا

١٥٧- من الأفضل للإنسان أن يعيش حياة رئيس مطبعة من أن يكون رجل دعاية مشجع للبيع:

(أ) صحيح   (ب) غير متأكد   (ج) خطأ

١٥٨- أميل للكلام ببطء:

(أ) نعم   (ب) أحياناً   (ج) لا

١٥٩- عندما أقوم بعمل شيء ما ينصب اهتمامي الرئيسي على:

(أ) الشيء الذي أريد عمله فعلاً

(ب) غير متأكد

(ج) أن لا تكون هناك نتائج سيئة لمن يساعدني

١٦٠- اعتقد أن معظم القصص والأفلام يجب أن تعلمنا الأخلاق الحميدة:

(أ) صحيح   (ب) بين بين   (ج) خطأ

١٦١- لدى البدء بنقاش مع الناس الغرباء:

(أ) عملية صعبة بالنسبة لي

(ب) بين بين

(ج) لا تثير بالنسبة لي أي قلق أو مشكلة

١٦٢- إن الإقلال من هيبة المدرس والقاضي والناس المثقفين يسليني دائماً:

(أ) نعم   (ب) بين بين   (ج) لا

١٦٣- بالنسبة للتلفزيون أفضل مشاهدة:

(أ) مسرحية فنية عظيمة

(ب) غير متأكد

(ج) برنامج عملي علمي حول الاقتراحات الجدية

١٦٤- أتضايق من الناس الذين يتبنون طبع التعالي(التكبر):

(أ) نعم   (ب) بين بي   (ج) لا

١٦٥- أفضل قضاء الوقت مستمتعا:

(أ) مع فرقة متجانسة في لعبة الورق الشدة)   (ب) غير متأكد

(ج) بأشياء جميلة في معرض فني

١٦٦- أتودد أحياناً في استعمال أو تبني أفكاري لخوفي من أنها غير عملية:

(أ) نعم   (ب) بين بين   (ج) لا

١٦٧- إنني دائماً مؤدي ودبلوماسي مع الناس الخياليين (اللاعقلانيين) ولا أرى بأن أظهر لهم كم هم محدودي التفكير :

(أ) صحيح   (ب) بين بين   (ج) خطأ

١٦٨- أفضل الحياة في مدينة نشيطة أكثر من قرية هادئة أو منطقة ريفية:

(أ) صحيح   (ب) بين بين   (ج) خطأ

١٦٩- عندما اختلف مع أي شخص على قضايا اجتماعية أفضل:

(أ) معرفة الأسباب الأساسية لاختلافنا أو ماذا يعني ذلك

(ب) غير متأكد

(ج)فقط الوصول إلى حل عملي مقنع للطرفين

١٧٠- أعتقد أنه يجب على الناس أن يفكروا مليا قبل أن يلعنوا حكمة القاضي:

(أ) نعم   (ب) غير متأكد   (ج) لا

١٧١- أحصل على معلومات أو أفكار كثيرة لدى قراءة كتاب بنفس الدرجة لدى مناقشة مواضيعه مع الآخرين:

(أ) نعم   (ب) بين بين   (ج) لا

١٧٢- ينتقد بعض الناس شعوري أو اهتماماتي بالمسؤولية:

(أ) نعم   (ب) غير متأكد   (ج) لا

١٧٣- أقيم نفسي بأنني:

(أ) حذر وشخص عملي   (ب) بين بين

(ج) أكثر من رجل أحلام

١٧٤- في المناسبات أجد أن عواطفي ومشاعري تجاريني:

(أ) نعم   (ب) غير متأكد   (ج) خطأ

١٧٥- عندما أغلق الباب بعنف أشعر بالضيق وأكسر النافذة أحياناً:

(أ) نادراً جدا   (ب) أحياناً   (ج) غالباً

١٧٦- استمتع أكثر في:

(أ) كوني مسؤول عن ألعاب الأطفال   (ب) غير متأكد

(ج) كوني مساعدا للساعاتي

١٧٧- العدالة بالنسبة للقانون كالفكرة بالنسبة ل

(أ) الكلمات   (ب) المشاعر   (ج) النظريات

١٧٨- أي من الكلمات التالية ليس لها علاقة بالكلمات الأخرى:

(أ) الثاني   (ب) مرة   (ج) وحيد

١٧٩- أفضل أن أعيش:

(أ) نفس نمط الحياة التي أحياها الآن   (ب) غير متأكد

(ج) حياة محبة، قليلة المشاكل

١٨٠- أعتقد أن أهم شيء في الحياة أن أعمل ما أريد:
(أ) نعم (ب) غير متأكد (ج) لا

١٨١- صوتي في الحديث :
(أ) قوي (ب) بين بين (ج) ناعم

١٨٢- أحب العمل أن يؤدي في حينه حتى لو قادني ذلك إلى صعوبات فيما بعد:
(أ) نعم (ب) بين بين (ج) لا

١٨٣- أوصف دائماً بأنني إنسان سعيد، محظوظ:
(أ) صحيح (ب) غير متأكد (ج) خطأ

١٨٤- أكرة جدا منظر الفوضى:
(أ) نعم (ب) غير متأكد (ج) خطأ

١٨٥- أتحب أن أتأكد من حالة الممتلكات المقترضة عند إعادتها سواء لي أم للآخرين:
(أ) نعم (ب) بين بين (ج) لا

١٨٦- في التجمعات العامة أو الشعبية أتضايق من الشعور بالخجل:
(أ) أبدا (ب) أحياناً
(ج) غالباً

١٨٧- أنا متأكد من عدم وجود أسئلة لم أجب عنها كاملا:
(أ) نعم (ب) غير متأكد (ج) لا

طريقة التصحيح وتفسير النتائج:

المقياس يحدد خريطة سمات شخصية الفرد، عدد فقرات المقياس ١٨الأرقام (١ا ١٨٤) فقرة تقيس العوامل الستة عشر، والثلاث الباقيات ذات الأرقام (١،٢، ١٨٧) فقرات أضيفت لإدخال المفحوص جو الاختبار.

المقياس خاص بطلبة المرحلتين الإعدادية والثانوية، مدة تطبيق المقياس ما بين (٤٥-٦٠) دقيقة، لكل فقرة من فقرات المقياس ثلاثة بدائل للإجابة، وعلامة كل فقرة

موزعة ما بين (صفر- ١-٢) ما عدا العامل الثاني (عامل الذكاء) ويرمز له بالرمز B حيث أعطي للإجابة الصحيحة علامة واحدة وللإجابتين الباقيتين صفر.

يعتبر كل عامل مستقلاً عن العوامل الأخرى وتبلغ عدد فقرات كل عامل ما بين (١٠-١٤) فقرة ولا تشترك الفقر في أكثر من عامل واحد.

العوامل التي يتكون منها المقياس:

١- العامل الأول (F A) غير متحفظ /متحفظ: قطبه العالي غير متحفظ حين يكون الفرد وديا اجتماعيا مشاركا والقطب المنخفض متحفظ حين يكون الفرد مستقلاً انتقاديا منعزلا، الفقرات التي تقيسه: ٣-٢٦-٢٧-٥١-٥٢-٧٦-١٠١-١٢٦-١٥١-١٧٦(فقرة ٥٢ الايجابي ب وما تحته خط الايجابي أ).

٢- العامل الثاني (F B) ذكي/ غبي: قطبه العالي ذكي حيث يكون الفرد بارعا، لامعا ولديه قدرة مدرسية أعلى، والقطب المنخفض غبي حين يكون الفرد أقل ذكاء ولديه قدرة مدرسية أقل. الفقرات التي تقيسه٢٨-٥٣-٥٤-٧٧-٧٨-١٠٢-١٠٣-١٢٧-١٢٨-١٥٢-١٥٣-١٧٧-١٧٨.

٣- العامل الثالث (F C) هادئ/ سهل الإثارة: قطبه العالي هادئ حين يكون الفرد ذا ثبات عاطفي ناضجا يواجه الحقيقة، لديه قوة أنا أعلى، والقطب المنخفض سهل الإثارة حين يكون عصبيا يضطرب بسهولة، متقلبا قابلا للتغيير وقوة الأنا لديه أقل، الفقرات التي تقيسه: ٤-٥-٢٩-٣٠-٥٥-٧٩-٨٠-١٠٤-١٠٥-١٢٩-١٣٠-١٥٤-١٥٥-١٧٩.

٤- العامل الرابع (F E) محب للسيطرة/ خضوع: قطبه العالي محب للسيطرة حين يكون الفرد عدوانيا عنيدا، ميالا للجزم والتوكيد، وقطبه المنخفض خضوع حين يكون الفرد لطيفا بشكل كبير سهل الانقياد ومجاملا، الفقرات التي تقيسه: ٦-٧-٣١-٣٢-٥٦-٥٧-٨١-١٠٦-١٣١-١٥٦-١٨٠-١٨١.

٥- العامل الخامس (F E) انبساطي/ انطوائي: قطبه العالي انبساطي حين يكون الفرد مبتهجا والقطب المنخفض انطوائي حين يكون الفرد رزينا، قليل الكلام وجديا وعاقلا منضبطا، الفقرات التي تقيسه: ٨-٣٣-٥٨-٨٢-٨٣-١٠٧-١٠٨-١٣٢-١٣٣-١٥٧-١٥٨-١٨٢- ١٨٣.

٦- العامل السادس(FG) حي الضمير/ لا أبالي: قطبه العالي حي الضمير حين يكون الفرد مثابرا مواظبا مثاليا، وخلوق وقوة الأنا الأعلى لديه أقوى، والقطب المنخفض لا أبالي حين يكون نفعيا مصلحيا ومهملا وغير مثابر وقوة الأنا الأعلى لديه أضعف، الفقرات التي تقيسه: ٩-٣٤-٥٩-٨٤-١٠٩-١٣٤-١٥٩-١٦٠-١٨٤-١٨٥.

٧- العامل السابع (F H) مغامر /خجول: قطبه العالي مغامر حين يكون الفرد شجاعا اجتماعيا والقطب المنخفض خجول حين يكون الفرد غير مغامر جبان، الفقرات التي تقيسه: ١٠-٣٥-٣٦-٦٠-٦١-٨٥-٨٦-١١٠-١١١-١٣٥-١٣٦-١٦١-١٨٦.

٨- العامل الثامن (F I) عقلية مرنة/ عقلية خشنة: قطبه العالي عقلية مرنة حين يكون الفرد لطيفا وحساسا والقطب المنخفض عقلية خشنة حين يكون عنيفا، الفقرات التي تقيسه: ١١-١٢-٣٧-٦٢-٨٧-١١٢-١٣٧-١٣٨-١٦٢-١٦٣.

٩- العامل التاسع (F L) شكاك/ غير شكاك: قطبه العالي شكاك حين يكون الفرد مرتابا ومهموما والقطب المنخفض غير شكاك، حين يكون واثقا بالناس يميل للتقبل مرحا، الفقرات التي تقيسه: ١٣-٣٨-٦٣-٦٤-٨٨-٨٩-١١٣-١١٤-١٣٩-١٦٤.

١٠- العامل العاشر (F M) قطبه العالي ذو خيال حين يكون الفرد صاحب تخيلات رومانتيكية وشارد الذهن والقطب المنخفض عملي حين يكون الفرد واقعيا، الفقرات التي تقيسه: ١٤-١٥-٣٩-٤٠-٦٥-٩٠-٩١-١١٥-١١٦-١٤٠-١٤١-١٦٥-١٦٦.

١١- العامل الحادي عشر (F N) داهية/ ساذج: قطبه العالي داهية حين يكون الفرد ماكرا كيسا اجتماعيا ومطلعا واعيا، وقطبه المنخفض ساذج حين يكون الفرد صريحا غير زائف يميل للبساطة، الفقرات التي تقيسه: ١٦-١٧-٤١-٤٢-٦٦-٦٧-٩٢-١١٧-١٤٢-١٦٧.

١٢- العامل الثاني عشر(F O) قلق/مطمئن: قطبه العالي قلق حين يكون الفرد مضطربا وسريع الفهم والإدراك وغير مطمئن، وقطبه المنخفض مطمئنا حين يكون الفرد واثقا من نفسه وراضيا عن نفسه ورابط الجأش هادئا، الفقرات التي تقيسه: ١٨-١٩-٤٣-٤٤-٦٨-٦٩-٩٣-٩٤-١١٨-١١٩-١٤٣-١٤٤-١٦٨.

١٣- العامل الثالث عشر(F Q) مجدد / تقليدي: قطبه العالي مجدد حين يكون الفرد مجربا وغير حرفي ومتسامحا ذا تفكير حر وراديكالي، والقطب المنخفض تقليدي حين يكون الفرد مقاوما للتجديد محافظا على القديم حذرا ويحترم الأفكار التقليدية وذا مزاج محافظ، الفقرات التي تقيسه: ٢٠-٢١-٤٥-٤٦-٧٠-٩٥-١٢٠-١٤٥-١٦٩-١٧٠.

١٤- العامل الرابع عشر (F Q2) مستقل/اتكالي: قطبه العالي مستقل حين يكون الفرد واسع الحيلة ومكتفيا ذاتيا ويفضل قراراته الشخصية (مغرورا) والقطب المنخفض اتكالي حين يكون الفرد متكلا على الجماعة وملتزما بها ومفتقرا إلى التصرف الذاتي، الفقرات التي تقيسه: ٢٢-٤٧-٧١-٧٢-٩٦-٩٧-١٢١-١٢٢-١٤٦-١٧١.

١٥- العامل الخامس عشر (FQ3) منضبط/ غير منضبط: قطبه العالي منضبط حين يكون الفرد منضبطا اجتماعيا قوي الإرادة متقيدا بالقوانين له صورة جيدة عن ذاته، والقطب المنخفض غير منضبط حين يكون الفرد منحلا غير رقيق مهملا للقوانين وذا صورة ضعيفة عن ذاته. الفقرات التي تقيسه: ٢٣-٢٤-٤٨-٧٣-٩٨-١٢٣-١٤٧-١٤٨-١٧٢-١٧٣.

١٦- العامل السادس عشر: (F Q4) متوتر /غير متوتر: قطبه العالي متوتر حين يكون الفرد نشيطا ديناميكيا مهتاجا، وذا طاقة حيوية متوترة، والقطب المنخفض غير متوتر حين يكون الفرد مسترخيا هادئا رابط الجأش وذا طاقة حيوية غير متوترة، الفقرات التي تقيسه: ٢٥-٤٩-٥٠-٧٤-٧٥-٩٩-١٠٠-١٢٤-١٢٥-١٤٩-١٥٠-١٧٤-١٧٥

ملاحظة: الرقم الذي تحته خط يحصل المستجيب عليه على درجتين فهو ايجابي، أما العامل الثاني وهو الذكاء فالتصحيح كما يلي الفقرات: (٢٨-٥٣-٥٤-٧٨-١٠٣-١٢٨) يحصل المستجيب على علامة عند الإجابة باختيار (ب) والفقرات: ١٥٢-١٧٧-١٧٨ يحصل على علامة عند اختيار فرع (أ) والفقرات ٧٧-١٠٢-١٢٧-١٥٣ يحصل على العلامة عند اختياره فرع (ج) (الفار، ١٩٨٦)

خامساً: العلاج المتعدد الوسائل - آرنولد لازاروس   Multimodal Theory

أحد النظريات الحديثة في العلاج والإرشاد النفسي ويمكن الاستفادة من هذه القائمة في تحديد المشكلات التي يعاني منها الطلبة، حيث أنها تطرح أسئلة في جميع المجالات مثل: السلوك، الأفكار، المشاعر، الإحساس، الخيال، العلاقات الاجتماعية، الصحة .

العلاج متعدد الوسائل هو طريقة نسقية وشاملة للعلاج النفسي في حين تخدم النظرية الفرضية التي تدعو إلى التزام الممارسة بقواعد وأساليب ونتائج علم النفس باعتبار علما، ومن الفروض الأساسية للنظرية إن المسترشدين يعانون عادة نتيجة مجموعة من مشكلات معينة، والتي يجب على المرشد أن يتناولها أيضا بمجموعة من العلاجات المحددة وفي التقويم الذي يتم في هذا الموضوع من العلاج فإن كل جانب من جوانب القياس يجيب عن سؤال عن ماذا يصلح؟ ولمن؟ وتحت أي ظروف ؟ وهذا بشكل إجرائي ,وهذه الجوانب للتقدير قد لخصها لازاروس في الحروف التالية BASIC-ID حيث:

B ترمز للسلوك (Behavior)

A ترمز للوجدان Affect

S ترمز للإحساس Sensation

I ترمز للتخيل Imagery

C ترمز للمعرفة Cognition

I ترمز للعلاقات الشخصية Interpersonal Relationships

D ترمز للأدوية والعقاقير Drugs وكذلك للجوانب البيولوجية Biology

السلوك behavior : المسترشد في جميع الأبعاد التي أشار إليها لازوراس :

السلوك behavior: أسئلة المرشد النفسي

- ما الذي ترغب في تعديله ؟
- ما مدى دافعيتك ونشاطك للقيام بذلك .
- ما الذي ترغب أن تبدأ به ؟
- ما هي جوانب القوة ذات العلاقة بالسلوك المستهدف؟

الاستجابة الانفعالية affective:

- ما هي الانفعالات التي تشعر بها الآن ؟
- ما الذي يساعد على أن تشعر بالسعادة ؟
- ما هي الانفعالات التي تسبب لك مشكلة ؟

الأحاسيس sensations:

- هل تعاني من شعورك بأحاسيس غير سارة مثل، صداع، الآم ؟
- ما مدى تركيزك على أحاسيسك .
- ما هي الجوانب المفضلة وغير المفضلة لديك في توظيف أحاسيسك؟

الخيال Image:

- هل تغرق في التخيلات وأحلام اليقظة ؟

- هل تركز كثيراً على الخيال؟

- كيف ترى نفسك الآن وكيف تحسب أن تراها في المستقبل؟

المعرفة Cognition :

- كيف تساهم أفكارك في التأثير انفعاليا على عواطفك؟

- ما هي القيم والاعتقادات؟

- التي تلتزم بها وتؤكد عليها ؟

- ما هو الحديث الذاتي الايجابي السلبي الذي تقوله لذاتك؟

- ما هي الأفكار اللاعقلانية – العقلانية لديك؟

العلاقات الشخصية interpersonal relationships :

- إلى مدى تغب بمشاركة الآخرين ؟

- ماذا تتوقع من الأشخاص المهمين؟

- في حياتك وماذا يتوقعون منك؟

- هل الآخرين،ير علاقاتك؟

- مع الآخرين ،ولماذا؟

- المخدرات والوظائف الحيوية والتغذية Drugs :

- هل لديك اهتمامات بشأن صحتك ؟

- هل أنت مدمن على أي نوع من المخدرات؟

(الخواجا، ٢٠٠٣)

سادساً: قائمة نيو للشخصية

تهتم هذه القائمة بالكشف عن الأبعاد الخمسة الأساسية في الشخصية وهي: العصابية والانبساطية والانفتاحية والانسجام ويقظة الضمير.

مظاهر الأبعاد الخمسة لقائمة نيو لقياس الشخصية:

١- العصابية Neuroticism ويقيسه الفقرات: ١، ٢، ٣، ٤، ٥، ٦، ٧، ٨، ٩، ١٠، ١١، ١٢، ويهتم بالتوتر والقلق والغضب والاكتئاب والاندفاعية والقابلية للاستسلام والإدراك الذاتي.

٢- الانبساطية: Extraversion وتقيسه الفقرات: ١٣، ١٤، ١٥، ١٦، ١٧، ١٨، ١٩، ٢٠، ٢١، ٢٢، ٢٣،٢٤ ويهتم بالتعرف على الحميمية والاجتماعية والميل إلى التوكيد والنشاط والبحث عن الإثارة والمشاعر الإيجابية.

٣- الانفتاحية Openness وتقيسه الفقرات:٢٥، ٢٦، ٢٧، ٢٨، ٢٩، ٣٠، ٣١، ٣٢، ٣٣، ٣٤، ٣٥، ٣٦، ويهتم بالخيال والجمالية والمشاعر والأحداث والأفكار والقيم لدى الفرد.

٤- الانسجام Agreeableness وتقيسه الفقرات:٣٧، ٣٨، ٣٩، ٤٠، ٤١، ٤٢، ٤٣، ٤٤، ٤٥، ٤٦، ٤٧، ٤٨، ويهتم بالثقة والاستقامة والإيثار والطاعة والتواضع والرقة والحساسية لدى الفرد .

٥- يقظة الضمير: Conscientiousness وتقيسه الفقرات: ٤٩، ٥٠، ٥١، ٥٢، ٥٣، ٥٤، ٥٥، ٥٦، ٥٧، ٥٨، ٥٩، ٦٠، ويهتم بالكفاءة والترتيب والقيام بالواجب والكفاح من جل الإنجاز والانضباط الذاتي والتفكير المتأني لدى الفرد.

الرقم	الفقرة	موافق بشدة	موافق	محايد	غير موافق	غير موافق بشدة
١	أنا لست شخصا قلقا	١	٢	٣	٤	٥
٢	غالباً ما أشعر بأنني أقل شأنا من الآخرين	٥	٤	٣	٢	١
٣	عندما أكون تحت ضغط هائل أشعر أحياناً بأن أعصابي قد انهارت	٥	٤	٣	٢	١
٤	نادراً ما أشعر بالوحدة والكآبة	١	٢	٣	٤	٥
٥	أشعر غالباً بالتوتر والعصبية	٥	٤	٣	٢	١
٦	أشعر أحياناً بأنني عديم القيمة	٥	٤	٣	٢	١
٧	نادراً ما أشعر بالخوف والقلق	١	٢	٣	٤	٥
٨	غالباً ما أغضب من الطريقة التي يعاملني بها الآخرون	٥	٤	٣	٢	١
٩	عندما لا تسير الأمور بالشكل الصحيح، أشعر بالإحباط أو الاستسلام	٥	٤	٣	٢	١
١٠	نادراً ما أكون حزينا ومكتئبا	١	٢	٣	٤	٥
١١	غالباً ما أشعر بعدم قدرتي على مساعدة الآخرين وأريد من شخص آخر أن يحل مشكلاتي	٥	٤	٣	٢	١
١٢	عندما أشعر بالخجل أود لو اختبئ كي لا يراني أحد	٥	٤	٣	٢	١
١٣	أحب أن يكون حولي الكثير من الناس	٥	٤	٣	٢	١
١٤	أسر وأضحك بسهولة	٥	٤	٣	٢	١

الرقم	الفقرة	موافق بشدة	موافق	محايد	غير موافق	غير موافق بشدة
١٥	لا أعتبر نفسي خاليا من الهموم	١	٢	٣	٤	٥
١٦	أستمتع حقا بالحديث مع الآخرين	٥	٤	٣	٢	١
١٧	أنحب أن أكون في بؤرة الحدث	٥	٤	٣	٢	١
١٨	أفضل عادة القيام بأعمالي وحدي	١	٢	٣	٤	٥
١٩	غالباً ما أشعر بأنني مفعم بالنشاط	٥	٤	٣	٢	١
٢٠	أنا شخص سعيد ومبتهج	٥	٤	٣	٢	١
٢١	أنا لست بالمتفائل المبتهج	١	٢	٣	٤	٥
٢٢	حياتي تمر سريعا	٥	٤	٣	٢	١
٢٣	أنا شخص نشيط جدا	٥	٤	٣	٢	١
٢٤	أفضل أن أقود نفسي على أن أقود الآخرين	١	٢	٣	٤	٥
٢٥	لا أحب أن أضيع وقتي في أحلام اليقظة	١	٢	٣	٤	٥
٢٦	عندما أعرف الطريقة الصحيحة للقيام بشيء ما فإنني التزم بها	١	٢	٣	٤	٥
٢٧	التزم بالنماذج التي أجدها في الفن والطبيعة	٥	٤	٣	٢	١
٢٨	اعتقد بأن السماح للطلاب بالاستماع إلى متحدثين متناقضين لا يعمل أكثر من مجرد تشويشهم وتضليلهم	١	٢	٣	٤	٥
٢٩	للشعر تأثير قليل علي أو ليس له تأثير	١	٢	٣	٤	٥

٣٠	غالباً ما أحاول أن أجرب الأطعمة الجديدة والغريبة	٥	٤	٣	٢	١
٣١	نادراً ما ألاحظ تغير المزاج مع تغير المواقف والبيئات المختلفة	١	٢	٣	٤	٥
٣٢	اعتقد أن علينا الرجوع إلى السلطات الدينية فيما يتعلق بالأمور الأخلاقية	١	٢	٣	٤	٥
٣٣	عندما أقرأ قصيدة من الشعر أو أنظر في عمل فني فإنني أشعر أحياناً بالاستمتاع	٥	٤	٣	٢	١
٣٤	لدي اهتمام قليل بالتفكير في طبيعة الكون والظروف البشرية	١	٢	٣	٤	٥
٣٥	لدي الكثير من الفضول الفكري	٥	٤	٣	٢	١
٣٦	غالباً ما استمتع بالتعامل مع النظريات والأفكار الجديدة	٥	٤	٣	٢	١
٣٧	أحاول أن أكون لطيفا مع جميع من أقابلهم	٥	٤	٣	٢	١
٣٨	غالباً ما أدخل في مجادلات مع عائلتي ومع زملائي في العمل	١	٢	٣	٤	٥
٣٩	يعتقد بعض الناس أنني أناني ومغرور	١	٢	٣	٤	٥
٤٠	أفضل أن أتعاون مع الآخرين على التنافس معهم	٥	٤	٣	٢	١

٤١	أميل إلى السخرية والشك في نوايا الآخرين	١	٢	٣	٤	٥
٤٢	أعتقد بأن أغلب الناس سوف يستغلوني إذا سمحت لهم بذلك	١	٢	٣	٤	٥
٤٣	يحبني معظم الناس الذين أعرفهم	٥	٤	٣	٢	١
٤٤	يعتقد بعض الناس بأنني غير مبال وأناني	١	٢	٣	٤	٥
٤٥	أكون اتجاهاتي بعقلانية وأتمسك بها	١	٢	٣	٤	٥
٤٦	أحاول بشكل عام أن أكون مراعيا لحقوق الآخرين ومشاعرهم	٥	٤	٣	٢	١
٤٧	عندما لا أحب أحدا فإنني أحب أن أشعره بذلك	١	٢	٣	٤	٥
٤٨	عند الضرورة لدي الاستعداد لأن أتعامل مع الآخرين بالطريقة التي تحقق لي الحصول على ما أريد	١	٢	٣	٤	٥
٤٩	أسعى إلى المحافظة على أن تكون أشيائي مرتبة ونظيفة	٥	٤	٣	٢	١
٥٠	أنا بارع في إدارة الوقت بحيث يتم إنجاز الأشياء في أوقاتها المحددة	٥	٤	٣	٢	١
٥١	أنا لست شخصا منظما بشكل كبير	١	٢	٣	٤	٥

٥٢	أحاول القيام بجميع الأعمال الموكلة إلى بضمير حي	5	٤	٣	٢	١
٥٣	لدي مجموعة واضحة من الأهداف وأعمل على تحقيقها بأسلوب منتظم	5	٤	٣	٢	١
٥٤	أهدر الكثير من الوقت قبل البدء بتنفيذ العمل	١	٢	٣	٤	٥
٥٥	أعمل بجد واجتهاد لتحقيق أهدافي	5	٤	٣	٢	١
٥٦	عندما ألتزم القيام بعمل ما فإنني أحرص على انجازه	5	٤	٣	٢	١
٥٧	أظهر أحياناً بأنه لا يعتمد علي، ولست ثابتا كما يجب أن أكون	١	٢	٣	٤	٥
٥٨	أنا شخص منتج أحب دائماً إنجاز الأعمال	5	٤	٣	٢	١
٥٩	يبدو أنني لا أستطيع أبدا أن أكون منظما	١	٢	٣	٤	٥
٦٠	أكافح من أجل أن أكون متميزا في أي عمل	5	٤	٣	٢	١

(الجهني، ٢٠٠٦)

سابعاً: مقياس رورشاخ الاسقاطي

منشورات جامعة ام القرى بمكة المكرمة 2003

ترجمه مختصرة بتصرف لدليل تكنيك الرورشاخ

تأليف برونو كلوبفر و هيلين ديفيدسون

الدكتور حسين عبد الفتاح تكنيك رورشاخ

هذا المقياس هو أحد مقاييس الشخصية الإسقاطية ويسمى برورشاخ، تم إضافته من أجل التعرف عليه، وهو غير كامل وينقصه طريقة التصحيح والتفسير، ويفيد بشكل عام في كشف جوانب من الشخصية وبطريقة لا شعورية.

ملاحظة: فيما يلي جزءا من مقياس رورشاخ ولم يتم وضع المقياس كاملاً.

لا شك في أن للاختبارات الإسقاطية قيمتها الإكلينيكية التي لا يمكن تجاهلها وذلك على الرغم من بعض المأخذ المرتبطة بصدقها وثباتها من الناحية الإحصائية، ولعل غموض المثيرات فيها من أهم ميزاتها ذلك أنها تعمل على تحويل الإثارة من الخارج إلى الداخل فتصبح خبرات الفرد المكبوتة مصدرا أساسيا لاستجاباته في ظل تحرر هذه الخبرات من سيطرة الأنا. يتكون الرورشاخ من عشر بطاقات تحتوي كل منها على بقعة مشابهة لبقعة الحبر المتناظرة الجانبين تقريبا، تتكون خمس منها من اللونين الأسود والرمادي على درجات مختلفة من التظليل والتلازم تعرف بالبطاقات اللالونية، في حين تتكون الخمس الأخرى من نفس اللونين إضافة إلى ألوان أخرى وذلك أيضا على درجات مختلفة من التظليل والتلازم وتعرف بالبطاقات اللونية . وفيما يلي الوصف العام للبطاقات.

(I) البطاقة الأولى :

تتكون البقعة في هذه البطاقة من ثلاثة أجزاء أساسية لونت باللونين الأسود والرمادي، اثنان منهما جانبيان متناظران، وثالث وسطي، إضافة إلى أربعة فراغات

بيضاء داخلية وبعض النقاط السوداء خارج الإطار .تستثير البقعة في الغالب استجابات مرتبطة بكائنات مجنحة وصور بشرية، وأحيانا مفاهيم تشريحية خاصة بين المنشغلين بأجسامهم . كما يستثير إطارها الخارجي مفاهيم مرتبطة ببروفيل الوجه .أما النقاط السوداء والفراغات فهي اقل استثارة للمفحوص.

(II) البطاقة الثانية :

تتكون البقعة في هذه البطاقة من مساحتين كبيرتين لونت باللونين الأسود والرمادي وبعض النقاط الحمراء المتداخلة معهما، كما يرتبط بهما من الأعلى والأسفل ثلاث بقع باللون الأحمر الزاهي. وكنتيجة لهذا التمايز تستثير البقعة في الغالب استجابات تعتمد على أجزاء كبيرة بدلا من البقعة ككل .فعلى سبيل المثال تستثير بعض الأجزاء كالمساحة البيضاء في الوسط والمساحة الصغيرة فوقها والمساحات الحمراء استجابات جنسية لدى البعض، كما تستثير المساحات السوداء صور آدمية أو حيوانية في حالة حركة.

(III) البطاقة الثالثة:

تتكون البقعة في هذه البطاقة من مساحتين لونت باللونين الأسود والرمادي، ترتبطان بجزء رمادي افتح، يقع بينهما بقعتين وفوقهما إلى الجانبين بقعتين لونت باللون الأحمر .المساحات منفصلة بشكل اكبر مقارنة بالبطاقتين السابقتين .تستثير الأجزاء السوداء فيها في العادة استجابات مرتبطة بصور بشرية في حالة حركة .توحي البقعة الوسطى للبعض بربطة عنق أو فراشة .أما الأجزاء السوداء والحمراء فنادرا ما تستخدم في استجابة واحدة.

(IV) البطاقة الرابعة:

تتسم البقعة في هذه البطاقة بالتماسك وكثافة التظليل لونت باللونين الأسود والرمادي، ولذا فهي منفرة لكثير من المفحوصين .يرى البعض فيها ممن يركزون على

الصور الكلية مخلوقات غريبة ومتوحشة مما دفع إلى اعتبارها رمز للسلطة الأبوية وتسميتها ببطاقة الأب .تدفع طبيعة التظليل فيها بالبعض إلى رويتها كفراء أو سجادة .أيضا قد يرى البعض ممن يركزون على التفاصيل في أجزاء هذه البقعة أشياء مختلفة مثل رؤية المساحات الجانبية على أنها أحذية طويلة العنق، أو رؤية المساحات العلوية كثعابين أو امرأة في حالة غطس .كما يمكن رؤية المساحة الوسطى كرموز جنسية.

(V) البطاقة الخامسة :

تتسم خطوط البقعة في هذه البطاقة بوضوح التحديد ولذا فهي سهلة للغالبية، إلا أن اللون الأسود الغالب فيها يؤدي إلى اضطراب البعض. تستثير استجابات متعددة غالبيتها كلية "خفاش مثلا"، وقلة منها (استجابات جزئية) رؤوس حيوانات، سيقان.

(VI) البطاقة السادسة :

تتكون البقعة في هذه البطاقة من اللونين الأسود والرمادي.يساعد لونها وتركيبها على استثارة استجابات كلية أو جزئية على حد سواء. فعلى سبيل المثال، يمكن أن تدرك الأجزاء العلوية والسفلية كأجزاء مستقلة، ومن ذلك إدراك كثير من المفحوصين للجزء العلوي من البقعة كرمز للأعضاء الجنسية الذكرية بما في ذلك إدراكه كعمود أو حامل (رمز جنسي)، ولذا تعرف ببطاقة الجن . يؤدي ارتباط التظليل بالمساحات التي ترمز للجوانب الجنسية إلى اضطراب بعض المفحوصين.

(VII) البطاقة السابعة :

يغلب اللون الرمادي على البقعة في هذه البطاقة فيما عدا بقعة سوداء صغيرة في الوسط السفلي .يوحي اللون إلى جانب شكلها لكثير من المفحوصين بالأعضاء التناسلية للأنثى، ولهذا تعرف ببطاقة (الأم). يدرك كثير من الأطفال بين سن ٤ و ٨ سنوات الجزء السفلي منها كمنزل يخرج منه دخان، مما يؤكد رمزيتها للأم .كما وجد أن

حدود الجزأين العلويين توحي بأشكال إناث أكثر مما توحي بأشكال الذكور .إضافة إلى ذلك يمكن لبقعة أن تستثير استجابات عن صور بشرية في حالة حركة خاصة في حالة قلب البطاقة، كما يمكن أن تستثير استجابات تتعلق بالسحب والدخان والخرائط.

(VIII) البطاقة الثامنة :

تحتوي البطاقة على بقعة ملونه بألوان فاتحة منطفئة تميل إلى الصغر والتماسك .تحتوي على عدد من المساحات المحددة والمتمايزة بشكل واضح مما يضعف قدرتها على استثارة استجابات كلية . يرى كثير من الأفراد في الجانبين القرنفليين صور لحيوانات متحركة.

(IX) البطاقة التاسعة:

تحتوي البطاقة على بقعة كبيرة نسبيا غامضة التحديد لتداخل الألوان والتظليل فيها، كما لا تتضح فيها أجزاء صغيرة محددة.هذه السمات تجعلها أكثر البطاقات تعرضا للرفض حيث يجد المفحوص صعوبة في تقديم استجابة كلية أو جزئية عليها .وكنتيجة لذلك تتنوع استجابات المفحوصين عليها بشكل كبير، ولعل من أكثرها شيوعا الاستجابة بساحرات للجزء العلوي البرتقالي، أو برأس إنسان للمساحة الخارجية السفلية القرنفلية، أو انفجار عند قلب البطاقة.

(X) البطاقة العاشرة:

تبدو البقعة في هذه البطاقة كلوحة فنان مليئة بالألوان الموزعة على أجزاء متعددة منفصلة، ولهذا يجد غالبية المفحوصين صعوبة في التعامل مع البقعة كوحدة واحدة فيما عدا تلك الاستجابات مثل " لوحة لفنان أو منظر تحت الماء". تساعد البطاقة على تقديم استجابات عن الحيوان في حالة حركة، كما أنها نادراً ما تستثير استجابات ترتبط بالصور البشرية فيما عد المساحات القرنفلية الكبيرة في الجانبين. من الاستجابات

الشائعة" ثعبان اخضر (أو دودة خضراء) للمساحة الخضراء المائلة للاستطالة في الأسفل أو سرطانات للبقع الزرقاء في الجانبين، أو رأس أرنب للجزء الصغير بين الثعابين".

جوانب الشخصية التي يكشفها الرورشاخ:

يساعد تكنيك الرورشاخ على تحديد طبيعة ومستوى بعض جوانب الشخصية للمفحوص والجوانب الوجدانية، Cognitive and Intellectual Aspects وتشمل الجوانب المعرفية والعقلية وفيما يليEgo Functioning. وفاعلية الأنا، Affective or Emotional Aspects والانفعالية وتفصيل ذلك.

الجوانب المعرفية والعقلية:

- هل هي عالية، أم Intellectual Status and Functioning: مستوى القدرة العقلية وفاعليتها متوسطة، أم ضعيفة، أم متذبذبة.

- هل هو منطقي أم غير منطقي؛ منهجي أم نمط أسلوب المعالجة Manner off approach .

- غير منهجي؛ استدلالي أم استقرائي؟

- هل يميل المفحوص إلى ملاحظ العموميات أم إلى ملاحظة الجزئيات؛ هل يركز على الجزئيات الصغيرة وغير المألوفة أم أنه يركز على الجزئيات الشائع اختيارها؟

- هل هو قادر، هل هو ابتكاري، هل هو خيالي أمOriginality: of Thinking أصالة التفكير واقعي؟

- هل هو منتج أم لا، هل إنتاجه ثري، هل ينتج بسهولة Productivity الإنتاجية؟

- هل اهتماماته متسعة أم ضيقة، هل هي ثرية Breadth of Interests: مدى اتساع الاهتمامات أم سطحية؟ هل هي في مجال واحد أم في عدة مجالات، هل له اهتمامات خاصة تعكس تحيز انفعالي؟

الجوانب الوجدانية أو الانفعالية:

- هل تتسم ردود أفعال المفحوص General Emotional Tone: النغمة الانفعالية العامة ،الانفعالية بالتلقائية، الاكتئابية، القلق، الانسحابية، العدوانية، ... الخ؟

- هل هي إيجابية أم سلبية Feelings about self : المشاعر نحو الذات هل هو إيجابي أم سلبي وانسحابي في Responsiveness to People: التجاوب مع الناس ،علاقته الاجتماعية؟

- هل يتسم المفحوص بالمواجهة Reaction to Emotional Stress: الاستجابة للضغوط الانفعالية، أم أنه سريع الانهيار في مواجهة المواقف الضاغطة؟

- ما مدى قدرة المفحوص على Control of Emotional Impulses ضبط النزعات الانفعالية، ضبط نزعاته ودوافعه، وما مدى قدرته على تأجيل الإشباع؟

جوانب فاعلية الأنا:

- ما مدى قدرة الفرد على اختبار الواقع، وما مدى وضوح مدركاته، Ego Strength: قوة الأنا، وما مدى تقديره لذاته وثقته بها؟

- ما طبيعة وما جوانب الصراعات التي يعاني منها الفرد؟

- هل هي صراعات جنسية، صراعات مرتبطة بالسلطة، أم بالاعتمادية والتواكل السلبي، أم بمفهوم وتأكيد الذات ....الخ ؟

- ما الدفعات التي ينتهجها المفحوص؟ كبت، قمع، إنكار ... الخ؟

الإعداد للاختبار، كيف يجب أن يكون جو الاختبار؟

يجب أن يكون جو الاختبار مريحا يدعو إلى الاسترخاء ويمكن الفاحص في نفس الوقت من ضبط وملاحظة المتغيرات المختلفة .كما يتوجب على الفاحص مراعاة المتغيرات المصاحبة لإجراء الاختبار عند تفسير نتائجه في حالة عدم توفير الجو المثالي.

الجلسة:

لتحقيق أهداف الاختبار لابد للفاحص والمفحوص من رؤية البطاقات بشكل واضح، كما لابد للفاحص من رؤية تعبيرات المفحوص الانفعالية وردود أفعاله السلوكية. ولذلك يفضل جلوس الفاحص إلى جانب المفحوص متأخرا إلى الخلف قليلا وبالدرجة التي لا تعيق الرصد الدقيق لما يقوم به المفحوص. ومع ذلك فإن من الممكن اختيار أي جلسة تريح المفحوص شريطة أن تسمح برصد استجاباته وانفعالاته أثناء أداء الاختبار بالشكل الصحيح.

الأدوات المستخدمة عند التطبيق:

- بطاقات الرورشاخ.

- مصور لبقع الحبر لتحديد المواقع التي تستثير استجابات المفحوص.

- ساعة توقيت.

- استمارة تسجيل الاستجابات.

- صحيفة التقييم حيث تفرغ بها تقديرات الاستجابات ومجاميع التقديرات المختلفة ونسبها المختلفة إلى بعضها وفق قواعد بنيت على نتائج الدراسات.

تعليمات وتقديم البطاقات:

توضع البطاقات مقلوبة ومرتبة أمام المفحوص بحيث تكون البطاقة الأولى هي الأعلى. ويبدأ الفاحص الاختبار بمقدمة قصيرة عن كيفية تشكيل البقع باستخدام الحبر، حيث يمكنه أن يقول مع استخدام الإشارة "يمكن وضع قطرة من الحبر على ورقة ثم ثنيها وضغطها. عند فتحها سنحصل على شكل مشابه". يبين الفاحص المطلوب من المفحوص بلغة سهلة دون أن يكون فيها أي توجيه لاستجاباته، وبحيث يترك للمفحوص حرية الاستجابة مع اقل قدر من التدخل. ومن الصيغ المقترحة قول الفاحص ما يلي "يرى الناس في بقع الحبر هذه أشياء كثيرة ومختلفة. حدثني عما تراه

أنت، وماذا يمكن أن تعني بالنسبة لك، وبماذا تجعلك تفكر؟" تقدم البطاقات بالتتالي، بحيث تكون في الوضع الصحيح أو الأساسي للشكل كما صمم حيث تكون القاعدة في الأسفل يمكن الاستدلال على ذلك بالشكل نفسه وبالمعلومات ورقم البطاقة في الخلف. يستحسن أن يمسك المفحوص بالبطاقة ويمكن للفاحص أن يطلب منه ذلك إذا اعتقد ضرورة ذلك. يعيد البطاقة مقلوبة على الطاولة بعد الانتهاء من الاستجابة ويتناول البطاقة التالية إلى أن تنتهي البطاقات العشر.

تسجيل الاستجابات: يتوجب على الفاحص تسجيل كل ما يمكن أن يساعده في تقويم أداء المفحوص، ويشمل ذلك ما يلي:

استجابات المفحوص كاملة الأساسية والإضافية زمن الرجع لكل استجابة وزمن الاستجابة بغرض الحصول على الزمن الكلي للاختبار. (حيث يشير رأس < ،، > ، تسجيل طريقة تحريك ولف البطاقة مستخدما الإشارات (الزاوية يشير إلى الجزء العلوي من البقعة. كما يمكن تسجيل الأوضاع الوسيطة بينها بدقة باستخدام نفس الأسلوب. وفي حالة تدوير المفحوص للبطاقة دورة واحدة أو عدة دورات دون) للدلالة على توقف يصبح من غير الضرورة تسجيل كل حركة ويكتفي بتسجيل الإشارة) التدوير المستمر أو المتعدد متبوعة بإشارة الوضع النهائي للبطاقة عند الاستجابة، فعلى سبيل المثال تشير الشارة (إلى أن الاستجابة تمت بعد التدوير والبقعة في الوضع العادي) يمكن للفاحص تسجيل كل ما يعتقد أهميته من ملاحظات بما في ذلك ردود أفعال الفرد وتعبيرات الوجهة.

التدخل أثناء الأداء البحث:

يجب أن يبقى تدخل الفاحص أثناء هذه المرحلة في أضيق الحدود، وذلك لتأكيد الحصول على الأداء البحت للمفحوص دون توجيه استجاباته، ويشمل ذلك عدم تشجيع المفحوص أو توجيه استجاباته بشكل مباشر أو غير مباشر، فعلى سبيل المثال لا الحصر، لا يجوز للفاحص أن يبين للمفحوص أن عليه أن يسرع أو أن لديه ما يريد

من الوقت. ومن هذا المنطلق فإن على الفاحص تأجيل أي أسئلة استيضاحية إلى حين الانتهاء من مرحلة الأداء البحت وتقديمها في المراحل التالية من الاختبار، وذلك لافتراض تأثيرها السلبي الموجه أو المشوش للمفحوص أثناء المرحلة الأولى. وبالرغم من كل ما سبق، فقد يجد الفاحص نفسه مضطرا للتدخل .عندها عقلية مراعاة أن يكون تدخله في أضيق الحدود. وفيما يلي أمثلة من مواقف وطبيعة تدخل الفاحص.

عندما يسأل المفحوص عن عدد الاستجابات المطلوبة، فإن على الفاحص الإجابة بأن "الأمر متروك لك". عندما يبدأ المفحوص وصف البطاقة وصفاً موضوعياً، فإن على الفاحص " إعادة التعليمات". إذا استمر المفحوص في تقديم استجابة واحدة أو استمر في الرفض، فعلى الفاحص استثارة المفحوص بشكل غير مباشر، ومن الصيغ المقترحة قوله" هناك من يرى في هذه البطاقات أشياء كثيرة فإذا رأيت شيا فاخبرني به. "إذا أراد المفحوص معرفة الغرض من الاختبار، فإن على الفاحص الاستجابة بأن " الأشخاص، يرون أشياء مختلفة ويفكرون في هذه البقع بأساليب مختلفة وان ما يريده منه هو معرفة ما عساه يراه فيها بطريقته الخاصة .أن الأسلوب الخاص هو ما نريد معرفته. " كما أن عليه أن يبين له" بأن ليس هناك إجابات خاطئة وأخرى صحيح." إذا قدم المفحوص عدد كبير من الاستجابات فإن على الفاحص أن ينبهه بأن " هذا العدد الكبير غير ضروري"، فإذا استمر فإن عليه أن يطلب منه تقديم ما لا يزيد عن "أربع أو خمس استجابات فقط"، فإن استمر فعليه أن يشعره بأن عليه أن " يتقيد بهذا الشرط".

تصحيح الاستجابات وتقدير الدرجات

مجالات التقييم الخمسة

أولاً: الموقع Location ثانياً: المحددات Determinants

ثالثاً: المحتوى Content رابعاً: الشهرة والأصالة Popularity and Originality

خامساً: مستوى التشكيل Form Level (كلويفر ودايفدسون، ١٩٦٥)

البطاقة الأولى

البطاقة الثانية

البطاقة الثالثة

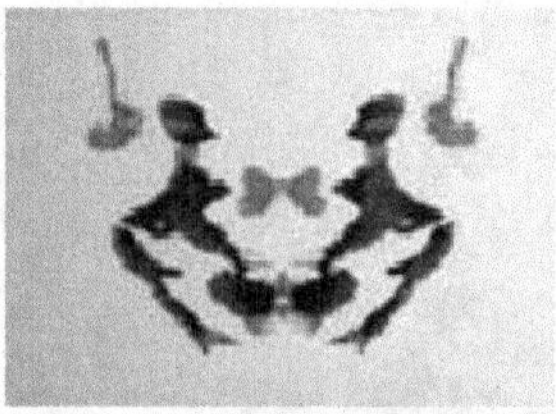

البطاقة الرابعة

البطاقة الخامسة

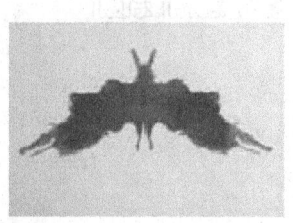

البطاقة السادسة

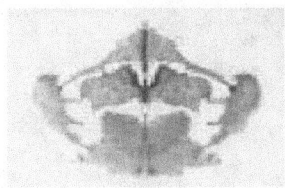

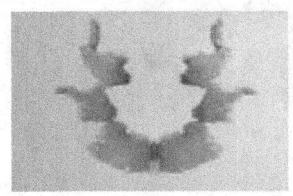

البطاقة السابعة

البطاقة الثامنة

البطاقة التاسعة

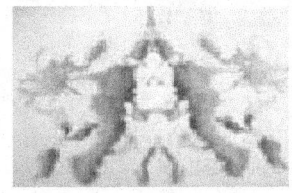

البطاقة العاشرة

مقاييس اجتماعية

أولاً: مقياس احتياجات أولياء أمور المعاقين

يفيد هذا المقياس المرشد في تحديد حاجات أولياء أمور الطلبة المعاقين من أجل تقديم الخدمة المناسبة لهم، وتوجيههم لكيفية الاستفادة من الخدمات المقدمة لهم، ومن خلاله يتم التواصل مع أولياء أمور الطلبة الذين لديهم أبناء لديهم حاجات خاصة.

تعليمات الإجابة على المقياس:

يحتاج أولياء أمور الأطفال المعاقين لكثير من أشكال الدعم المادية والاجتماعية والمعرفية لتساعدهم على مواجهة مشكلات ومتطلبات التعامل مع أطفالهم المعاقين، ومواجهة ما يترتب على الإعاقة من ضغط وتوتر، ستجد فيما يلي مجموعة من العبارات التي تتضمن تلك الاحتياجات، أقرأ كل عبارة من تلك العبارات ثم قرر مدى أهميتها بالنسبة لك (ومدى حاجتك لها) قم بوضع إشارة (صح) في الربع الذي يعبر عن مدى أهمية ذلك لديك، لاحظ أن كل استجابة تعبر عن مدى أهمية ما تتضمنه العبارة بالنسبة لك.

فإذا كنت ترى بأن ما تتضمنه العبارة غير مهم على الإطلاق ضع الإشارة في المربع الأول، وإذا كنت ترى بأن ما تتضمنه العبارة ذا أهمية قليلة ضع الإشارة في المربع الثاني، وإذا كنت ترى بأن ما تتضمنه العبارة ذا أهمية متوسطة ضع الإشارة في المربع الثالث، إما إذا كنت ترى بأن ما تتضمنه العبارة ذا أهمية كبيرة ضع الإشارة في المربع الرابع، فإذا كنت ترى بأن ما تتضمنه العبارة ذا أهمية كبيرة جدا ضع الإشارة في المربع الخامس.

لاحظ كذلك أنه لا توجد إجابات صحيحة أو خاطئة وانه يتوجب عليك الإجابة على جميع العبارات وتحديد أهمية ما تتضمنه بالنسبة لك. ويمكن تقسيم الاحتياجات التي يحتاجها أولياء الأمور إلى: احتياجات معرفية، الدعم المالي، الدعم المجتمعي، الدعم الاجتماعي، وبالإضافة إلى الدرجة الكلية.

مقياس احتياجات أولياء أمور المعاقين:

الرقم	العبارة	غير مهم مطلقا	مهم بدرجة قليلة	مهم بدرجة متوسطة	مهم كثيرا	مهم جدا
١-	توافر المعلومات حول الخدمات المتاحة للمعاقين في المجتمع					
٢-	توفير برامج إرشادية حول خصائص الأطفال المعاقين واحتياجاتهم					
٣-	أتابع التحقيقات الصحفية والتقارير المتعلقة بالإعاقة في الصحف اليومية					
٤-	توفير معلومات حول المتخصصين في مجال رعاية المعاقين					
٥-	معرفة أساليب مواجهة السلوكيات غير العادية للطفل المعاق					
٦-	معرفة دور أولياء الأمور في برامج التربية الخاصة للأطفال المعاقين					
٧-	توفير معلومات حول كيفية التعرف المبكر على الأطفال المعاقين					

الرقم	العبارة	غير مهم مطلقا	مهم بدرجة قليلة	مهم بدرجة متوسطة	مهم كثيرا	مهم جدا
٨-	توفير برامج تدريبية يمكن تطبيقها مع الطفل المعاق في الأسرة					
٩-	معرفة كيفية التعامل مع الطفل المعاق					
١٠-	دراسة مقررات متخصصة حول الإعاقة					
١١-	توفير كتيبات ونشرات موجزة حول الإعاقة، بأسلوب يناسب أولياء الأمور					
١٢-	توفير الوسائل والألعاب التعليمية المناسبة للأطفال المعاقين					
١٣-	تخصيص بعض المميزات لأسر المعاقين من مثل المواصلات العامة أو الهاتف أو الكهرباء					
١٤-	توفير العلاج الطبي المناسب لأفراد الأسرة عامة والمعاقين منهم خاصة					
١٥-	توفير وسائل الترفية المناسبة للأطفال المعاقين وأسرهم					

-١٦	توفير الدعم المالي المناسب لمواجهة احتياجات الطفل المعاق					
-١٧	وجود نظام الأسرة الممتدة (الزوج والزوجة مع العائلة الأصلية)					
-١٨	وجود استشاري متخصص في مجال الإعاقة يسهل الاتصال به وقت الحاجة					
-١٩	وجود برامج دينية تقدم عبر وسائل الإعلام باستمرار لمساعدة أسر المعاقين على تخطي أزماتها					
-٢٠	توفير برامج إرشادية لمختلف أفراد المجتمع حول كيفية التعامل مع أسر المعاقين					
-٢١	وجود جمعيات معينة يمكن أن يلجأ إليها أولياء الأمور للاستفسار عن أي شيء يخص أبنهم المعاق					
-٢٢	وجود أقارب يساعدون الأسرة في رعاية طفلها المعاق					

-٢٣	وجود أصدقاء مخلصين يمكن أن يلجأ إليهم ولي الأمر للمشورة والنصح حول كيفية التعامل مع الطفل المعاق					
-٢٤	إتاحة الفرصة للالتقاء بأسر المعاقين لتبادل المشورة والنصح والخبرات					

(السرطاوي، ١٩٩٨)

ثانياً: مقياس السلوك الاجتماعي المدرسي

من خلال هذا المقياس يتم التعرف على السلوكات الاجتماعية واللاجتماعية التي يقوم بها الطلبة في المدرسة من خلال الأبعاد الاجتماعية: المهارات الاجتماعية، ضبط الذات، المهارات الأكاديمية، والأبعاد غير الاجتماعية وهي: الغضب، العدوانية، كثرة الطلبات.

أخي المعلم /أختي المعلمة: لدى قيامك بعملية تقييم الطالب على المقياسين ضع دائرة حول الدرجة: (١) إذا كان الطالب لا يظهر سلوكا محددا أو إذا لم تتح لك الفرصة لملاحظ ذلك السلوك، و (٢، أو ٣، أو ٤) إذا كان الطالب يظهر السلوك بين الحين والآخر اعتمادا على مدى استمرارية هذا السلوك، و(٥) إذا كان الطالب يظهر سلوكا محددا.

ملاحظة: الرجال القيام بإكمال كافة البنود في المقياسين وعدم وضع الدوائر ما بين الأرقام.

المقياس (١)

الرقم	الكفاية الاجتماعية	أبداً	نادراً	أحياناً	غالباً	دائماً
١-	يتعاون مـع الطلبـة الآخـرين في مواقـف متنوعة					
٢-	انتقاله من نشاط إلى نشاط صـفي آخر يكون بشكل سلمي وملائم					
٣-	يكمـل العمل الفـردي المطلـوب منـه في غرفة الصف وبدون حث					
٤-	يقدم المساعدة للطلبـة الآخرين عندما يحتاجون إليها					
٥-	يشارك بفاعليـة في المناقشات الجماعيـة والنشاطات					
٦-	يفهم مشاكل واحتياجات الطلبة الآخرين					
٧-	يحافظ على هدوءه عند ظهور المشاكل					
٨-	يصغي وينفذ توجيهات المعلم					
٩-	يـدعو الطلبـة الآخـرين للمشـاركة في النشاطات					
١٠-	يطلب توضيحا للتعليمات بطريقة مناسبة					

-١١	يمتلك مهارات أو قدرات تنال إعجاب رفاقه					
-١٢	يتقبل الطلبة الآخرين					
-١٣	يعتمد على نفسه في إنجاز الواجبات والمهام الأخرى المطلوبة منه					
-١٤	ينهي النشاطات المطلوبة منه في الوقت المحدد					
-١٥	يتفاهم مع رفاقه إذا استدعي الأمر ذلك					
-١٦	يلتزم بقوانين الصف					
-١٧	يتصرف بلباقة في المواقف المدرسية المختلفة					
-١٨	يطلب المساعدة بشكل ملائم عند الحاجة إليها					
-١٩	يتفاعل مع نوعيات مختلفة من الرفاق					
-٢٠	ينتج عملا ذا نوعية مقبولة ومتلائمة مع مستوى قدرته					
-٢١	بارع أن يبادر وينضم للمناقشات مع الرفاق					

-٢٢	يراعي مشاعر الطلبة الآخرين					
-٢٣	يستجيب بشكل ملائم عندما يصحح من قبل المعلم					
-٢٤	يضبط أعصابه عندما يغضب					
-٢٥	يدخل بطريقة ملائمة مع رفاقه في النشاطات الجارية					
-٢٦	لديهم مهارات قيادية جيدة					
-٢٧	يتكيف مع التوقعات السلوكية المختلفة عبر المواقف المدرسية					
-٢٨	يمدح مساهمات أو انجازات الآخرين					
-٢٩	يكون حازمات بقدر ملائم عندما يحتاج المواقف منه إلى ذلك					
-٣٠	يبحث عنه الرفاق للمشاركة في النشاطات					
-٣١	يظهر قدر من التحكم بالذات أو ضبط الذات					
-٣٢	ينظر إليه الرفاق باحترام					

المقياس (ب)

الرقم	السلوك اللااجتماعي	أبداً	نادراً	أحياناً	غالباً	دائماً
١-	يلوك الطلبة الآخرين على المشاكل التي تحدث					
٢-	يأخذ أشياء ليست له					
٣-	يتحدى المعلم أو العاملين في المدرسة					
٤-	يغش في الدراسة أو في اللعب					
٥-	يقحم نفسه في الشجار					
٦-	يكذب على المعلم أو العاملين الآخرين في المدرسة					
٧-	يضايق الطلبة الآخرين ويسخر منهم					
٨-	وقح أو قليل الاحترام للآخرين					
٩-	يستثار بسهولة أو من السهل نرفزته					
١٠-	يتجاهل المعلم أو العاملين في المدرسة					
١١-	يتصرف كأنه أفضل من الآخرين					
١٢-	يخرب ويتلف ممتلكات المدرسة					
١٣-	لا يشارك الطلبة الآخرين					
١٤-	عصبي المزاج أو سريع الهيجان					
١٥-	يتجاهل مشاعر وحاجات الطلبة الآخرين					
١٦-	يلح في جذب انتباه المعلم					

الرقم	السلوك اللااجتماعي	أبداً	نادراً	أحياناً	غالباً	دائماً
١٧-	يهدد الطلبة الآخرين ويقوم بالعدوان لفظيا					
١٨-	يشتم أو يستخدم ألفاظا نابية					
١٩-	يعتدي على الآخرين جسديا					
٢٠-	يهين رفاقه					
٢١-	كثير التذمر والشكوى					
٢٢-	يتجادل ويتشاجر مع رفاقه					
٢٣-	يصعب السيطرة عليه					
٢٤-	يضايق الطلبة الآخرين ويزعجهم					
٢٥-	يوقع نفسه في المشاكل في المدرسة					
٢٦-	يعطل النشاطات التي يجري تنفيذها					
٢٧-	متبجح ومتفاخر					
٢٨-	يصعب الاعتماد عليه					
٢٩-	قاسي مع الطلبة الآخرين					
٣٠-	يتصرف باندفاع وتهور دون تفكير					
٣١-	غير منتج وتحصيله ضئيل					
٣٢-	يتضايق ويثور بسهولة					
٣٣-	يطلب المساعدة من الطلبة الآخرين بإلحاح					

طريقة التصحيح وتفسير النتائج:

عدد فقرات المقياس هي ٦٥ فقرة، الأوزان: لا تحدث أبدا (١)، تحدث نادراً (٢)، تحدث أحياناً (٣)، تحدث غالباً (٤) تحدث دائماً (٥).

احتوى المقياس على مقياسين منفصلين وهما: الكفاية الاجتماعية والسلوك اللاإجتماعي.

أولاً: مقياس سلوك الكفاية الاجتماعية:

ويتألف من ٣٢ فقرة تقيس السلوكيات الاجتماعية التكيفية الإيجابية التي تؤدي إلى نتائج إيجابية، ويتألف المقياس من ثلاث مقاييس فرعية هي:

١- المهارات الاجتماعية الشخصية: يتكون من ١٤ فقرة تقيس المهارات الاجتماعية المهمة لإقامة علاقات إيجابية مع الرفاق والحصول على تقبلهم ويتضمن الفقرات ذات الأرقام: ٤-٥-٦-١١- ١٩-٢١-٢٢-٢٥-٢٦-٢٨-٢٩-٣٠-٣٢.

٢- مهارات ضبط الذات: ويتكون من ١٠ فقرات تقيس مهارات اجتماعية لها علاقة بالضبط الذاتي والتعاون وإطاعة تعليمات وأنظمة المدرسة، ويتضمن الفقرات ذات الأرقام: ١-٧-١٢- ١٥-١٦-١٧-٢٣-٢٤-٢٧-٣١.

٣- المهارات الأكاديمية: ويتكون من ٨ فقرات ترتبط بالكفاءة التحصيلية والاهتمام بالمهمات الأكاديمية ويتضمن الفقرات ذات الأرقام: ٢-٣-٨-١٠-١٣-١٤-١٨-٢٠.

ثانياً: السلوك اللا إجتماعي

يتألف من ٣٣ فقرة تصف مشكلات السلوك اللاإجتماعي والتي تؤدي غالباً إلى نواتج اجتماعية سلبية مثل رفض الرفاق وتوتر العلاقة مع المعلم، ويتألف المقياس من ثلاث مقاييس فرعية وهي:

١- سريع الغضب: ويتكون من ١٤ فقرة تصف سلوكيات تعكس التمركز حول الذات والإزعاج وتقود إلى رفض الرفاق، ويتضمن الفقرات ذات الأرقام: ١-٧-٨-٩-١١-١٣-١٤-١٥-٢٠-٢١-٢٢-٢٧-٢٩-٣٢.

٢- عدواني: يتكون من ١٠ فقرات تصف سلوكيات فيها خرق واضح لأنظمة وقوانين المدرسة وفيها اعتداء أو إيذاء للآخرين، ويتضمن الفقرات ذات الأرقام ٢-٣-٤-٥-٦-١٢-١٧-١٨-١٩-٢٥.

٣- كثير الطلبات والفوضوي: ويتكون من ٩ فقرات تعكس سلوكيات تعرقل سير النشاطات التعليمية وتضم كما كبيرا من المطالب غير المناسبة على الآخرين، ويتضمن الفقرات ذات الأرقام: ١٠-١٦-٢٣-٢٦-٢٨-٣٠-٣١-٣٣.

تفسير نتائج المقياس الاجتماعي التالية:

أ- مقياس سلوك الكفاية الاجتماعية:

٨٠% الطالب لديه مهارات اجتماعية عالية

٥٠% الطالب بحاجة إلى تنمية بسيطة

٢٠% الطالب بحاجة ماسة جدا لإكسابه مهارات اجتماعية

ب- مقياس السلوك اللاإجتماعي:

٢٠% الطالب عادي (سوي)

٥٠% الطالب عادي سوي) لكن تبدو عليه سلوكيات لاجتماعية قد تتطور وهو بحاجة إلى إرشاد

٨٠% الطالب بحاجة إلى معالجة فورية وحثيثة وإلا قد يتحول إلى حدث.

(داود، ١٩٩٩)

ثالثاً: مقياس حب الناس

تقنين د. عبد العال عجوة إعداد فيلسينجر (Filsinger,1981)

يبين هذا المقياس مدى توجه الطلبة لحب الناس والاندفاع لإقامة علاقات معهم.

تعليمات:

فيما يلي عدد من العبارات التي تعبر عن طريقة التفكير في بعض الأشياء، والمطلوب منك أن تقرأ كل واحدة منها على مهل وإمعان لتعلن عن رأيك فيها، لاحظ أنه لا توجد إجابات صحيحة وأخرى خاطئة لأية عبارة، وإنما تكون إجابتك صحيحة إذا كانت تعبر عن رأيك فعلاً.

الرقم	العبارة	موافق بشكل تام	موافق	لا أعرف	معارض	معارض بشكل تام
١-	حينما يتكلم معي الناس، أتمنى ألا تطول أحاديثهم					
٢-	لست في حاجة لحب الناس					
٣-	أحد عيوب الناس الآن أنهم يعتمدون على الآخرين					
٤-	أكون في قمة سعادتي حينما أكون مع الناس					
٥-	الناس لا يشكلوا عنصرا هاما في سعادتي الشخصية					
٦-	تنمو شخصية الفرد بصورة أفضل من خلال التواجد والتعامل مع الآخرين					

-٧	سعادتي تكون في البعد عن الناس					
-٨	يهمني جدا أن أكون قادرا على الانسجام والتواد مع الآخرين					
-٩	أيا ما كان أقوم به، فإني أفضل أن أعمله بصحبة الآخرين					
-١٠	لا يوجد شك في حبي للناس					
-١١	تنمو شخصية الفرد بصورة أفضل من خلال عزلته عن الآخرين					
-١٢	بصفة عامة أنا لا أحب الناس					
-١٣	ما عدا أصدقائي المقربين، فأنا لا أحب الناس					
-١٤	ليس لدي الوقت الذي أقضيه مع الناس					
-١٥	الناس أهم شيء في حياتي.					

العبارات السلبية هي: ١، ٢، ٣، ٥، ٧، ١٢،١١، ١٣، ١٤. (الحسين، ٢٠٠٢)

رابعاً: مقياس المساندة الاجتماعية

إعداد السمادوني ١٩٩٧:

يبين هذا المقياس مدى شعور الفرد بتلقي الدعم الاجتماعي والنفسي من الآخرين، سواء من الطلبة أو الأصدقاء أو من الأسرة. يشتمل المقياس على بعدين رئيسيين هما: مساندة أفراد الأسرة، مساندة الزملاء.

الرقم	العبـــارة	تنطبق تماما	تنطبق كثيرا	تنطبق أحياناً	تنطبق قليلا	لا تنطبق على الإطلاق
١	أشعر أن أصدقائي يقدرونني لشخصي					
٢	يساعدني أفراد أسرتي على إيجاد حلول لمشكلاتي					
٣	لدي على الأقل صديق أستطيع أن أخبره بكل شي على					
٤	يتقبلني أفراد أسرتي بمزاياي وعيوبي					
٥	أعرف تماما أن أسرتي سوف تقف دائماً بجواري					
٦	أشعر بالوحدة حتى عندما أكون مع أصدقائي					
٧	أعتمد على نصائح ومقترحات أصدقائي لتجنب بعض الأخطاء التي قد أقع فيها					

٨	أشعر بارتباط قوي بأفراد أسرتي					
٩	يشاركني أصدقائي نفس اهتمامـاتي في الحياة					
١٠	لا يشارك أي فرد مـن أفـراد أسرتي في حل المشكلات الناجمة عن دراستي					
١١	أشعر بالهدوء والاسترخاء من المواقف المثيرة عندما أكون مع أصدقائي					
١٢	أشعر بالراحـة مـن وجـود أصدقائي بجـواري عنـدما أكـون في محنـة أو موقف صعب					
١٣	يشعرني أفـراد أسرتي بـأنهم يؤمنـون أنني شخص جدير بهم					
١٤	أجـد مـن الأصـدقاء مـن أعتمـد عليـه عندما أتعرض لمواقف صعبة					
١٥	لا أشـعر بـأن حريتـي مقيـدة عنـدما أكون مع أفراد أسرتي					
١٦	يستمع لي أفراد أسرتي باهتمام عندما أكـون في حالـة غـضب مـن شـخص معين					

١٧	لا يثق بي أفراد أسرتي					
١٨	من السهل علي أن أجد صديقا ألجأ إليه بسرعة عندما أتعرض لمشكلة مفاجأة					
١٩	مهما كانت الظروف فإنني أعلم أنني سأجد العون من أسرتي عندما أحتاج إليهم					
٢٠	يزيل علي أصدقائي حالة الهم والانقباض الناشئة عن دراستي أو حياتي ككل					
٢١	أعرف أن أفراد أسرتي يناصرونني ويساعدونني دائماً					
٢٢	أتحدث مع أصدقائي بصراحة ودن أي حساسية					
٢٣	تشعرني أسرتي بأنه ليس لدي الإمكانيات الجيدة التي تساعدني على التعامل مع المواقف الصحيحة					
٢٤	أشعر بارتباط قوي مع بعض أصدقائي					
٢٥	أشعر بارتباط قوي مع بعض أفراد أسرتي					

٢٦	أجد من يساعدني من أفراد أسرتي عندما أكون متوترا من كل شي في حياتي					
٢٧	اعتمد كثيرا على أصدقائي بعد الاعتماد على الله، في الاهتمام بعض الأمور الخاصة بصرف النظر عما يحدث					
٢٨	أشعر بالراحة عندما أكون بمفردي بعيدا عن أفراد أسرتي					
٢٩	لا أحب أن يشاركني أفراد أسرتي في همومي ومشاكلي					
٣٠	أرى أن مساعدة الأصدقاء للفرد في المواقف الصعبة تعبير عن العجز الشخصي					

(الحسين، ٢٠٠٢)

خامساً: اختبار التفكير الاجتماعي (ذكور)

ترجمة عبد الفتاح،١٩٩٦

Social Reflection Measure- Short Form (SRM-SF), Gibbs, J. et al., 1992.(Arabic Version for Man)

هذا الاختبار يفيد في التعرف على مدى توجه الفرد للتفكير بطريقة اجتماعية، ويمكن للمرشد أن يستعين به من أجل تنمية المهارات الاجتماعية وتطوير العلاقات مع الآخرين.

الاسم (اختياري): .... العمر:................

المستوى التعليمي:................ المدرسة : ....

الوظيفة: ....

تعليمات:

أخي الطالب:

- في هذا الاستفتاء نرى أن نتبنى الأشياء التي تعتقد أن على الناس أن يفعلوها، ولماذا تعتقد أن هذه الأشياء (مثل الوفاء بالوعد)

- أرجو أن تحاول مساعدتنا على فهم تفكيرك بكتابة كثيرة قدر الإمكان حتى لو اضطررت لشرح آرائك أكثر من مرة

- تكتب في الإجابة على سؤال ما (نفس الجواب السابق) ذلك يساعدنا أكثر.

- أرجو الإجابة على جميع الأسئلة ولاسيما الأسئلة التي تبدأ ب لماذا إذا احتجت إلى استعمال الهوامش فلا تتردد في استعمالها.

اقلب الصفحة من فضلكم

١- فكر في مرة قطعت فيها وعدا على نفسك مع صديق. ما أهمية وفاء الناس بوعودهم للأصدقاء إذا استطاعوا أن يوفوا بها؟

ضع دائرة حول إجابة واحدة فقط.

مهم جداً   مهم   غير مهم.

لماذا اخترت هذه الإجابة؟ علل من فضلك .

٢- ماذا تقول عن الوفاء بالوعد لأي شخص؟ ما أهمية وفاء الناس بوعودهم لأشخاص لا يكادون يعرفونهم إذا استطاعوا أن يوفوا بها؟

ضع دائرة حول إجابة واحدة فقط.

مهم جداً   مهم   غير مهم.

لماذا اخترت هذه الإجابة؟ علل من فضلك .

٣- ماذا تقول عن الوفاء بالوعد للطفل؟ ما أهمية وفاء الناس بوعودهم لأبنائهم إذا استطاعوا أن يوفوا بها؟

ضع دائرة حول إجابة واحدة فقط.

مهم جداً   مهم   غير مهم.

لماذا اخترت هذه الإجابة؟ علل من فضلك .

٤- بشكل عام ما أهمية أن يقول الناس الحق؟

ضع دائرة حول إجابة واحدة فقط.

مهم جدا　　　　مهم　　　　غير مهم.

لماذا اخترت هذه الإجابة؟ علل من فضلك .

٥- فكر في مرة ساعدت فيها أمك أو أباك. ما أهمية أن يساعد الأبناء آبائهم أو أمهاتهم؟

ضع دائرة حول إجابة واحدة فقط.

مهم جداً　　　　مهم　　　　غير مهم.

لماذا اخترت هذه الإجابة؟ علل من فضلك .

٦- أفرض أن صديق لك احتاج مساعدتك، وقد يموت وأنت الشخص الوحيد الذي يستطيع إنقاذ حياته. ما أهمية أن ينقذ شخص حياة صديق من غير أن يفقد حياته؟

ضع دائرة حول إجابة واحدة فقط.

مهم جداً　　　　مهم　　　　غير مهم.

لماذا اخترت هذه الإجابة؟ علل من فضلك .

٧- ماذا تقول عن إنقاذ حياة شخص غريب؟ ما أهمية أن ينقذ شخص حياة شخص غريب من غير أن يفقد هو حياته؟

ضع دائرة حول إجابة واحدة فقط.

مهم جدا　　　　مهم　　　　غير مهم.

لماذا اخترت هذه الإجابة؟ علل من فضلك .

٨- ما أهمية أن يبقى شخص على قيد الحياة حتى لو لم يرد هو نفسه أن يبقى حيا؟

ضع دائرة حول إجابة واحدة فقط.

مهم جداً   مهم   غير مهم.

لماذا اخترت هذه الإجابة؟ علل من فضلك .

٩- ما أهمية أن لا يأخذ " يسرق" الناس أشياء شخص أو أناس آخرين؟

ضع دائرة حول إجابة واحدة فقط.

مهم جداً   مهم   غير مهم.

لماذا اخترت هذه الإجابة؟ علل من فضلك .

١٠- ما أهمية أن يطيع الناس القانون؟

ضع دائرة حول إجابة واحدة فقط.

مهم جداً   مهم   غير مهم.

لماذا اخترت هذه الإجابة؟ علل من فضلك .

١١- ما أهمية أن يحكم القضاة بالسجن على الناس المخالفين للقانون؟

ضع دائرة حول إجابة واحدة فقط.

مهم جدا   مهم   غير مهم.

لماذا اخترت هذه الإجابة؟ علل من فضلك.

(عبد الفتاح، ١٩٩٦)

المقاييس التحصيلية والعقلية

أولاً: تحديد النموذج التعليمي المناسب بالنسبة للحواس

يفيد هذا النموذج في تحديد الأسلوب التعليمي المناسب للتعلم، والحواس التي يعتمد عليها أكثر الطلبة، ومن خلال ذلك يمكن توجيه الطلبة من أجل الاستفادة من هذه الحاسة لتنمية المهارات التحصيلية.

هناك أربعة نماذج تعليمية يشير إليها الأدب العلمي، تفيد في التعلم وهي:

النظام البصري Visual:

يتحدث بسرعة، صوته عالي، أنفاسه قصيرة وسريعة، يفكر بالصور أكثر، دائم الحركة، يهتم بالصور والمناظر والألوان، قراراته على أساس ما يرى ويتخيل.

النمط الصوري تغلب عليه الكلمات والعبارات التالية: نظر - رؤية - تصور - مراقبة - يشاهد - ألوان - منظر - أرى - يظهر لي - أرى ما تقول - وجهة نظري - يدقق النظر..

النمط البصري يكرر عبارات من مثل: يظهر لي - وجهة نظري- ولديه سرعة كلام - نبرة عالية - قدرة على التخيل.

النظام السمعي Auditory:

يستخدم طبقات صوت متنوعة، يتنفس من أسفل الحجاب الحاجز، له قدرة على الإنصات، يهتم بالأصوات، قراراته على أساس ما يسمعه ويحلله.

النمط السمعي تغلب عليه الكلمات والعبارات التالية : صوت - سمع - نغمة - رنين - كلام - جرس - ينصت - نغم - يقرع الجرس - انتبه لكلامي - يرن في أذني - يخاطب الناس - كلام الناس..

النمط السمعي يكرر عبارات من مثل: سمعت أخبار - كلي آذان صاغية - أقول الحقيقة - وعادة ما ينظر بعيدا عن المتحدث ويسمع ليفهم ويتذكر ما قيل.

النظام الحسي Kinesthetic:

صوته هادئ، يتنفس ببطيء وعمق، يهتم بالأحاسيس، يأخذ قراراته على أساس شعوره .

النمط الحسي تغلب عليه الكلمات والعبارات التالية: شعور - إحساس - لمسة - خشن - ناعم - صلب - لين - ضرب - بارد - حار - صبور - ألم - يخفق قلبه - يخدش الشعور - عديم الإحساس..

النمط الحسي يكرر عبارات من مثل: أشعر بما تقول - يحرك يديه - ولديه كلام بطيء - وتنفس عميق - ويعبر بجسده

النمط الرقمي:

اكتشف العلماء - كلامك مقنع - يفتقر إلى الدليل - ولديه تحدث مع النفس واهتمام بالأدلة

كلمات وعبارات محايدة: فكر - عقل - حكمة - منطق - فكرة - تجربة - عملية - فهم - ثقافة - حافز - دافع - تفكير - تفهم - أفكار. (التكريتي،٢٠٠٢)

نشاط: عزيزي المسترشد اكتشف نظامك التمثيلي الأساسي، والذي يساعدك في التركيز على الجوانب الأكثر استخداما في كلامك عند التواصل حتى تتمكن من الانتباه للغة التي يتحدث بها الطلبة.

لتحديد ما هو نظامك التمثيلي الأساسي، اختر إجابة واحدة لكل سؤال:

السؤال	الإجابة	ص	س	ح
إذا واجهتك مشكلة	تفكر حتى تجد الحل المناسب تناقشها مع شخص آخر تفكر حتى تستشعر الحل			
في الحوار مع شخص آخر ما الذي يؤثر عليك؟	عدم وضوح الرؤية عنده منطق الشخص وحديثه عدم إحساسه برأيك			
أحب أن يفعل الآخرون	الابتسامة والنظرة المريحة اختيار الكلمات المناسبة مشاعر الود والاحترام			
ما أهم ما فعلته في لقاء الأمس	رأيت مشهدا أو صورة استمعت أو قلت كلاما أحسست بمشاعر			
عندما تكون في أحضان الطبيعة.. ماذا تفضل .	مشاهدة المناظر الاستماع لأصوات استنشاق الروائح الزكية			
عند شرائك كتاب.. ما الذي يؤثر فيك أكثر	تصميم الغلاف والصور عنوان الكتاب ومحتواه نوعية الورق وملمسه			
	مجموع النقاط			

ملاحظة: ص بمعنى بصري، س بمعنى سمعي، ح بمعنى حسي، حدد النموذج الأكثر مناسبة بالنسبة للحواس المختلفة (التكريتي، ٢٠٠٢)

ثانياً: اختبار نموذج القراءة والتعلم المناسب للطالب بالنسبة للبيئات:

يفيد هذا النموذج في تحديد البيئة المناسبة للطلبة من أجل التعلم، ومن خلال تحديد هذه البيئة سيتم مساعدة الطلبة في الدراسة وزيادة دافعيتهم.

١-   أحب أن أتعلم في بيئة يكون فيها:

أ-   الصوت:

هادئ........

هادئ نوعا ما........

صامت.........

ب- الإنارة:

قوية........

خافتة.........

ج- درجة الحرارة:

دافئة.........

باردة.........

د-   الوضع:

رسمي.........

رسمي نوعا ما.........

منظم.........

منظم نوعا ما.........

٢- في المدرسة أو العمل أكون عادة

أ- الدافعية:

.........مدفوع ذاتيا

.........مدفوع من الرفاق

.........مدفوع بالخوف من السلطة

.........دون دافعية

ب- المثابرة:

.........مثابر(أكون كما أبدأ به)

.........مثابر نوعا ما

.........غير مثابر

ج- المسؤولية:

.........أشعر بالمسؤولية نحو ما أقوم به

.........أشعر بالمسؤولية نوعا ما

.........لا أشعر بالمسؤولية

٣- أفضل أداء أقوم به مع

أ- البنية:

.........تعليمات واضحة وخيارات قليلة

.........وقت محدد

.........تعليمات قليلة وخيارات كثيرة

.........مرونة في الوقت

ب- الجانب الاجتماعي:

....معلم جيدا

.........مع زميل واحد في مجموعة صغيرة

.........معلم

.........مع معلم ومجموعة من الرفاق

ج- أميل إلى تعلم وتذكر:

.........ما أسمعه

.........ما أراه

.........ما ألمسه أو افعله

د- عندما أتعلم فإن الطعام:

.........أتناول شيئا منه

.........لا أتناول شيئا

.........أحياناً أتناول شيئا من الطعام والشراب

٤- **أفضل وقت للتعلم فيه**

أ- الوقت:

الضحى .... في الصباح الباكر

.........الضحى

.........بعد الظهر

.........متأخرا بعد الظهر

.........المساء

ب- عندما أتعلم فإن الحركة تكون:

.........الجلوس دون حركة حتى أكمل واجبي

.........القيام ثم العودة إلى العمل

.........الحركة الكثيرة

ملاحظة: من خلال معرفتك لهذه البيئات، حدد البيئة المناسبة للطالب لتساعده في التعلم من خلالها (الوقفي، ١٩٩٦)

ثالثاً: قوائم الرصد للصعوبات التعليمية

صممت هذه القائمة من أجل التشخيص الأولي الذي يمكن أن يقوم به المرشد في الكشف المبكر عن الطلبة الذين يعانون من صعوبات تعليمية من أجل تحويلهم للجهة المسؤولة عن تدريسهم، وإخبار والديهم بذلك للتمكن من التعامل معهم.

أولاً: قائمة رصد لتشخيص القوى البصرية:

١-١٣=ممتاز , ٨-١٠= جيد , ٥-٧= مقبول , ٠-٤ ضعيف إلى مقبول

الطالب قادر على أن:

_____ ١) يتبع تعليمات بسيطة مكتوبة و / أو مرسومة.

_____ ٢) يرتب أربع إلى ست صور بتسلسل سليم لقصه ما .

_____ ٣) يتذكر رقم هاتف بعد مشاهدته مرات قليلة .

_____ ٤) يركز على نشاط بصري لمدة تتراوح مبين ١٥-٣٠ دقيقة .

_____ ٥) يركز على مهمة بصرية بوجود مشتت بصري .

_____ ٦) ينكب على أداء مهمة بصرية دون رفع النظر عنها أو فرك عينه.

_____ ٧) يتذكر الكلمات بعد مشاهدتها مرات قليله.

_____ ٨) يتذكر ويفهم الكلمات إذا رافقها شرح بالصور .

_____ ٩) يقرا الكلمات دون أن يخلط بمواقع الحروف (مثلا راح يقراها حار).

_____ ١٠) يميز ما بين الحروف المتشابهة.

_____ ١١) يميز مابين الكلمات المتشابهة.

ثانياً: قائمة رصد لتشخيص القوى السمعية:

١٢-١٤=ممتاز , ٩-١١=جيد, ٥-٨ = مقبول , ٠-٤=ضعيف إلى مقبول.

الطالب قادر على أن:

_____ ١) يتتبع إرشادات لفظيه قصيرة.

_____ ٢) يكرر جملا بسيطة مكونه من ثمانية إلى اثنا عشرة كلمة .

_____ ٣) يتذكر رقم هاتف بعد أن يسمعه مرات قليله .

_____ ٤) يتذكر حقائق رياضيه بسيطة أو عددا من الأبيات الشعرية بعد سماعها مرات قليله.

_____ ٥) يدرك معاني الجمل الطويلة.

_____ ٦) يتذكر ويرتب بالتسلسل الأحداث التي نوقشت .

_____ ٧) يستخدم مفردات وتراكيب سليمة للجمل.

_____ ٨) ينتبه لقصه أو محاضرة لمدة ١٥—٣٠ دقيقه.

_____ ٩) يركز على المهمة السمعية حتى بوجود مشتت سمعي

_____ ١٠) يحدد ويتذكر أصوات الحروف المفردة.

_____ ١١) يميز مابين الكلمات ذات الأصوات المتشابهة.

_____ ١٢) يميز مابين الحروف ذات الأصوات المتشابهة.

_____ ١٣) يمزج الحروف معا بسهوله لتكوين كلمة.

_____ ١٤) يلفظ الكلمات ويحافظ على مسيرة القصة.

ثالثاً: قائمة رصد لتشخيص القوى اللمسة

الطالب قادر على أن:

______ ١) يرسم ويلون الصور .

______ ٢) يؤدي الأشغال اليدوية مثل الخياطة الحياكة و\أو صنع نماذج.

______ ٣) يتذكر رقم الهاتف بعد أن يطلبه عددا قليل من المرات.

______ ٤) يركز على مهام لمسية لمدة ١٥-٣٠ دقيقة.

______ ٥) يمسك القلم بصورة سليمة.

______ ٦) يكتب الحروف الهجائية بصورة مقبولة وملائمة من حيث الحجم نسبة لعمره.

______ ٧) يترك فراغات مناسبة عند الكتابة.

______ ٨) يتذكر الكلمات حين يتتبع حروفها على المعجون أو ورق الزجاج.

______ ٩) يتذكر الكلمات بعد كتابتها مرات قليله.

______ ١٠) يتذكر الكلمات بعد أن يلعب ألعابا تتضمن مثل هذه الكلمات كلعبة بنكو والدومنو.

______ ١١) يتذكر أسماء الأشياء بعد لمسها مرات قليلة.

______ ١٢) يكتب الكلمات بصورة صحيحة بعد تتبع الكلمة بأصبعه .

______ ١٣) يتذكر الكلمات بعد كتابتها بحروف كبيرة مرات قليلة.

رابعاً: قائمة رصد لتشخيص القوة الحركية :

______ ١) يركض، يمشي يلتقف كرة، وغير ذلك بطريقه منظمة وأسلوب سلس.

______ ٢) قادر على التركيز لمدة ١٥-٣٠ دقيقة خلال النشاط الحركية التي تتطلب حركة الجسم بأكمله.

______ ٣) يتذكر الرقصات، الألعاب، الرياضة, و/أو التعليمات بعد تطبيقها مرات قليلة .

______ ٤) يحرك جسمه بسهولة وبراحة حين يمثل بمسرحية.

______ ٥) يتذكر الكلمات واللافتات والإشارات خلال الرحلات .

______ ٦) قادر على حفظ النص بسهوله اكبر إذا أداه فعليا في مسرحية.

______ ٧) يتذكر الكلمات بصورة أفضل بعد أن يعيشها بطريقه ما (مثلا رحلة، مسرحية، العناية بحيوانات أليفه تطبيق التجارب وغيرها ....

______ ٨) يتذكر الكلمات بصورة أفضل بعد أن يعيشها مثلا (النظر إلى كلمة "تفاحة" خلال أكلها أو التظاهر بأنه فيل عند دراسة كلمة فيل) .

______ ٩) يتذكر الكلمات المستخدمة في العاب رياضية بعد أن يلعبها مرات قليلة.

______ ١٠) قادر على تذكر الحقائق, الشعر, سطور مسرحية بصورة أفضل عند المشي أو الركض بصورة أفضل إذا كان يقف ساكنا.

______ ١١) قادر على تذكر الحرف الهجائي إذا قام بتشكيل صورة الحرف بجسمه.

______ ١٢) يتذكر المشاعر لقصه ما أفضل مما يتذكر تفاصيلها.(الوقفي، ١٩٩٦)

رابعاً: سلم تقدير الطالب فرز الصعوبات التعليمية

هذا السلم أيضا يمكن أن يستخدمه المرشد في فرز الطلبة الذين لديهم صعوبات تعليمية.

١- الاستيعاب السمعي والتذكر

أ-   استيعاب معاني الكلمات

- مستوى نضجه في استيعاب معاني الكلمات متدن تماماً.
- يفشل في معاني كلمات بسيطة، ويسئ فهم بعض الكلمات التي تعتبر في مستوى صفه.
- يعتبر استيعابه لمعاني الكلمات في مستوى صفه وعمره.
- يستوعب معاني الكلمات في مستوى صفه أو أعلى منه.
- متفوق في استيعابه لمعاني الكلمات المجردة.

ب-   إتباع التعليمات

- غير قادر على إتباع التعليمات، مرتبك دائماً.
- يتبع عادة التعليمات البسيطة إلا أنه كثيراً ما يحتاج إلى مساعدة.
- يتبع التعليمات المألوفة غير المعقدة.
- يتذكر التعليمات المطولة ويتبعها.
- ماهر عادة في تذكر التعليمات وإتباعها.

ج-   استيعاب المناقشات الصفية

- غير قادر دائماً على متابعة النقاش واستيعابه.
- يصغي ولكنه نادراً ما يستوعب بشكل جيد، وكثيراً ما يكون شارد الذهن.
- يصغي ويتابع المناقشات التي تقع في مستوى عمره أو صفه.
- يستوعب بشكل جيد ويستفيد من النقاش.
- يندمج في المناقشة ويستوعبها استيعاباً متميزاً.

د-   تذكر المعلومات

- غالباً ما لا يتذكر شيئاً، ذاكرته ضعيفة.
- يمكنه أن يحتفظ بالأفكار والإجراءات إذا كررت عليه.
- تذكره للمعلومات عادي وفي مستوى مناسب لصفه وعمره.
- يتذكر معلومات من مصادر متنوعة، ذاكرته الآنية والبعيدة المدى في مستوى جيد.
- متميز في قدرته على تذكر التفاصيل والمحتوى العام.

٢-   اللغة المحكية

أ-   المفردات

- يستعمل في كلامه مفردات ذات مستوى متدن من النضج.
- محدود في مفرداته وغالباً ما تتكون من أسماء بسيطة وكلمات وصفية غير دقيقة.
- مفرداته في الكلام في مستوى عمره وصفه.
- مفرداته في الكلام فوق المتوسط ويستخدم كلمات وصفية دقيقة وكثيرة.
- مفرداته من مستوى عال، ويستخدم دوماً كلمات دقيقة تعبر عن معان مجردة.

ب-   القواعد

- يستخدم دائماً في كلامه جملاً ناقصة ذات أخطاء قواعدية.
- تكثر في كلامه الجمل الناقصة والأخطاء القواعدية.
- يستخدم في كلامه القواعد الصحيحة، وأخطاؤه القواعدية محدودة.
- لغته الشفوية فوق المتوسط، ونادراً ما يرتكب أخطاء في القواعد.
- يتكلم لغة دائماً سليمة في تركيبها القواعدي.

ج- تذكر الكلمات

- غير قادر على تذكر الكلمة المناسبة.
- كثيراً ما يتوقف حتى يجد الكلمة المناسبة ليعبر بها عما يريد.
- يبحث أحياناً عن الكلمة المناسبة وتذكره للكلمات ملائم لمستوى صفه وعمره.
- قدرته على تذكر المفردات فوق المتوسط، ونادراً ما يتردد لتذكر كلمة.
- يتكلم دائماً بطلاقة، لا يتردد، ولا يستبدل كلمة بأخرى.

د- رواية القصص والخبرات الخاصة

- غير قادر على سرد قصة بشكل مفهوم.
- يجد صعوبة في سرد أفكاره بتسلسل منطقي.
- متوسط في روايته للقصص بما هو في مستوى عمره وصفه.
- فوق المتوسط في روايته للقصص ويستخدم التسلسل المنطقي.
- متميز ويروي أفكاره بطريقة منطقية ذات معنى

هـ- التعبير عن الأفكار

- غير قادر على التعبير عن حقائق متناثرة.
- يجد صعوبة في التعبير عن حقائق متناثرة وأفكاره متشتتة وغير متكاملة.
- يعبر عادة عن الحقائق تعبيراً ذا معنى بما هو متوقع في مستوى عمره وصفه.
- فوق المتوسط ويعتبر في مستوى جيد في التعبير عن الحقائق والأفكار.
- متميز في مستوى تعبيره عن الأفكار.

٣- التوجه في الزمان والمكان

أ- تقدير الوقت

- يفتقر إلى إدراك الوقت فهو دائماً متأخر أو مشوش.

- يدرك إلى حد ما مفهوم الزمن، لكنه يميل إلى التلكؤ والتأخر.

- حكمه على الوقت في مستوى متوسط ومناسب لعمره وصفه.

- دقيق في مواعيده، لا يتأخر إلا لسبب مقنع.

- ماهر في تعامله مع الوقت ويستطيع أن يخطط وينظم وقته بشكل جيد.

ب- التوجه المكاني

- يبدو مشوشاً دائماً ويضل مكانه إذا تجول حول المدرسة والأماكن المجاورة.

- كثيراً ما يضيع في الأماكن المحيطة المألوفة نسبياً.

- يستطيع أن يجد طريقة في الأماكن المألوفة بشكل يتناسب مع مستوى عمره وصفه.

- فوق المتوسط في توجهه ونادراً ما يضل طريقه أو يرتبك.

- يتكيف مع المواقف والأماكن الجديدة ولا يضل طريقه إطلاقا.

ج- تقدير العلاقات (مثل: صغير، كبير، كثير، قليل، بعيد، قريب، ثقيل، خفيف)

- أحكامه على مثل هذه العلاقات دائماً غير دقيقة.

- أحكامه على مثل هذه العلاقات في مستوى متوسط وملائم لعمره وصفه.

- أحكامه دقيقة لكنه لا يعممها إلى مواقف جديدة.

- أحكامه دقيقة بدرجة كبيرة ويستطيع أن يعممها على مواقف وخبرات جديدة.

د- معرفة الجهات

- مشوش بدرجة كبيرة لا يميز بين اليمين أو اليسار والشمال أو الجنوب.

- مشوش بعض الأحيان في تمييزه للجهات.

- يميز بين الجهات مثل يمين، يسار، شمال، جنوب.

- يميز جيداً بين الجهات، قلما يرتبك.

- متميز في حسه بالجهات

٤- التآزر الحركي

أ- التآزر العام

- (المشي، الركض، الحجل، التسلق)
- ضعيف جداً في تناسق حركاته.
- تحت المتوسط في تناسقه الحركي، مرتبك وغير متزن.
- متوسط في تناسق الحركة وحركاته متناسبة مع عمره.
- فوق المتوسط، وأداؤه الحركي في مستوى جيد.
- متميز في مستوى تآزره الحركي.

ب- الاتزان الجسمي

- غير متزن تماماً.
- اتزانه دون المتوسط، كثيراً ما يقع على الأرض.
- اتزانه مقبول ومناسب لمستوى عمره.
- فوق المتوسط في النشاطات التي تعتمد على الاتزان.
- متميز في مستوى اتزانه.

ج- المهارة اليدوية

- مهارته اليدوية في مستوى ضعيف جداً.
- دون المتوسط، مرتبك في استخدامه ليديه.
- مهارته اليدوية ملائمة لمستوى عمره، يمكنه التحكم يدوياً بالأشياء.
- مهارته اليدوية فوق المتوسط.
- متميز في مهارته اليدوية، يستطيع أن يتحكم يدوياً في الأدوات الجديدة بسهولة ويسر.

٥- السلوك الشخصي والاجتماعي

أ- التعاون

- يعكر جو الصف باستمرار، وغير قادر على كبح تصرفاته.
- كثيراً ما يحاول لفت الانتباه إليه، وكثيراً ما لا ينتظر دوره في الكلام.
- ينتظر دوره بما هو متوقع من عمره وصفه.
- فوق المتوسط ومتعاون بشكل جيد.
- متميز في تعاونه، ولا يحتاج إلى تشجيع من الآخرين.

ب- الانتباه

- لا يستطيع الانتباه، يتشتت ذهنه بسهوله.
- قلما يصغي وكثيراً ما يشرد في انتباهه.
- مستوى انتباهه في مستوى عمره وصفه.
- فوق المتوسط في انتباهه، منتبه معظم الوقت.
- ينتبه دائماً للأشياء المهمة، فترة انتباهه طويلة.

ج- التنظيم

- غير منظم بدرجة كبيرة، لا يبالي.
- كثيراً ما يكون غير مبال في عمله، غير دقيق، وغير مكترث.
- متوسط في عنايته بتنظيم عمله.
- فوق المتوسط في التنظيم، ينظم عمله ويكمله.
- منظم بدرجة عالية وينهي واجباته بدقة متناهية.

د- السلوك في المواقف الجديدة (الحفلات، الرحلات، وتغيّر الروتين)

- ينفعل بدرجة متطرفة ولا يستطيع كبح جماح نفسه.
- كثيراً ما يتجاوز الحد المقبول في الانفعال، تقلقه المواقف الجديدة.

- يتكيف بشكل يناسب لعمره وصفه.

- يتكيف بسهولة وبسرعة، واثق من نفسه.

- متميز في تكيفه، مبادر واستقلالي.

هـ- التقبل الاجتماعي

- يتجنبه الآخرون.

- يتحمله الآخرون

- يحبه الآخرون كما هو متوقع من مستوى صفه وعمره.

- يحبه الآخرون بشكل واضح.

- يسعى الآخرون إلى أن يكونوا معه.

و- تحمل المسؤولية

يرفض تحمل المسؤولية ولا يبادر أبدا بأي نشاط.

يتجنب تحمل المسؤولية، تقبله لدوره محدود نسبة لعمره.

يتقبل المسؤولية بما هو متوقع ممن هم في عمره وصفه.

فوق المتوسط في تحمله للمسؤولية، يبادر إلى تحمل المسؤولية ويستمتع بها.

يسعى إلى تحمل المسؤولية، يتحمس لحملها.

ز- انجاز الواجبات

- لا يكمل واجباته أبدا حتى مع التوجيه.

- نادراً ما ينهي واجباته حتى مع التوجيه.

- متوسط في أدائه لواجباته ويقوم بما هو مطلوب منه.

- أداؤه فوق المتوسط، وينهي واجباته بدون حث من الآخرين.

- ينهي واجباته دائماً ولا يحتاج إلى إشراف.

ح- اللباقة

- وقح دائماً.

- لا يكترث بمشاعر الآخرين.

- متوسط في لباقته، لا يكون سلوكه أحياناً ملائماً اجتماعياً.

- فوق المتوسط في لباقته، نادراً ما يكون سلوكه غير ملائم اجتماعياً.

- لبق دائماً، لا يصدر عنه سلوك غير ملائم اجتماعياً.

يمكن للمرشد النفسي أو التربوي أن يطلب من معلم الصف أن يجري هذا الاختبار على الطلبة الذين يعتقد أن لديهم صعوبات في التعلم أو قد يعطي لجميع طلاب الصف إذا لزم الأمر، فالهدف الأساسي للاختبار هو الكشف المبدئي عن الطلاب الذين يعانون من صعوبات في التعلم وذلك من أجل الانتباه لهم مبكرا. (ياسر، ١٩٨٨)

خامساً: مقياس ستانفورد بينية الصورة الرابعة

ملاحظة: هذا الاختبار لم يتم وضعه بشكل كامل وإنما بشكل جزئي، ولذلك لزم التنويه

المؤلف: روبرت ثورندايك، اليزابيث هاجن، وجيروم ساتلر سنة التأليف: ١٩٨٦، أسم المعرب: لويس كامل مليكه، سنة التعريب:١٩٩٨، الناشر: فكتور كيرلس ط٢، القاهرة.

هدف الاختبار واستخداماته:يهدف هذا الاختبار إلى قياس القدرة العقلية العامة للفرد الإضافة إلى الاستدلال اللفظي، والاستدلال البصري المجرد، والاستدلال الكمي، والذاكرة قصيرة المدى. وقد أعد ثورندايك وهاجن وساتلر الصورة الرابعة بهدف تحقيق الأغراض التالية:

- التمييز بين التلاميذ المعاقين عقلياً والتلاميذ الذين يعانون من صعوبات التعلم.

- مساعدة الأخصائي النفسي في معرفة الأسباب التي تؤدي إلى صعوبات التعلم المدرسي.

- التعرف على الطلبة الموهوبين.

- دراسة ارتقاء المهارات المعرفية لدى الأفراد من سن سنتين إلى سن الرشد.

وصف المقياس:

يتألف المقياس من (١٥) اختباراً فرعياً موزعة على أربعة مجالات على النحو التالي:

- الاستدلال الفظي، المفردات، الفهم، السخافات، العلاقات اللفظية، الاستدلال المجرد البصري، تحليل النمط، النسخ، المصفوفات، ثني الورق، الاستدلال الكمي، سلاسل الأعداد، بناء المعادلة، الذاكرة قصيرة المدى، تذكر نمط الخرز، تذكر الجمل، إعادة الأرقام، تذكر الأشياء.

- تطبيق وتصحيح المقياس:يتطلب تطبيق مقياس ستانفورد بينية أن يكون الفاحص على ألفة بالمقياس وأن يتسم بالحساسية نحو حاجات المفحوص ويتعين توافر ثلاثة شروط لضمان الحصول على نتائج دقيقة وهي:

١- إتباع الإجراءات المقننة: بدقة على أن تكون هذه الإجراءات مألوفة تماماً للفاحص. وقد يؤدي تغيير طفيف في إجراءات الاختبار مثل تغير جملة أو حذف جزء من التعليمات أو إضافة شرح زائد إلى التأثير في استجابة المفحوص.

٢- إقامة علاقة طيبة بين الفاحص والمفحوص.

٣- التصحيح الدقيق لاستجابات المفحوص على أساس من المعرفة التامة بقواعد التصحيح.

٤- يطبق الاختبار بشكل فردي أما عن الزمن الذي يستغرقه تطبيق الاختبار فهو يعتمد بشكل رئيسي على المرحلة العمرية للطفل وعلى مستوى أدائه العقلي وعلى ألفة الفاحص بتعليمات التطبيق.

وتتطلب أول خطوة في تطبيق اختبار بينية الصورة الرابعة تحديد المستوى المرحلي الذي يدخل المفحوص في الاختبارات الأخرى ويبدأ الأطفال من ٢ إلى ٦ سنوات بفقرات المفردات المصورة بينما يبدأ الأكبر سناً من ٧ سنين فما فوق باختبار المفردات اللفظية.

يبدأ الاختبار بالمستوى الذي يتفق والعمر الزمني للمفحوص فإذا فشل المفحوص في أي الفقرتين من المستوى المدخلي نزل إلى المستوى الأقل وهكذا إلى المستوى الذي ينجح فيه المفحوص في فقرتين في مستويين متتاليين ويمثل ذلك المستوى القاعدي لاختبار المفردات، بعد تحديد المستوى القاعدي نستمر في المستويات الأعلى إلى أن يفشل المفحوص في خمس مفردات من ست مفردات ومن هذه النقطة يتوقف الاختبار ويعتبر هذا مستوى السقف.

ولتحديد الدرجة الخام لكل اختبار يسجل الفاحص رقم أعلى فقرة طبقت في الاختبار تم يحسب العدد الكلي للفقرات التي فشل المفحوص في الإجابة عنها ويطرح العدد الثاني من الأول للحصول على الدرجة الخام.

إن تحديد المستوى المدخلي للطفل يمكننا معرفة المستوى الذي نبدأ به جميع الاختبارات اللاحقة وفي جميع الاختبارات الأخرى فإن الدرجة الخام تأخذ شكل الدرجة (+) إذا كانت صحيحة وشكل (-) إذا كانت استجابة المفحوص خاطئة وذلك بناء على مفاتيح التصحيح الواردة في دليل الاختبار.

بعد ذلك يتم تحويل الدرجات الخام للاختبارات الفرعية إلى درجات عمرية معيارية وذلك حسب جداول خاصة وفقاً لكل مستوى عمري على حدة. ثم يتم تحويل الدرجات العمرية المعيارية للاختبارات الفرعية إلى درجات عمرية معيارية للمجالات (الاستدلال اللفظي، الاستدلال المجرد، الاستدلال الكمي، الذاكرة قصيرة المدى). ولكل مستوى عمري.

كما يتم تحويل الدرجات العمرية المعيارية للمجالات إلى درجات عمرية مركبة بالنسبة لكل مستوى عمري. ويتوفر دليل للجداول العمرية منفصلاً (لويس كامل ١٩٩٨) .

تفسير الدرجات:

- تحول الدرجات الخام على الاختبارات الفرعية إلى درجات عمرية معيارية باستخدام الجداول المناسبة لعمر المفحوص الزمني وهي درجات معيارية محوله ذات متوسط حسابي ٥٠ وانحراف ٨.
- ثم يجمع الفاحص الدرجات العمرية المعيارية في المجالات المختلفة للحصول على الدرجة المركبة بمتوسط عام قدره ١٦ وانحراف معياري 100 وهي نسبة الذكاء الانحرافة.

سادساً: مقياس وكسلر للذكاء

ملاحظة: هذا الاختبار لم يتم وضعه بشكل كامل وإنما بشكل جزئي، ولذلك لزم التنويه

يشير القريوتي (١٩٨٠) إلى أن الذكاء يعتبر مفهوم افتراضي عام يتضمن الوظائف العقلية والمركبة لذلك لا يمكن ملاحظته، وإنما نستدل عليه من خلال مظاهره الخارجية مثل: أشكال السلوك التي يتم ملاحظتها في البيئة التي يعيش فيها الإنسان. وقد تعددت التعريفات للذكاء وتباينت وكان من بين التعريفات للذكاء تعريف وكسلر الذي انطلق فيه من أن (الذكاء هو القدرة الكلية لدى الفرد على التصرف الهادي والتفكير المنطقي والتفاعل المجدي مع البيئة). (القريوتي ١٩٨٠) وعلى الرغم من التباين وعدم الاتفاق على تعريف الذكاء إلا أن العلماء لا يزالون يقومون بصياغة مقاييس لقياس الذكاء لكي يتم التميز بين الأذكياء والعاديين، وقد استخدمت لمعرفة موقع الفرد بالنسبة لمجموعة في المدرسة أو أي مجال يستخدم فيه المقياس، ولأهمية المقاييس المستخدمة لقياس الذكاء فقد كان الاهتمام واضحاً بتطوير بعض مقاييس الذكاء في منطقتنا العربية.

تعريف بمقياس وكسلر لذكاء الأطفال المنقح في صورته الأمريكية:

- نشر مقياس وكسلر لذكاء الأطفال سنة ١٩٤٩م كمقياس فردي لقياس ذكاء الأفراد سنة (٥- ١٦) سنة.

- الوقت اللازم للتطبيق: يتراوح زمن التطبيق بين 75-50 دقيقة.

- التصحيح وتفسير النتائج: ٣٠-٤٠ دقيقة.

- نوع الاختبار: اختبار ذكاء فردي.

- الأعمار من ٦ سنوات وحتى ١٧ سنة.

- الدرجات التي يحصل عليها من الاختبار: درجة لفظية: وتضم (المعلومات، المتشابهات، الحساب، المفردات، الاستيعاب، إعادة الأرقام(احتياطي) درجة أدائية: (تكميل الصور، ترتيب الصور، تصميم المكعبات، تجميع الأشياء، الترميز، المتاهات (احتياطي). درجة ذكاء كلية.

- ويحدد أيضاً في كراسة الاختبار عدد المحاولات الفاشلة التي يسمح للمفحوص بها في كل اختبار فرعي حتى يتم بعد ذلك التوقف عن إعطاءه.

نقاط القوة في المقياس:

- يعتبر من المقاييس الحديثة والممتعة بالنسبة للمفحوص.

- دليل التعليمات واضح، مما يسهل عملية التطبيق، تطبيق هذا الاختبار فيه مرونة، تقلب فيه الصفحات بسهولة بعد عرضها بحيث تكون مواد الاختبار من جهة المفحوص وتكون تعليمات التطبيق من جهة الفاحص ولا يراها المفحوص.

- روعي في نموذج تسجيل الإجابة ترك مكان لتسجيل إجابات المفحوص من قبل الفاحص، بحيث يؤثر ذلك إيجابا على عملية التطبيق.

- وضوح تعليمات البدء والتوقف لكل اختبار فرعي في كراسة الإجابة.

- عدلت بعض الفقرات وحذفت بعضها والتي لا تعبر إلاّ عن أداء أقلية.
- يستفاد من المقياس في التشخيص وعلى مدى واسع، فاختلاف أداء المفحوص بين المقياسين اللفظي والأدائي قد يكون له بعض الدلالات الإكلينيكية.
- يمكن من خلال تطبيق الاختبار ملاحظة جميع الجوانب السلوكية عند المفحوص في الموقف الاختباري وأي الفقرات تعتبر مريحة بالنسبة له أو التي يفضلها (تعاونه، الثقة بالنفس، الخوف، دافعيته، السلبية، مقاومته، انتباهه، نوعية استجاباته نتيجة معرفة أم أنه يعطيها عن طريق المحاولة والخطأ) .

سابعاً: قياس الذكاءات المتعددة

هذه النظرية في التوجه نحو النظر للذكاء على أنه متعدد هي من النظريات الحديثة، ويمكن من خلالها مساعدة الطلبة في تحديد المجال الأعلى وتنميته وتنمية بقية الجوانب الأخرى في الذكاء.

إن النظرية التقليدية للذكاء هي عبارة عن حصيلة نتائج الاختبارات والتحليلات الإحصائية التي تخص فردا ما. وإذا كان في مضمون الاختبار شيء من الصعوبة فمن الطبيعي أن نرى بعض الأفراد يتفوقون على أقرانهم في نفس المستوى العمري والتحصيلي. وبالتالي يقال عن هؤلاء المتفوقين نسبيا على أقرانهم أنهم يتمتعون بمعدلات ذكاء أعلى يعبر عنها بالأرقام حيث يطلق عليها معامل الذكاء .(IQ).

أما هوارد قاردنر Howard Gardner الذي حسم النقاش والجدال الدائر حول ماهية الذكاء في كتابه المعروف " أطر العقل Frames of Mind " حيث توصل إلى نظرية جديدة تختلف كليا عن النظريات التقليدية. إن نظريته ذات معايير أكثر تحديدا من الاختبارات التقليدية التي تتعلق بالمفهوم اللفظي والرياضي. فهو يقول بأنه لا يمكن وصف الذكاء على أنه كمية محددة ثابتة يمكن قياسها. وبناء على ذلك يمكن زيادة الذكاء وتنميته بالتدريب والتعلم. بل أكثر من ذلك فهو يقول بأن الذكاء متعدد وعلى

أنواع مختلفة وأن كل نوع مستقل عن الأنواع الأخرى ويمكنه أن ينمو ويزيد بمعزل عن الأنواع الأخرى وذلك باستخدامه واستعماله. فكان لتصنيف (جاردنر) هذا أكبر الأثر على طريقة التفكير في عملية التعلم والتعليم وكذلك على الاختبارات وحتى على طبيعة الأفكار نفسها.

المبادئ التي قامت عليها نظرية الذكاء المتعدد المبادئ كما وردت في أعمال (جاردنر) هي كما يلي:

- إن الذكاء ليس نوعا واحدا بل هو أنواع عديدة ومختلفة.
- إن كل شخص متميز وفريد من نوعه ويتمتع بخليط من أنواع الذكاء الديناميكي.
- إن أنواع الذكاء تختلف في النمو والتطور إن كان على الصعيد الداخلي للشخص أو على الصعيد البيني فيما بين الأشخاص.
- إن كل أنواع الذكاء كلها حيوية وديناميكية.
- يمكن تحديد وتمييز أنواع الذكاء ووصفها وتعريفها.
- يستحق كل فرد الفرصة للتعرف على ذكائه وتطويره وتنميته.
- إن استخدام ذكاء بعينه يسهم في تحسين وتطوير ذكاء آخر.
- إن مقدار الثقافة الشخصية وتعددها لهو جوهري وهام للمعرفة بصورة عامة ولكل أنواع الذكاء بصورة خاصة.
- إن أنواع الذكاء كلها توفر للفرد مصادر بديلة وقدرات كامنة لتجعله أكثر إنسانية بغض النظر عن العمر أو الظرف.
- لا يمكن تمييز أو ملاحظة أو تحديد ذكاء خالص بعينه.
- يمكن تطبيق النظرية التطورية النمائية على نظرية الذكاء المتعدد.
- إن أنواع الذكاء المتعدد قد تتغير بتغير المعلومات عن النظرية نفسها.

تشكل هذه المعايير والمبادئ أساسا وسلسلة من نقاط التحقق والتثبت التي يجب أن تمر المهارة عبرها قبل أن تعتمد ذكاء حقيقيا. وبناء على ما تقدم أورد (جاردنر) أنواع الذكاء التالية:

- الذكاء اللغوي وهو ما يتعلق باللغة المكتوبة والمحكية.
- الذكاء المنطقي - الرياضي وهو ما يتعلق بالأرقام والمنطق.
- الذكاء الموسيقي وهو ما يتعلق بالأنغام والألحان والآلات الموسيقية.
- الذكاء المكاني وهو ما يتعلق بالصور والخيالات.
- الذكاء الحسي - الحركي وهو ما يتعلق بحركة وإحساس الجسم واليدين.
- الذكاء البيني (الاجتماعي) وهو ما يتعلق بالتفاعل الاجتماعي مع الآخرين.
- الذكاء الشخصي الذاتي (الانفعالي) وهو ما يتعلق بالعواطف والانفعالات الداخلية للشخص.
- الذكاء البيئي وهو ما يتعلق بالطبيعة بما فيها من تنوعات واختلافات

Armstrong,1994.,Chipongian,2000., Dehn & Schank,1982., Grander,1983., Hanson, 2000)

يتناول هذا النص عرضاً لمقاييس جديدة لقياس وتقييم أهم أنواع الذكاءات المتعددة حيث يجد القارئ الكريم عرضاً لأساليب ومقاييس تقييم الذكاء ألابتكاري وهو نوع من الأنواع الحديثة للذكاءات المتعددة كذلك تجد مقياساً جديداً لقياس وتقييم قدرات الذكاء العاطفي وذلك بالإضافة لمقاييس الأنواع الأخرى لقدرات الذكاءات المتعددة.

ومن خلال هذه المقاييس سوف تكون عزيزي القارئ قادراً على:

- قياس وتقييم قدرات الذكاء اللفظي / اللغوي.
- قياس وتقييم قدرات الذكاء المرئي / المكاني.
- قياس وتقييم قدرات الذكاء المنطقي /الرياضي.

- قياس وتقييم قدرات الذكاء البدني / الحركي.
- قياس وتقييم قدرات الذكاء الشخصي.
- قياس وتقييم قدرات الذكاء الاجتماعي.
- قياس وتقييم قدرات الذكاء الموسيقي.
- قياس وتقييم قدرات الذكاء الطبيعي.
- قياس وتقييم قدرات الذكاء العاطفي.
- قياس وتقييم قدرات الذكاء ألابتكاري.
- قياس وتقييم قدرات الذكاء الأخلاقي

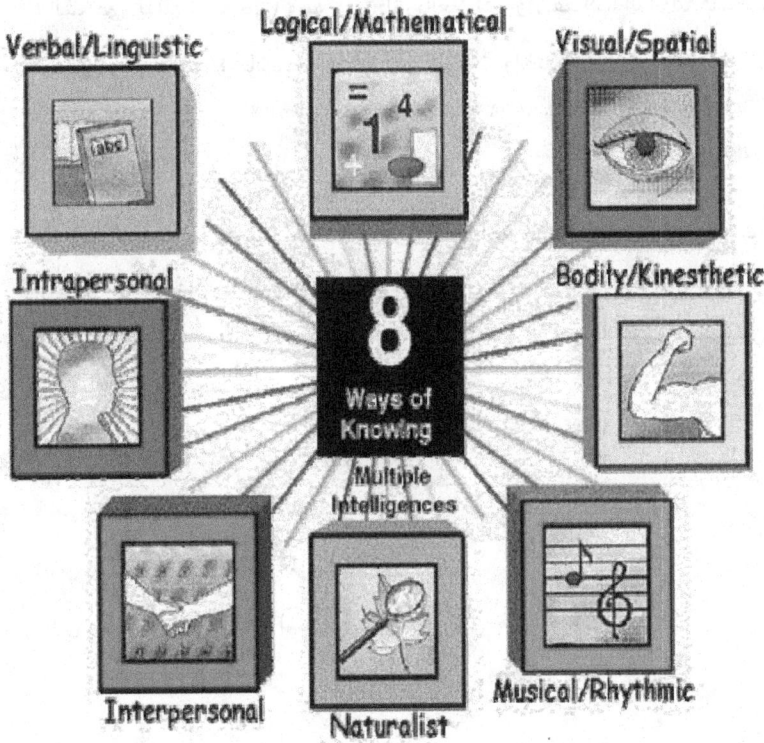

أولاً: قياس الذكاء اللفظي

الرقم	الفقـــــــرة	تنطبق	لا تنطبق
١	الاهتمام بالألفاظ أكثر من الصور والمشاعر .		
٢	يفضل التلاعب بالألفاظ أثنا الحديث أو الكتابة: مثل (التواء اللسان، والإيقاعات الخفيفة،وازدواج المعنى, التورية، الجناس).		
٣	الحصول على درجات أفضل في اللغة العربية والتاريخ من الرياضيات، والعلوم.		
٤	الاحتفاظ بمفكرة أو بجريدة باستمرار.		
٥	الاستمتاع بالمنافسة المستمرة وتبادل وجهات النظر.		
٦	المتعة في سرد النوادر، وتأليف الطرائف، والنكات.		
٧	يحمل معه مفكرة، أو جهاز تسجيل يلازمانه دائماً بهدف تسجيل الأفكار الهامة.		
٨	يستمتع بالكتب المقروءة أثناء قيادة السيارة أو ركوب وسيلة مواصلات.		
٩	يعلق عادة قراءة المجلات أو الكتب.		
١٠	الاستمتاع بإلقاء المقدمة التمهيدية أثناء اجتماعات الشركات, والعروض التجارية, والندوات.		
١١	يضطر للانتظار بغرف الانتظار ليقرأ ما يكتب على صناديق الغلال أو إرشادات علب الحساء، أو المجلات القديمة.		

١٢	تعتبر كتابة التقارير، والمقالات والكراسات، والمذكرات مسألة محببة إلى نفسه.		
١٣	يعتريه شعور بالفضول إزاء كشف بعض الأمور لمعاني وأصول بعض الكلمات, أو الجمل, أو الأسماء، أو المصطلحات العامة.		
١٤	يستمع إلى الكلمات التي بصدد التفكير فيها قبل نطقها.		
١٥	يشعر بالنهم عند استخدامه للأصوات، والإيقاعات، وتنوين الكلمات، والعديد من الألفاظ مثلما يشعر الآخرون بالنهم وقت الأصيل،أو عند النظر من أعلى الجبال.		
١٦	يستمتع بالذهاب لورشة العمل, أو الندوات، أو المحاضرات بصحبة متحدث لبق.		
١٧	يقضي بعض الوقت في ممارسة ألعاب كلامية كلعبة تجميع الكلمات، أو تعليق الكلمات، أو كلمة السر.		
١٨	يجد نفسه كفؤاً في قواعد اللغة العربية أكثر من أي شخص أخر يعرفه.		
١٩	يشتاق إلى كتابة الشعر، أو المسرحيات، أو القصص القصيرة، أو الروايات، أو القصص الواقعية.		
٢٠	يقضي وقتاً في استخدام برنامج معالجة الكلمات، والبحث عبر الإنترنت.		

طريقة تقدير الدرجات:

الأوزان: تنطبق (١) لا تنطبق (٠)

قم بترقيم الخانات التي تأكدت من انطباقها عليك.

- فإذا كان تقدير مجموع درجاتك يتراوح ما بين (١)على (٤) فإنك لم تشهد قدراتك اللفظية على نطاق واسع وتحتاج لبرنامج لتقوية قدرات الذكاء اللفظي لديك.
- إذ تراوح ما بين (٥) إلى (١١) فأنت لا تستفيد حتى من نصف محصلة ذكائك اللفظي.
- إذا تراوح ما بين (١٢) إلى(١٦) فأنت تتمتع بذكاء لفظي عال يؤهلك للاستماع بالتحدث والكتابة والقراءة, والقيام بالألعاب الكلامية, ولكن لا يزال المجال هنا متسعاً لمزيد من التطور والعمل على تنمية قدرات الذكاء اللفظي لديك.
- إذا تراوح ما بين (١٧) إلى (٢٠) فقد بلغت قدرات تجعلك لست في حاجة إلى تدريبات لتنمية قدرات الذكاء اللفظي, بل تمليك العمل بمهنة تعتمد على قدرات الذكاء اللفظي العالية لديك فسوف تكسب من وراء قدرات الذكاء اللفظي أفضل.

ثانياً: قياس الذكاء المرئي / المكاني

الرقم	الفقـــــرة	تنطبق	لا تنطبق
١	يجرب أحلام الليل، وأحلام اليقظة الحية ذات التفاصيل.		
٢	يرغب في رسم أو كتابة أشياء غير منظمة.		
٣	نادراً ما يمر عليه يوم دون التوقف عن ملاحظة شيء جميل من حوله, كالسماء الرائعة, والزهور الجميلة والصور الحية.		

٤	يرى صوراً أو أشكالاً حينما يفكر في شيء ما أكثر من سماعه لكلمات تتردد في ذهنه.يؤيد القول الشائع" افعل الأشياء بنفسك" عند التعامل مع الأجهزة أو الآلة أو الأدوات أو السيارات.		
٥	الدهشة عند معرفة طريقة عمل الأشياء.		
٦	يتذكر بالضبط المقاس والشكل الفعلي للأشياء.		
٧	يحب دراسة المعلومات عن طريق استخدام الملصقات والصور والأشكال.		
٨	يدرك الدلائل المرئية على الفور.		
٩	يمكث ساعات يلعب المكعبات والألعاب التي تعتمد على النشيد والأحاجي والألغاز.		
١٠	يتصور الأحداث والأشخاص عندما يستمع إلى وصفها في حديث أو تقرير.		
١١	نادراً ما يشعر بالتوهان.		
١٢	يحرص على تبين الألوان.		
١٣	يحب الاسترخاء عن طريق اللعب بلعبة القطع المخرمة أو فك بقية الشبكات المضللة أو حل ألغاز الخداع لبصري،أو الألغاز المرئية الأخرى.		
١٤	يتخيل الكيفية التي قد يكون عليها الشيء إذا نظر إليه نظرة شاملة من أعلى مباشرة.		

١٥	الهندسة أسهل بالنسبة إليه من الجبر في المدرسة.		
١٦	يحب أخذ التقاط الصور لأحبائه خلال الإجازة أو الرحلة المدرسية, أو استخدام كاميرا فيديو لتسجيل شرائط للتجمعات العامة أو الأصدقاء أو المحبين, أو الاحتفاظ بألبوم صور لدي.		
١٧	يبدع أشكالاً أو صوراً عند القيام بعرض تقديمي لعمل ما.		
١٨	يجب التجول في محلات متاحف الفنون، أو مشاهدة الفيديو، والأفلام.		
١٩	يقرأ الجرائد أو الصحف أو المجلات الملونة المملوءة بالرسومات.		
٢٠	يقوم بحل الكلمات لمتقاطعة.		

تقدير الدرجات:

الأوزان: تنطبق (١) لا تنطبق (٠)

- إذا كان مجموع الدرجات من (١-٤) فأنت بحاجة جادة إلى تدريبات لتنمية قدرات الذكاء المكاني / المرئي لديك. نظراً لأن ذكائك المرئي على وشك الضياع بسبب إهماله، وأجعله يخضع لتدريب يومي، وسوف تفاجئ بنتائج عظيمة خلال أيام قليلة من تدريبه وتنميته لديه.
- إذا كان مجموع درجاتك يتراوح ما بين (٥-١٢) فانك قد تكون ممن يقدرون منظر

الغروب الجميل, أو الأفلام جيدة التصوير, ولكن مخيلتك تتسم بالسلبية. لديك مخيلة جيدة ولكنك لا تستخدمها كثيراً .

- إذا كان مجموع درجاتك يتراوح ما بين (١٣-١٧) فقد تكون هوايتك المفضلة الرسم, وزيارة المتاحف, أو إرسال صور فوتوغرافية جميلة على الصفحة المخصصة لك على شبكة الإنترنت. انك تتفوق في إرسال هذه الصور, وبقدر بسيط من التدريب يمكنك الارتقاء بمستوى ذكائك المرئي حتى درجة العبقرية.

- إذا كان مجموع درجاتك يتراوح ما بين (١٨-٢٠) فانك على قائمة هذه المجموعة,أن وظيفتك يدخلها شيء من الفن أو الإعلان أو الحرفية أو أي شيء يشغل قدراتك ومواهبك الفنية بالكامل.

ثالثاً: قياس الذكاء المنطقي / الرياضي

لا تنطبق	تنطبق	الفقـــــرة	الرقم
		يجري العمليات الحسابية مـن جمـع وطرح وضرب وقسمة في رأسه بسرعة، حتى ولو كانت إعدادا كبيرة.	١
		يحدد بسهولة العيوب المنطقية في الإعلانات والحوارات السياسية وتفسيرات الناس.	٢
		يستفسر بـصورة مـستمرة عـن الكيفيـة والـسبب وراء الأشياء في العلم, والأحداث وسلوك الآخرين، والعمل والعالم الطبيعي مـن حوله.	٣
		يفتح الجريدة عـلى تقـارير سـوق المـال، أو القـسم العلمـي كـل صباح.	٤

٥	يجد متعة في التحدي الذي يواجهه عند معالجة المشاكل التي تؤرق الآخرين، وحلها بنجاح.		
٦	يسترخي خلال وقت فراغه ويمارس الكمبيوتر وألعاب الدور، أو يقرأ كتب فيها أسئلة تستدعي الإمعان في التفكير.		
٧	يكون في فصول العلوم، والرياضيات أفضل من فصول اللغة الإنجليزية أو التاريخ.		
٨	يحب أن يغوص في تجارب ماذا لو"على سبيل المثال: ماذا لو ضاعفت كمية الماء التي أروي بها الورد كل أسبوع".		
٩	يجد طريقة أو أسلوباً ما لتقييم الأمور بحل الخروج بحل مؤقت، وذلك في الوقت الذي لم تكن هناك " أي عوامل تساعده أو تبشره بذلك".		
١٠	يعتقد أن كل شيء له تفسير منطقي وعقلاني يمكننا التوصل إليه بالمثابرة والمحاولة الجادة.		
١١	تستمع بالرحلات إلى القبة السماوية ومتاحف الأحياء المائية ومتاحف الآثار، ومواقع التعليم والتثقيف الأخرى.		
١٢	يشعر بالراحة أكثر عندما يتم فحص الأشياء وتحديد مقدارها وشرحها بالتفصيل .		
١٣	يشترك في مجلات تهتم بالاكتشافات، والآثار وأخبار البلد أو أي مطبوعات أخرى تحفز الذهن.		
١٤	يحمل معه آلة حاسبة في حقيبته أو في جيب معطفه.		

١٥	يسلي نفسه هو وأصدقاؤه بالمفارقـات المنطقيـة أكـثر مـن المـزاح والتلاعب بالألفاظ.		
١٦	يقـدم لـه أجهـزة مثـل الميكروسـكوبات أو التليـسكوبات أو أي أدوات أخرى, كهدية في عيد ميلاده.		
١٧	يكتب توجيهات مفصلة وواضحة للوصـول إلى أي وجهـة أو أداء المهام الأكثر تعقيداً		

تقدير الدرجات:

الأوزان: تنطبق (١) لا تنطبق (٠)

- إذا كانت الدرجات ما بين (١-٤) فإن ذكائك المنطقي على وشك الانهيار وتحتاج بسرعة كبيرة إلى تدريبات لتنمية قدرات الذكاء المنطقي / الرياضي لديك... فوراً .....
- إذا كانت درجاتك ما بين (٥-٩) فانك تتعامل مع تحدياتك اليومية ولكنك لا تمضي قدماً في حياتك, وغالباً ما تبدو لك المشاكل مستعصية, وكثيراً ما تصبح ضحية لدرجة تجعلك تعتاد على ذلك, وتصبح مهاراتك في الرياضيات شيء لا يدعو للفخر.
- إذا كانت درجاتك ما بين (١٠-١٤) فانك في سبيلك إلى التقدم في العمل.
- إذا كانت درجاتك ما بين (١٥-١٧) فإن حاصل ذكائك المنطقي / الرياضي يقترب جداً من أقصى حد له, وليس أمامك إلا القليل, أو ليس أمامك شيء أخر تقوم به, وربما تكون مسئولاً أولاً عن العمل داخل مؤسستك, أو أستاذاً للمنطق, أو مديراً كبيراً لشركة.

رابعاً: قياس الذكاء الإبداعي :

لا تنطبق	تنطبق	الفقـــــــرة	الرقم
		يتوارد إليك سيل من الأفكار نتيجة لبعض الأمور التي قد صادفتها أو تعلمتها أثناء يوم ما.	١
		تجد نفسك بين الحين والأخر وقد اهتديت إلى فكر سديد، خاصة عندما تكون مضطراً لإيجاد حل ما لمشكلة طويلة المدى.	٢
		تنتهي من مشاهدة عرض تلفازي دوماً أو فيلم دون المستوى، معتقداً في إمكانية إخراجك أو كتابتك له بشكل أفضل..	٣
		تتأقلم بسهولة مع الظروف والوظائف المغايرة .	٤
		تتوهم ويخيل إليك رؤية نفسك بسيناريوهات تمثيلية وواقعية	٥
		تتذكر حصولك على تقدير امتياز في الكتابة الإبداعية والفن والدراما أثناء سنوات الدراسة.	٦
		تستمتع بتعلم المهارات، والهوايات، والرياضيات، والحقائق، والفلسفات، والمنظورات الثقافية والآراء الجديدة .	٧
		تعي وجدانيا الوتيرة التي سوف تسير عليها المغنية أو المؤدية إثر سماعك لبعض كلمات الأغنية، أو تدرك نهاية قصة ما بعد قراءتك لبعض صفحاتها الأولى.	٨
		تستنبط سبلا جديدة لإعادة تنظيم بعض الأمور بهدف تطويرها.	٩

١٠	تشغل وظيفة تتعلق بالفنون، بدءا من التأليف والرسم، حتى هواية التمثيل والذهاب إلى دور السينما وزيارة المتاحف .		
١١	تنتقي ملابس على احدث طراز أو زاهية اللون .		
١٢	تفشل أكثر من الآخرين نتيجة لإقدامك على المجازفة وتجربة كل ما هو جديد بشكل متزايد عنهم.		
١٣	تنفعل بشدة أكثر مما يفعل الآخرين.		
١٤	تطرح أو تفكر بأسئلة تحدد المعتقدات التي من شانها مناهضة الافتراضات الشائعة والوتيرة التي تسير عليها الأمور.		
١٥	ترى أثناء نومك أحلاما جامحة وتتذكرها بعد استيقاظك في الصباح		

تقدير الدرجات:

١- إذا تراوح مجموع درجاتك بين (١-٤) فأنت لم تستغل قدراتك الفكرية، لذا فقد تواجه صعوبة لدى إقدامك على شحن قدرتك الفكرية الفاترة.

٢- إذا تراوح مجموع درجاتك بين(٥-٨) فانك قد تكتفي فقط بمشاهدة فيلم أو عرض تلفازي أو كل ما هو إبداعي من قبل الآخرين. ولكنك لا تعتبر نفسك مبدعا، ونادرا ما تحاول الاستعانة بقدرتك الإبداعية.

٣- إذا تراوح مجموع درجاتك بين (٩-١٢) فإن مستوى ذكائك الإبداعي لا باس به.

٤- إذا تراوح مجموع درجاتك بين (١٣-١٥) فليس هناك من يضاهيك في كيفية استثمار الذكاء الإبداعي .

خامساً: قياس الذكاء البدني / الحركي

الرقم	الفقـــــــرة	تنطبق	لا تنطبق
١	تتعلم بسرعة عندما تحصل على آلة وماكينة، وتبدأ بتشغيلها بدل من الاستماع إلى شخص يعلمك كيفية استخدامها أو مشاهدة شريط فيديو أو قراءة كتيب وإرشادات.		
٢	منظم لصالة جيمانزيوم وتحافظ على الروتين المنتظم للزيارات الأسبوعية .		
٣	لديك شعور غريزي (حركة المعدة - الإحساس الألم -الدفء من المعدة) ويشدك إلى القرارات السديدة والبعد عن تلك التي تتبعها عواقب غير مرغوبة.		
٤	لديك موهبة تقليد حركة أو تحدث الآخرين .		
٥	تتملكك حالة من عدم الراحة عندما يكون عليك أن تجلس أو تقف أو تعمل في مكان واحد أو عمل واحد متكرر لأي فترة زمنية.		
٦	تعمل في وظيفة لها جانب بدني، كجراح، نجار، كاتب، أو موظف حفظ ملفات، أو مهندس كمبيوتر .		
٧	تستمتع بالعمل بيديك في الحديقة وإصلاح الأدوات المنزلية أو بناء مكان للشواء في الفناء .		
٨	لديك اشتراك في قناة خاصة أو قنوات رياضية أخرى , وتؤثر مشاهدة بطولة التزحلق أو العاب القوى الاولمبية , أو مباراة كرة قدم محلية على مشاهدة البرامج الحوارية أو الدرامية.		

٩	تتبادر إلي ذهنك أفضل الأفكار إثناء المشي أو الهرولة أو غسل أطباق أو طلاء المنزل أو عندما تستعمل اله جز العشب .		
١٠	تتحدث مستخدما يديك، وتتحرك بشيء من الإثارة عندما تتحدث مع الآخرين .		
١١	تستمتع بكوميديا حافلة بالخشونة مثل لوريل وهاردي، أو أفلام أكاديمية الشرطة، أو تحب مداعبة أصدقاءك.		
١٢	تخرج باستمرار لنزهات خارجية في نهاية الأسبوع .		
١٣	تظهر عليك أعراض النشاط المفرط		
١٤	تقضي عطلات نهاية الأسبوع في البحث عن رياضيات، كأن تكرس وقتك للعب التنس أو الجولف أو الاستعداد لماراثون		
١٥	تتألق في أي نشاط بدني مثل السباق أو السباحة أو كرة القدم.		
١٦	تتمتع بتناسق جسدي.		

تقدير الدرجات:

١- إذا تراوح مجموع درجاتك بين (١-٤) فإن مواهبك البدنية لم يطرأ عليها أي تغيير، وإذا كنت تتحدث عن قوة جسدك وليس فطنة عقلك، فانك كمن ينطبق عليه المثل (أجساد متخمة، وقوى واهية).

٢- إذا تراوح مجموع درجاتك بين (٥-٨) فإن ذكائك البدني لا يزال في حاجة إلى دفعة قوية .

٣- أما إذا كانت درجاتك بين (٩-١٣) فإن قدراتك البدنية تفوق المتوسط، وقليل من الجهد سوف يدفعك إلى قمة قياس مستوى الذكاء البدني .

٤- إذا كانت درجاتك بين (١٤-١٦) فانك تتحلى بقدرات بدنية عالية، ويجب أن تكسب من وراء ذكائك البدني وإلا فانك تضيع مواهبك العظيمة هباء

سادساً: الذكاء العاطفي

يرى (عثمان ورزق، ٢٠٠١) أن الذكاء العاطفي يتضمن القدرة على الانتباه والإدراك الجيد للانفعالات والمشاعر الذاتية وفهمها وصياغتها بوضوح وتنظيمها وفقا لمراقبة وإدراك دقيق لانفعالات الآخرين ومشاعرهم للدخول معهم في علاقات انفعالية اجتماعية ايجابية تساعد الفرد على الرقي العقلي والانفعالي والمهني وتعلم المزيد من المهارات الإيجابية للحياة.

الرقم	الفقـــرة	تنطبق	لا تنطبق
١	متعاطف مع الآخرين، بحيث يمكن بسهولة أن تلمس مشاعرهم من خلال إشارات جسدية بسيطة، ودون حاجة لأن يخبروك بما يشعرون.		
٢	من النمط الذي يسعى إليه الأسرة والأصدقاء والزملاء طلبا للنصح والمشورة.		
٣	تستمتع بالأنشطة الجماعية كعلبة البريد، أو الطائرة، أو الكرة المرنة أكثر من استمتاعك بالأنشطة الفردية كالجري والسباحة.		
٤	تغض الطرف عن أخطاء الآخرين وعيوبهم.		
٥	لديك الاستعداد لطلب المساعدة والنصح من الآخرين عند حاجتك لهم.		

٦	قلما تفقد أعصابك وتخرج عن هدوئك أو تستشيط غضبا.		
٧	تنجح في التغلب على تحدي تعليم الأفراد أو الجماعات. يعتبر الآخرين قائدا أو مصلحا.		
٨	قلما تغلب عليك وتهزمك الأمزجة والنكسات والصدمات.		
٩	غالباً ما تخرج بأفضل أفكارك وأنت تتحدث عن الآخرين.		
١٠	تشعر بالراحة مع الغرباء، والشخصيات والمجموعات الجديدة.		
١١	لك نشاط اجتماعي فعال في أحد المؤسسات التطوعية التي تهب نفسها لمساعدة الآخرين.		
١٢	ترتاح لإظهار التعاطف مع البالغين من الجنسين.		
١٣	تسمح لنفسك بأن تشعر بمشاعرك وتعبر عنها.		
١٤	تشعر بتحسن عندما تعبر وتنفس عن مشاعر سلبية أو مؤلمة..		
١٥	كثيرا ما تغضب عندما يخالفك شخص في وجهة نظر أو ينتقدك لفظيا.		
١٦	تحسب لمشاعرك حسابا عندما تتخذ قرارات مهمة.		
١٧	كنت مشهورا في المدرسة وكثيرا ما اشتركت باتحاد الطلبة أو الأندية.		
١٨	تعمل بشكل أفضل مع الآخرين، وكعضو في الفريق.		

١٩	تعرف ما يشعر بـه جميـع أفـراد المجموعـة، وقـدرتك عـلى فهـم الاتجاه العام السائد بينهم.			
٢٠	قلما تضيع وقتك بالتفكير في أخطاء المـاضي ومـا حـدث فيـه مـن الفشل.			
	نادراً ما تشعر بحسد وغيرة تجاه الآخرين			

تقدير الدرجات:

١- إذا كانت درجاتك من (١- ٥) فمعنى ذلك أنك تركت لذكائك العاطفي الفرصة لأن يشيخ ويهرم. بل قد تكون لديك نظرة سلبية للحياة، وتستجيب للضغوط والشدائد بشكل سلبي. وتسمح للظروف بأن تأخذ الإحباط إلى نفسك، بل قد تشعر بعزلة عاطفية وعدم راحة تجاه مشاعرك أنت ومشاعر الآخرين كذلك.

٢- إذا كانت درجاتك من (٦- ١٢) فإن الشدائد قد تصيبك بالإحباط وتمر بك لحظات تشعر فيها بحزن حقيقي.

٣- إذا كانت درجاتك من (١٣- ١٨) فهذا يعني أن هناك تواصل بينك وبين نفسك وبينك وبين الآخرين، وإن الايجابية ترتفع عن السلبية حتى في أوقات الشدائد، وقلما تشعر باكتئاب حقيقي. وفي الحقيقة أن هذا يعني أن ذكاؤك العاطفي مرتفع للغاية.

٤- إذا كانت درجاتك من (١٩-٢٢) فمعنى هذا أنك شخص محبوب ومتوازن بالإضافة إلى أنك شخص يتميز بالقيادة وتتمتع بموقف ممتع إيجابي، حتى في أحلك الظروف، كما أن ذكاؤك العاطفي أصبح أقرب ما يكون إلى القمة.

قياس وتقييم التعاطف لدى الأطفال: (ميشيل بروربا)

تصف الجمل التالية السلوكيات التي تكشف عنها الأطفال ذوي التعاطف القوي تجاه الآخرين لتقييم قوة الطفل من التعاطف تكتب العدد الذي تعتقد أنه يمثل المستوى الحالي للطفل على الخط الذي يعقب كل جملة، ثم تضيف جميع النقاط للحصول على مجموع النقاط.

- إذا سجل الطفل (٤٠ - ٥٠) نقطة - فإنه في وضع جيد بالنسبة للذكاء الأخلاقي.
- إذا سجل الطفل (٣٠ - ٤٠) نقطة - بوسعه - الاستفادة من تعزيزه هذه القدرة.
- أما إذا سجل (٢٠ - ٣٠) نقطة - فتبين الإشارة إلى المشاكل المحتملة.
- أما لو سجل (١٠-٢٠) فهذا يكشف عن خطر محتمل. وفي هذه الحالة هناك حاجة إلى المساعدة من أجل زيادة أو تنمية هذه القدرة.
(٥ = دائماً، ٤ = في غالب الأحيان، ٣ = أحياناً، ٢ = نادراً، ١ = أبداً)

طفل ذو تقمص عاطفي سليم	طفلي
• حساس اجتماعياً ولديه الكثير من المشاعر إزاء الآخرين.	-----
• يبدي حساسية نحو حاجات ومشاعر الآخرين.	-----
• يقرأ بشكل صحيح المفاتيح الشفوية للآخرين كالإشارات.	-----
• لغة الجسد وتعابير الوجه، وحس الصوت.	-----
• يعكس بسرعة تعبير الوجه لدى الآخرين ويقوم برد فعل مناسب.	-----
• يبدي فهماً لمشاعر شخص آخر.	-----
• يبكي أو يحزن حين يحزن شخص آخر.	-----
• يعمل باهتمام حين يعامل شخص آخر.	-----
• يبدي رغبة في فهم وجهة نظر شخص آخر.	-----
• يمكن أن يحدد مشاعر شخص آخر فعلاً.	-----
مجموع النقاط	

(حسين، ٢٠٠٣)

ثامناً: قياس الموهبة

هذه الأداء صممت من أجل الكشف عن الطلبة الموهوبين ليتسنى للمرشد توعية أولياء أمورهم والمعلمين بهذه المجالات، وليتسنى عمل برامج إثرائية تساعدهم في تنمية مجالات موهبتهم.

تعريف مارلاند للموهبة (Marland,1971) وهوا لتعريف الذي تبنته اللجنة الحكومية الأمريكية للتربية ويشير التعريف إلى أن الموهوب هو ذلك الفرد الذي تمكنه قدراته العالية من القيام بأداء متميز والذي يحتاج إلى خدمات و/أو برامج تربوية خاصة فوق ما يقدم عادة في البرامج المدرسية العادية وذلك ليتمكن من تحقيق إسهاماته نحو ذاته ونحو مجتمعه، إن الموهوب انطلاقا من ذلك هو الفرد الذي أظهر فعلا أداء متميزا أو لديه إمكانية القيام بهذا الأداء في واحد أو أكثر من المجالات التالية: القدرة العقلية العامة، الاستعدادات الأكاديمية الخاصة، التفكير المنتج أو المبدع، القدرة على القيادة، الفنون المرئية أو الأدائية، القدرة النفس حركية، كما عرف رونزلي الموهبة(Renzulli,1985) من خلال تعريف يتضمن وجود ثلاث سمات نفسية أساسية للموهبة ترتبط مع بعضها ارتباطا عضويا وتتمثل هذه السمات فيما يلي:

- قدرة تفوق المتوسط، وإبداع.
- دافعية أو التزام بأداء المهام.
- ويشترك رنزولي وجود السمات الثلاث مجتمعة لظهور الموهبة التي يمكن أن تبرز من خلال أداء ما.

مقياس للكشف عن الطلبة الموهوبين في الصفوف(الثامن، التاسع، العاشر)

عزيزي المعلم/ عزيزتي المعلمة.... يتضمن هذا المقياس مجموعة من المقاييس حاول أن تكون قراءتك لكل فقرة من فقرات هذه المقاييس دقيقة بحيث تدقق معناها ومغزاها وحاول الإفادة من هذه المقاييس في تشكيل صورة عامة عن السمات العامة والخاصة للطالب الموهوب.

تعليمات الإجابة:

يتضمن المقياس عشرة مقاييس حاول معاملة كل مقياس منها بصورة منفردة فكل مقياس يكشف عن السمة التي وضع من أجلها. أقرأ كل فقرة قراءة جيدة ودقيقة وضع أشارة (X) مقابلها في العمود الذي يناسب إجابتك حول مضمون الفقرة حيث أن الإجابة تتكون من أربعة مستويات: نادراً، أحياناً، كثيراً، دائماً.

تأكد أنك أجبت جميع الفقرات على المقاييس العشرة.

دائماً	كثيراً	أحياناً	نادراً	أولاً: سمات التعلم	الرقم
				يوجد لدى الطالب حصيلة غير عادية من المفردات المتقدمة ويستخدمها بطريقة معبرة ويتصف سلوكه اللفظي بالتعبير الغني والطلاقة	١
				يملك حصيلة وفيرة من المعلومات حول موضوعات متنوعة وأعلى من مستوى اهتمام زملائه	٢
				لديه القدرة الفائقة في حفظ واسترجاع ما تم حفظه من معلومات	٣
				لديه القدرة على ربط العلاقات السببية بمعنى أنه قادر على ربط السبب بالمسبب	٤
				لديه السرعة في إدراك المبادئ الرئيسية وفهمها، ولديه القدرة على الوصول إلى تعميمات حول الأحداث والأشخاص	٥

٦	لديه درجة عالية من الانتباه وشدة الملاحظة (مثال: لديه القدرة على رؤية الأشياء والخروج بملاحظات من قراءة قصة أو مشاهدة فيلم قد لا يستطيع ملاحظتها الشخص العادي)				
٧	يهتم بالقراءة كثيرا، ويركز على قراءة الكتب الموجهة للفئات العمرية التي تكبره سنا ويحبذ قراءة الكتب الصعبة				
	المجموع				

الرقم	ثانياً: سمات الدافعية	نادراً	أحياناً	كثيراًَ	دائماً
١	سريع الضجر من المهمات الروتينية				
٢	بحاجة إلى قليل من التعزيز الخارجي والدافعية الخارجية لمساعدته في انجاز الأعمال والمهمات التي تثير اهتمامه				
٣	ينشد الكمال والدقة ويميل إلى نقد ذاته ولا يرضى عن مستوى انجازه وسرعته في تنفيذ المهمات الموكلة إليه				
٤	يفضل العمل لوحدة ويحتاج إلى القليل من التوجيه من قبل معلميه				

٥	لديه اهتمام بالقضايا التي يهتم بها الكبار مثل الدين والسياسة والجنس والسباقات بدرجة أكبر من الأشخاص الذين ينتمون إلى فئته العمرية				
٦	يحب تنظيم الأشياء والأشخاص والتحكم في الظروف وتحديد البنى الملائمة لها				
٧	يهتم بالمسائل والعمليات التقويمية ويصدر الأحكام (صح- خطأ، رديء- جيد) ويطلق أحكامه على الأحداث والأشخاص والأشياء				
	المجموع				

الرقم	ثالثاً: السمات الإبداعية	نادراً	أحياناً	كثيراً	دائماً
١	لديه قدر كبير من الفضول وحب الاستطلاع على كثير من الأحداث والأشياء ويستفسر كثرا حول كل شيء				
٢	يتصف بالصراحة في طرح وجهة نظره ولا تكبحه تغييرات معينة				
٣	يميل إلى المخاطرة والمغامرة				
٤	خياله واسع ولديه القدرة على التلاعب بالأشياء والصور بصورة ذكية، ويهتم بتعديل المؤسسات والمنظومات والأشياء وتكييفها وتحسينها				

الرقم	ثالثاً: السمات الإبداعية	نادراً	أحياناً	كثيراً	دائماً
٥	لديه حساسية عالية، فهو قد يرى الدعابة أو الفكاهة في أشياء قد لا تبدو كذلك للآخرين				
٦	لديه حساسية عاطفية ويتميز بقدرته على ضبط انفعالاته				
٧	حساس للجمال ويميل نحو الأشياء الجميلة في الشيء				
٨	لديه القدرة على النقد البناء ويهتم بفحص الأمور قبل تقبلها				
	المجموع				

الرقم	رابعاً: سمات القيادة	نادراً	أحياناً	كثيراً	دائماً
١	لديه القدرة على تحمل المسؤولية				
٢	واثق من نفسه وذو شخصية قوية أثناء تقديمه لعمله أمام زملائه في الصف				
٣	محبوب من قبل زملائه في الصف				
٤	يستخدم لغة جيدة ومفهومة للتعبير عن نفسه ببراعة				
٥	لديه القدرة على التكيف مع الظروف البيئية الجديدة ويتمتع بمرونة أفكاره ولا يبدو عليه التشتت والارتباك في حال كسر الروتين				

٦	يميل إلى السيرة على الآخرين ويقـود الأنـشطة التـي يشارك بها				
٧	يشارك في الأنشطة التي تقوم بها مدرسته				
٨	متعاون مع زملائه ومعلميه				
	المجموع				

الرقم	خامساً: سمات البراعة الفنية	نادراً	أحياناً	كثيراًَ	دائماً
١	يحب المشاركة في الأنشطة الفنية ويتوق إلى التعبـير عن الأفكار بشكل صوري				
٢	يقدم حلولا فريدة غير تقليديـة لما يعـرض لـه مـن مشكلات فنية				
٣	يركز لوقت طويل في عمل المشاريع الفنية				
٤	يقبل برضى ويحاول التعامل مع الوسـائل المختلفـة، كـما يقـوم بتجريـب مـا يعملـه باسـتخدام أسـاليب ومواد متنوعة				
٥	يميل إلى اختيار وسائل فنية للقيام بالأنـشطة الحـرة في الغرف الصفية فيما قد لا يراه غيره				
٦	لديه حساسية خاصة فهو ملاحظ حاد، حيث يلاحظ الأشـياء غـير العاديـة والتـي قـد يفـشل الآخـرين في ملاحظتها				
٧	يقدم عملا فنيا منسقا ومنظما ومتزنا				

دائماً	كثيراً	أحياناً	نادراً	خامساً: سمات البراعة الفنية	الرقم
				يقوم بنقد عمله، كما يضع معايير نوعية عالية المستوى لتقويم أعماله الفنية، ويعيد النظر بها بهدف تحسينها	٨
				يبدي اهتماما بأعمال زملائه الآخرين، ويقضي وقتا في دراسة ومناقشة هذه الأعمال	٩
				لديه القدرة على خلق واستخلاص الأفكار الجديدة من نقاش الآخرين، ويقوم باستخدامها بشكل وظيفي دون القيام بنسخها	١٠
				المجموع	

دائماً	كثيراً	أحياناً	نادراً	سادساً: السمات الموسيقية	الرقم
				يبدي اهتماما دائماً بالموسيقى وينتهز الفرص لسماع الموسيقى وتأليفها	١
				يدرك الفروق الدقيقة مهما صغرت بين النغمات الموسيقية	٢
				يتذكر الألحان بسهولة، ويستطيع تأليف الألحان وإعادة عزفها بصورة دقيقة	٣
				يشارك بجدية وحما في الأنشطة الموسيقية	٤
				يعزف على الآلات الموسيقية أو يظهر رغبة قوية في ذلك	٥
				المجموع	

الرقم	سابعاً: السمات المسرحية	نادراً	أحياناً	كثيراً	دائماً
١	يستخدم الايماءات الجسدية وتعبيرات الوجه بفاعلية للتعبير عن مشاعره				
٢	يقوم بلعب الدور الارتجالي دور الممثل في اللحظة المناسبة				
٣	يعرض نفسه لدرجة القدرة على تقمص خصائص ومزاج الشخصيات التي يقوم بتمثيلها				
٤	يتعامل مع جسمه براحة وتوازن ينسجم مع المرحلة العمرية التي ينتمي لها				
٥	يقوم بعمل مسرحيات أصيلة أو يقوم بحبك مسرحيات من القصص				
٦	يجذب الانتباه من قبل الآخرين عندما يتكلم				
٧	يستجر الإجابات العاطفية وإدخال السرور إلى نفوس المشاهدين وإضحاكهم				
	المجموع				

الرقم	ثامناً: سمات الاتصال (الدقة)	نادراً	أحياناً	كثيراًَ	دائماً
١	كلامه وكتاباته واضحة ومحددة ومباشرة				
٢	يعدل ويتكيف في التعبير عن أفكاره لكي يتم إدارتها بالكامل				
٣	قادر على مراجعة وصياغة ما يريد بطريقة موجزة، ولكنه لا يفضل الأفكار الأساسية				
٤	يفسر الأشياء بشكل واضح ودقيق				
٥	يستخدم أفكار أو تعبيرات تضفي على أحاديثه لون وإحساس وجمال				
٦	يعبر عن احتياجاته بدقة ووضوح وإيجاز				
٧	لديه القدرة على استخدام طرق التعبير الكثيرة لتوضيح آرائه للآخرين				
٨	لديه القدرة على وصف الأشياء بعدد قليل من الكلمات المناسبة				
٩	قادر على إبراز الظلال الدقيقة للمعاني باستخدام المرادفات المتوافرة لديه				
١٠	لديه القدرة على التعبير عن آرائه بطرق كثيرة				
١١	لديه القدرة على معرفة واستعمال الكلمات ذات المعاني المتقاربة والمترابطة				
	المجموع				

دائماً	كثيراً	أحياناً	نادراً	تاسعاً : سمات الاتصال التعبيرية	الرقم
				يستخدم نبرة الصوت لنقل المعنى بصورة واضحة	١
				يوصل المعلومات غير اللفظية عـن طريـق تعبيرات الوجه والجسد	٢
				لديه أسلوب مشوق في سرد القصص	٣
				المجموع	

دائماً	كثيراً	أحياناً	نادراً	عاشاً: سمات التخطيط	الرقم
				يسمح بإعطاء الوقت لتنفيذ كل الخطوات المتضمنة في العمل	١
				ينظم عمله بصورة جيدة	٢
				يدرك ويعرف الطرق البديلة لتحقيق الهدف	٣
				يستطيع تحديد النقاط الصعبة التي تعـترض تنفيـذ النشاط أو العمل	٤
				يرتـب خطـوات تنفيـذ المـشروع بطريقـة معتدلـة ومتسلسلة	٥
				جيد في تحليل النشاطات إلى خطوات جزئية	٦
				تأسيس وإنجاز أولويات عند تنظيم النشاطات	٧

٨	قادر على إدراك المحددات من مكان وإمكانيات مادية وبشرية في المشاريع المختلفة				
٩	قادر على إيجاد التفصيلات لتطوير الخطة أو الإجراء				
١٠	توفير البدائل لتوزيع العمل أو تحديد الأشخاص لإنجاز العمل				
المجموع					

(فيلان، ١٩٩٥)

تاسعاً: اختبار رسم الرجل لجودانف

يعتبر اختبار رسم الرجل من الاختبارات غير اللفظية المتحررة من أثر الثقافة التي تمتاز بسهولة التطبيق والتصحيح، وتمتاز أيضاً بقلة التكاليف في الوقت والجهد والمال بالإضافة إلى إمكانية تطبيقه فردياً وجماعياً مما يجعله أداة جيدة في الدراسات المسحية، والتي تهدف إلى تصنيف أطفال الروضة والابتدائي بحسب مستوياتهم العقلية كما أن العمل المطلوب في رسم الرجل بسيط ويجذب انتباه الأطفال إليه دون أن يشعرون بالخوف أو التهديد في مواقف الاختبار، بالإضافة إلى أن التلقائية في رسومات الأطفال تجعل من الرسم لغة غنية بالمعاني النفسية، تتخطى عوائق التعبير اللفظي وتجعل هذا الاختبار أداة جيدة في قياس النمو العقلي عند الأطفال العاديين وذو الاحتياجات الخاصة من صمم ومتخلفين عقلياً، وممن يعانون من صعوبات النطق والكلام. (أبو حطب وآخرون، ١٩٧٩)

والاختبار غير محدد بزمن، ولكن تطبيقه يستغرق عادة خمسة عشرة دقيقة. حيث يطلب من الفرد رسم صورة رجل كامل، وتقدر الدرجة على أساس تفاصيل الجسم والملابس، وتناسب الملامح، ولا يهتم بالنواحي الجمالية في الرسم وتقدر لكل جزئية من تفاصيل الجسم درجة واحدة، ثم تجمع الدرجات وهناك معايير للأطفال الذين تتراوح أعمارهم ما بين ٣ إلى ١٥ سنة لكل من الذكور والإناث.

أعدته جودانف سنة ١٩٢٦، ووضعت مفردات تصحيحه من ٥١ مفردة، وأعطت الطفل درجة عن كل مفردة تظهر في رسمه، وأسمته اختبار رسم الرجل لجودانف Goodenough Draw Man Test، ثم قام هاريس بمراجعة الاختبار وتعديله سنة ١٩٦٣، فأضاف ٢٢ مفردة من مفردات جودانف، لتصبح ٧٣ مفردة، وطلب من الطفل رسم ثلاثة أشخاص، رجل وامرأة والطفل نفسه، واستخدم طريقة جودانف في التصحيح، فأعطى الطفل درجة عن كل مفردة تظهر في رسمه، وأسمى الاختبار ((اختبار رسم الشخص لجودانف- هاريس Goodinough- Harris Draw A-Person)). (Harris,1963)

ويهدف الاختبار إلى قياس التطور المعرفي والنضج العقلي، ويحتاج الطفل عند التطبيق إلى قلم رصاص، ممحاة، كراس الاختبار، وتبدأ الجلسة مع الأطفال بفترة يقصد منها كسر الحاجز في العلاقة بين الفاحص والطفل، ونشر جو من الطمأنينة والرغبة في التعاون، ومن الممكن للفاحص أن يوحي للطفل بأن المسألة ليست مسألة فحص، وإنما المقصود هو اللعب، برسم أشكال وصور. وإذا شعر الفاحص بضرورة تدريب الطفل أولاً على المهارات الأولية، فلا بأس من تأجيل الاختبار لجلسة أخر ريثما يتم التدريب، ويكون التدريب في مراحل الفرص، منها إعطاء الفرص للطفل لكي يستعمل القلم والورقة في رسم الخطوط والأشكال المتنوعة البسيطة، شرط أن نمتنع كليا عن تدريبه مباشرة على رسم الإنسان، وإن حصل ذلك لسبب ما، فلا يجوز إجراء الاختبار إلا بعد انقضاء فترة من الزمن يرجى أن تزول خلالها أثر التدريب المباشر(عطية، ١٩٨٢)

من العناصر الأساسية التي يتم الاهتمام بها في رسم الرجل ومقدارها ٥١ عنصر يعطي لكل منها عند وجودها علامة ومنها: وجود الشعر، وجود الرأس، تناس الرأس مع الجسم، وجود العنينين، إظهار اتجاه العين، وجود الأنف، إظهار فتحتي الأنف، رسم الفم والأنف من بعدين، وجود الأذنين، وجود الرقبة، ظهور الأكتاف بوضوح تام، اتصال الذراعين والساقين، تناسب الذراعين، وجود الأصابع، تفاصيل الأصابع، وجود الجذع، وجود الساقين، تناسب الساقين، وجود ملابس كاملة، إظهار الكعب. (كباتيلو، ١٩٧٨)

ملاحظة: هذا الاختبار لم يتم وضعه بشكل كامل وإنما بشكل جزئي، ولذلك لزم التنويه.

المقاييس الأسرية

أولاً: اختبار أمبو لأساليب المعاملة الوالدية من وجهة نظر الأبناء

ترجمة وتعريب د محمد السيد عبد الرحمن، ود. ماهر مصطفى المغربي.

وضع هذا الاختبار من أجل التعرف على الأساليب التي يتبعها الوالدين في تربية أبنائهم ومدى رضا الأبناء عن هذه الأساليب، مما يساعد في تغييرها فيما بعد، لأساليب أكثر مناسبة، وقد صيغت بلغة عامية تناسب الطلبة وبجميع المستويات، ومن خلالها يمكن التعرف على أربعة عشر بعدا لهذه الأساليب.

اختبار امبو لأساليب المعاملة الوالدية من وجهة نظر الأبناء من ترجمة وتعريف محمد السيد عبد الرحمن وماهر مصطفى المغربي، وقد وضع هذا الاختبار بيرس وزملاؤه Perris et al .1980 وأسموه الأمبو EMBU وهي الحروف الأولى من اسم الاختبار باللغة السويدية Egna Minnen Av Barndoms Uppfostram حيث صدر لأول مرة باللغة السويدية متضمنا ٨١ عبارة يجاب عليها بطريقة التقرير الذاتي Self-report حيث يقرر المفحوص ما إذا كانت العبارة تنطبق عليه أم لا من خلال أربع اختيارات إجبارية (تبدأ بهذه العبارة، تنطبق عليه دائماً، وتنتهي بهذه العبارة لا تنطبق علي أبدا) ويصحح الاختبار كما يلي: ٣ دائماً، ٢ ساعات، درجة واحدة: قليل جدا، صفر: لا أبدا، ويقيس هذه الاختبار أربعة عشر بعدا مميزة لأساليب التربية عند الوالدين وذلك لكل من الأب والأم على حدة.

(عبد الرحمن والمغربي، ١٩٩٠)

تعليمات الاختبار: فيما يلي مجموعة من العبارات التي تدل على الأساليب المختلفة التي يتبعها الآكلمة دائماً لتهم لأبنائهم والمطلوب منك أن تقرأ كل عبارة وأن توضح مدى تكرار حدوثها من كل من الأب والأم أو من يحل محلهما وكنت تعيش معه منذ طفولتك.

١- فإذا كانت العبارة تنطبق عليك بدرجة كبيرة ضع علامة (X) أمام رقم العبارة في ورقة الإجابة تحت كلمة دائماً.

٢- وإذا كانت العبارة تنطبق عليك بدرجة متوسطة ضع علامة (X) أمام رقم العبارة في ورقة الإجابة تحت كلمة ساعات.

٣- وإذا كانت العبارة تنطبق عليك بدرجة بسيطة ضع علامة (X) أمام رقم العبارة في ورقة الإجابة تحت كلمة قليل جدا.

٤- وإذا كانت العبارة لا تنطبق عليك إطلاقا ضع علامة (X) أمام رقم العبارة في ورقة الإجابة تحت كلمة لا أبدا.

حدد رأيك في أسلوب الأب في الجزء الخاص به، وفي أسلوب الأم في الجزء الخاص بها في ورقة الإجابة. لا تترك سؤال دون إجابة ولا تضع أكثر من علامتين أمام رقم السؤال، واحدة للرأي في أسلوب الأب، والأخرى للرأي في أسلوب الأم، اكتب في ورقة الإجابة وتأكد أن هذه البيانات سرية ولغرض البحث العلمي فقط.

الرقم	العبارة	تنطبق بدرجة كبيرة	تنطبق بدرجة متوسطة	تنطبق بدرجة بسيطة	لا تنطبق
١	هل كنت تشعر أن خوف أبوك وأمك عليك كان يجعلهم يتدخلوا في كل شيء تعمله				

٢	هل أبوك وأمك متعودين على إظهار حبهم لك بالكلام أو بالفعل				
٣	هـل أبـوك وأمـك كـانوا يـدلعوك أحـسن مـن إخوتك				
٤	هل شعرت بأن أبوك وأمك ماكانوش يحبوك				
٥	هل كان أبـوك وأمـك بيرفـضوا يتكلمـوا معـاك لمدة أطول إذا عملت حاجة سخيفة				
٦	هـل كـان أبـوك وأمـك يعـاقبوك حتـى عـلى الأخطاء البسيطة				
٧	هل كان أبوك وأمك بيحاولوا يخلو منك إنسان له شان وقيمة				
٨	هل حصل أنك زعلت مـن أبـوك وأمـك لأنهـم منعوا حاجة عنك كنت بتحبها				
٩	هل تفتكر أن كل من أبوك وأمك كـانوا يتمنـوا أنك تكون أحسن من اللي أنت فيه حاليا				
١٠	هل أبوك وأمك كـانوا بيـسمحوا لـك تعمـل أو تأخذ حاجات ماكانوش بيسمحوا فيها لأخواتك				

١١	هل تفتكر أن عقاب أبوك وأمك لك كان عـادل لم يظلموك				
١٢	هل تظن أن فيه واحد من أبويـك كـان شـديد عليك أو قاسي معك				
١٣	لما كنت بتعمل حاجـة غلـط هـل كنـت تقـدر تروح لأبوك وانك وتصلح غلطتك وتطلب منهم أن يسامحوك				
١٤	هل كنت بتحس أن أبوك وأمك بيحبوا حد من إخوتك أكثر منك				
١٥	هل أبوك وأمك كانوا دائماً يعاملوك أسـوء مـن معاملتهم لإخوتك				
١٦	هل حصل أن حدة من أبويك منعوك تعمل حاجة كـان بيعملهـا الأطفـال الآخـرين علـشان خـايفين عليك من الضرر				
١٧	لما كنت طفل هل حصل انضربت أو اتهنت في وجود ناس أغراب				
١٨	هل كان أبوك وأمك دائماً بيتدخلوا في اللي بتعملـه بعد ما ترجع من المدرسة أو العمل				
١٩	لما كانت ظروفك تبقى سيئة هل كنت بـتحس أن أبـــوك وأمـــك كـــانوا يحـــاولوا يريحـــوك ويشجعوك				

٢٠	هل أبوك وأمك كانوا دائماً خايفين على صحتك بدون داعي				
٢١	هل أبوك وأمك كانوا بيضروبوك بقسوة على أخطاء بسيطة لا تستحق الضرب عليها				
٢٢	هل أبوك وأمك كانوا يغضبوا منك إذا لم تساعد في أعمال البيت اللي كانوا يطلبوها منك				
٢٣	هل أبوك وأمك كانوا بيزعلوا جدا منك لما تغلط لدرجة انك كنت بتحس فعلا بالذنب أو عذاب الضمير				
٢٤	هل أبوك وأمك كانوا يحاولوا يوفروا لك حاجات زي أصحابك وكانوا يبذلوا أقصى جهدهم علشان هيك				
٢٥	هل كنت بتحس بأن من الصعب عليك أن ترضي أبوك وأمك				
٢٦	هل كان أبوك وأمك يحكوا عن كلامك وأفعالك أمام الناس الأغراب بشكل يحسسك بالخجل				
٢٧	هل بتحس أنه أبوك وأمك كانوا بحبوك أكثر من أخواتك				

٢٨	هل أبوك وأمك كانوا يبخلوا عليك بالحاجات اللي بتعوزها				
٢٩	هل أبوك وأمك كانوا دائماً مهتمين بأنك تأخذ درجات عالية في الامتحانات				
٣٠	لما كنت تتعرض لظروف أو مواقف صعبة هل كنت بتحس أنه أبوك وأمك ممكن يساعدوك				
٣١	هل كان أبوك وأمك دائماً يعملوك كبش فداء أو دائماً يجيبوا كل حاجة سيئة فوق رأسك				
٣٢	هل أبوك وأمك كانوا دائماً بقولولك أنت صرت كبير، أو بقولوا لك أنت صرت رجل أو بنت وتقدر تعمل اللي عايزه				
٣٣	هل أبوك وأمك كانوا دائماً ينقدوا أصحابك اللي بتحبهم يزوروك				
٣٤	هل كنت بتحس أن أبوك وأمك بيفكروا أن أخطائك هي السبب في عدم سعادتهم				
٣٥	هل أبوك وأمك كانوا يحاولوا يضغطوا عليك علشان يخلوك أحسن واحد				
٣٦	هل كان أبوك وأمك يظهروا شعورهم بأنهم بحبوك وحينينن عليك جدا				

٣٧	هل تعتقد أن أبوك وأمك كانوا يحترموا رأيك				
٣٨	هل حسين أنه أبوك وأمك كانوا يحبوا يكونوا معاك بقدر الإمكان				
٣٩	هل كنت بتحس أن أبوك وأمك بخلاء وأنانيين معاك				
٤٠	هل أبوك وأمك كانوا يقولولك دائماً: إذا عملك كذا سنزعل منك				
٤١	هل دائماً لما ترجع البيت لازم تحكي لأبوك وأمك عن كل اللي أنت عملته بره البيت				
٤٢	هل تعتقد أن أبوك وأمك حاولوا يجعلوا مرحلة المراهقة بالنسبة إلك مرحلة جميلة ومفيدة				
٤٣	هل أبوك وأمك كانوا دائماً يشجعوك				
٤٤	هل أبوك وأمك كانوا دائماً يقولولك كلام مثل: هاذا جزاتنا اللي بنعمله علشانك				
٤٥	هل أبوك وأمك ما كانوش بيسمحوا لك تعمل اللي أنت بدك إياه بحجة أنهم مش عازينك تكون دلوعة				
٤٦	هل حدث انك حسيت بعذاب الضمير نحو أبوك وأمك علشان أتصرفت بطريقة لا يحبونها				

٤٧	هل تعتقد أن أبوك وأمك كانوا بيطـالبوك انـك تتفـوق خـصوصا في المدرسـة أو في الرياضـة أو أشياء مثل هيك				
٤٨	هل كنت بتلاقي الراحة عند والـديك لمـا كنـت تشتكي لهم اجزانك				
٤٩	هـل حـصل انـك اتعاقبـت مـن أبـوك أو أمـك بدون ما تكون عملت أي شيء				
٥٠	هل أبوك وأمك عادة كانوا يقولـوا لـك احنـا مـش موافقين على اللي بتعملوا في البيت				
٥١	هل حدث أن أبوك وأمك كانوا يحاولوا يضغطوا عليك انك تأكل أكثر من طاقتك				
٥٢	هل كان أبوك وأمـك عـادة ينقـدوك ويـصفوك بأنك كسوا وقليل الفايدة أمام الناس الآخرين				
٥٣	هل كان أبـوك وأمـك بيهتمـوا بنـوع الأصـدقاء اللي كنت بتمشي معاهم				
٥٤	هل كنت دائماً الشخص الوحيد في أخواتك اللي أبوك وأمك يلوموه لو حاجة حصلت				
٥٥	هل كان أبوك وأمك بيقبلوك على أي صورة				

٥٦	هل كان أبوك وأمك بيعاملوك بطريقة جافة أو فظة				
٥٧	هل كان أبوك وأمك بيعاقبوك بشدة عادة حتى على الأخطاء التافهة				
٥٨	هل حدث أن أبوك وأمك ضربوك بدون سبب				
٥٩	هل حدث انك تمنيت أن قلق أو خوف أبوك وأمك عليك مايكونش بهذا الشكل				
٦٠	هل كان أبوك وأمك يشجعوك في إشباع هوايتك والحاجات اللي بتحبها				
٦١	هل كنت في العادة بتنضرب بقسوة من أبوك وأمك				
٦٢	هل كنت في العادة بتروح المكان اللي تحبه من غير أبوك وأمك ما يكونوا قلقانين عليك بشدة				
٦٣	هل أبوك وأمك كانوا بيضعوا حدود للمسموح به والممنوع تعمله وبتمسكوا بالحدود هاي بشكل قاسي جدا				
٦٤	هل أبوك وأمك كانوا بيعاملوك بطريقة تحسسك بالخزي والخجل				

٦٥	هل أبوك وأمك كانوا بيـسمحوا لاخواتـك انهـم يعملوا حاجات من اللي كانوا بيمنعوها عنك				
٦٦	هل تعتقد أن شعور أبوك وأمك بالخوف عليك من أن يحصل لك حاجة كان شعور مبالغ فيـه أكثر من اللازم				
٦٧	هل كنت بتحس أن العلاقة بينك وبين والـديك حب وعطف				
٦٨	هل كان الاختلاف في الرأي بينك وبين أبويك في بعض الأمـور يقابـل الاحـترام مـنهم (لا يفـسد الأمر بينكم)				
٦٩	هل حدث أن أبوك وأمـك كـانوا بيزعلـوا منـك من غير ما يعرفوك هما زعلانين ليش				
٧٠	هل حدث أنه أبوك وأمـك كـانوا يخلـوك تنـام من غير عشاء				
٧١	هــل كنــت تحــس أن أبــوك وأمــك بيكونــوا فخورين لما تنجح في أي مهنة				
٧٢	هل كان دائماً أبوك وأمك يفضلوك عن إخوتك				

٧٣	هـل كـان أبـوك وأمـك بيقفـوا في صـفك ضـد أخواتك حتى ولو كنت أنت الغلطان					
٧٤	هل أبوك وأمك كانوا عادة يعانقونك					
٧٥	هل كنت بتحس أن أبوك وأمك نفـسهم تكـون أحسن من هيك أو زي حدة معين					

تقدير الدرجات: دائماً ٣ درجات، ساعات: درجتان، قليل جدا: درجة واحدة، لا أبدا: صفر.

البعد	المجال	الفقرات	تعريفه
١	الإيذاء الجسدي	١١-٢١-٤٩-٥٨-٦١	تعرض الطفل للضرب أو أية صورة أخرى من صور العقاب البدني بطريقة قاسية ومستمرة على أخطاء بسيطة تجعل الطفل يشعر بظلم الوالدين
٢	الحرمان	٨-٢٤-٢٨-٣٩-٤٥-٧٠	حرمان الطفل من الحصول على الأشياء التي يحتاجها أو عمل أشياء يحبها بصورة تجعلها يشعر ببخل الوالدين عليه
٣	القسوة	٦-١٢-٢٢-٥٠-٥٦-٥٧	إحساس الطفل بأن احد الوالدين أو كلاهما قاس في تعامله كأن يستخدم معه التهديد بالعقاب البدني والتهديد بالحرمان لأبسط الأسباب

٤	الإذلال	١٧-٢٦-٣٢-٥٢-٦٤	تعمد توبيخ الطفل ووصفه بصفات سيئة في وجود أشخاص آخرين أو معاملته بطريقة تشعره بالنقص والدونية مع عدم تقدير إمكانياته
٥	الرفض	٤-٥-١٣-٢٥-٦٩	تجنب معاملة الطفل أو الحديث معه لفترة طويلة على أخطاء بسيطة بطريقة تشعر بأنه غير محبوب من أحد الوالدين أو كلاهما
٦	الحماية الزائدة	١٦-١٨-٢٠-٥١-٥٩-٦٦	الخوف على الطفل بصورة مفرطة من أي خطر قد يهدده مع إظهار هذا الخوف بطريقة تؤجل اعتماد الطفل على ذاته
٧	التدخل الزائد	١-٣٣-٤١-٥٣-٦٣	وضع حدود معينة للمسموح به والمرفوض من وجهة نظر الآباء مع التمسك بهذه الحدود بشكل قاس مع التدخل في كل صغيرة وكبيرة في حياة الطفل
٨	التسامح	٩-٣٧-٥٥-٦٨-٧٥	احترام رأي الطفل وتقبله على عيوبه وتصحيح أخطائه دون قسوة مع بث الثقة في نفسه
٩	التعاطف الوالدي	٢-٣٦-٣٨-٦٧-٧٤	تعود الوالدين إظهار الحب للطفل سواء باللفظ أو الفعل
١٠	التوجيه للأفضل	٧-٢٩-٣٥-٤٧-٧١	توجيه الطفل نحو النجاح في العمل والدراسة حتى يكون عضوا نافعا في المجتمع له قيمته وكيانه
١١	الإشعار بالذنب	٢٣-٣٤-٤٠-٤٤-٤٦-٤٨	تحقير الطفل والتقليل من شأنه ومعاملته بطريقة تشعره بعذاب الضمير أو الإحساس بالذنب حتى على الأخطاء التي ليس له يد فيها

١٢	التشجيع	١٩-٣٠-٤٢-٤٣-٦٠	ميل الوالدين لمساعدة الطفل وتشجيعه والوقوف بجانبه في المواقف الصعبة بطريقة تدفعه قدما إلى الأمام
١٣	تفضيل الأخوة	١٤١٥٣١-٥٤-٦٥	نبذ الطفل وتفضيل إخوته عليه لأي سبب من الأسباب لجنسه أو ترتيبه الميلادي أو لأسباب أسرية
١٤	التدليل	٣-١٠-٢٧-٦٢-٧٢-٧٣	تحقيق رغبات الطفل بطريقة مفرطة مع إضفاء مزيد من الرعاية والاهتمام عليه أكثر من إخوته بصورة تعوقه عن تحمل المسؤولية بمفرده

ثانياً: مقياس اتجاهات التنشئة الأسرية

هذا المقياس صمم من أجل التعرف على اتجاهات التنشئة الأسرية كالديمقراطية - التسلط، الحماية الزائدة - الإهمال التي يمارسها الآباء.

مفهوم التنشئة الأسرية: تزخر الأدبيات والبحوث النفسية بكثير من التعريفات لمفهوم التنشئة الأسرية فقد عرف الطواب(١٩٩٥) التنشئة الأسرية بأنها العملية التي يتم فيها تشكيل معايير الفرد، وقيمه، ودوافعه، واتجاهاته، وسلوكه، لتتمشى مع ما هو مرغوب ومتفق عليه ومناسب لدوره الحالي والمستقبلي في المجتمع، وهي تبدأ منذ اللحظات الأولى لميلاد الطفل.

ويعرفها (حمزة،١٩٩٦) بأنها كل سلوك يصدر عن الأب أو الأم أو كليهما ويؤثر في نمو شخصية الطفل سواء قصد بهذا السلوك التوجيه أم التربية أو لم يقصد. ويعرفها هذرينجتون وبارك (Hetherington and Barke,1993) بأنها العملية التي يتم فيها تعليم

أفراد جدد في المجتمع قواعد وقوانين اللعب الاجتماعي، حيث تحاول مؤسسات التطبيع الاجتماعي المختلفة مساعدة الأفراد الجدد، وتبني القوانين والقواعد التي تساعدهم على اللعب بالطريقة نفسها التي يلعبون بها.

أما المقياس فقد تكون من صورتين الصورة (أ) وتخص نمط تنشئه الأب، والصورة (ب) تخص نمط تنشئة الأم،وتتألف كل صورة من (٤٠) فقرة تقيس بعدين هما: الاتجاه الديمقراطي - التسلطي ويتألف من (٢٠) فقرة تبدأ من (١- ٢٠)، واتجاه الحماية الزائدة - الإهمال ويتألف من (٢٠) فقرة تبدأ من (٢١-٤٠)، وقد أشتمل المقياس على فقرات موجبة وأخرى سالبة سيتم تحديدها عند الحديث عن كل اتجاه وتقيس هذه الفقرات الاستجابات الأكثر تكراراً لدى والدي المفحوص كما يدرجها ويصنفها المفحوص ذاته.

ويقيس هذا المقياس البعدين التاليين:

١- اتجاه الديمقراطية - التسلط:

تكون من صورتين الصورة (أ) للأب والصورة الثانية (ب) للأم، ويتألف من (٢٠) فقرة لكل صورة تقيس الاستجابات الوالدية كما يدركها الأبناء في عدد من المواقف يحدد قربها من أحد القطبين (الديمقراطي - التسلطي) غلبة الاتجاه الديمقراطي أو التسلطي، وتندرج استجابة المفحوص في أربع درجات هي:

• يحدث دائماً وتنال أربع درجات عندما تكون الفقرة إيجابية ودرجة واحدة عندما تكون الفقرة سلبية.

• يحدث غالباً وتنال ثلاث درجات عندما تكون الفقرة إيجابية ودرجتين عندما تكون الفقرة سلبية.

• يحدث أحياناً وتنال درجتين عندما تكون الفقرة إيجابية وثلاث درجات عندما تكون الفقرة سلبية.

- لا يحدث إطلاقاً وتنال درجة واحدة عندما تكون الفقرة إيجابية وأربع درجات عندما تكون الفقرة سلبية.
- ويحتوي هذا الاتجاه على عدد من الفقرات الإيجابية وهذه الفقرات هي: (١, ٩, ١٣, ١٥, ١٩, ٢٠).
- كذلك يحتوي هذا الاتجاه على عدد من الفقرات السلبية وهذه الفقرات هي: (٢, ٣, ٤, ٥, ٦, ٧, ٨, ١٠, ١١, ١٢, ١٤، ١٦، ١٧، ١٨).
- وبناءاً على فقرات هذا المقياس فإن أدنى علامة يحصل عليها المفحوص هي (٢٠) وأعلى علامة هي (٨٠) وهكذا فإن زيادة درجة المفحوص عن (٥٠) درجة تشير إلى غلبة الاتجاه الديمقراطي عند والديه، بينما الدرجة أقل من (٥٠) تشير إلى غلبة الاتجاه التسلطي، أما الدرجة (٥٠) فتعتبر حيادية.

٢- اتجاه الحماية الزائدة - الإهمال:

يتكون من صورتين: الصورة (أ) للأب والصورة (ب) للأم، وتتكون كل صورة من (٢٠) فقرة تقيس الاستجابات الوالدية كما يدركها الأبناء في عدد من المواقف تحدد قربها من أحد القطبين (الحماية الزائدة - الإهمال) غلبة اتجاه الحماية الزائدة أو الإهمال، وتندرج استجابات المفحوص في أربع درجات كما ذكر في الاتجاه السابق ويحتوي هذا الاتجاه على عدد من الفقرات الإيجابية وهذه الفقرات هي: (٢١, ٢٢, ٢٣, ٢٤, ٢٥, ٢٦, ٢٨, ٢٩, ٣٠, ٣١, ٣٢, ٣٣, ٣٩).

كما يحتوي هذا الاتجاه على عدد من الفقرات السلبية، وهذه الفقرات هي: (٢٧, ٣٤, ٣٥, ٣٦, ٣٧, ٣٨, ٤٠).

وبناءً على فقرات هذا المقياس فإن أدنى علامة يحصل عليها المفحوص هي (٢٠) وأعلى علامة هي (٨٠)، وهكذا فإن الدرجة فوق (٥٠) من المقياس تشير إلى اتجاه الحماية الزائدة، بينما الدرجة اقل من (٥٠) فتشير اتجاه الإهمال، أما الدرجة (٥٠) فتعتبر حيادية.

يهدف هذا المقياس إلى قياس اتجاهات الوالدين في التنشئة نحو(الديمقراطية -التسلط)، (الحماية الزائدة - الإهمال). حيث يتكون المقياس من صورتين: الصورة (أ) الخاصة بالأب، والصورة (ب) الخاصة بالأم .

تكتب الإجابات على ورقة الإجابة وهي متدرجة وفي أربع درجات هي:

- يحدث دائماً: إذا كانت الاستجابة تحدث في كل موقف يستدعي حدوثها .
- يحدث غالباً: إذا كانت الاستجابة تحدث في أكثر من نصف المواقف التي تستدعي حدوثها.
- يحدثا أحياناً: إذا كانت الاستجابة تحدث في اقل من نصف المواقف التي تستدعي حدوثها.
- لا يحدث إطلاقا: إذا كانت الاستجابة لا تحدث أبدا في أي موقف يستدعي حدوثها.

يرجى وضع إشارة (x) في داخل المربع الذي يقع تحت الإجابة التي تراها مناسبة لوصف سلوك والديك.

يرجى التكرم بتعبئة البيانات التالية:

الاسم: .... الجنس: ذكر / أنثى

مهنة الأب: موظف / حرة الفرع: علمي أدبي معلوماتية

الرقم	الفقرة	والدي				والدتي			
		دائماً	غالباً	أحياناً	إطلاقا	دائماً	غالباً	أحياناً	إطلاقا
١	يستشيرني في الأمور التي تخصني قبل أن يتخذ قرارا بشأنها.								

٢	يمنعني من ممارسة الهوايات والنشاطات التي ارغب فيها داخل المنزل.								
٣	يشجعني على تكوين آراء خاصة بي.								
٤	يجبرني أن أتخلى عن بعض ممتلكاتي لإخوتي .								
٥	لا يعترض على الأصدقاء الذين أختارهم .								
٦	يمنعني من المشاركة في الحديث عند وجود زائرين في البيت.								
٧	يحترم اختياري للملابس قبل أن يشتريها.								
٨	يرفض أن أشارك في مناقشة الأمور التي تخص الأسرة.								
٩.	يترك لي حرية اختيار نوع المسلسل الذي أشاهده.								
١٠	يحرص على أن يختار الأماكن التي اقضي فيها وقت فراغي.								

١١	يمتنع عن الاستماع لمشكلاتي ويعتبرها تافهة							
١٢	يتدخل في طريقة دراستي وتحديد أوقاتها .							
١٣	يصغي لي باهتمام عندما أحدثه عن طموحاتي .							
١٤	يرفض آرائي ولو كانت صائبة.							
١٥	يتعامل معي كصديق.							
١٦	لا يعرف سوى الضرب والإهانة في معاملتي.							
١٧	يختار لي المجلات والكتب التي اقرأها.							
١٨	يطالبني بطاعة إخوتي الأكبر مني مهما كانت الظروف .							
١٩	يناقش معي أخطائي قبل توجيه اللوم والعقوبة لي .							
٢٠	يؤكد على التعاون والتضامن بين الإخوة والأخوات .							

٢١	يشعرني بأني ما زلت صغيراً.								
٢٢	يقوم بمعظم واجباتي التي أتمكن من القيام بها بنفسي .								
٢٣	عـودني أن اسـتعين بـه عنـدما أتشاجر مع الآخرين								
٢٤	اشعر إنني بحاجة إلى استـشارته في كل أمر تصرفاته عله .								
٢٥	اشعر بلهفة زائدة منـه نحـوي في كثير من تصرفاته.								
٢٦	يعاقب أبناء الجيران إذا تـسببوا في إيذائي .								
٢٧	عودني أن احـل المـشكلات التـي تعترضني بنفسي .								
٢٨	يستجيب لكافة طلباتي .								
٢٩	يـشعرني أنـه قلـق عـلى صـحتي بدون مبرر.								
٣٠	يقلـق كثـيرا عنـدما أتـأخر في العودة إلى المنزل .								
٣١	ينـزعج كثـيرا إذا لم أتنـاول طعامي في الصباح.								

٣٢	يتدخل فيمن إيذاء احد إخوتي فإنه يعاقبه هو.								
٣٣	يتولى بنفسه حل مشكلاتي أول بأول .								
٣٤	يشعرني بعدم اهتمامه بمتابعة سلوكي .								
٣٥	يتركني في المنزل وحيدا.								
٣٦	يتغاضى عندما أتفوه ببعض الكلمات غير اللائقة.								
٣٧	يتركني دون توجيه عندما أخطئ.								
٣٨	يسمح لي بالاشتراك في معسكرات أو مخيمات .								
٣٩	يتدخل في تحديد وقت نومي .								
٤٠	لا يكترث عندما أتضايق أو أكون مهموما .								

(الحوارنة، ٢٠٠٥)

ثالثاً: مقياس أنماط التنشئة الأسرية

يفيد هذا المقياس في التعرف على أنماط التنشئة الأسرية أيضا التي يستخدمها الآباء.

مقياس أنماط التنشئة الأسرية: حيث استخدم الباحث المقياس الذي وضعه السقار (١٩٨٤)، وقد تكون المقياس من (٥٨) فقرة موجهة للأب و (٥٨) موجهة للأم، والمقياس يقيس أربعة أنماط من التنشئة:

أ-   النمط الديمقراطي - التسلطي :ويشمل صورتين: صورة (أ) للأب، وصورة (ب) للأم، ويتألف من (٣٠) فقرة لكل صورة تقيس الاستجابات الوالدية، كما يدركها الأبناء في عدد من المواقف يحدد قربها من أحد القطبين الاتجاه الإيجابي أو الاتجاه السلبي، وتتدرج استجابة المفحوص في أربع درجات هي :يحدث دائماً تنال أربع درجات، يحدث غالباً تنال ثلاث درجات، يحدث أحياناً تنال درجتين، لا يحدث إطلاقاً تنال درجة واحدة.. وبغية تأكد مصمم المقياس من صدق الإجابة لجأ إلى صياغة بعض الفقرات بصورة مقلوبة، بحيث تكون الاستجابة(يحدث دائماً) وصفاً للقطب السالب حيث تتدرج الإجابات كالتالي: يحدث دائماً تنال درجة واحدة، يحدث غالباً تنال درجتين، يحدث أحياناً تنال ثلاث درجات، لا يحدث إطلاقاً تنال أربع درجات. وبناءً على هذا فإن أدنى درجة يحصل عليها المفحوص هي: (٣٠) وأعلى درجة (١٢٠) وبالتالي فإن الدرجة فوق (٧٥) تشير إلى الاتجاه الديمقراطي، بينما تشير الدرجة أقل من (٧٥) تشير إلى الاتجاه التسلطي، والدرجة (٧٥) حيادية، وتم تحديد الدرجة (٧٥) بناءً على ما يلي:

$$٣٠ \times ٤ \quad = ١٢٠$$

$$١٢٠ + ٣٠ = ١٥٠$$

$$١٥٠ \div ٢ \quad = ٧٥$$

ب- الحماية الزائدة – الإهمال: ويشمل صورتين: صورة (أ) للأب وصورة (ب) للأم يتألف من (٢) هي: فقرة لكل صورة تقيس الاستجابات الوالدية كما يدركها الأبناء في عدد من المواقف، يحدد قربها من أحد القطبين الاتجاه الإيجابي أو الاتجاه السلبي وتندرج في أربع درجات هي: يحدث دائماً تنال أربع درجات، يحدث غالباً تنال ثلاث درجات، يحدث أحياناً تنال درجتين، لا يحدث إطلاقاً تنال درجة واحدة. وبغية تأكد مصمم المقياس من صدق الإجابة لجأ إلى صياغة بعض الفقرات بصورة مقلوبة، بحيث تكون الاستجابة (يحدث دائماً   وص ٢٨ للقطب السالب حيث تتدرج الإجابات كالتالي: يحدث دائماً تنال درجة واحدة، يحدث غالباً تنال درجتين يحدث أحياناً تنال ثلاث درجات، لا يحدث إطلاقاً تنال أربع درجات، وبناءً على هذا فإن أدنى درجة يحصل عليها المفحوص هي (٢٨) وأعلى درجة (١١٢) وبالتالي فإن الدرجة فوق (٧٠) تشير إلى الاتجاه الديمقراطي، بينما تشير الدرجة أقل من (٧٠) إلى الاتجاه التسلطي، والدرجة (٧٠) حيادية. وتم تحديد الدرجة (٧٥) بناءً على ما يلي:

$$٢٨ × ٤ = ١١٢$$

$$١١٢ + ٢٨ = ١٤٠$$

$$١٤٠ ÷ ٢ = ٧٠$$

مقياس نمط التنشئة الأسرية

صورة الأب / الأم

الرقم	الفقرة	دائماً	غالباً	أحياناً	إطلاقا
١	يحرص والدي على إتباع نظام دقيق في المنزل.				
٢	أشعر بأن كافة أفراد أسرتي ملتزمون بإطاعة والدي.				
٣	يستشيرني والـدي في الأمـور التـي تخصني قبـل أن يتخذ قراراً بشأنها.				
٤	يمنعني والدي مـن ممارسـة الهوايـات والنـشاطات التي أرغب فيها داخل المنزل.				
٥	أتبادل الرأي مع والدي في أمور الأسرة.				
٦	يلزمني والدي أن أتخلى عن بعض ممتلكاتي لإخوتي.				
٧	يتشاور والدي مع والدتي في كثير مـن الأمـور التـي تخص الأسرة.				
٨	ينزعج والدي إذا قاطعته أثناء حديثه إلي.				
٩	يسمح لي والدي بإبداء الـرأي حـول الطعـام الـذي أريده.				
١٠	يمنعني والدي من المشاركة في الحديث عند وجـود زائرين في البيت.				

١١	يسألني والدي عن نوع الملابس التي أرغبها قبل أن يشتريها.				
١٢	يرفض والدي أن أشارك في مناقشة الأمور التي تخص الأسرة.				
١٣	يترك لي والدي حرية مشاهدة الأفلام التي أرغب فيها.				
١٤	يحرص والدي على أن يختار الأماكن التي أقضي فيها أوقات فراغي.				
١٥	يمتنع والدي عن الاستماع لمشكلاتي ويعتبرها تافهة.				
١٦	يتدخل والدي في طريقة دراستي وتحديد أوقاتها.				
١٧	يوجه إلي والدي كثيراً من الأوامر.				
١٨	يريد والدي أن أصارحه بكل المشكلات التي أواجهها.				
١٩	يتدخل والدي في طريقة معاملة والدتي لي.				
٢٠	يتمسك والدي بآرائه ويرفض آرائي ولو كانت صائبة.				
٢١	يشعرني والدي أنه صديق لي.				
٢٢	عودني والدي أنه يعرف مصلحتي أكثر مني.				

٢٣	يختار والدي الكتب والمجلات التي أقرأها.				
٢٤	يرفض والدي أن يناقش الأبناء آباءهم أو يراجعوهم.				
٢٥	والدي هو الشخص الوحيد الذي يمكنه أن يحدد نوع دراستي ومهنتي.				
٢٦	يرغمني والدي على التنازل عن حقي لأخي أو أختي ولو كنت صاحب حق.				
٢٧	يطالبني والدي بطاعة إخوتي الأكبر مني مهما كانت الظروف.				
٢٨	عودني والدي على مناقشة أخطائي قبل توجيه اللوم والعقوبة لي.				
٢٩	عندما أحتك ببعض إخوتي فإن والدي يركز على سرعة التفاهم بيننا.				
٣٠	يؤكد والدي على التعاون والتضامن داخل الأسرة.				
٣١	أشعر أني لا أطيق الحياة بعيداً عن والدي.				
٣٢	يمنعني والدي من مخالطة رفاق الحي.				
٣٣	يقوم والدي بمعظم الواجبات التي أتمكن من القيام بها بنفسي.				
٣٤	عودني والدي أن أستعين به عندما أتشاجر مع الآخرين.				

٣٥	أشعر أني بحاجة إلى استشارة والدي في كل أمر قبل أن أفعله.				
٣٦	أشعر بلهفة والدي الزائدة نحوي في كثير من تصرفاته.				
٣٧	يخشى علي والدي من المواقف التي تستدعي منافستي مع الآخرين.				
٣٨	يعاقب والدي أبناء الجيران إذا تسببوا في إيذائي.				
٣٩	عودني والدي أن أحل المشكلات التي تعترضني دون اللجوء إليه.				
٤٠	يستجيب والدي لكافة طلباتي.				
٤١	أشعر أن والدي قلق على صحتي دون مبرر.				
٤٢	يقلق والدي كثيراً عندما أتأخر في العودة إلى المنزل.				
٤٣	ينزعج والدي كثيراً إذا لم أتناول طعامي في الصباح.				
٤٤	إذا شكوت من إيذاء أحد إخوتي فإن والدي يعاقبه هو.				
٤٥	يحاول والدي أن يعرف بالتحديد كيف أتصرف في كل قرش من مصروفي				
٤٦	يتناول والدي بنفسه حل مشكلاتي أولاً بأول.				

٤٧	يؤكد والدي على انتظامي في برنامج دراسي بداية كل فصل دراسي.				
٤٨	أشعر أن والدي سيتدخل في اختيار الزوج المناسب لي في المستقبل.				
٤٩	أشعر أن والدي لا يهتم بالحكم على سلوكي.				
٥٠	يتدخل والدي في اختياري لصديقاتي.				
٥١	عودني والدي أن أحافظ على ممتلكاتي بنفسي.				
٥٢	يسمح لي والدي بممارسة الهوايات التي أختارها.				
٥٣	يتركني والدي في المنزل وحيدةً.				
٥٤	يسمح لي والدي بالمشاركة بالنشاطات الجامعية التي أرغب بها.				
٥٥	يتغاضى والدي عندما أتصرف بشكل غير لائق				
٥٦	عندما أخطئ فإن والدي يتركني دون توجيه.				
٥٧	يتدخل والدي في تحديد وقت نومي.				
٥٨	عندما أتضايق أو أكون مهموماً فإن والدي لا يكترث بذلك.				

مقتبس من: السقار (١٩٨٤) أثر اتجاهات التنشئة الوالدية والمستوى الثقافي للأسرة في القدرة على التفكير ألابتكاري عند طلاب المرحلة الثانوية في الأردن، رسالة ماجستير غير منشورة، جامعة اليرموك، الأردن (القضاة، ٢٠٠٦)

رابعاً: اتجاهات الطفل نحو الأم

هذه الاستبانة صممت لقياس الطريقة التي تشعر بها حول عائلتك ككل وهي ليست اختبارا ولذلك لا يوجد إجابات صح أو خطأ، اجب عن كل الفقرات بحرص ودقة بالفراغ: ١ ولا مرة من الأوقات، ٢: نادراً جدا، ٣: قليل من الوقت، ٤: بعض الوقت، ٥: جزء جيد من الوقت، ٦: معظم الوقت، ٧: كل الوقت

١-   والدتي تثير عصبيتي

٢-   أقضي وقتا جيدا مع والدتي

٣-   اشعر بأنني يمكن حقيقة أن أثق بوالدتي

٤-   أنا لا أحب والدتي

٥-   سلوك والدتي يربكني

٦-   والدتي كثيرة الطلبات

٧-   أرغب لو كانت والدتي مختلفة

٨-   حقا استمتع مع والدتي

٩-   تضع والدتي قيود كثيرة علي

١٠-   والدتي تتداخل في نشاطاتي

١١-   أنا مستاء من والدتي

١٢-   أعتقد أن والدتي رائعة

١٣-   أكره والدتي

١٤-   والدتي صبورة جدا معي

١٥-   حقا أحب والدتي

١٦-   أحب أن أكون مع والدتي

١٧-   أشعر كما لو أنني لا أحب والدتي

١٨- والدتي تغضبني كثيرا

١٩- أشعر بالغضب الشديد تجاه والدتي

٢٠- أشعر بالعنف تجاه والدتي

٢١- أشعر بالفخر تجاه والدتي

٢٢- أرغب لو كانت والدتي مثل أمهات الآخرين الذين أعرفهم

٢٣- والدتي لا تفهمني

٢٤- يمكن حقيقة أن اعتمد على والدتي

٢٥- اشعر بالخجل من والدتي

الفقرات الايجابية: ٢، ٣ ،٨، ١٢ ،١٤، ١٥، ١٦ ٢١، ٢٤

(Walter,1993) ترجمة المؤلف، ٢٠٠٦.

خامساً: قائمة العلاقات الوالدية

هذه الاستبانة صممت لقياس الطريقة التي تشعر بها حول عائلتك ككل وهي ليست اختبارا ولذلك لا يوجد إجابات صح أو خطأ، اجب عن كل الفقرات بحرص ودقة بالفراغ: ١ ولا مرة من الأوقات، ٢: نادراً جدا، ٣: قليل من الوقت، ٤: بعض الوقت، ٥: جزء جيد من الوقت، ٦: معظم الوقت، ٧: كل الوقت

١- أعضاء عائلتي حقيقة يهتم كل منهم بالآخر

٢- اعتقد أن عائلتي هي رائعة

٣- عائلتي تثير أعصابي

٤- أنا حقا استمتع بعائلتي

٥- يمكن حقيقة أن اعتمد على عائلتي

٦- أنا حقيقة غير مهتم بما يحدث في عائلتي

٧- أرغب لو لم أكن جزءا من هذه العائلة

٨- أقضي معظم وقتي مع عائلتي

٩- أعضاء عائلتي يجادلونني كثيرا

١٠- هناك عدم إحساس بقربي من عائلتي

١١- أشعر كما لو كنت غريبا في عائلتي

١٢- عائلتي لا تفهمني

١٣- هناك الكثير من الوحشية والقسوة في عائلتي

١٤- أعضاء عائلتي حقا جيد كل منهم مع الآخر

١٥- عائلتي تحترم من نعرفه

١٦- يبدو هناك قدر كبير من الاحتكاك في عائلتي

١٧- هناك قدر من الحب في عائلتي

١٨- أعضاء عائلتي معظم الوقت جيدين معا

١٩- الحياة في عائلتي بالعموم غير سارة

٢٠- عائلتي هي مفرحة بشكل كبير لي

٢١- أشعر بالفخر من عائلتي

٢٢- تبدو العائلات الأخرى أنهم أفضل منا

٢٣- عائلتي لديهم إحساس حقيقي بالراحة تجاهي

٢٤- أشعر بالابتعاد عن عائلتي

٢٥- بعض أفراد الأسرة بشكل عام مسرورين مني ويعززونني

الفقرات الايجابية: ١، ٢، ٤، ٥، ٨، ١٤، ١٥، ١٧، ١٨، ٢٠، ٢١، ٢٣

(Walter,1993) ترجمة (المؤلف، ٢٠٠٦)

سادساً: مقياس اتجاهات الشباب نحو الزواج

هذا المقياس صمم من أجل التعرف على اتجاهات الشباب نحو الزواج ويطبق على الطلبة في الصفوف الثانوية، لتصحيح الاتجاهات الخاطئة، وتهيئتهم للحياة الزواجية بعد الدراسة.

ويتضمن خمسة أبعاد وهي:

١- الاتجاهات نحو المرأة، وتقابله الفقرات: ١، ٤، ٥،، ٢٢ ١١، ١٥، ١٧، ٢٠

٢- الاتجاهات نحو العلاقة الزوجية ٨، ١٦، ١٨، ٢٤

٣- الاتجاهات نحو الخطوبة ٢، ١٣، ٢١

٤- الاتجاهات نحو استقلالية الزوجين ٣، ٩، ١٠، ١٤، ٢٢،١٩، ٢٣.

٥- البحث عن السعادة الزواجية ٦، ١٢

الرقم	الجملة	موافق بشدة	موافق	غير متأكد	غير موافق	غير موافق بشدة
١	أعتقد بأن المرأة تملك القدرة على دخول مختلف مجالات الحياة جنبا إلى جنب مع الرجل					
٢	أعتقد بأن خلوة الخطيبين شرط جوهري في بناء زواج ناجح وسعيد					
٣	أشعر بأن الوالدين اللذين يفصلان رضيع عمره سنة من غرفة نومهما هما على حق في ذلك					

٤	أعتقد بأن المرأة غير قادرة على اتخاذ قرارات مصيرية دون مساعدة الرجل كقرار الزواج مثلا					
٥	أؤمن بأن المرأة قادرة على لعب الدور القيادي في مختلف مجالات الحياة					
٦	يحتد الصراع وتزداد المنافسة بين الزوجين عندما يحملان نفس الدرجة العلمية في نفس التخصص					
٧	اعتقد بأن المرأة لا تعطى نفس الأداء إذا شغلت وظائف إدارية ميدانية					
٨	اشعر بالغضب عندما تخالف الزوجة رأي زوجها					
٩	عندما أتزوج سنحاول الإقامة في بيت قريب من أهلنا					
١٠	أحاول الفصل بين قضية السعادة الزواجية وقضية إنجاب الأطفال					
١١	أشعر بالضيق عند ترشيح امرأة لأي انتخابات					

١٢	أشعر بالارتياح والسعادة عند زواجي من شخص يملك نفس هواياتي ويتفوق عليّ فيها					
١٣	يزعجني جلوس الخطيبين في خلوة تامة بعيدا عن الأهل					
١٤	لن التزام بعادات وتقاليد أهلي في حياتي الزوجية					
١٥	أشعر بالسرور عند إعطاء المرأة فرصة ممارسة العمل الحر					
١٦	في كل مناسبة أدعو للمساواة بين الزوجين					
١٧	أكره أن يكون مديري امرأة					
١٨	سأحتفظ برأيي حفاظا على مشاعر زوجي					
١٩	أعتقد بأن الأطفال شرط أساسي في نجاح العلاقة الزواجية وسعادتها					
٢٠	أشارك في نشاطات تساعد المرأة على التحرر من سلطة الرجل					

٢١	أنـا مـن دعـاة خـروج الخطيبـين معـا وبدون مراقبة شخص ثالث					
٢٢	تخطيط الآبـاء لحيـاة أبنـائهم وبنـاتهم بعـد الـزواج يـدفع نجـاح العلاقـة الزواجية وسعادتها					
٢٣	أعتقد أنه من الخطأ دخـول العريـسين في الفندق بعيدا عن الأهل					
٢٤	تحويـل راتـب المـرأة المتزوجـة إلى حـساب زوجهـا في البنـك يعـزز الثقـة بينهما					

(الصمادي،١٩٩١)

سابعاً: التكيف الزواجي

هذا المقياس يطبق على أولياء أمور الطلبة، من أجل تحديد مدى تكيفهم الزواجي، وتأثيره على تكيف ونجاح أبنائهم.

يرى مرسي (١٩٩١) أن التكيف الزواجي هو: قدرة كل من الزوجين على التلاؤم مع الآخر، ومع مطالب الزواج، ويستدل عليه من أساليب كل منهما في تحقيق أهدافه من الزواج، وفي مواجهة الصعوبات الزواجية، وفي التعبير عن انفعالاته ومشاعره في إشباع حاجاته عند تفاعله الزواجي.

وتذهب عبد المعطي (١٩٩١) أن التكيف الزواجي هو: وسيلة لسد الحاجات الجنسية بصورة منتظمة، ووسيلة للتعاون الاقتصادي، ووسيلة للتجاوب العاطفي بين الزوجين، والقدرة على النمو الشخصي للزوجين معا في إطار من التفاني والإيثار والاحترام والتفاهم والثقة المتبادلة، بالإضافة إلى قدرة الزوجين على تحمل مسؤوليات الزواج وحل مشكلاته الموجودة، ثم القدرة على التفاعل مع الحياة من حيث التعرف على المشكلات الجديدة، وعدم تراكمها، وتعلم أساليب لحلها.

كما أورد زايد (١٩٩٣) تعريف عبد الفتاح للتكيف الزواجي حيث أشار إلى أنه شعور لدى كل من الزوجين تجاه قبول الطرف الآخر، إلى جانب قبول المحيطين أيضا. ويرى سري(١٩٨٢) أن التكيف الزواجي يتضمن السعادة الزواجية والرضا الزواجي الذي يتمثل في الاختيار المناسب للزوج والاستعداد للحياة الزواجية والدخول فيها، والحب المتبادل بين الزوجين، والإشباع الجنسي، وتحمل مسؤوليات الحياة الزواجية، والقدرة على حل مشكلاتها والاستقرار الزواجي

مقياس التكيف الزواجي

The Comprehensive Marital satisfaction Scale (CMSS) Blum & Mehrahian,1999)

ملاحظة: يقصد بعبارة شريك حياتي أينما وردت في المقياس زوجي إذا كانت المستجيبة الزوجة، وزوجتي إذا كان المستجيب الزوج.

الرقم	العبارة	أوافق بدرجة مرتفعة	أوافق بدرجة بسيطة	بين الموافقة والرفض	لا أوافق بدرجة بسيطة	لا أوافق بدرجة مرتفعة
١	أتفق مع شريك حياتي على مجالات الإنفاق المالي					
٢	أفضل القيام بالأعمال دون مشاركة شريك حياتي					
٣	شريك حياتي ودود ومحب لي					
٤	أنا نادم على زواجي					
٥	عواطف شريك حياتي نحوي قوية					
٦	لا أحصل على الحب والود الذي أريده من شريك حياتي					
٧	أتفق وشريك حياتي على اختيار الأصدقاء الذين نتفاعل معهم					
٨	لدينا مبادئ مشتركة عند النظر لقضايا الحياة المختلفة					
٩	أنا غير راض عن تعامل شريك حياتي مع أفراد عائلتي					

١٠	لـــدي طموحـــات وأهـــداف مشابهة لما لدى شريك حياتي					
١١	توجد لدي صعوبات زواجية					
١٢	أثق بشريكي					
١٣	لـــو لم أكـــن متزوجـــاً لاخـــترت شريكي الحالي					
١٤	يثـــير شريـــك حيـــاتي أعـــصابي باستمرار					
١٥	يبدي شريك حياتي الاهـتمام بي يومياً					
١٦	لا نتواصل أنا وشريك حياتي معاً بشكل جيد					
١٧	شريك حياتي ليس كفؤ كالأزواج الذين أعرفهم					
١٨	نـــسوي خلافاتنـــا الزوجيـــة مـــن خـــلال تفهـــم مطالـــب بعـــضنا البعض					

١٩	أعتبر نفسي سعيداً بزواجي					
٢٠	تفتقر حياتنا الزواجية للمرح والضحك					
٢١	أشعر بالاهتمام والالتزام بشريك حياتي					
٢٢	أتشاجر مع شريك حياتي بشكل متكرر					
٢٣	أتفق مع شريك حياتي حول كيفية قضاء وقت الفراغ					
٢٤	أتجادل مع شريك حياتي حول الشؤون المالية					
٢٥	لا أتفق مع شريك حياتي حول قراراتنا الرئيسية					
٢٦	أنا راض عن علاقتي مع شريك حياتي					
٢٧	أختلف مع شريك حياتي حول كيفية إدارة المنزل					
٢٨	أختلف مع شريك حياتي في معتقداتنا وقيمنا العامة					

٢٩	أعتبر أن حياتي الزوجية ناجحة					
٣٠	يضايقني في شريك حياتي عاداته					
٣١	لا يوجد انسجام كبير بيني وبين شريك حياتي					
٣٢	يظهر كل (٢٠٠٥) اطف دافئة تجاه الآخر					
٣٣	أفكر في إنهاء علاقتي الزواجية					
٣٤	أتفق مع شريك حياتي على طرق تعاملنا مع أقاربنا					
٣٥	شريك حياتي متفهم لي					

(أبو أسعد،٢٠٠٥)

مقياس التكيف الزواجي Chinese Version Dyadic Adjustment Scale (C-DAS)

هذا مقياس لسبرانير في التكيف الزواجي، من ترجمة المؤلف، حيث حدد سبانير Spanier (1976) أربعة أبعاد للتكيف الزواجي وهي:

١- الانسجام الزواجي Dyadic Consensus: ويشير إلى درجة من الاتفاق الزواجي حول قضايا مثل التمويل العائلي، أمور التسلية والدين، فلسفة الحياة، ومهمات البيت.

٢- الرضا الزواجي: Dyadic Satisfaction ويتعلق بالالتزام في الاستمرار بالعلاقة الزواجية والرضا بما يتطلبه الزواج من مهام، كما ويتصل بالطمأنينة تجاه الشريك.

٣- التماسك الزواجي: Dyadic Cohesion ويشير إلى تكاتف الأزواج وتضامنهم معاً رغم التحديات التي قد تواجههم، والتعاون في انجاز الأعمال وتوزيع المسؤوليات، والمشاركة بالاهتمامات الشائعة.

٤- التعبير عن المحبة والعطف: Affectional Expression ويشير إلى التعبير عن الود والحنان والعطف نحو الشريك وإقامة علاقات جنسية تستند إلى هذه المحبة

التعريف بالمقياس:

هو مقياس للتكيف الزواجي يتكون من ٣٢ فقرة، وله أربعة إبعاد وهي الاتفاق الزواجي Dyadic Consensus حيث يشتمل على ١٣ فقرة، والرضا الزواجي Dyadic Satisfaction ويتكون من ١٠ فقرات، والتعبير العاطفي Affectional Expression ويتكون من ٤ فقرات، والتماسك الزواجي Dyadic Cohesion ويتكون من ٥ فقرات، كما أن للمقياس علامة كلية، ويمتد المقياس الكلي لمدى من ٠-١٥١.

أخي الأب، أختي: الأم، إن معظم الناس لا يتفقون في علاقاتهم ،الرجاء تحديد المدى التقريبي للاتفاق أو عدم الاتفاق بينك وبينك شريكك (الزوجة إذا كان زوج، أو الزوج إذا كان زوجة) في كل فقرة من الفقرات التالية، علما أن هذا الاستبيان مخصص لأغراض الدراسة العلمية فقط .

معلومات أساسية:

١- هل الشخص الذي يطبق الاختبار متزوج؟ نعم لا

٢- هل أنت متعب لوجود مشاكل جنسية حديثا ؟ نعم لا

٣- هل الحب لا يظهر كمشكلة حقيقية ؟ نعم لا

الرجاء ادخل إشارة (x) في الاختيار المناسب لكل فقرة فقط إجابة واحدة لكل فقرة)

الرقم	العبارة	الخيار ١	الخيار٢	الخيار ٣	الخيار ٤	الخيار ٥	الخيار ٦
١	تدبر أمور التمويل المالي العائلية	دائماً لا نتفق	بالعادة لا نتفق	غالباً لا نتفق	أحياناً لا نتفق	عادة نتفق	دائماً نتفق
٢	أمور التسلية والاستجمام	دائماً لا نتفق	بالعادة لا نتفق	غالباً لا نتفق	أحياناً لا نتفق	عادة نتفق	دائماً نتفق
٣	الأمور الدينية	دائماً لا نتفق	بالعادة لا نتفق	غالباً لا نتفق	أحياناً لا نتفق	عادة نتفق	دائماً نتفق
٤	إظهار المشاعر	دائماً لا نتفق	بالعادة لا نتفق	غالباً لا نتفق	أحياناً لا نتفق	عادة نتفق	دائماً نتفق
٥	الأصدقاء	دائماً لا نتفق	بالعادة لا نتفق	غالباً لا نتفق	أحياناً لا نتفق	عادة نتفق	دائماً نتفق
٦	العلاقات الجنسية	دائماً لا نتفق	بالعادة لا نتفق	غالباً لا نتفق	أحياناً لا نتفق	عادة نتفق	دائماً نتفق
٧	الأعراف والتقاليد (ما هو السلوك الملائم)	دائماً لا نتفق	بالعادة لا نتفق	غالباً لا نتفق	أحياناً لا نتفق	عادة نتفق	دائماً نتفق

٨	فلسفة الحياة	دائماً لا نتفق	بالعادة لا نتفق	غالباً لا نتفق	أحياناً لا نتفق	عادة نتفق	دائماً نتفق
٩	طرق التعامل مع الوالدين، أقارب الشريك	دائماً لا نتفق	بالعادة لا نتفق	غالباً لا نتفق	أحياناً لا نتفق	عادة نتفق	دائماً نتفق
١٠	الأهداف والطموحات والمعتقدات المهمة	دائماً لا نتفق	بالعادة لا نتفق	غالباً لا نتفق	أحياناً لا نتفق	عادة نتفق	دائماً نتفق
١١	كمية الوقت الذي يتم قضاءه معا	دائماً لا نتفق	بالعادة لا نتفق	غالباً لا نتفق	أحياناً لا نتفق	عادة نتفق	دائماً نتفق
١٢	عمل القرارات الأساسية	دائماً لا نتفق	بالعادة لا نتفق	غالباً لا نتفق	أحياناً لا نتفق	عادة نتفق	دائماً نتفق
١٣	مهمات تدبر المنزل	دائماً لا نتفق	بالعادة لا نتفق	غالباً لا نتفق	أحياناً لا نتفق	عادة نتفق	دائماً نتفق
١٤	اهتمامات وقت الفراغ والنشاطات	دائماً لا نتفق	بالعادة لا نتفق	غالباً لا نتفق	أحياناً لا نتفق	عادة نتفق	دائماً نتفق
١٥	القرار المهني	دائماً لا نتفق	بالعادة لا نتفق	غالباً لا نتفق	أحياناً لا نتفق	عادة نتفق	دائماً نتفق
١٦	مناقشة الطلاق والانعزال	كل الوقت	معظم الوقت	غالباً ليس ذلك	أحياناً	نادراً	قطعا
١٧	مغادرة المنزل بعد الشجار	كل الوقت	معظم الوقت	غالباً ليس ذلك	أحياناً	نادراً	قطعا

١٨	غالباً الأشياء بينك وبين شريكك تسير بشكل جيد	كل الوقت	معظم الوقت	غالباً ليس ذلك	أحياناً	نادراً	قطعا
١٩	تثق بشريكك وتستودعه أسرارك	كل الوقت	معظم الوقت	غالباً ليس ذلك	أحياناً	نادراً	قطعا
٢٠	تندم بأن كلاكما أصبح معا	كل الوقت	معظم الوقت	غالباً ليس ذلك	أحياناً	نادراً	قطعا
٢١	الشجار	كل الوقت	معظم الوقت	غالباً ليس ذلك	أحياناً	نادراً	قطعا
٢٢	كل واحد ينرفز أعصاب الآخر	كل الوقت	معظم الوقت	غالباً ليس ذلك	أحياناً	نادراً	قطعا
٢٣	تقبل رفيقك	قطعا	نادراً	أحياناً	تقريبا كل يوم	يوميا	
٢٤	الالتزام باهتمامات خارجية معا	ولا واحد من الاهتمامات	القليل جدا منهم	بعضا منهم	الكثير منهم	كلهم	
٢٥	وجود أفكار مثيرة متبادلة	قطعا	القليل من الوقت في الشهر	واحد أو اثنين في الشهر	واحد أو اثنين أسبوعيا	واحد يوميا	عدة أوقات في اليوم
٢٦	الضحك معا	قطعا	القليل من الوقت في الشهر	واحد أو اثنين في الشهر	واحد أو اثنين أسبوعيا	واحد يوميا	عدة أوقات في اليوم

٢٧	المناقشة بهدوء إلى حد ما	قطعا	القليل من الوقت في الشهر	واحد أو اثنين في الشهر	واحد أو اثنين أسبوعيا	واحد يوميا	عدة أوقات في اليوم
٢٨	العمل معا في مشروع	قطعا	القليل من الوقت في الشهر	واحد أو اثنين في الشهر	واحد أو اثنين أسبوعيا	واحد يوميا	عدة أوقات في اليوم
٢٩	درجة السعادة العامة في العلاقة	غير سعيد بشكل كبير	غير سعيد بشكل معتدل	غير سعيد بشكل قليل	سعيد	سعيد جدا	سعيد جدا بشكل زائد
٣٠	الالتزام بمستقبل العلاقة	ليس لدي المزيد لأفعله من اجل أن تستمر العلاقة	لا أستطيع فعل أكثر مما افعله الآن لكي تنجح	أكثر ما لدي عملته الآن	أنا سأشارك بالعمل بشكل بسيط	سأفعل ما أستطيع لكي أرى العلاقة تنجح	سأفعل أي شيء من اجل أن تنجح

(Spanier, 1976)

(ترجمة المؤلف، ٢٠٠٧)

ثامناً: مقياس الرضا الزواجي ENRICH Marital Satisfaction Scale

إن الرضا الزواجي نمط من أنماط التوافقات الاجتماعية التي يهدف من خلالها الفرد أن يقيم علاقات منسجمة مع قرينه في الزواج، ولكي يتحقق فعلي كل من الزوجين أن يعمل على تحقيق حاجات وإشباع رغبات الطرف الآخر، وأن يشعر بأنه حريص على سعادته وهدوئه (كفافي، ١٩٩٩) ويمتاز بأنه نسبي، ونادرا ما يكون كاملا، وهو يزداد إذا كان لدى الزوجين القدرة على أن يقوم كل منهما بواجبه ومسؤولياته تجاه الآخر وتجاه الأبناء والأسرة بوجه عام، وإذا كان لدى الطرفين القدرة على التعامل مع المشكلات الداخلية والخارجية بكفاءة وإيجابية في اتجاه الحل. (الرشيدي والخليفي، ١٩٩٧)

ويعتبر الرضا الزواجي أحد أبعاد التكيف الزواجي والتي ذكرها سبانير Spanier (1976) حيث أشار إلى أن هناك أربعة أبعاد للتكيف الزواجي وهي: الانسجام الزواجيDyadic Consensus، والرضا الزواجي: Dyadic Satisfaction، والتماسك الزواجي: Dyadic Cohesion، والتعبير عن المحبة والعطف: Affectional Expression. لقد تعددت تعريفات الرضا الزواجي فقد أشار كابور Kapur إلى أنه: الحالة التي تكون فيها المشاعر عامة لدى الزوج والزوجة من السعادة والرضا في زواجهم من جهة وفي علاقتهم مع الطرف الآخر من جهة أخرى، كما أشار بال وآخرون (Bal et. Al.) إلى ارتباطه بالصحة النفسية، بينما ذكر كول ودين ارتباطه بالتبادل العاطفي، وذكر كومر وروهاتجي ارتباطه بالأمن بين الزوجين وبكشف الذات (Sinha and Mukerjee, 1990).

الرقم	العبارة	أوافق بشدة	أوافق بدرجة قليلة	بين الموافقة والرفق	لا أوافق بدرجة قليلة	لا أوافق بدرجة شديدة
١	أنا وشريكي نفهم بعضنا بشكل كامل					
٢	أنا غير سعيد بالخصائص والعادات الشخصية لشريكي					
٣	أنا سعيد جدا حول كيفية التعامل مع المسؤوليات والأدوار في الزواج					
٤	شريكي يفهم ويقدر كافة نواحي الانفعالية					
٥	أنا غير سعيد بطرق التواصل وأشعر أن شريكي لا يفهمني					
٦	علاقتنا ناجحة بشكل كامل					
٧	أنا سعيد جدا حول كيفية اتخاذ القرارات وحل المشاكل					
٨	أنا غير سعيد حول الوضع المالي وطريقة اتخاذ القرارات المتعلقة بهذا الشأن					
٩	لدي بعض الحاجات التي لا تستطيع علاقتنا إشباعها أو تلبيتها					

١٠	أنا سعيد جدا حول كيفية قضاء أوقات الفراغ والنشاطات معا					
١١	أنا مسرور جدا حول طريقة تعبيرنا عن المشاعر في العلاقة الحميمية					
١٢	أنا غير راض عن الطريقة التي نتعامل فيها مع المسؤوليات كوالدين					
١٣	أنا غير نادم حول علاقتي مع شريكي ولو للحظة واحدة					
١٤	أنا غير راض عن علاقتنا مع الوالدين أو النسباء أو الأقارب أو الأصدقاء					
١٥	أشعر بالراحة حول احترام كل منا للقيم والمعتقدات الدينية التي يحملها					

(أبو أسعد، ٢٠٠٧)

المراجــع

أولاً: المراجع العربية

إبراهيم، فيوليت فؤاد. (١٩٩٨) دراسات في سيكولوجية النمو(الطفولة والمراهقة)، مكتبة زهراء الشرق، القاهرة.

أبو أسعد، أحمد عبد اللطيف (٢٠٠٧) أثر وجود الأطفال وعددهم والمستوى الاقتصادي في الشعور بالتفاؤل والرضا الزواجي، مجلة عين شمس. العدد ٣١، الجزء ٣.

أبو أسعد، أحمد عبد اللطيف. (٢٠٠٥) أثر التكيف الزواجي في التكيف النفسي وتلبية الحاجات النفسية لدى الأبناء، رسالة دكتوراه غير منشورة، الجامعة الأردنية، عمان.

أبو الحسن، سميرة، (١٩٩٦) دراسة مقارنة لمستوى الوحدة النفسية عند المسنين المقيمين مع ذويهم والمقيمين في دور المسنين، رسالة ماجستير غير منشورة، معهد البحوث التربوي، جامعة القاهرة، القاهرة.

أبو حطب، فؤاد وزملائه. (١٩٧٩) تقنين اختبار رسم الرجل في البيئة السعودية، مكة المكرمة، مطبوعات مركز البحوث التربوية والنفسي.

أبو عرقوب، إبراهيم. (١٩٩٣) الاتصال الإنساني ودوره في التفاعل الاجتماعي، دار مجدلاوي، نقلا عن قاموس اوكسفورد.

أبو عيطة، سهام. استكشاف الذات للتخطيط الدراسي والمهني. الجامعة الهاشمية. الزرقاء.

أبو غزالة، هيفاء وزكريا، زهير(١٩٩١). أنا ومهنتي. برنامج في التوجيه المهني للطلبة من مرحلة رياض الأطفال إلى نهاية الصف التاسع.

أحمد، عطية سيد. (١٩٩٥) مظاهر السلوك العدواني لدى عينة من المتأخرين دراسيا وأثر الإرشاد النفسي في تعديله، رسالة دكتوراه غير منشورة، كلية التربية – جامعة الزقازيق.

الأخضر، فاطمة محمد، ١٩٨٩، أثر المشاركة في برنامج الإرشاد الجمعي وفي برنامج النشاط على تحسن مفهوم الذات، رسالة ماجستير غير منشورة، الجامعة الأردنية، عمان.

الأشهب، جواهر عبد المجيد، ١٩٨٨، فاعلية برنامج تدريبي في توكيد الذات في الجماعات، رسالة ماجستير غير منشورة، الجامعة الأردنية، عمان.

آمال صادق وفؤاد أبو حطب: علم النفس التربوي (ط٤). القاهرة: الأنجلو المصرية، ١٩٩٤م.

بتروفسكي، أ. ف وياروشفسكي، م. ج.(١٩٩٦) معجم علم النفس المعاصر، دار العالم الجديد، القاهرة، ترجمة: حمدي عبد الجواد، عبد السلام رضوان.

بدر، إبراهيم محمود (١٩٩١). مدى فاعلية العلاج الوجودي في شفاء الفراغ الوجودي واللا مبالاة اليائسة لدى الطلبة الفاشلين دراسي، رسالة دكتوراه غير منشورة، كلية التربية ببنها جامعة الزقازيق.

بدير محمد نبيه(١٩٩٠) عادات الاستذكار وعلاقتها بالتحصيل الدراسي لدى طلاب وطالبات الجامعة. مجلة كلية التربية، جامعة المنصورة، العدد ١٤، الجزء الثاني.

بذري، علي والشناوي، محروس. (١٩٨٦) المجال النفسي للضبط وعلاقته بالسلوك التوكيدي وأساليب مواجهة المشكلات، مجلة كلية التربية، جامعة أسيوط، العدد الثاني.

توق، محي الدين وعدس، عبد الرحمن (١٩٨٤) أساسيات علم النفس التربوي. عمان: دار جون وايلي وأبنائه.

ثورندايك، روبرت وهاجن، اليزابيث و ساتلر، جيروم.(١٩٨٦) مقياس ستانفورد بينية الصورة الرابعة، تعريف لويس كامل مليكة عام ١٩٩٨، فتكور كيرلس، ط٢، القاهرة.

جابر، جابر عبد الحميد. (١٩٧٣) مدخل لدراسة السلوك الانساني، ط٣، القاهرة: دار النهضة العربية .

جابر، جابر عبد الحميد.(١٩٨٦) الشخصية: البناء، الديناميات، النمو ،طرق البحث، التقويم. القاهرة: دار النهضة العربية

جبريل، موسى (١٩٩٦) العلاقة بين مركز الضبط وكل من التحصيل الدراسي والتكيف النفسي لدى المراهق، مجلة دراسات، المجلد ٢٣، العدد ٢، ص٣٥٨-٣٧٧ .

الجردي، نبيل. (١٩٨٤) المدخل لعلم الاتصال، مكتبة الإمارات، ط٣، الإمارات العربية المتحدة.

الجمال، أبو العزايم، وفهيم، لطفي (١٩٨٨) نظريات التعلم المعاصرة وتطبيقاتها التربوية، القاهرة: مكتبة النهضة المصرية .

الجهني، ضاحي ضحيان. (٢٠٠٦) تقنين قائمة نيو للشخصية لفئة الراشدين الذكور من (١٧-٤٠) سنة في البيئة السعودية، رسالة ماجستير غير منشورة، جامعة مؤتة.

جيل، فوزي محمد. (٢٠٠٠) الصحة النفسية وسيكولوجية الشخصية. المكتبة الجامعية، الإسكندرية.

الحسين، أسماء عبد العزيز ٢٠٠٢) المدخل الميسر إلى الصحة النفسية والعلاج النفسي، دار عالم الكتب، السعودية.

الحسين، أسماء عبد العزيز. (٢٠٠٢). المدخل الميسر إلى الصحة النفسية والعلاج النفسي، دار عالم الكتب، ط١، الرياض: السعودية.

حسين، محمد عبد الهادي(٢٠٠٣) تربويات المخ البشري، دار الفكر، عمان: الأردن.

حمدي، نزيه (١٩٩٨) علاقة مهارة حل المشكلات بالاكتئاب لدى طلبة الجامعة الأردنية، مجلة الدراسات، المجلد (٢٥) عدد (١).

حمدي، نزيه (١٩٩٨) فعالية تدريبات التحصين ضد الضغط النفسي في خفض المشكلات، بحث مقدم ضمن فعاليات الورشة العربية الثانية للعلوم النفسية، الجمعية السورية للعلوم بالتعاون مع كلية التربية بجامعة دمشق، سوريا.

حمدي، نزيه، ونظام أبو حجله، وصابر أبو طالب (١٩٩٨) البناء العاملي ودلالات صدق وثبات صورة معبره لقائمة بيك للاكتئاب، مجلة دراسات، مجلد (١٢)، عدد (١١).

حمزة، جمال .(١٩٩٦). التنشئة الوالدية وشعور الأبناء بالفقدان، مجلة علم النفس، الهيئة المصرية العامة للكتاب: السنـة (١٠)، العدد (٣٩)، ص ١٣٨ـ١٤٧ .

الحميدات، روضة سليمان أحمد. (٢٠٠٧). بناء وتقنين مقياس مهارات الاتصال لدى طلبة الجامعات الأردنية. جامعة مؤتة، الكرك: الأردن.

الحوارنة، إياد نايف (٢٠٠٥) أثر نمط التنشئة الأسرية في النضج المهني لدى طلبة الأول الثانوي في محافظة الكرك، رسالة ماجستير غير منشورة، جامعة مؤتة.

الحواري، عيسى.(١٩٨٢).تكييف مقياس هولاتد في التفضيل المهني وتطبيقه على عينة من طلبة الصف الثالث الثانوي في مدينة اربد، رسالة ماجستير غير منشورة.جامعة اليرموك اربد، الأردن.

الخطيب. جهاد. (١٩٨٨) الشخصية بين التدعيم وعدمه. (برامج في تعديل السلوك) منشورات وزارة التربية، عمان: الأردن.

الخواجا، عبد الفتاح محمد سعيد. (٢٠٣) الاختبارات والمقاييس النفسية المستخدمة في الإرشاد والعلاج النفسي، دار المستقبل للنشر والتوزيع، عمان.

داوود، نسيمه (١٩٩٩) علاقة الكفاية الاجتماعية والسلوك اللاإجتماعي المدرسية أساليب التنشئة الوالدية والتحصيل الدراسي لدى عينة من طلبة الصفوف السادس والسابع والثامن، مجلة دراسات، المجلد (٢٦) عدد(١)

الدسوقي، كمال (١٩٧٦) علم النفس ودراسة التوافق، بيروت: دار النهضة العربية.

الدسوقي، كمال. (١٩٧٩) النمو التربوي للطفل والمراهق، دار النهضة العربية، القاهرة.

دواني، كمال وعيد ديراني، ١٩٨٣، اختبار ماسلو للشعور بالأمن، دراسة صدق للبيئة الأردنية، مجلة دراسات، المجلد (١)، عدد (٢).

ديفيز، مارثا، روبنز، اليزابيث وماكاي، ماثيو.(٢٠٠٥)كتاب تدريبات الاسترخاء والتحرر من التوتر، ط٥، مكتبة جرير، السعودية

رزوق، أسعد (١٩٧٩). موسوعة علم النفس. بيروت: المؤسسة العربية للدراسات والنشر.

الرشيدي، بشير صالح والخليفي إبراهيم محمد. (١٩٩٧). سيكولوجية الأسرة والوالدية، الكويت: ذات السلاسل.

رضوان، سامر جميل. (١٩٩٩) دراسة ميدانية لتقنين مقياس للقلق الاجتماعي على عينات سورية، جامعة دمشق- كلية التربية.

رضوان، سامر. (١٩٩٧) توقعات الكفاءة الذاتية، مجلة شؤون اجتماعية، العدد الخامس والخمسون- السنة الرابعة عشرة، الشارقة، ص٢٥-٥١.

الروسان، فاروق.(١٩٩٩) أساليب القياس والتشخيص في التربية الخاصة، دار الفكر للطباعة والنشر والتوزيع، عمان.

الريحاني، سليمان، ١٩٨٥، تطوير اختبار الأفكار العقلانية واللاعقلانية، مجلة دراسات، المجلد (١٢) عدد (١١).

زايد، أحمد (١٩٩٣) الأسرة والطفولة: دراسات اجتماعية وانثربولوجية، الطبعة الأولى. دار المعرفة الجامعية: اسكندرية.

زهران، حامد (١٩٨٥) علم نفس النمو الطفولة والمراهقة. ط (٥)، القاهرة: عالم الكتب.

زهران، حامد (١٩٨٧) الصحة النفسية والعلاج النفسي، القاهرة: عالم الكتب .

زهران، حامد. (١٩٧٧). علم نفس النمو، القاهرة عالم الكتب

زواوي، رنا أحمد.(١٩٩٢) أثر الإرشاد الجمعي للتدريب على حل المشكلات في خفض التوتر، رسالة ماجستير غير منشورة، الجامعة الأردنية.

زيدان، السيد عبد القادر (١٩٩٠) عادات الاستذكار في علاقتها بالتخصص ومستوى التحصيل الدراسي في الثانوية العامة لعينة من طلاب كلية التربية جامعة الملك سعود، بحوث المؤتمر السنوي السادس لعلم النفس في مصر، القاهرة: الجمعية المصرية للدراسات النفسية.

السرطاوي، زيدان أحمد والشخص، عبد العزيز السيد. (١٩٩٨) بطارية قياس الضغوط النفسية وأساليب المواجهة والاحتياجات لأولياء أمور المعوقين، دار الكتاب الجامعي، العين: الإمارات العربية المتحدة.

سري، إجلال محمد. (١٩٨٢) التوافق النفسي للمدرسات المتزوجات والمطلقات وعلاقته ببعض مظاهر الشخصية، رسالة دكتوراه غير منشورة، جامعة عين شمس، القاهرة، مصر.

السفاسفة، محمد إبراهيم. (١٩٩٣) استقصاء مدى فعالية نموذجين في اتخاذ القرار المهني لدى طلبة الصف الثاني الثانوي الأكاديمي في محافظة الكرك، رسالة ماجستير غير منشورة، جامعة مؤتة، الكرك، الأردن .

سكر، ناهدة. (٢٠٠٣) الاختبارات والمقاييس النفسية والتربوية، دار المناهج للنشر والتوزيع. عمان.

سلامة، سهيل. (١٩٨٨) إدارة الوقت منهج متطور للنجاح، المنظومة العربية للعلوم الإدارية، عمان.

سيباني، خليل. (١٩٩٨) إدارة الوقت، موسوعة رجل الأعمال الناجح، دار الكتب الجامعية، بيروت.

شارلو شيفر، هوارد سليمان(١٩٩٦) مشكلات الأطفال، ترجمة د.نسمة داود، د.نزيه حمدي، عمان، ط :٢، ص :٤٣٢.

شبكة العلوم النفسية العربية. (٢٠٠٣) Arabpsynet. All Rights Reserved WebPsySoftArab Company,

الشرعة، حسين. (١٩٩٨). علاقة مستوى الطموح والجنس بالنضج المهني لدى طلبة الصف الثاني الثانوي، مؤتة للبحوث والدراسات، عمادة الدراسات العليا، جامعة مؤتة، الأردن، المجلد (١٣)، العدد (٥)، ص ١١ - ٣٣ .

الشرعة، حسين.(١٩٩٣).مدى توافق الميول المهنية المقاسة لطلبة المرحلة الجامعية مع تخصصاتهم الأكاديمية، مجلة أبحاث اليرموك، (٣) ٩، ٢٧٣-٢٧٥.

الشرقاوي، حسن (١٩٨٤). نحو علم نفس إسلامي، الإسكندرية: مؤسسة شباب الجامعة.

الشناوي، محمد محروس (١٩٩٦) العملية الإرشادية، دار غريب.القاهرة: مصر.

شهاب، محمد يوسف.(١٩٩٢) أنماط الشخصية وعلاقتها بالتفضيلات المهنية لدى طلاب الصف العاشر، رسالة ماجستير غير منشورة.الجامعة الأردنية. عمان.

الشوبكي، نايفة حمدان. (١٩٩١) تأثير برنامج في الإرشاد المعرفي على قلق الامتحان لدى عينة من طلبة المرحلة الثانوية في مدينة عمان، رسالة ماجستير غير منشورة، الجامعة الأردنية، عمان.

صالح، أحمد زكي (١٩٧٢) علم النفس التربوي، ج١٢، مكتبة النهضة المصرية، القاهرة.

الصمادي، أحمد. (١٩٩١) مقياس اتجاهات الشباب نحو الزواج، مجلة أبحاث اليرموك سلسلة العلوم الإنسانية والاجتماعية، المجلد٧، العدد٣، ص ٩٣-١٢٩.

الطواب، سيد. (١٩٩٥). النمو الإنساني أسسه وتطبيقاته، دار المعرفة الجامعية: القاهرة .

عبد الخالق أحمد محمد (٢٠٠٠). التفاؤل والتشاؤم: عرض لدراسات عربية، مجلة علم النفس، العدد٥٦، السنة١٤,ص ص٦-٢٧. الهيئة المصرية العامة للكتاب. مصر.

عبد الخالق، أحمد، (١٩٩٦). قياس الشخصية، الكويت: لجنة التأليف والتعريب والنشر.

عبد الرحمن، محمد السيد، والمغربي، ماهر مصطفى (١٩٩٠). أساليب المعاملة الوالدية كما يدركها العصابيون والذهانيون والأسوياء، مجلة الزقازيق، جامعة الزقازيق).

عبد الرحمن، محمد السيد (١٩٩١) المهارات الاجتماعية وعلاقتها بالاكتئاب واليأس لدى الأطفال، مجلة كلية التربية بطنطا، العدد الثالث عشر، ٢٤١- ٣٠٠.

عبد الشافي أحمد سيد رحاب(١٩٩٧) فعالية برنامج مقترح لتنمية المهارات الإملائية اللازمة لتلاميذ الحلقة الثانية من التعليم الأساسي لدى طلاب كلية التربية (قسم اللغة العربية). المجلة التربوية، كلية التربية بسوهاج، جامعة جنوب الوادي، العدد الثاني عشر، الجزء الأول، يناير.

عبد القوي، سامي. (١٩٩٥) علم النفس الفسيولوجي، ط٢، القاهرة: مكتبة النهضة المصرية.

عبد المعطي، سوزان محمد إسماعيل (١٩٩١) توقعات الشباب قبل الزواج وبعده وعلاقتها بالتوافق الزواجي (دراسة ميدانية)، رسالة ماجستير غير منشورة، جامعة عين شمس، القاهرة، مصر.

عثمان، فاروق السيد ورزق، محمد عبد السميع. (٢٠٠١) الذكاء الانفعالي مفهومه وقياسه، مجلة علم النفس، ابريل مايو.

العديلي، ناصر. (١٩٩٤) إدارة الوقت دليل للنجاح والفعالية في إدارة الوقت، مطبعة مرار، المملكة العربية السعودية، وزارة الإعلام.

عسكر، علي. (٢٠٠٠) ضغوط الحياة وأساليب مواجهتها، الصحة النفسية والبدنية في عصر التوتر والقلق، ط٢، دار الكتاب الحديث، الكويت.

عطا، محمود، (١٩٩٣). النمو الإنساني - الطفولة والمراهقة، ط٢، دار الخريجي للنشر.

عطية، نعيم. (١٩٨٢) ذكاء الأطفال من خلال الرسوم، بيروت. دار الطليعة.

عليان، خليل و كيلاني، عبد الله، زيد (١٩٨٨). الخصائص السيكومترية لصورة معربة ومعدلة للبيئة الأردنية من مقياس وكسلر لذكاء الأطفال، مجلة دراسات الجامعة الأردنية مجلد (١٨) .

العمايرة، أحمد عبد الكريم. (١٩٩١) فعالية برنامج تدريبي على المهارات الاجتماعية في خفض السلوك العدواني لدى طلبة الصفوف الابتدائية، رسالة ماجستير غير منشورة، الجامعة الأردنية.

الغامدي، حسن عبد الفتاح (١٩٩٦) ترجمة مقياس التفكير الاجتماعي للذكور، جامعة أم القرى.

الغامدى، حسين عبد الفتاح.(١٩٩٨) اختبار قبس الموضوعي للحكم الأخلاقي، جامعة أم القرى، مكة المكرمة. ترجمة القاطعي(١٩٨٦) وسيد عبد الرحمن (١٩٩٨)

الغامدي، حسين عبد الفتاح (٢٠٠١) العلاقة بين تشكل الهوية والنمو الأخلاقي لدى

عينة من الذكور في سن المراهقة والرشد بالمنطقة الغربية من المملكة العربية السعودية (مجلة جماعة علم النفس المصري).

الغامدي، حسين عبد الفتاح. (٢٠٠٣) ترجمة مختصرة بتصرف لدليل تكنيك الرورشاخ، من منشورات جامعة أم القرى بمكة المكرمة، تأليف برونو كلوبفر و هيلين ديفيدسون.

غنيم، سيد محمد(١٩٧٢) سيكولوجية الشخصية، القاهرة: دار النهضة العربية .

الفار، عبير وديع(١٩٨٦) العلاقة بين الرضا الوظيفي وسمات الشخصية عند المرشدين التربويين، رسالة ماجستير غير منشورة، الجامعة الأردنية، عمان.

فرج، صفوت وإبراهيم، هبة.(١٩٩٦) البنية السيكومترية والعاملية لمقياس تنسي لمفهوم الذات، جامعة الكويت وجامعة المنيا.

الفرح، عدنان والعتوم، عدنان. (١٩٩٩) بناء مقياس نمط السلوك (أ)، أبحاث اليرموك، سلسلة العلوم الإنسانية والاجتماعية، المجلد ١٥، العدد٣، ص٢٩-٤٠.

قبلان، بسام محمود. (١٩٩٥) بناء مقياس للكشف عن الطلبة الموهوبين في نهاية المرحلة الإلزامية (الثامن، التاسع، العاشر)، رسالة ماجستير غير منشورة، الجامعة الأردنية.

القرشي، عبد الفتاح. (١٩٩٧) تقدير الصدق والثبات للصورة العربية لقائمة حالة وسمة الغضب والتعبير عنه لسبيلبرجير، مجلة علم النفس، ٤٣، ٧٤-٨٨.

القريوتي، يوسف وجرار، جلال. (١٩٨٧) تعريف مقياس بيركس لتقدير السلوك، بدعم من مكتب التربية العربي لدول الخليج العربي/ البحرين، الرياض.

القريوتي، يوسف(١٩٨٠). تطوير صورة أردنية معربة ومعدلة من مقياس وكسلر لذكاء الأطفال. رسالة ماجستير غير منشورة، الجامعة الأردنية كلية التربية.

قشقوش، إبراهيم.(١٩٨٨) مقياس الإحساس بالوحدة النفسية لطلاب الجامعات، كراسة التعليمات، القاهرة: مكتبة الأنجلو المصرية.

القضاة، محمد أمين. (٢٠٠٦) أنماط التنشئة الأسرية وعلاقتها ببعض سمات الشخصية لدى طالبات جامعة مؤتة، المجلة الأردنية في العلوم التربوية، مجلد ٢، عدد ٣، ١٥٥-١٦٨.

القعيد، إبراهيم بن حمد.(بلا تاريخ) العادات العشر للشخصية الناجحة، دار المعرفة للتنمية البشرية الرياض.

كباتيلو، زياد صلاح الدين.(١٩٧٨).اشتقاق معايير أردنية محلية لاختبار رسم الرجل على عينة من الأطفال الأردنيين، رسالة ماجستير غير منشورة، الجامعة الأردنية.

كفافي، علاء الدين (١٩٩٩) الإرشاد والعلاج النفسي الأسري. القاهرة: حورس للطباعة والنشر.

كلوبفر، برونو و دايفدسون، هيلين (١٩٦٥). تكنيك الرورشاخ، ترجمة سعد جلال و آخرون . القاهرة:المركز القومي للبحوث الاجتماعية والجنائية.

كلير أوستن.(بلا تاريخ) مهارات تفعيل وتنظيم الوقت - سلسلة تعلم خلال أسبوع، الدار العربية للعلوم

لابين، دالاس وبيرن جرين. (١٩٨١) مفهوم الذات، أسسه النظرية والتطبيقية، ترجمة فوزي بهلول، بيروت، دار النهضة العربية.

لندري، ج وهوك، ك(١٩٧٨) نظريات الشخصية، ترجمة فرج أحمد فرج وآخرون، القاهرة: الهيئة المصرية للكتاب.

محمود، ميسر ياسين.(١٩٩٩). الميول المهنية وعلاقتها بالجنس والتخصص والنضج المهني لدى طلبة الصف الثاني الثانوي الأكاديمي، رسالة ماجستير غير منشورة ، الجامعة الأردنية، عمان، الأردن.

مرسي، كمال إبراهيم (١٩٩١) العلاقة الزواجية والصحة النفسية في الإسلام وعلم النفس، دار القلم: الكويت.

مسمار، إيناس بشير. (١٩٩٣) أثر برنامج إرشاد جمعي تدريبي في تنظيم الوقت على مهارة تنظيم الوقت والتحصيل لدى طالبات الأول الثانوي في مديرية عمان الثانية، رسالة ماجستير غير منشورة، الجامعة الأردنية، عمان.

مشروع المنار دليل تطوير الوعي المهني(١٩٩٧)، المركز الوطني لتنمية الموارد البشرية، عمان: الأردن

المصري، إناس رمضان، ١٩٩٤، فاعلية برنامج إرشاد جمعي في خفض سلوك العزلة لدى طالبات المراهقة الوسطى، رسالة ماجستير غير منشورة، الجامعة الأردنية، عمان.

المصري، حسني أمين (1986) الوفاء بالعهد في القرآن .

مصطفى، ناجية أمني علي.(٢٠٠١) مدى فاعلية برنامج إرشادي في تخفيض حدة سلوك التمرد لدى بعض طالبات المرحلة الثانوية، رسالة جامعية غير منشورة، جامعة عين شمس

المينزل، عبد الله فلاح (١٩٩١) مشكلات المراهقين وعلاقتها بمتغيري العمر والجنس، دراسات المجلد، ٣٠٠أ) العدد١.

نزال، كمال. (٢٠٠٥) مدى ملائمة الميول المهنية للتخصصات التي التحق بها طلبة الصف الأول الثانوي، رسالة دكتوراه غير منشورة، الجامعة الأردنية عمان.

الهابط، محمد السيد. (١٩٨٩) التكيف والصحة النفسية (ص٣) المكتب الجامعي الحديث، القاهرة.

وفاء، سعد حلمي. (١٩٨٦). استراتيجيات حل المسائل الرياضية عند طلبة الصف الأول ثانوي وأثر التحصيل ومستوى التفكير والجنس عليها، رسالة ماجستير غير منشورة، الجامعة الأردنية عمان.

الوقفي، راضي. (١٩٩٦) <u>الاستراتيجيات التعليمية في الصعوبات التعليمية</u>، كلية الأميرة ثروت، مركز صعوبات التعلم.

ياسر، سالم. (١٩٨٨) <u>دراسة تطوير اختبار لتشخيص صعوبات التعلم لدى التلاميذ الأردنيين في المرحلة الابتدائية</u>، دراسات، المجلد الخامس عشر، العدد الثامن.

يوسف، سيد. سلسلة المقاييس النفسية، المقياس النفسي لإدمان الانترنت

http://sayed-yusuf00.maktoobblog.com/?post=333627

يوسف، سيد. سلسلة المقاييس النفسية، المقياس النفسي للصحة النفسية

http://www.maktoobblog.com/sayed_yus...735&post=13189

ثانياً: المراجع الأجنبية

Ackerman, P. and Eggested, E. (1997). Intelligence, Personality and Interest: Evidence for overlapping traits. Psychological Bulletin, 121,219-245.

Allen, Mike. Preiss. Raymond W. Gale., Barbara Mae and Burrell,

Allport, G.W. (1961). Becoming: Basic Considerations for a psychology of personality. New Haven: Yale university press.

Allport, G. W., Venom, P.E., & Lindzey, G. (1960).Study of Values. Haughton Miffin Company.

Armstrong, Thomas (1994) Multiple Intelligences: Seven Ways to Approach Curriculum", Educational leadership, November.

Atkinson, M. & Hornby, G. (2002). Mental Health Handbook for Schools. London: Routledge Falmer.

Bandura, A. (1977).Self-efficacy: Toward a unifying theory of behavioral change. Psychological Review. 84, 191-215

Bandura, A.(1979). Sozial-kognitive Lerntheorie. Stuttgart. Klett.

Beck, A.T., & Steer, R.A. (1974) Beck Hopelessness Scale, manual. New York: Harcourt Brace Jovanovich.

Beck, A.T. (1991). Cognitive therapy: A 30-year retrospective. American Psychologist, 46, 168-175.

Betz, N.E. and Voyten, K.K. (1997).Efficacy and outcome expectation influence career exploration and decidedness. Career Development Quarterly.46, 179-189.

Blum, J.S., Mehrahian, A. (1999).Personality and Temperament Correlates of Marital Satisfaction. Journal of Personality, 67, 93-125.

Bransfont, J., and B.Stein. (1984).The Ideal Problem Solving, New York, W.H.Freeman,11-13.

Buss, A.H. (1980) self-Consciousness and Social Anxiety: San Francisco: Freeman.

Chandler, et al. (1958) Successful Adjustment in College, 2nd Ed, Englewood cliffs, N.Y. Prentice-Hall.

Chipongian, Lisa, (2000) Multiple Intelligences in the Classroom, Brain Connection News Letter, May.

Corinsi. (1987)Encyclopedia of Psychology. New York: John Wiley and Sons.

Corey, Gerald .(2001). Theory and Practice of Counseling and Psychology, B rooks/Cole publishing com N. Y.

Cottrell, S. (1999) the study skills handbook. London: Macmillan press Ltd

Cutrona, C. (1982). Transition to College: Loneliness and the Process of Social Adjustment. In Peoplau and Perlman (Eds).

Dawis. (1991). Vocational Interests Values, and Preference, in: Dunnette, M. & Hough, L(ED) Handbook of Industrial & Organizational

Dehn, N. & Schank, R. C. (1982). Artificial and Human Intelligence. In R. Stermberg (Ed.), Handbook of Human Intelligence (Vol. I, pp 352-391), New York: Cambridge University Press. Psychology 2nd Ed. Vo 1.2, Consulting psychologists Press, PP. 833-869.

Drever, J. (1961) Dictionary of Psychology. London: Penguin Books. Loneliness: A Source Book of Current Theory, Research and Therapy (pp.291-309). New York: Wiley.

Ellis, A. (1962). Reason and Emotion in Psychotherapy. New York: Lyle Stuart.

Feldman, R. (1989).Adjustment: Applying Psychology to a complex world. New York: McGraw-Hill.

Freedman, Daniel, et Al. (1972).Modern Synopsis of Psychiatry, the Williams Co., N.Y. P131.

Gardner, H. (1983). Frames of Mind, New York: Basic Books. Hanson, E. Simon. (2000) a New Approach to Learning: The Theory of Multiple Intelligences, Brain Connection News Letter, and May.

Gibbs, J. et al., (1992). Social Reflection Measure- Short Form (SRM-SF), (Arabic Version for Man)

Girdano, D., Everly, G., & Dusen, D. (1997). Controlling stress and Tension (5 the Ed). Boston: Allyn and Bacon.

Graham, K.G. & Robinson, H. (1989) Study skills handbook: A guide for all teacher. New York: International Reading Association.

Hadfield,J.A.(1952).Psychology and Mental Health. George Allen and Unwintltd, London.

Harris, D.B. (1963).Goodenough-Harris Drawing Test .Harcourt, Brace and World, Inc.

Heppner, P. (1982) the Development and Implications of Personal Problem Solving Inventory. Journal of Counseling and Psychology, 29(1).

Hetherington, E and Parke, R. (1993). Child Psychology: a Contemporary View Point. McGraw-Hill Book Company: New York.

Holland, J.L. (1965) Holland Vocational Preference Inventory .John L. Holland.

Holland, J.L. (1997).Making Vocational Choices: A theory of Vocational Personalities and Work environments (3rd Ed.).Odessa, FL: Psychological Assessment Resources.

James, W. (1890). The principles of psychology. New York: Holt Rinehart & Winston. Vol. 1.

Jennings, J.R., & Choi, S. (1981).Type A Component and psycholopsyiological responses to an attention demanding performance task. Psychosomatic Medicine, 43,475-488.

Kelley, Colleen.(1979). Assertion Training: A Facilitators Guide International Author, California: University.

Kohlberg, L. (1981). Essays on Moral Development. The Philosophy of Moral Development

Krampen, G. (1989).Diagnostik von Attributionen und Kontrollueberzeugungen. Goettingen. Hogrefe.

Krisen, O. (Ed.). (1972). Mental Measurements Yearbook. Buros Institute of Mental Measurements Yearbook. 7th Ed.

La Guardia, J.G., Ryan, R.M., Coucnman, C.E., & Deci. E.L. (2000). Within-person Variation in Security of Attachment: A Self-determination theory perspective on attachment, need fulfillment, and well-being. Journal of Personality and Social Psychology, Vol 79, P 367-384.

Mann, Michael (1987). Encyclopedia of Sociology. London: Macmillan Press.

Margraf, J. & Rudolf, K. (1999). Angst in sozialen Situationen: Das Konzept der Sozialphobie. In Margraf, J. & Rudolf, K. (Hrsg). Soziale Kompetenz Soziale Phobie.Hohengehren. Germany. Schneider Verlag. pp. 3-24.

Marks, I.M. (1987). Fears, phobias, and rituals. Panic, anxiety, and their disorders. New York: Oxford University Press.

Marland, S.P. Jr. (1971). Education for the Gifted and Talentes: Volume 1. Washington D.C: V.S.Government Printing Offices.

Mehrens, William A. (1975). Measurement and Evaluation in Education and Psychology, 2nd. Ed., Rinehart and Winston, New York.

Mruk, C. (1995). Self-esteem: Research, theory, and practice, New York: Springer.

Muchinsky, P.M. (1994). The Influence of Life Experiences on Vocational Interests and Choices. InG.S. Stokes, M. Mum ford, and W.A. Owenes, (Eds.), .The biodata handbook: Theory, Research, and Applications. Palo, Alto, and CA: Counseling Psychology Press.

Nancy, A. (2002). Interpersonal Communication Research, Lawrence Erlbaum Associates, Publishers Mahwah, New Jerey, London.

Oltmanns, T.F &Emery, R.E (1998): Apnormal Psychology .NJ: Prentice-Hall.

Osipow, Samula. (1983). Theories of Career Development. Applenta Centaury Crafts: New York.

Osipow, S. (1999) An Assessing Career Indecision. Journal of Vocational Behavior.55 (2), 147-154.

Patterson, C.H. (1980) Theories of counseling and psychotherapy: New York: Harper& Row.

Peplou, L. & Perlman, D. (1981).Towards A Social psychology Of Loneliness. In R.Gilmor &S. Duck, (Eds.), Personal Relationships, London: Academic Press.

Perris, C.,L. Jacobsson, H. Lindtrom, L. Von Knorrving & H. Perris. (1980) Development of a new Inventory for assessing memories of Parental Raring Behavior. Acta Psychiatry Scand. 61:265-274.

Pervin, L. A. (1987).Persoenlichkeitstheorien. Muenchen. Basel: E. Reinhardt.

Porteous, M.A. (1985) Development Aspects of Adolescent Problem, Disclosure in England and Ireland, Journal of Child Psychology and Psychiatry, 26, pp 465-478.

Renzulli. J & Reiss, S (1985) the School Wide Enrichment Model. Creative Learning Press, Connecticut.

Rimm & Masters.(1979)Behavior Therapy Techniques and Empirical Findings, New York: Acadmic Press.

Roeder, B. & Maragraff, J. (1999). Kognitive Verzerrung bei sozial aengstlichen Personen. In Margraf, J. & Rudolf, K. (Hrsg). Soziale Kompetenz Soziale Phobie. Hohengehren. Germany. Schneider Verlag. pp. 61-71.

Rosenberg, M. (1965). And the adolescent self-image, Princeton, NJ: Princeton University Press.

Schwarzer, R.(1990). Gesundheitspsychologie: Einfuehrung in das Theam. In R. Schwarzer, (Hrsg.), Gesundheitspsychologie, 3-23. Goettingen: Hogrefe.

Schwarzer, R.(1994).Optimistische Kompetenzerwartung: zur Erfassung einer personellen Bewaeltigungsressource. Dignostika. Heft 2, 40, 105-123. Goettingen.

Segerstrom, S.C., Taylor, S.E., Kemeny, M.E., & Fahey, J.L. (1998). Optimism is associated with mood, coping, and immune change in response to stress. Journal of Personality & Social Psychology. 74, 1646- 1655.

Spielberger, C.D. (1988) state-Trait Anger Expression on (AX) scale. Odessa, FL: Psychological Assessment Resources.

Sinha, S.P., and Mukerjee, Neelima. (1990). Marital Adjustment and Space Orientation. The Journal of social psychology. Vol. 130 Issue 5.P 633-639.1 chart.

Spanier, G.B. (1976) .Measuring Dyadic Adjustment: New Scales for Assessing the Quality of Marriage and Other Dyads. Journal of Marriage and the Family, 30, 15-28

Stangier, U. & Heidenreich, T. (1999) Die Soziale Phobie aus kognitiv- bihavioraler Perspective. In Margraf, J. & Rudolf, K. (Hrsg). Soziale Kompetenz Soziale Phobie.Hohengehren. Germany. Schneider Verlag. pp. 40-60.

Steven, L. McMurtry. (1994). Client Satisfaction Inventory.

Supper, D. (1988). Vocational Adjustment: Implementing Soft Concept. The career Development Quarterly, Vol (36). P. 357-391.

Swanson, J, and Woitke, M. (1997) Theory into Practice Interventions Regarding Perceived Career Barriers .Journal of Career Assessment.5, 443-462.

Torrance, E. Paul. (1965). Mental Health and Constructive Behavior .Wads Worth Publishing.Co. Inc., Belmonts Califotnia.

Tracey, T. (2001).The Development of Structure of Interests in Children: Setting the Stage. Journal of Vocational Behavior.59 (3), 89-104.

Truch, S. (1980).Teacher Burnout Nomato, CA: Academic Therapy Publications.

Walter. W.Hudson. (1993). Childs Attitude toward Mother. (CAM)

Wechsler, d. (1974). Wechsler Intelligence Scale for Children- Revised (WISC- R), the Psychological Corporation, New York.

Wiess, R. (1973).loneliness: The Experience of Emotional and Social Isolation. Cambridge, Ma: MIT Press.

Wilkinson, L. (1997) .Generalizable Bio data? An Application to the Vocational Interests of Managers. Journal of Occupational and Organizational Psychology.70 (3), 49-60.

Willams, J. (1988) a structured interview guide for the Hamilton Depression Rating Scale. Arch. Gen. Psychiatry, 45. 472-747.

Wright, L. (1988) the type A Behavior pattern and coronary artery disease. American Psychologist, 43(1), 2-14.

Woolfolk, A. (2001).Educational Psychology's (Sth Ed.). Needham Heights, MA: Allyn& Bacon

Zimbardo, P.G. (1986) the Stratford Shyness Project. In W.H. Jones, J.M. Cheek& S.R. Briggs (Eds.) shyness prospective on research and treatment. New York: Plenum Press, PP, 17-26.

Printed in the United States
By Bookmasters